教育部人文社会科学研究青年基金项目资助结项成果
"两岸新闻教育比较研究" 项目号 11YJC860015

台湾新闻传播教育初探

从社会变迁与学科发展角度的观察

黄东英◎著

社会科学文献出版社
SOCIAL SCIENCES ACADEMIC PRESS (CHINA)

中文摘要

台湾新闻传播教育的发展深受社会变迁因素与学科发展的影响，但两岸目前尚缺乏从该角度进行系统研究的论文。根据上述两个层面的影响，本书将台湾新闻传播教育的发展划分为：（1）第一时期——以维护"党国"统治为主导的新闻传播教育（1951~1973年）；（2）第二时期——以经济建设为主导的新闻传播教育（1974~1991年）；（3）第三时期——市场与技术引导下的新闻传播教育（1992年至今）。并在每个时期分别从主要系所设置、课程设置的基本情况及特点、教育者研究、受教育者研究以及学科理智与学科制度关系几个方面作探讨。

笔者发现，社会变迁是影响高等教育发展的重要因素，在台湾新闻传播教育的发展历程中，人才的培养理念和培养模式往往会因为社会变迁要素而调整变动，并且不同时期某种要素会起相对重要的作用。

在一个学科的发展过程中，学科理智与学科制度的关系密不可分。台湾新闻传播学科理智发展的特点是：学科研究受社会变迁因素影响巨大；学科研究主要移植西方传播学术理论，尤以美国影响巨大；研究方法虽已引入批判理论，本土问题意识觉醒，但仍以实证研究为主，以行为科学、社会科学为主导。受此影响，台湾新闻传播教育仍以市场化与实用主义为导向，学科理论与学科历史的研究还较为薄弱。由于缺乏严密的学科体系，反映在教学上就不断出现"教什么"和"怎么教"的争论。台湾主要新闻传播院系对学科核心课程进行过数次探讨与改革，至今仍在探索之中。

在系所与专业设置方面，台湾初期新闻传播教育的主要目的是为

"反共复国"培养宣传人才并解决新闻单位用人之急；在20世纪70年代中期至90年代初期，各校专业设置注意应对媒介市场需求，专业设置齐全；20世纪90年代以后，台湾的新闻传播教育进入市场化高度发展阶段，主要以培养应用传播科技类、资讯管理人才以及设计类人才为主，显示出市场与科技力量对新闻传播教育的强大牵引。在课程设置方面，早期的课程"党化"教育意图明显，课程学习以专业课为主；后来注重加强文史哲等人文修养，开设辅系；目前则以学程制或学群制为主，课程富有弹性，学生拥有较大自主性。此外，台湾的实践性课程教学与社会教育也颇具特色。台湾新闻传播教育的师资受美式教育影响巨大，呈现以台湾政治大学为圆心向各校输送师资的特点。对于受教育者的研究则经历了从无到有的过程，目前随着高校教育评鉴制度的开展，各校普遍重视校友资源建设与教学反馈意见。在台湾有限的人才市场中，传统的新闻系与大众传播系就业已经呈现困难之势，各校就业情况有较大差别，呈现相生相克之势。学科理智研究受时代背景影响明显，教师的研究专长与兴趣影响课程设置和教学内容，并形成各校风格。硕士研究生在做论文过程中，对知识的再生产过程受到导师影响。

  本书最后对台湾新闻传播教育研究作出回顾，并提出前瞻性建议。

  关键词：台湾新闻传播教育　社会变迁　学科

序　言

20世纪80年代中后期以来，海峡两岸新闻传播教育都如雨后春笋蓬勃发展，现在也都同时面临危机与变革。海峡两岸同文同种，新闻传播教育同根同脉，虽然各自有其发展的不同轨迹，但相比其他地区，台湾与大陆有诸多共性，可比性很强，而"比较研究的真正目的显然具有改革作用"。黄东英《台湾新闻传播教育初探——从社会变迁与学科发展角度的观察》一书的出版，为我们当前的新闻传播教育改革提供了一个比较完整的参照面，其重要的意义和作用是不言而喻的。

海峡两岸都有人惊呼新闻传播教育发展过快，应该调整和压缩。他们的依据是，新闻传播学专业的毕业生进入媒体工作的人数在25%以下。情况确实如此，但他们没有看到我国新闻传播毕业生的就业率并不低于其他专业。其实，我们所处的年代，正是各行各业都需要新闻传播人才之时。早在1946年9月1日胡乔木作为毛泽东的秘书就在当时延安《解放日报》上发表《人人都要学会写新闻》社论，号召"我们做革命工作而又能识字作文的人，一切这样的人都应该学会写新闻，就如同都应该学会开会说话一样"。他说："我们生在新闻的年代，看着这大好机会，决不能白白放过。""新闻是一种时代的科学，时代的艺术，它的发展前途正是辽阔无限。如果人人都学会这门科学同艺术，不但对于我们的新闻工作有极大好处，而且对于我们的全部工作乃至每个工作人员的工作品质，一定都有极大好处。"1985年，我国著名新闻工作者艾丰教授与他人合著的新闻学著作，书名就叫《时代的艺术》。随着传播技术和传播设备的迅猛发展和全球经济一体化的快速推进，我们已进入一个空前的信息传播全球化的时代，各行各业都需要精通新闻传播的人才。这样的人才必须有开阔的眼界乃至国际的视野，才能为所在单位的生存和发展助力。

因此，当前我们讨论新闻传播教育，不仅要看到规模和总量的问题，更应集中关注现有的新闻传播教育如何有质的提高；不仅要思考如何适应传统新闻传播媒体所需要的通才，更应考虑各行各业所需要的新闻传播的专才。黄东英作为从事新闻传播教育多年的教师，潜心研究台湾的新闻传播教育，提出了"研究新闻教育时，如果忽略对新闻学科建设的研究，尤其是缺乏对学科理论体系的系统研究与梳理，容易就事论事，不能很好地解释与处理新闻传播教育中学与术、新闻教育与实务关系、新闻学的核心学科究竟该是什么等主要矛盾。这就使得目前的研究观点雷同，视野狭窄，议论空泛，仅仅站在小圈子里谈新闻教育。要突破目前研究的瓶颈，必须要从学科理智层面进行学科理论脉络的梳理，并与外在教学制度、课程设置结合研究，方能高屋建瓴、切中要害"。对此，我是很赞同的。

被称为美国新闻教育之父的布莱耶（Willard G. Bleyer）把大学的新闻教育建构在这样的理念上："没有哪一样职业像新闻那样与社会的平稳发展和民主政治的成功有着更密切的相关性"，新闻从业人员承担着重要的责任，面对众多的挑战，"没有哪一样职业像新闻那样需要更广博的知识或更巨大的才能去面对每天发生的新闻事实"。布莱耶把新闻教育的合理性建构由专业化需要推扩到社会文化的发展和民主政治的健全，把新闻教育提升到了理性的层面。这就是他的新闻教育思想精华所在，他的这种新闻教育思想今天依然有着重要的价值，在我们探讨如何进行新闻传播教育之时仍值得记取。

黄东英从社会变迁角度和学科发展角度对台湾新闻传播教育进行了专门性研究。她将新闻传播教育视为社会合力制约下的产物，同时着重考察传播学科发展对新闻传播教育的影响与制约。我想这是很好的研究思路。是为序。

厦门大学新闻传播学院许清茂写于温州大学城市学院专家楼

2013 年 11 月 16 日

目 录

绪 论 ………………………………………………………………… 1

  第一节 研究概述 ……………………………………………… 1

  第二节 研究框架与研究概念的界定 ………………………… 17

第一章 台湾新闻传播学学科发展的基本历程及特点 ………… 24

  第一节 台湾新闻传播学学科理智的发展历程及特点 ……… 24

  第二节 台湾新闻传播学学科制度研究 ……………………… 40

  第三节 台湾新闻传播教育的历史分期 ……………………… 45

  小 结 …………………………………………………………… 51

第二章 以维护"党国"政治统治为主导的新闻传播教育
（1951～1973年） …………………………………………… 54

  第一节 新闻传播教育为"党国"统治服务 ………………… 54

  第二节 早期成立的台湾新闻传播教育机构 ………………… 62

  第三节 课程设置基本情况及特点 …………………………… 76

  第四节 台湾早期新闻传播教育者研究 ……………………… 80

  第五节 台湾早期新闻传播受教育者情况研究 ……………… 97

  第六节 学术研究活动对教育的影响与互动 ………………… 103

  小 结 …………………………………………………………… 109

第三章 以经济建设为主导的新闻传播教育（1974～1991年） …… 111

   第一节 20世纪70年代至90年代台湾的社会背景 ………… 111

   第二节 主要新闻传播院系所介绍 ………………………… 121

   第三节 主要学系课程设置及特点研究 …………………… 130

   第四节 回台留学生为师资队伍注入新鲜血液 …………… 143

   第五节 新闻传播受教育者逐渐受到重视 ………………… 156

   第六节 学术研究活动对教育的影响与互动 ……………… 169

   小　　结 …………………………………………………… 176

第四章 市场与技术引导下的新闻传播教育（1992年至今） …… 178

   第一节 新开办的新闻传播院系所以及分类隶属情况 …… 178

   第二节 当前台湾新闻传播教育的课程设置及特点 ……… 205

   第三节 以博士为主的新闻传播教育师资 ………………… 260

   第四节 新闻传播受教育者地位日趋重要 ………………… 280

   第五节 新闻传播教育的评鉴制度 ………………………… 299

   第六节 学术研究活动对教育的影响与互动 ……………… 306

   小　　结 …………………………………………………… 316

结　语 ……………………………………………………………… 319

参考文献 …………………………………………………………… 328

后　记 ……………………………………………………………… 345

绪　论

第一节　研究概述

一　研究意义

随着新闻事业与高等教育事业的发展，我国新闻传播教育如雨后春笋般蓬勃发展，近年来无论是在招生规模方面还是专业设置方面都有巨大进步。然而也产生了供过于求、课程设置和专业设置不对口、新闻媒体需求与新闻教育两重天等诸多问题。① 新闻传播教育改革已经势在必行。

学科是大学承载教学、科研和社会服务三大功能的基本单元。目前高等教育学中关于学科的定义广泛而多重，每一定义和标准之后都隐含着特定的哲学假设和价值取向。学者认为一般学科大致包括教学科目、学问分支和学术组织三层基本含义。② 一个学科之所以成为一个学科，就在于它有自己独特的范式（Paradigm）。范式有观念层面的，也有社会建制和社会运作层面的。学科建设就要在这两个层面上进行范式的建构。观念层面上的范式建构，目的在于形成一种知识传统或思想传统（Intellectual Tradition），或者具体地说是一种研究纲领（Research Program），以便同行之间相互认同为同行，以便新人被培养训练成这项学术事业的继承者；社会建制和社会运作层面上的范式建构，目的在于形成一个学术

---

① 李希光：《中国新闻教育走向何方》，《当代传播》2009 年第 2 期，第 4 页。
② 鲍嵘：《学科制度的源起及走向初探》，《高等教育研究》2002 年第 4 期，第 102 页。

共同体（academic community），它包含学者的职业化、固定教席和培养计划的设置、学会组织和学术会议制度的建立、专业期刊的创办等。这后一方面，我们称之为学科的制度建设。① 由此也可以理解为"学科发展史是学科理智史与学科制度史的双重动态史"。②

新闻学科制度的发展、成熟需要通过制度化的过程来实现。目前关于新闻传播教育研究的论文不少，但鲜有研究者从新闻学科发展角度进行观察。事实上，新闻学科制度的发展与学科理智的发展是相辅相成的，"延绵不息的新闻无学声浪、受到低估与轻视的新闻学研究、传播学热对新闻学产生巨大冲击、快速发展却受到贬损评价的新闻教育，种种问题和困惑，集中反映出新闻学学科的发展困境"。③ 研究新闻教育时，如果忽略对新闻学科建设的研究，尤其是缺乏对学科理论体系的系统研究与梳理，就容易就事论事，不能很好地解释与处理新闻传播教育中学与术、理论教育与实务教育的关系，以及新闻学的核心学科究竟该是什么等主要矛盾。要突破目前研究的瓶颈，有必要从学科理智层面进行学科理论脉络的梳理，并与外在教学制度、课程设置结合研究，方能跳出小圈子谈教育，切中要害。从学科发展角度研究新闻教育至今仍属空白。目前有不少介绍台湾新闻传播教育的论文，同样缺乏从学科发展角度进行分析研究。

台湾与大陆有诸多共性，如：早期有共同的新闻教育办学理念，高等教育模式受"美国化"影响，"嫁接"而来的传播学受到实证主义的牵引，新闻传播教育面临危机与变革等。总体来说，台湾地区的新闻传播教育在亚洲开展较早，水平较高，从20世纪90年代开始，台湾在历次教育改革中积累了不少经验与教训，逐渐走出了自己的路子。高等教育当中的比较研究大多着眼于研究"同一社会关系"如何在"不同社会脉络"中表现，这可以增加我们对社会关系普遍性和特殊性的了解，

---

① 吴国盛：《学科制度的内在建设》，《中国社会科学》2002年第3期，第81页。
② 方文：《社会心理学的演化：一种学科制度的视角》，《中国社会科学》2001年第6期，第126页。
③ 唐远清：《新闻学学术共同体建构与学科发展》，载郑保卫主编《新闻教学与学术研究》，经济日报出版社，2010，第41~42页。

是单一社会研究无法做到的。① 在高等教育研究中,早在19世纪,自由教育的伟大倡导者 J. H. 纽曼(John Henry Newman)就曾指出:"除非被研究的各种思想被聚集在一起并相互比较,否则就不可能开阔思想。"② 美国著名比较教育学者 G. Z. F. 贝雷迪(Gerogy Z. F. Bereday)认为比较教育的目的为:"1. 收录各国、各地区教育方法,从各自教育制度的异同中寻求意义;2. 比较教育有其自为完善充足的知识性意义;3. 对实际教育实施与社会科学发展贡献力量。"③ 埃德蒙·金(Edward King)认为,比较教育是一个应用性很强的领域,研究者应着重研究教育改革的实际问题,不断地为决策者提供改革建议,因为"比较研究的真正目的显然是具有改革作用的"④。

在祖国大陆,至今还没有从新闻传播学学科角度出发,结合特定社会政治、经济、媒介以及高等教育发展背景,系统分析台湾新闻传播教育发展的论著。21世纪中国新闻教育面临着严峻的挑战,新闻传播专业人才的培养质量受到前所未有的关注。"他山之石,可以攻玉"。本书试图系统解析台湾新闻传播教育如何受到社会变迁诸因素以及学科学术研究发展的综合性影响,找出制约因素,并总结其规律性的东西,以求对大陆教育改革提供借鉴。我国新闻教育家何梓华曾经就新闻教育的研究方法提出"瞻前顾后""东张西望"的八字箴言,这八个字也可以作为本研究意义的说明。

二 文献综述

(一) 美国的相关研究

美国是世界上新闻传播教育开始最早的国家,经过一个多世纪的发

---

① 陈韬文、罗文辉:《比较研究的挑战——大陆、香港、台湾新闻工作人员比较研究的反思》,台湾《传播研究简讯》第34期,第4页。
② 〔美〕约翰·S. 布鲁贝克:《高等教育哲学》,王承绪等译,浙江教育出版社,2001,第83~84页。
③ 彭杰:《比较教育重要代表人物思想及理论之析论》,台湾《教育趋势导报》2008年第30期,第94页。
④ 袁祖望:《高等教育比较学》,厦门大学出版社,1999,第3页。

展，美国的新闻传播教育已经趋于成熟。美国早期新闻教育趋向实务教育，后来哥伦比亚大学逐渐引进政治、社会、经济等学科理论，并综合创办了宣传学、舆论学及大众传播学科。20世纪五六十年代，传播学在美国确立，学者们进行了传播学是否应融入新闻学的讨论，结果是新闻学院逐渐式微；20世纪90年代，美国新闻传播教育开始进一步细化，出现了众多专业。台湾新闻传播学的确立发展以及新闻传播教育深受美国影响，在专业开设、课程设置、研究理论、研究方法、教科书选择、师资流派方面，基本师法美国。20世纪80年代初期，随着一批学者从欧洲留学返台后，台湾学者才开始反思"在地化""自主化"问题，以美为师的趋势有所缓解。美国研究新闻教育的专业期刊主要有两种：《新闻与大众传播教育者》（*Journalism and Mass Communication Educator*）以及《新闻与传播教育今日》（*Communication and Journalism Education Today*），笔者用"台湾新闻与大众传播教育"（journalism and mass communication education in Taiwan）或"台湾新闻教育"（journalism education in Taiwan）等关键词进行搜索，所获甚少。只有少数学者写作关于台湾政治与电视节目类型化关系的论文，显示美国学者较少关心台湾的新闻传播教育。倒是在美国的比较新闻教育研究中，有学者对美国国内的一些新闻院校与其他国家的新闻传播教育进行比较研究，其中以C. H. 巴查（Christina Holtz-Bacha）等所撰写的《欧洲与北美洲的新闻教育——国际间的比较》（*Journalism Education in Europe and North America: an International Comparison*）一书作为代表，该书从社会因素、新闻业结构、媒介制度着手，分析和对比了欧洲与北美洲各国在新闻教育历史、课程设置与教育理念方面的异同。相较美国学者，欧洲学者把技术融合放到更深层次的社会背景中，从文化研究角度来考察新闻教育在政治以及商业压力下的发展与应对。该书的研究方法与思路对本书有一定借鉴与启发作用。美国专门论述台湾和大陆新闻教育的著作还比较少，在笔者所能搜集到的范围之内，目前仅找到1971年出版的杰克·莱尔博士（Dr Jack Lyle）编著的《亚洲的传播/新闻教育：亚洲七国的背景与现状》（*Communication/Journalism Education in Asia: Back-*

ground and Status in Seven Asian Areas），文中原台湾政治大学新闻系主任徐佳士对台湾地区的新闻教育从专业、课程、师资以及研究方向等方面作了简略介绍。值得关注的是，这时期亚洲国家已经开始关注学与术的关系、博雅知识的获取与专业技能教育的关系、如何处理师资缺乏与扩招学生就业、西方理论知识必须本土化等问题。此外，J. 毕特（Josephi Beate）主编的《媒介自由限制国家的新闻教育》（*Journalism Education in Countries with Limited Media Freedom*）一书对中国、新加坡、柬埔寨等亚洲国家以及欧洲、非洲的国家进行分析后发现：一个国家的媒体制度与新闻教育不一定关联与并行。然而近20年来，随着全球化趋势的扩张，新闻学教育开始趋同，对专业主义与技术操作的要求也逐渐趋同，但是对传播理论特别是媒介在社会中的作用的认知却迥然不同。

（二）台湾地区的相关研究

台湾地区的新闻传播教育研究仍然以台湾为主。笔者将研究资料分为重要期刊论文、台湾"国科会"研究与台湾"教育部"专案补助规划案、年鉴、专著、学位论文五类内容，按时间顺序加以评介。

1. 重要期刊论文。1949年后，随国民党政府迁台的曾虚白、马星野、谢然之、王洪钧、成舍我、黄天鹏、石永贵、荆溪人等积极投身新闻教育，他们以《报学》等杂志作为主要论坛，对迁台初期的新闻传播教育方向、培养目标、具体措施以及新闻学的发展建言献策（见表0-1）。这反映出迁台初期，政界、报界、学界人士对新闻教育的热心与重视。

表0-1 早期台湾《报学》发表的有关新闻教育的主要论文

作者	论文名称	发表刊物
谢然之	《新闻学的发展与新闻教育之改革》	《报学》1卷4期
曾虚白	《反攻前后的新闻事业》	《报学》1卷6期
曾虚白	《新闻教育的今日与明日》	《政大四十年》
马星野	《美国编辑人协会与新闻教育》	《报学》1卷5期
黄天鹏	《新闻教育二十五年的回顾》	《报学》1卷5期
王洪钧	《新闻教育的发展趋势》	《报学》2卷9期
石永贵	《专业的挑战——论改革新闻教育》	《报学》4卷1期

资料来源：笔者整理。

《报学》是由台北市编辑人协会创办的半年刊，从1951年创刊到1994年停刊，根据笔者的统计，前后共发表近60篇论述新闻教育的论文，其中不乏材料详实、颇有见地之作。但目前台湾研究新闻传播教育的论文对此却几未提及，或许认为《报学》杂志"所注重的是新闻采编实务与报业发展，而不是一份理论的刊物"①，或许是因为其早期的"党化"色彩而加以摒弃，但从史料研究角度来看不得不说是一个遗憾，也许这在某种程度上也反映出学者对历史研究的忽视。笔者访问台湾世新大学新闻系教师夏春祥时谈及此问题，他认为："一些早期的前辈学者早就在做了，目前有些学者认为他们受到国民党的影响太大。其实早期的学者在《报学》上对新闻教育的研究，已经达到一定水准。新生代并未做得比他们更好。"②

1980年，李瞻先生在《报学》刊登《八十年来的新闻教育》一文，将台湾新闻教育分为：新闻教育的创始、新闻教育的成长、抗战时期的新闻教育、胜利后的新闻教育、"自由中国"新闻教育的发展几个阶段。李瞻认为台湾新闻教育主要取得了以下成绩：提高新闻教育品质；提高新闻教育教师素质；编撰大学新闻传播丛书，充实新闻教育内容；修订课程、充实设备，促进新闻教育现代化；注重研究方法，推广研究范畴；等等。但是也存在不少问题，如：（1）新闻科系人数太多，超出实际需要，浪费人力资源；（2）大学部新闻、传播科系，专业课程学分太多，人文学科与社会学科学分太少，使新闻教育陷入迷途；（3）有些科系，兼任师资比例太高，需要继续改善；（4）新闻教育应以研究所为主。过去以专科为主是一项政策性的错误。③

1967年5月创刊的《新闻学研究》，是台湾地区新闻传播学术研究

---

① 朱立：《开辟中国传播研究的第四战场》，台湾《报学》1978年第6卷第1期，第25页。
② 夏春祥访谈，2011年8月6日于台北逸仙路真锅咖啡厅。
③ 李瞻：《八十年来的新闻教育》，台湾《报学》1980年第8卷第6期，第200~223页。

的重要刊物。但创办初期，该刊作为台湾政治大学"新闻传播学老师与研究生的公开学术园地"[①]，主要刊登硕士论文和研究摘要，较少论述新闻教育。20世纪90年代以来，台湾传播学面临并入社会学门的"正当性危机"，程宗明的研究指出，美援与心战这段台湾传播研究与实务发展史，足以说明传播学依附性格的历史成因。[②] 与之对应，台湾新闻传播教育机构也要做出相应调整，学者们开始反思新闻传播教育存在的问题，并对新闻传播学研究现状、专业入门核心课程设置、具体课程的教授等环节作出研究。《新闻学研究》分别在第53期推出《"新"传播教育》，第58期推出《纸上座谈会：从SCA易名谈起》，第65期推出《新闻传播教育的省思》的主题论文。根据翁秀琪教授的整理，1991年至2000年，《新闻学研究》刊登的与新闻传播教育相关的主要论文的作者包括："阎沁恒（1991），冯建三（1994），须文蔚、陈世敏（1996），汪琪、臧国仁（1996），潘家庆、罗文辉、臧国仁（1996），钟蔚文、臧国仁、陈百龄（1996），林静伶（1997），林福岳（1997），翁秀琪（1997），陈世敏（1999、2000），马成龙（1999），陈国明（1999a，1999b），林文刚（1999），陈韬文（1999），臧国仁（2000）等。"[③] 2000年，翁秀琪从"台湾传播研究与实践的理想性、自主性与批判性何在？台湾的传播教育论述及实践展现了什么样的风貌？"两个问题入手，从台湾的新闻传播教育文献中耙梳出两个角度：第一，传播教育与大学教育理念及传播概念间的辩证关系；第二，传播教育与所处环境的竞合关系。翁秀琪认为在学门面临正当性危机的挑战之时，学门应重视"在地的问题意识（thinking locally），学门应否独立、学术影响力是否能及于国际舞台（doing globally）"。然而，这样的"在地的思维、全球

[①] 李瞻：《访问日本新闻事业与创办〈学生新闻〉》，载冯建三主编《自反缩不缩？新闻系七十年》，台湾政治大学新闻系，2005，第21页。
[②] 程宗明：《析论台湾传播学研究/实务的生产（1949～1980）与未来——从政治经济学取向思考对比典范的转向》，载林静伶主编《1998传播论文选集》，"中华传播学会"，1998，第385～439页。
[③] 翁秀琪：《台湾传播教育的回顾与愿景》，台湾《新闻学研究》2001年第69期，第33～34页。

的实践"典范,势必以"在地"的传播问题意识为本,并将研究与实践深耕于建制化的传播教育制度与课程中,方能使久居边陲的台湾传播与研究获得其主体性。台湾的传播学社群是否能提出"在地思维、全球实践"的问题意识(群),是决定台湾传播学研究与教育能否建立主体性的关键所在。[①] 该研究是台湾"国科会"委托"台湾传播学门之回顾与展望"项目的组成部分,它对台湾近70个系所的成立时间、名称、主要科目的课程作了统计和比较,是当时关于台湾新闻与传播教育的总结之作。

除《新闻学研究》之外,陈世敏、夏春祥、王石番、李秀珠、郑瑞城、关尚仁等还纷纷在《中华传播学刊》、《传播研究简讯》、"中华传播学会"年会等平台发表或提交有关新闻教育核心课程设置、具体课程教育改革的论文。此外,台湾政治大学新闻系系刊《新闻学人》(后改为增强系友联系的电子刊物)以及《传播研究简讯》,在20世纪70至90年代也时常刊登师生对课程改革、教学与学术研究的建议和反馈。林东泰分析了1956年至2000年的1203篇硕士论文和22篇博士论文,结果发现,台湾政治大学乃是台湾传播教育的起源地和重镇,随着台湾教育的开放,传播教育有从台湾政治大学逐渐扩散到其他学校的情形。[②]

2. 台湾"国科会"研究与台湾"教育部"专案补助规划案。根据笔者查证,从1996年至今,台湾"国科会"研究与新闻传播教育相关的成果主要有:祝基滢《我国新闻及大众传播学研究现况分析》;汪琪、臧国仁《传播学学门人力资源的现况分析》;蔡念中《视听传播科系之校内外实习实施状况暨规划改进调查研究》;郑瑞城、臧国仁、汪琪《传播学门现况与发展研讨会结案报告》;汪琪、臧国仁《传播学门规划专题研究》5项研究。

台湾"教育部"比较重要的规划案有:王石番、陈世敏"传播教

[①] 翁秀琪:《台湾传播教育的回顾与愿景》,台湾《新闻学研究》2001年第69期,第49页。
[②] 林东泰等:《传播教育在台湾:以五十年来硕士论文指导教授篇数为例》,"中华传播学会"会议论文,台湾,2001。

育课程规划研究";郑瑞城等"政治大学传播学院前段不分系及学程规划案";陈世敏等"规划媒体素养通识教育课程成果报告";刘吉轩"Computer and Content 分流:网路媒体学程"4 项研究。其中王石番、陈世敏所作的《传播教育课程规划研究》,为台湾学程教育的改革奠定了基础。王石番、陈世敏认为传播教育之目标应为"传递文化知识、培养学生传播学术能力、发展学生职业技能,以及重塑社会价值",然而,"在台湾,传播教育面对了几个亟待澄清的问题:传播教育的角色与课程、传播教育的资源与课程、传播教育的基本模式等"[1]。研究者认为目前台湾各大学传播教育课程安排之四大缺点在于:(1)以媒体性质区分教学与研究领域的做法,似乎已无法反映迈向多媒体整合之信息时代的特质与学习的需要。(2)偏重专业,忽略通识与人文课程。(3)教育资源重复配置。(4)强化本位主义,使学生误解学习的本质。因应之道则在于:(1)适应传播学门变更。(2)培养通识、全观的传播人才。(3)教育资源充分利用。(4)启发学生生涯规划与独立发展的能力。(5)全人的通识教育。[2] 王石番、陈世敏提出台湾新闻传播教育应该走"兼顾专业养成、学术成长、通识教育的'三脚模式'"[3],这为日后台湾政治大学传播学院一系列传播教育改革奠定最重要的理论基础。

3. 年鉴。从 1961 年至今,台湾每隔 10 年或 5 年出版一次新闻年鉴,其中谢然之的《中国新闻教育的沿革》(《"中华民国"新闻年鉴》1961 年版)、徐佳士的《十年来新闻教育的发展》(《"中华民国"新闻年鉴》1971 年版)、李瞻的《新闻教育》(《"中华民国"新闻年鉴》1991 年版)、习贤德的《台湾地区新闻传播教育概况与评析》(《"中华民国"新闻年鉴》1996 年版),材料较为准确详实,具有较高的史料参考价值。

---

[1] 王石番、陈世敏:《传播教育课程规划研究》,台湾"教育部"委托专案研究,1996,第 82 页。
[2] 王石番、陈世敏:《传播教育课程规划研究》,第 89~92 页。
[3] 王石番、陈世敏:《传播教育课程规划研究》,第 109 页。

4. 专著。目前台湾关于新闻传播教育的专著主要有五本（见表0-2）：

表0-2 台湾有关新闻传播教育的专著

作　者	书　名	出版者	出版时间（年）
郑贞铭	《中国大学新闻教育之研究》	台湾嘉新水泥公司文化基金会	1964
钮抚民	《各国新闻教育比较研究》	台湾巨人出版社	1965
"中华民国大众传播教育协会"	《新闻教育与我》	台湾"中华民国大众传播教育协会"	1982
王洪钧	《我笃信新闻教育》	台湾正中书局	1993
郑贞铭	《中外新闻传播教育》	台湾远流出版公司	2000

资料来源：笔者整理。

郑贞铭先生的《中国大学新闻教育之研究》是台湾最早关于新闻传播教育的专著，该书对新闻传播教育的发展历史、重要意义与教育目标作出阐述。郑贞铭认为兼顾实际与理论的新闻教育制度不仅是中国大学新闻传播教育的目标，也是大多数国家新闻学府所追求的理想。[①] 大学新闻传播教育的内涵应该为：（1）培养工作能力；（2）陶冶新闻道德；（3）提高专业精神；（4）供应发展知识。[②] 1963年李瞻获得美国Fulbright基金资助赴美研究一年，参访多所新闻院校后，1966年出版《世界新闻史》，在评介各国新闻史之后，介绍了各国新闻教育发展状况。1965年钮抚民写作《各国新闻教育比较研究》，对新闻教育的价值、各国新闻教育的发展趋势、台湾新闻教育的努力方向作出阐述，[③] 该书属于史料式介绍，在学界影响不大。

1980年3月27日，以"促进大众传播教学单位与大众传播实务机构彼此之联系合作，加强各院校间教学、师资与研究交流，培植具有专

[①] 郑贞铭：《中国大学新闻教育之研究》，嘉新水泥公司文化基金会，1964，第51页。
[②] 郑贞铭：《中国大学新闻教育之研究》，第50~58页。
[③] 钮抚民：《各国新闻教育比较研究》，巨人出版社，1965。

业精神、专业知能及专业道德的大众传播人才"为宗旨的"中华民国大众传播教育协会"在台北成立，第一届理事长由马星野担任，郑贞铭任秘书长。该会成立后，每季出版《传播教育会讯》，定期向会员单位提供传播教育的会议资讯、学术论文以及各大学的师资与招生动向等内容。该会在1982年9月资助出版了《新闻教育与我》一书，邀请马星野、谢然之、黄天鹏、吴俊才、曹圣芬、徐佳士、石永贵等台湾新闻教育界的重要人士撰写兴办教育的回忆与经过，史料价值较高。此外，曾任台湾"教育部高等教育司"司长、台湾政治大学新闻系主任、台湾文化大学新闻暨传播学院院长等职的王洪钧先生的《我笃信新闻教育》一书，详细记述自己的教育经历与教育理念，读者从中可以了解台湾各时期新闻教育创办的主要历程与许多不为人知的细节，具有较高的史料价值。郑贞铭的《中外新闻传播教育》一书将台湾新闻传播教育分为教育的奠基时期（1949~1970年）、发展时期（1971~1990年）与蓬勃时期（1991年至今），[①] 并注意到随着传播科技的发展及对社会的影响，新闻传播教育应是涵盖全方位的社会教育，尤应培养通才中的专才。2010年，郑贞铭先生再次整理自己的新闻教育思想，提出新闻教育的六个"是"与"不是"，他认为新闻教育"不是技术教育，不是廉价教育，不是孤立教育，不是速成教育，不是僵化教育，更不是功利教育"，新闻教育"是专业教育，是伦理教育，是人文教育，是通识教育，是全人教育，是终身教育"。[②] 郑贞铭先生从20世纪60年代以来就一直关注并致力于台湾的新闻传播教育研究，是当前台湾新闻传播教育研究的代表性人物。

5. 学位论文。笔者在台湾"国家图书馆"分别以"新闻教育""传播教育"为查询字词，分别搜集到12篇与45篇资料，其中属于学位论文的有5篇，分别是：陈志铭《以传播教育之观点探究"我国"大专院校数字媒体教育之发展》（2011年台湾元智大学信息传播研究所

[①] 郑贞铭：《中外新闻传播教育》，远流出版公司，1999，第199页。
[②] 郑贞铭、廖俊杰、周庆祥：《新闻采访与写作》，威仕曼文化出版社，2010，第629~640页。

硕士论文)、郑玉清《报社新闻记者专业性与新闻教育关联性之研究》(1999年台湾文化大学新闻研究所硕士论文)、刘佳旻《应用模糊多评准决策于台湾传播教育关键才能之研究》(2010年台湾铭传大学传播管理研究所硕士论文)、林佳燕《"我国"新闻教育与新闻相关科系学生价值观与新闻伦理道德相关性之研究》(1997年台湾铭传大学管理学院大众传播学系学士论文)以及林靖堂的《从新闻专业性探讨台湾地区传播学院教育问题之研究》(2004年台湾铭传大学新闻学系学士论文),其间没有博士论文写作相关题材。在上述论文中,主要的关注点在新闻教育与新闻专业性的关系、传播人才具备的素养以及数字化时代各校数位化课程的设置与趋势等方面,较少从社会角度与学科发展角度探讨新闻教育。林靖堂是台湾学生中少有的具有自觉意识反省教育市场化问题的学生。另有2篇硕士学位论文,刘至强的《台湾地区新闻学与大众传播学博硕士论文研究之分析》(1995年台湾铭传大学管理学院大众传播学系硕士论文)与林春穆的《"我国"军事院校政战学院新闻学系硕士班学位论文分析研究》(2009年台湾"国防大学"政治作战学院新闻研究所硕士论文),分别从硕博士论文的研究内容与研究方法的变迁考察了台湾新闻传播学学科的发展历程,但较少分析学科发展与社会变迁之间的关系。

(三) 香港地区的相关研究

罗文辉、陈韬文等几位学者的《新闻传播教育对新闻人员的影响——大陆、台湾和香港的比较研究》,较具有代表性。论文就海峡两岸暨香港新闻人员的教育与工作待遇、工作经历,教育与工作满足感、专业伦理程度等关系作了探索性的实证性研究。[①] 本书在第四章第六节中会对此研究作较为详细的介绍。在由B. T. 麦克·因泰(Bryce Telfer McIntyre)主编的《亚太地区的大众媒介》(*Mass Media in the Asian Pacific*)一书中,李金铨、陈韬文等对比了香港与美国、英国、澳大利亚记者在专业主义认知方面的差异,指出美国的新闻教育把专业主义与客

[①] 罗文辉、陈韬文等:《变迁中的大陆、香港、台湾新闻人员》,巨流图书公司,2004,第96页。

观主义当作新闻教育的核心概念，并比较了发源于美国的新闻教育在中国大陆、台湾和香港因为不同的政治影响呈现不同的状况。上述研究都为本文提供了方法参考和资料借鉴。

（四）大陆的研究

由于意识形态的限制与资料获取的难度，大陆对台湾新闻教育的研究一直比较缺乏。最早介绍台湾新闻教育的文章当属1995年童兵应邀访问台湾政治大学后的观感——《台湾的新闻教育》。1996年复旦大学、中国人民大学、厦门大学等10所大学的新闻院系的专家、学者出席了在台湾举行的"两岸暨香港新闻实务教育研讨会"及"新闻教育与新闻事业学术研讨会"，复旦大学陈桂兰、赵民在《台湾新闻教育述评》一文中，对台湾政治大学传播学院、台湾辅仁大学、台湾世界新闻传播学院、台湾文化大学新闻暨传播学院、台湾大学新闻研究所等院系所进行了介绍，并指出20世纪90年代以后"台湾的新闻教育，更重视研究方法的使用：如政大新闻所有关研究方法的课程，包括方法论、理论建构、量的研究方法、质的研究方法、高等统计等。所以目前的新闻与传播学的研究，已由新闻技术与新闻史的研究，进入对传播行为、传播媒介影响，以及对传播政策的系统研究"①。对于台湾新闻教育的现状，段鹏认为自由主义理念渗入台湾新闻传播教育，导致学术素养下降、教育质量滑坡、媒介产品低俗等诸多严重的问题出现。② 进入21世纪以来，一些新闻学书籍如《中国新闻事业史》《20世纪中国新闻学与传播学·台湾新闻传播事业卷》《当代台湾传媒》等的部分章节会提到台湾新闻传播教育，但多属概况式介绍，较少结合时代背景与学术背景进行深入探讨。

值得一提的是2007年陈静写作的《近十年台湾新闻传播学教育研究的视野》一文，作者回顾了1990年至2001年台湾学界在新闻传播学教育领域的研究后发现，与大陆学界在该领域的研究成果相比，台湾学界的新闻传播学教育研究有三个突出的特点：第一，呼吁回归大学教育

---

① 陈桂兰、赵民：《台湾新闻教育述评》，《新闻大学》1996年冬季号，第20~22页。
② 段鹏：《台湾新闻传播教育的历史、现状与问题》，《现代传播》2004年第3期，第87页。

所应承载的人文精神；第二，在重要性上将传播学教育提升到与学科建制和学术研究水平紧密相连的高度；第三，理论视野开阔，大量借鉴教育学、认知科学等其他学科的知识积累。[①] 该文的价值在于：第一，作者意识到教育学应成为分析新闻传播学科教育问题的重要理论工具来源。对新闻传播教育问题的探讨，无法脱开一般意义上的大学教育对它的牵引和限定。为此，在如何看待新闻传播教育本质的问题上，学者们应跳出学科本身，强调回归大学教育之本质"通识教育"。第二，必须借助认知科学的"知识论"，方能理清理论与实务间千丝万缕、不可分割的关系，为传播教育者的教学指引新的方向。这个思路与笔者较为契合，也是迄今看到的大陆对台湾新闻传播教育分析较为中肯的论文。目前大陆大多数冠以"台湾新闻传播教育研究"的论文，囿于资料的获取不易以及参访局限，在研究方法上还较缺乏理论框架和科学性，多以走马观花式的描述为主。

综上所述，目前对于台湾新闻传播教育现状的研究仍以台湾学者为主。笔者认为，新闻传播教育是一个整体系统，若从微观层次上观察，教育的各个环节均相辅相成、相生相克；若从宏观层次观察，它的每一次重大变革都受到特定时代的政治、经济、文化教育、媒体发展的综合制约。上述研究还多停留在现象层次的观察，如对课程设置的研究大都以展示为主，缺乏比较和分析。而对教育其他的重要环节，如教育者与受教育者以及传播教育与传播学术研究的关系等都较少涉及。台湾新闻传播教育研究需要有新的研究方法介入，本书拟从社会变迁以及高等教育学的学科理念入手来进行分析，这对两岸新闻传播教育的研究是一个有益的尝试。

三 研究目标与方法

（一）研究目标

1. 结合社会变迁因素以及台湾新闻传播学科的发展历程，对台湾

[①] 陈静：《近十年台湾新闻传播学教育研究的视野》，《新闻大学》2007 年第 2 期，第 90 页。

新闻传播教育发展进行合理分期。

2. 参考高等教育学者对学科概念和内涵的界定，辅以台湾主要大学新闻教育工作者的深度访谈，拟从台湾新闻传播学科理智层面与学科制度层面入手，拟解答以下几个问题：

第一，台湾政治、经济、媒介业以及高等教育政策的发展，如何形成合力塑造和改变新闻传播教育的发展历程？每一阶段的特点分别是什么？

第二，台湾新闻传播学科理智层面的发展与学科制度层面的发展是否相互影响与对应？它们内在的关系如何？

第三，台湾新闻传播教育在教育理念、专业设置、课程设置、师资、受教育者调查、教学评鉴方面都有哪些特色以及不足？其前因后果如何？

（二）研究方法

在高等教育学科相关理论和社会变迁理论的指导下，本书具体采用以下方法：

1. 历史研究法：以台湾各主要学校创办历史、开设课程、主要教育者自传或回忆录以及受教育者调查等资料为主，根据院系所设置、课程设置、教育者研究、受教育者研究的顺序进行整理，找出每一时期新闻传播教育的主要特征并分析各要素间的相互关系。

2. 个案分析法：个案分析法是一种用来检验某一个受研究的客体所具有的许多方面的特征的方法。本研究会对每一时期有代表性的学校课程设置、新闻教育者进行较为详细的评介，以求读者能在较短时间内，对部分重要研究对象有更为完整的、全面的了解。

3. 深度访谈法：利用研究者到台湾进行学术访问的机会，对台湾主要学校的负责人、教师以及媒介人士做深度访谈。了解目前各校主要特色、面临的挑战以及应对策略，并从一定程度上了解新闻从业人员对教育的认识与反馈。

4. 比较研究法：对不同阶段、不同学校课程设置比例、教师数量、结构比例作出比较分析，以反映在不同时间段中，社会变迁因素对教育的深刻影响。

(三) 研究思路

首先，借助社会变迁理论框架，找出每一阶段影响台湾新闻传播教育的主导因素并分析各因素之间的关系。其次，参考高等教育学者对学科概念和内涵的界定，笔者认为学科发展包含学科理智发展和学科制度发展两个层面。本书拟选取"确定时间段学科研究主题的变换"和"有影响的著作的内容体系变迁"两个方面来考察台湾新闻传播学科的理智层面的发展；拟选取专业设置理念、学校系所的设置、课程设置等方面考察其学科制度层面的发展。最后，分析学科理智与学科制度的影响与互动。

四 研究重点、难点与创新点

(一) 研究重点

1. 在社会变迁角度以及学科发展影响下，确定台湾新闻传播教育的合理分期并分析每一阶段的特点。

2. 整理台湾新闻传播学学科研究的历程，试图找出学科理智发展和学科制度发展之间的关系和特点。台湾新闻传播学理论以及学术史研究目前在大陆和台湾都较为薄弱，从学科理智出发研究新闻传播教育更是较少有研究者涉及。这一部分内容虽然不多，但最考验研究者的功力与水平，也是本研究立论及学科制度研究的基础。

(二) 研究难点

1. 如上文所述，有关新闻传播学学科理智与学科制度发展的关系，以前尚无学者进行系统研究，这是本文的重点也是难点。本研究涉及高等教育学、新闻学、传播学、政治学、经济学等诸多学科领域，需要研究者有多学科知识的积累，才能作出较为合理的阐述。

2. 本研究时间跨度大，除了《"中华民国"新闻年鉴》和一两本专著外，各校课程设置以及教育者、受教育者等各类历史资料都不成系统，散见各处，这需要研究者花费大量时间和精力进行搜集与整理。

（三）创新点

1. 本书将新闻传播教育视为社会合力制约下的产物，同时考察新闻传播学科发展对教育的影响与制约，这是一个较为新颖的视角。

2. 本书借助搜集到的第一手资料将台湾新闻传播教育分为主要院系所成立情况、课程设置、教育者研究、受教育者研究等诸个环节进行整理，并结合社会变迁理论加以评析，具有较强的史料价值。

此外，需要说明的是：本书行文一律采用公历纪年，凡台湾文献中用"民国"纪年的地方均作相应的变通，引文与注释书目都做相应处理。台湾文献中，不时会有出现称台湾为"国家""我国"等以及批判共产党的一些言辞，本书为保存历史文献的本来面目，在引用时加引号注明，本文不加改动。

第二节 研究框架与研究概念的界定

一 研究框架和主要内容

本研究的结构与主要内容如图 0-1 所示：

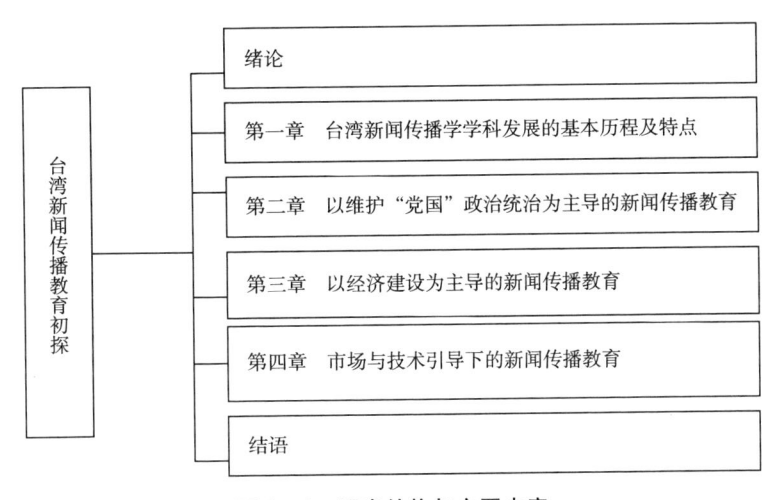

```
                    ┌─ 绪论
                    │
                    ├─ 第一章 台湾新闻传播学学科发展的基本历程及特点
台                  │
湾                  ├─ 第二章 以维护"党国"政治统治为主导的新闻传播教育
新                  │
闻                  ├─ 第三章 以经济建设为主导的新闻传播教育
传                  │
播                  ├─ 第四章 市场与技术引导下的新闻传播教育
教                  │
育                  └─ 结语
初
探
```

图 0-1 研究结构与主要内容

二 研究基本概念的界定

本书研究过程中，有三个基本概念需要界定，分别是新闻传播教育、社会变迁与学科，下面分述之。

（一）新闻传播教育

按台湾地区的教育体制，高等教育包括专科学校、独立学院、大学及研究所。专科学校的教育特点是传授应用科学、培养专门技术人才；独立学院、大学及研究所以学术研究、培养高级专门人才为宗旨。[①]

本书的主要研究对象是台湾高等教育中大学本科层次的教育。兼论少数系所的研究生教育（如台湾政治大学新闻研究所）以及台湾世界新闻专科学校早期的专科教育。

其实在台湾学界并无"新闻传播学"一说，只有大"传播学"概念，或者称为"传播学门"。在台湾"教育部"学科标准分类中，传播学门涵盖一般大众传播学类、新闻学类、广播电视学类、公共关系学类、博物馆学类、图书信息档案学类、图文传播学类、广告学类以及其他传播及信息学类。[②] 显然比起在大陆与新闻学并置的"传播学"来说，其内涵更为广阔。在本文的研究范畴中，大陆的"新闻传播学"与之接近，但范畴没有其宽泛。为不致引起读者误解，本书均用"新闻传播学"代替台湾文献上的"传播学"或"传播学门"。用"新闻传播教育"代替"传播教育"，只有在文中引用作者原话时，才不作修改，特作说明。

在大陆，新闻教育是指为了传授新闻学知识和技能，培养新闻传播专业人才进行的专业教育。李建新先生认为新闻教育的主要形式是正规的、系统的学院教育。新闻教育的另一种重要形式是对在职新闻从业人员进行终身的继续教育。[③] 青年学者马嘉认为高等教育中的新闻教育是

[①] 潘慧斌：《台湾地区高等教育纵览》，学林出版社，2002，第8页。
[②] 整理自台湾"教育部"大学校院学科标准分类查询，http：//www.edu.tw/statistics/content.aspx？site_content_sn=7858，2011年3月20日。
[③] 李建新：《中国新闻教育史论》，新华出版社，2003，第11页。

绪 论

指在高等教育机构中进行的有关新闻学理论、新闻史学和新闻业务等新闻专业知识的教学与研究，培养新闻专业人才的活动。① 台湾关于新闻传播教育的论著不少，但学者很少对此概念进行界定。直到1995年，马骥伸认为：广义的新闻教育不止于大专院校的新闻及相关院所系科组的专业教育，新闻业务界以及其他相关团体有关新闻专业的教育活动都应包括在内，甚至还可涵盖在各级学校已有或未来可能开设的新闻及传播课程。② 不过当时他写作时探讨的范畴则专指大专院校的新闻及相关院所系科组的新闻专业教育。他算是台湾比较明确提出新闻传播教育概念的学者。

台湾早期研究新闻教育的重镇《报学》杂志，在早期出现的字眼是"新闻教育"，而后是"新闻传播教育"，最终以"传播教育"代之。《新闻学研究》创刊时较少刊登教育方面的论文，到了1983年第32期才开始介绍美国主要大学的新闻教育与传播教育，此后出现的提法大都是"传播教育"，有时也提"新闻传播教育"（如冯建三《从报业自动化与劳资关系反省传播教育》、潘家庆等《传播教育核心课程规划》等文）。1984年，"中华民国大众传播教育协会"出版《大众传播教育》一书，该书内容是按时间顺序叙述，可以看到早期的说法是"新闻教育"，过渡期是"新闻教育""传播教育"混合在一起，后期就用"传播教育"来涵盖"新闻教育"。③ 传播教育名称变化的过程其实也反映了传播学在台湾的出现与发展历程。

2001年，在被称为台湾新闻传播教育的总结之作——《台湾传播教育的回顾与愿景》一文中，对于传播教育的定义，翁秀琪认同路德维希·维特根斯坦（Ludwig Wittgenstein）语言哲学的观点，认为英国法理学大家哈特（H. L. A. Hart）在1961年写作法理学的经典名著《法律的概念》（*The Concept of Law*）时放弃对于"Law"这个概念下定义的

---

① 马嘉：《学术与职业——日本高等新闻教育研究》，人民出版社，2009，第97页。
② 马骥伸：《台湾新闻传播教育的现在与未来》，台湾政治大学新闻教育六十周年学术研讨会会议论文，台北，1995，第1页。
③ 马星野：《大众传播教育》，"中华民国大众传播教育协会"，1984，目录。

19

做法是可行的。哈特在提问三个重要的法学问题后,随即"进入""观察"法律的实际运作。翁秀琪在研究中也采用了相似手段,她论证说,"如果我们一开始必须对于'什么是传播教育'的概念给定义,会不会陷入一个定义的流沙和泥沼中?……我的想法是,直接进入'传播教育'中去'看'"。然而事实上,在研究中暂时不下定义,并不意味着就能看清楚研究对象。目前台湾各所高校的新闻传播专业繁多,分属人文社会学院、传播学院、教育学院、管理学院、艺术学院等多个部门,而这些院系在台湾"教育部"网页上的分类也是五花八门,要对目前台湾的新闻传播教育作出定义并非易事。这也反映出新闻传播教育的外延越来越大,教育领域的泛化导致它与其他学科界线越来越模糊,"多少亦显示出传播学门在学院及教育体制内的尴尬地位,距离独立、自主尚远"[1]。

囿于研究范围和研究精力,同时又考虑不至于遗漏重要的研究信息,以及与大陆新闻传播教育研究保持一致,本文对台湾新闻传播教育的概念界定为:在台湾高等教育机构中进行的一般大众传播学类、新闻学类、广播电视学类、公共关系学类、广告学类的本科专业教育。在以下各章节进行课程分析时,笔者也会有意识挑选不同专业进行介绍。

(二)社会变迁

社会学认为,社会变迁是指社会结构方面的重大变化。社会结构包括实体结构和文化结构。实体结构包括社会阶层结构、职业结构、经济结构、政治结构等;文化结构包括价值观、行为规范和生活样式等。所有这些方面的重大变化都是社会变迁。[2] 传播学者则将社会变迁描述为社会互动和社会关系所构成的社会结构的改变,或是地位、角色的改变。这种变迁,可能发生在个人生活里,也可能发生于团体、社会或全人类的生活里;它可能是行为方面的改变,也可能是文化和价值体系方面的改变。[3] 论者在分析一个行业或产业外部所处的环境时,通常是

---

[1] 翁秀琪:《台湾传播教育的回顾与愿景》,台湾《新闻学研究》2001年第69期,第29~30页。
[2] 杨心恒:《社会学概论》,知识出版社,1997,第433页。
[3] 陈世敏:《大众传播与社会变迁》,三民书局,1994,第5页。

通过PEST来进行：P是政治（Politics，包括政策/法律）；E是经济（Economy，含GDP、财政金融政策、居民可支配收入水平、能源生态成本、市场机制等）；S是社会（Society，包括文化背景/人口环境，人口环境包括人口规模、年龄结构、收入分布等）；T是技术（Technology，包括新技术如互联网等的发展趋势和应用背景等）。① 借助上述研究者的观点，具体到新闻传播教育，影响台湾新闻传播教育的社会变迁因素可概括为：政治因素、经济因素、技术的革新、媒介的发展和高等教育政策的变化。系统论的创立者贝塔朗菲将系统定义为相互作用的诸要素的复合体。② 根据系统论的观点：系统是多元素的，并且这些元素是内在相关或相干的，但各元素之间的关系又是变化的，由系统的内部和系统环境相互作用。因此，在台湾新闻传播教育发展的历史进程中，不同的因素在不同的历史阶段具有不同的影响，在不同时间段，各因素在系统中的主次地位和作用都会有所不同。本研究将围绕政治、经济、媒介发展以及高等教育发展等四项主要社会变迁因素，考察不同历史阶段中最为重要的社会变迁因素如何影响新闻传播教育的理念与实践。

（三）学科

学科概念和内涵的讨论是近年来高等教育学以及社会学研究的热门话题。高等教育学者王建华在研究学科历史发展后，总结出一套判断一个研究领域成为一个学科所应具备的大致的经验性标准：（1）特有的学科定义和研究对象；（2）学科代表人物；（3）学科经典著作；（4）大学里相应的建制；（5）学科专业出版物；（6）研究基金；（7）专业研究者；（8）培养研究生的相关课程组合；（9）成熟的学科理论体系。③ 当然，以上标准只是经验性的，不一定每个学科诞生之时，都具备以上所有条件，"万物初生，其形也丑"，每一门学科的发展总是一个不断完善的过程。

---

① 佘邵敏：《台湾报业的新闻理念与新闻实践：社会变迁的角度》，博士学位论文，厦门大学新闻传播学院，2011，第15页。
② 成思危：《复杂科学与管理》，《中国科学院院刊》1999年第14卷第3期，第175页。
③ 王建华：《高等教育作为一门学科》，《高等教育研究》2004年第1期，第70页。

王建华在对学科（discipline）进行词源学上的考证和学科制度化历史的梳理后发现："学科就其本义而言，就是一种制度，一种建制、一种规训的方式"；"学科应包括学科制度与学科建制两个层面"；"学科制度（学科内在制度）主要指学科规范的理论体系的建立"；"学科建制（学科外在制度）主要指大学内部机构层面的东西"。[①] 另一位学者李泽彧认为学科发展包含学科理智发展和学科制度发展两个层面。学科知识和理论体系即学科理智，它强调知识的内在逻辑。学科制度是规范特定学科科学研究的基本理念和准则体系以及支撑学科发展的物质结构体系。前者为学科内在制度，后者为学科外在制度。[②] 由此看来，尽管两人在描述方式上有区别，但对学科内涵、本质的认识则是一致的。

社会学学者方文也明确提出学科发展包含学科理智发展和学科制度发展两个层面。"学科发展史是学科理智史和学科制度史的双重动态史"[③]，"称一个研究范围为一门学科，即是说它并非只是依赖教条而立，其权威性并非源自一人或一派，而是基于普遍接受的方法和真理"[④]。在这个意义上，学科发展表现为某一领域的知识和理论体系创建、发展和完善的过程。学科知识的理论体系即为学科理智，它强调知识的内在逻辑。从学科理智层面考察学科发展有多种确定的线索或策略，如：学科编年史或者学科通史、学科中学派的形成和演变、确定时间段学科研究主题的变换以及权威教科书的内容变迁等。[⑤] 但"称一门知识为一门学科……此名称并未揭示知识是透过对知识生产者的规范或操控而生产的，也没有说明门徒训练会产生普遍接受的学科规训方法和真理"[⑥]。一个学科的整体发展，绝不仅仅意味着学科的理智进展。这

[①] 王建华：《高等教育作为一门学科》，第 70 页。
[②] 李泽彧、赵凤娟：《我国高等教育学学科建设：基本轨迹及未来取向》，《中国高教研究》2010 年第 3 期，第 33 页。
[③] 方文：《社会心理学的演化：一种学科制度视角》，《中国社会科学》2001 年第 6 期，第 126 页。
[④] 〔美〕华勒斯坦等：《学科·知识·权力》，刘健芝等译，三联书店，1999，第 13~14 页。
[⑤] 方文：《社会心理学的演化：一种学科制度视角》，第 134 页。
[⑥] 方文：《社会心理学的演化：一种学科制度视角》，第 134 页。

些策略，无法使我们明了地确定学科的理智力量逐渐积累的动态过程，以及它在科学共同体中的学术地位和合法性的建构过程。学科的合法性在科学共同体中的建构过程，还有赖于一系列制度的支撑，即学科制度的建立和完善。①

综上所述，本研究倾向于"学科发展包含学科理智发展和学科制度发展两个层面"的观点，也就是从学科理智层面与学科制度层面来考察台湾的新闻传播教育。学科概念以及内涵的确定对本研究十分重要，学科理智的发展和学科制度的发展是相互依赖、相互促进的。要从整体上认识和促进一门学科的发展，必须将学科理智和学科制度两个层面结合起来。

---

① 〔美〕华勒斯坦等：《学科·知识·权力》，第14页。

第一章

台湾新闻传播学学科发展的基本历程及特点

第一节 台湾新闻传播学学科理智的发展历程及特点

一 台湾新闻传播学学科理智发展研究

据前文所述,从学科理智层面考察学科发展有多种确定的线索、视角或策略。在考虑获取资料的方便性与可能性之后,本书选择"确定时间段学科研究主题的变换"来考察台湾新闻传播学学科理智史的发展过程。由于台湾各大学教师的升级与评聘以及台湾"国科会"的研究奖助,均以评审学术期刊论文为主要依据,这使"书籍不是学院研究成果的主要载具,不如期刊或未正式出版的专题报告草稿(例如'国科会'报告)受到重视"[①]。因此笔者在搜集资料的过程中,以主要期刊和会议发表论文为主,再兼以代表性的专著和台湾"国科会"研究计划作为考察对象。

1949年国民党政府迁台后,部分新闻传播学者以及新闻工作者迁居台湾。1951年,台湾第一份新闻出版专业杂志《报学》创刊,1954年台湾政治大学恢复设立新闻研究所,次年新闻系复系。《报学》的创刊和台湾政治大学新闻系所的成立,带动了台湾新闻传播学术研究的发

---

① 陈世敏:《半世纪台湾传播学的书籍出版》,台湾《新闻学研究》2001年第67期,第6页。

展。从 1951 年至今，主要的研究成果如下：

1. 1951 年，胡传厚在《报学》创刊号上发表《建立新闻学的理论体系》一文，提出新闻学今后有四个发展方向：第一，新闻学应与报学分开，新闻学为研究新闻本身的学术，注重理论方面，报学为研究技术性的学术。第二，新闻学应为研究时代的学问。第三，新闻学应成为综合的社会科学。第四，共通律与关联律可作为新闻学的"通律"。这里的共通律与关联律指的是把具有共同性和关联性的新闻，作出归纳性的报道并编列在一起，启示读者。① 这是学者们迁台后较早对新闻学建设的思考，反映出当时报人已经意识到要用新的研究方法来提高新闻学的学术价值和地位，开始思考"学"与"术"的关系。

2. 1970 年，陈世敏首次分析《报学》半年刊的内容，以第一卷第一期到第三卷第十期，每卷十册，17 年共三个时期来作内容分析，验证施拉姆所提出的四个趋势，结果发现台湾《报学》的研究趋势，大体与美国《新闻学季刊》（*Journalism Quarterly*）相同。具体结果为：第一，定量研究的论文，17 年来虽有增加的趋势，但是增加的趋势不明显。而其中大部分是译介性质，缺乏以台湾情况为介绍的研究报告。第二，行为科学方法应用日趋普遍，有相当明显的增加趋势。第三，从伟人的研究到过程与结构的研究，注重报业与社会的关系。第四，有关台湾报业的论文，数量并不逊于世界报业与报业制度的论文。由此，陈世敏得出结论：台湾报学已由报业实务的讨论，进入新闻学理论的研究。②

3. 1977 年，从美国学成归台的杨孝濚用英文写作《传播研究在台湾的发展》一文，该研究以传播的专题研究与硕士论文为对象，以内容分析法筛选出符合其定义的"传播研究"加以分析。他把传播研究定义为"应用相关理论来发展假设，并采用行为科学研究方法，所撰写的

---

① 胡传厚：《建立新闻学的理论体系》，台湾《报学》1951 年第 1 卷第 1 期（创刊号），第 28~29 页。
② 陈世敏：《〈报学〉半年刊的内容分析》，台湾《报学》1970 年第 4 卷第 4 期，第 45~49 页。

系统性报告"，根据上述定义，杨孝濚发现台湾地区在1964年至1974年共发表了70篇研究论文，发展较快，他将台湾传播研究分为"早期发展阶段（1964~1970）""扩展阶段（1971~1973）""迅速发展阶段（1974）"三个阶段。[①]

4. 1978年，朱立分析了《报学》《新闻学研究》与台湾政治大学新闻研究所的论文后，指出过去台湾的传播研究偏向"报学的实务研究""以应用科学或定量分析方法来研究台湾新闻事业或人际与社会的传播活动""历史研究"等三个方向。[②]

5. 1985年，台湾辅仁大学硕士生杨世凡较全面地搜集了1964年到1985年间用社会科学方法完成的实证性研究，包括专业性期刊、论文、大众传播书籍、台湾"国科会"研究报告等，发现20世纪50年代盛行媒介效果影响研究；20世纪60年代前期盛行传播与"国家发展"及现代化研究；20世纪60年代后期盛行政治议题设定功能论；20世纪70年代则以使用与满足理论为主；而阅听人动机及使用行为研究、政治传播（政治社会化研究）与形象研究在20世纪80年代鼎足而立。[③]

6. 1986年，祝基滢主持台湾"国科会"研究计划《新闻学与大众传播学研究现况之分析》，研究的主要目的在于分析台湾传播研究的发展趋势、研究人口结构、研究主题、研究方法以及研究环境。其中，社会变迁与现代化研究、阅听人分析、媒体表现、传播政策依次为前四个比例最高的研究主题。研究方法则多用社会调查法、内容分析法、叙述与历史文献法。他还列出了十一项台湾重要的研究。[④]

7. 1992年与1993年，汪琪与臧国仁曾两度以内容分析法，分析了

[①] 杨孝濚：《传播研究在台湾的发展》，《台湾东吴政治社会学报》1977年第1期，第90~115页，第94~105页。

[②] 朱立：《开辟中国传播研究的第四战场》，台湾《报学》1978年第6卷第1期，第20~23页。

[③] 杨世凡：《台湾大众传播学术研究之表析（1964~1885年）》，硕士学位论文，台湾辅仁大学大众传播研究所，1985，目录。

[④] 祝基滢："新闻学与大众传播学研究现况之分析"，台湾"国科会"专题研究计划，1986。

1956年至1989年间完成的硕博士论文、1964年到1985年完成的研究计划以及《报学》半年刊第四卷到第七卷的内容，继续陈世敏先前所作的《报学》第一卷到第三卷的分析。结果发现，以主题来看，媒介实务在早期的硕士论文中所占比例最高，其他如传播历史、传播法规、外国传播等主题，均曾占有相当重要的地位。但在1970年后，大众传播及其相关的阅听人分析、传播与发展、政治传播等，成为主要的研究主题。近年以媒介实务为主题的论文虽然再度增多，但取材不再限于传统的新闻写作或道德问题，诸如编辑流程计算机化等均是研究题材。[①] 显示实务对学术研究的影响。

8. 1995年，罗文辉以内容分析法分析台湾传播学的主要期刊《报学》和《新闻学研究》，并把台湾的传播研究发展历程分成四个时期：萌芽期（1951~1965）、发展期（1966~1975）、成长期（1976~1985）与扩展期（1986~1995），分别说明各时期的重要传播研究主题与学门发展的关系。从研究方法方面发现1976年到1985年间，传播学研究中实证性的论文数量达至高峰，到1986年后则有下降的趋势，和1966年到1975年的比例相近。[②]

9. 1996年，汪琪与臧国仁在过去两次研究的基础上，发表《成长中的传播研究：一九九五学门人力资源调查报告》，以传播学界成员自填问卷的调查方式（针对1993~1995年之研究），系统性地搜集了学门研究兴趣与研究成果的资料，依据两人的分类结果发现在传播研究内涵方面，三年间传播学门的研究主题更趋多元化，研究领域随之扩张许多。"大众传播""阅听人研究""媒介实务"仍为主要的研究领域，但"传播理论""教育传播""新媒介""文化及国际传播"等领域也逐渐

[①] 汪琪、臧国仁：《台湾地区传播研究初探》，载朱立、陈韬文主编《传播与社会发展》，香港中文大学新闻与传播系，1992，第413页；汪琪、臧国仁：《台湾地区传播研究的回顾与展望》，载臧国仁主编《中文传播研究论述：一九九三中文传播研究暨教学研讨会论文汇编》，台湾政治大学传播学院研究中心，1995，第11~12页。

[②] 罗文辉：《台湾传播研究的回顾（1951~1995）》，载张长义主编《分析社会的方法论文集》，台湾空中大学等联合出版，1995，第D1~D40页。

受到更多研究人员的关注①。

10. 1996 年，须文蔚与陈世敏提出传播研究应回归多元典范，在建构本土化研究的同时，要以"好"的研究作为追求目标。须、陈两人指出，从之前的研究中可以看出，即使在批判、诠释典范逐渐冲击西方传播学术研究的状况下，（以实证研究方法为主的）社会科学研究典范仍然在台湾的传播学门中居于主流地位。受媒体实务影响而侧重大众传播的倾向，使口语传播、人际传播、组织传播等领域，在 1996 年之前的本地传播学界中几乎毫无建树。即使在大众传播的研究领域中，也偏重与社会、心理、政治、法律等学门的整合，对传播哲学、媒介经济学则鲜有着墨。② 因此打上"本土化"印记的研究不一定就是好的研究。

11. 1998 年，程宗明突破性地采取政治经济学的视角，从宏观角度观察台湾传播学研究的发展史，分析美国在冷战时期的国际舆论战传播策略与台湾传播研究发展的关系。他援引丰富的史料，论证台湾传播研究是在美国资助下逐步形成的；而传播实务界的广播电视商业经营体制，更是美援为扶植台湾的反共心战体系，与实证主义的传播研究互动后产生的结果。③ 这是台湾学者中较少有的从政治经济学角度分析新闻史的文章，该论文发表后，影响较大，其观点被多篇论文引用。

12. 2000 年，翁秀琪与景崇刚另辟蹊径，跳出以论文为研究对象的窠臼，以 1984～1999 年台湾"国科会"专题研究计划中的"研究概念"为研究对象，试图从方法论角度分析研究典范转移的现象。两人的研究发现，向来占传播研究大宗的"新闻学与新闻媒体"及"大众传播"等研究概念，在 1999 年的资料中急剧下降。翁秀琪等指出，"文化

---

① 汪琪、臧国仁：《成长中的传播研究：一九九五学门人力资源调查报告》，台湾《新闻学研究》1996 年第 53 期，第 61～84 页。
② 须文蔚、陈世敏：《传播学发展现况》，台湾《新闻学研究》1996 年第 53 期，第 9～37 页。
③ 程宗明：《析论台湾传播学研究/实务的生产（1949～1980）与未来——从政治经济学取向思考对比典范的转向》，载林静伶主编《1998 传播论文选集》，"中华传播学会"，1998，第 385～439 页。

研究""传播政治经济学""语言与传播"等概念,已逐渐受到传播学门的重视,特别在1996年以后,这样的趋势更加明显。诠释和批判典范传播研究较常采用的"言说分析""参与观察""语艺分析""民族志"等研究方法,在1995年以后被研究者较多地引进使用,深度访谈法被使用的比例,在1999年时甚至超越问卷调查法。①

13. 2000年,于心如、汤允一采取波特(W. James Potter)等人描绘美国传播学研究所遵循的典范(paradigm)分类方法来研究台湾传播学现况,研究发现,过去十年台湾传播学术期刊论文、研讨会论文与博士论文之发表有逐年增加的倾向,发表的文章以大众传播(大众媒体与社会)、传播政策、传播科技等为主要研究方向(按美国新闻与大众传播教育学会AEJMC/国际传播学会ICA之分类)。研究所的论文大部分只有研究问题而无系统理论;研究的层次以宏观为主,研究焦点则以讯息之内容与来源为主。研究方法多采取单一方法,其中又以历史文献法为最多。质化的研究仍远超过量化。在作者划分的典范类型研究中,社会科学方法占了超过四成(41.5%)、其次为诠释(38.1%)及批判(19.7%)的方法,以质化为出发的诠释及批判研究方法超过总方法的半数(57.8%)。②

14. 2000年,林东泰以台湾过去50年来的各新闻传播院校的911篇硕士论文作为研究总体,逐一按其研究取向归类,并追踪个别传播理论在台湾硕士论文中出现的年代,借以观察传播理论在台湾的全球化现象。分析发现,不论是假设演绎型的量化研究或诠释型的质化研究,都明确显示传播理论研究主流在台湾传播硕士论文扩散的全球化现象,虽然年份上有一定滞后。③

---

① 翁秀琪、景崇刚:《传播领域认识论典范之变迁——以1984~1999年"国科会"专题研究为例》,哲学与科学方法——第四届人文及社会科学哲学基础研讨会会议,台湾,2000。
② 于心如、汤允一:《台湾传播研究典范之分析——以1989~1999为例》,"中华传播学会"年会论文,台湾,2000。
③ 林东泰等:《传播知识全球化回顾——台湾近五十年来的新闻传播硕士论文》,"中华传播学会"年会论文,台湾,2000。

15. 2000~2001年，许峻彬、陈世敏分别研究半个世纪以来台湾传播学领域内中文书籍出版的数量和性质，结果发现，近50年来台湾传播学书籍的出版成果，主题以媒介实务与新闻专业技术、广告与营销等两类居多；作者以传播实务界人士为主，在大专院校专任教职的传播学术界人士居次，可见传播学由新闻实务界研究新闻学衍生而来的浓厚实务性格；书籍以创作居绝大多数，翻译的书籍还不到两成，书籍的性质则以专论最多，教科书次之；出书最多的出版单位为一般商业性出版社，但非营利的新闻专业团体或基金会，如台北市新闻记者公会、广电基金与嘉新水泥文化公司基金会，在不同年代多有贡献。各年代分期中，前述在总量上居大宗的传播专业技术书籍仍然居高不下，早期先是新闻专业技术书籍占绝大多数，到了晚期，广告、营销与消费行为的书籍取而代之，形成传播学书籍的热门焦点主题；传播学界与传播实务界在书籍著作的主题方面，呈现相去不远的趋势，大致都偏好以专业技术或大众传播为主题，显示传播理论、传播哲学与研究方法等仍为台湾传播学界亟待深耕的基础学术主题。[①] 由于台湾学者职称升迁以论文为主要指标，所以对书籍的研究一向甚少，该论文为了解台湾传播学书籍出版情况提供了有益补充。

16. 2001年，陈百龄分析了传播科系教师参与台湾"国科会"专题研究计划补助的概况。在内容主题方面发现传播学者最关注的类目依序是：新闻学与新闻媒体、大众媒介效果与传播过程、新传播科技、传播政策与法规以及广告、公关、营销与消费行为。而遭到冷落的主题类目为：传播与媒体道德、传播与性别、国际传播、传播教育、健康传播。[②]

17. 2004年，林丽云发表专著，从政治经济学的研究视角将台湾的

---

① 许峻彬：《从书籍出版分析台湾传播学的发展（1947~1999）》，硕士学位论文，台湾政治大学新闻研究所，2000；陈世敏：《半世纪台湾传播学的书籍出版》，台湾《新闻学研究》2001年第67期，第14~16页。
② 陈百龄：《从"国科会"传播专题计划提案看学门发展生态：1966~2000》，台湾《新闻学研究》2001年第67期，第39页。

传播研究分为以"反攻复国"为主要目标（1954~1960）、以"国家"发展为普遍目标（1969~1989）、"向全球转"？或"向地方转"？（1989至今）三个时期；她运用布尔迪厄的场域理论考察了台湾学院内传播学知识生产的历程，探讨在特定的权力关系下，政治经济场域的逻辑如何对传播学术施压与设限，而在压力与限制下，学术团体又如何观察社会、观照社会，并定位自身。① 该书最大的特色是提出了五个研究途径，即大师巨擘的途径、里程碑式的途径、内容分析的途径、政经结构的途径、典范转型的途径，来观察台湾的传播知识史发展历程。

18. 2006 年，林培渊整合林丽云提出的五种途径，结合重要政治事件以及专家访谈等，将台湾传播研究分为三个时期：（1）第一时期（1951~1969）——"党国"主导、知识场域和方法的奠基。（2）第二时期（1970~1989）——推动"国家"社会发展、外来学理的套用验证。（3）第三时期（1990~2005）——研究数量激增与多元化，新科技与全球化牵引。②

19. 2006 年，邱家宜以 1996~2005 年十年间，五份台湾地区新闻传播学期刊刊载的论文，以及台湾"国科会"传播学门专题研究成果共921个项目为对象进行分类与分析，发现相较于过去的研究结果，过去40年（1966~2005）来台湾传播研究的概略图像为：在研究方法上的实证取向。在研究兴趣上的实用取向以及在研究范围上的大众传播取向，得出"认识论典范多元化""研究旨趣多元化""研究层次多元化"的结论。③

除了期刊之外，在台湾20世纪90年代为数不多的新闻学术发展史的书籍中，彭家发的《基础新闻学》值得关注。该书作者针对大众传播学勃兴，新闻学研究貌似依附于传播学的状况，花费心力挖掘整理新闻学的发展历程。他将新闻学书刊以及典籍分为以下之类进行研究：

---

① 林丽云：《台湾传播研究史：学院内的传播学知识生产》，巨流图书公司，2004，目次。
② 林培渊：《台湾传播史的想象》，"中华传播学会"年会论文，台湾，2006。
③ 邱家宜：《近十年来台湾传播学研究趋势（1996~2005）》，"中华传播学会"年会论文，台湾，2006。

(1)"新闻学、报学、新闻学研究及其他相关论题";(2)"历史新闻学:报人、报史举隅";(3)"在我国刊行的新闻学四大启蒙典籍研究";(4)"新闻学典籍的分类问题";(5)"我国新闻学者的英著"(英文著作);(6)"新闻学书目聚珍"①。该书可视为研究台湾新闻学的"题材索引",尤其是各章之后的注释和参考书目,资料详实,是研究台湾新闻学科发展的入门参考书籍。此外,大陆出版的《中国新闻学书目大全(1903~1987)》一书,搜录的书目包括1903年至1987年的1900条资料,范围包括专著、教材、期刊、论文集、工具书等。其中"台港1951~1987"共搜录了466条新闻学书籍、期刊、专题研究报告等书目资料,也是颇具价值的参考书籍②。

二 台湾新闻传播学学科理智层面的特点

初步整理台湾传播学史上的重要文献,笔者的目的在于:第一,理清台湾传播学术史的基本发展脉络与特点,找出重要时间段各项研究成果与研究方法的变化。第二,了解学术史上重要时段的研究重点、研究趋势对新闻教育发展改革,包括专业、课程设置、教材的选用以及师资流派的影响。

对于台湾传播学的研究,有台湾学者认为,"研究无论采取何种路径、分期如何,都仍然几无例外试着回答下列三个主要问题:(1)台湾传播学研究,究竟完成了什么?——在领域、主题、取径、理论、方法、测量技术上?(2)经费由谁资助?(3)研究成果如何在学术圈内传播?"③ 据此,笔者尝试总结台湾新闻传播学科理智层面的发展特点。

1. 台湾传播学研究在主要时间段的研究领域与主题的变迁显示受到社会变迁因素的巨大影响。在上述研究中,一些关键的时间点值得关

---

① 彭家发:《基础新闻学》,三民书局,1992,目录。
② 林德海:《中国新闻学书目大全(1903~1987)》,新华出版社,1989,目录及内容简介。
③ 陈世敏:《半世纪台湾传播学的书籍出版》,台湾《新闻学研究》2001年第67期,第4~5页。

注：(1) 从国民党政府迁台到20世纪70年代，台湾的威权主义逐渐从军事威权转向发展型威权，整个社会的发展目标逐渐从"反攻复国"转变为促进"国家"经济发展达成"反攻使命"。杨世凡发现20世纪50年代盛行媒介效果影响研究；20世纪60年代前期盛行传播与"国家发展"及现代化研究；20世纪60年代后期盛行政治议题设定功能论；20世纪70年代则以使用与满足理论为主。新闻传播的研究重点与政府政策的实施重点是相一致的。祝基滢等也发现，1970~1985年，社会变迁与现代化研究、阅听人分析、媒体表现、传播政策这四个研究主题比例最高，而传播与国家发展、现代化理论等则是该时期的主题。台湾当局以媒介和学者作为建设与维护政权的重要组成力量，在提供资金的同时为其确立了明确的目的与指向。(2) 20世纪90年代前后台湾解除"党禁""报禁"之后，媒介和高等教育都高度扩张，新自由主义将传播科技视为资本主义扩张的利器，传播领域自身带有的实用性得到再次彰显。陈百龄发现在台湾"国科会"专题报告中，进入20世纪90年代，专题研究主题如"广告、公关、营销与消费行为""传播新科技""媒介管理与媒体经济"等研究的崛起，都与"解严"后媒体商业化的趋势有关。研究显示即便是台湾"国科会"所支持的传播专题研究，也仍然难逃行政和产业导向的紧箍咒。[1] 许峻彬、陈世敏等发现近50年来台湾在传播学书籍的出版成果，主题以媒介实务与新闻专业技术、广告与营销等两类居多。总之，台湾传播媒介体制、教育体系和研究典范的形成，都和政治策略密切相关。早期研究中的大众媒体过程与效果、政治传播以及新传播科技研究，政治经济结构因素支配的痕迹，隐然可见。[2] 由此可以看出，社会变迁因素对传播学术研究的直接影响和导向作用。

---

[1] 陈百龄：《从"国科会"传播专题计划提案看学门发展生态：1966~2000》，台湾《新闻学研究》2001年第67期，第25~49页。

[2] 程宗明：《析论台湾传播学研究/实务的生产（1949~1980）与未来——从政治经济学取向思考对比典范的转向》，载林静伶主编《1998 传播论文选集》，"中华传播学会"，1998，第385~439页。

2. 台湾传播学科研究主要移植西方传播学术理论，尤以美国影响为主。陈世敏发现1953~1970年，台湾传播学研究行为科学方法应用日益普遍，研究的定量理论多取自美国。林丽云也发现：这时期在《报学》、《新闻学研究》、新闻系的课程以及相关的书籍中，开始出现"大众传播""研究方法""效果"等新鲜的字眼与概念。这些新颖的概念，并不是本地学者打造出来的，而是从美国引进的舶来品。[1] 20世纪50年代后，美国由于冷战需要，为推销其反共意识形态，大力加强对台湾政治、经济、军事的支持，并成立半官方的"亚洲基金会"，给予台湾文化、教育方面的支持。台湾当时的新闻传播学，是一个途经美国之手输入的西方思想，镶嵌进风雨飘摇的台湾社会。

在台湾新闻传播学界，先后有谢然之、曾虚白、王洪钧、李瞻、徐佳士、漆敬尧、朱谦等学者赴美深造，而1954年到1969年间，共有七位美国新闻学教授来台讲学。[2] 此外，尚有"中央通讯社"总编辑沈宗琳以及"中国广播公司"节目部主任、台湾新闻主管部门副局长邱楠，《大公报》记者陈纪滢，"中央通讯社"采访部副主任张任飞，"中央通讯社"副总编辑胡传厚等台湾政治大学新闻系兼任教师接受美援计划[3]。这些人员回到台湾，进入媒介、政府以及高校的重要部门，大多发挥领导作用，使本地学者认为"美国的学术较进步，也较接近真理；美国学术的理论、方法与标准也较具普遍性。这种思维一直存在台湾的传播学术界"。[4] 在20世纪60年代至70年代中期，无论是朱谦、徐佳士还是漆敬尧、杨孝溁所作的实证性研究，都是验证美国发展的传播理论在台湾的适用性。[5] 在传播理论的研究上，也以介绍美国理论为主。

---

[1] 林丽云：《台湾传播研究史：学院内的传播学知识生产》，巨流图书公司，2004，第110页。
[2] 曾虚白：《十五年来的政大新闻研究所》，台湾《新闻学研究》1969年第3期，第2页。
[3] 程宗明：《析论台湾传播学研究/实务的生产（1949~1980）与未来——从政治经济学取向思考对比典范的转向》，载林静伶主编《1998传播论文选集》，第385~439页。
[4] 林丽云：《台湾传播研究史：学院内的传播学知识生产》，第123页。
[5] 罗文辉：《台湾传播研究的回顾（1951~1995）》，载张长义主编《分析社会的方法论文集》，台湾空中大学等联合出版，1995，D21。

第一章 台湾新闻传播学学科发展的基本历程及特点

台湾在知识上向美国看齐的传统在 20 世纪 80 年代末期有所改变。随着台湾地区传播研究人员增加，学者的研究方向出现一定的多元性，例如张锦华、陈光兴致力于批判理论研究；钟蔚文从认知心理学的角度研究传播行为；汪琪专注于新传播媒介科技的研究。学者们的学习地点也由美国转向欧洲国家，带回了西欧的批判学派理论，例如在德国拿到博士学位的翁秀琪致力于社会运动方面的研究；毕业于英国李斯特大学的冯建三从事传播政治经济学研究；毕业于伦敦西敏斯特大学的林丽云则从社会权力结构层次进行传播史研究。新的研究人员与研究方法、研究视角为台湾传播学科的发展注入活力，部分学者也尝试依据外国的新闻传播学理概念，发展适合在台湾应用的原理规则。不过这些变化并未从根本上扭转台湾传播学术生产的"代工"模式，由欧美学者出题，本地学者答题，几是欧美学术潮流的翻版。[①] 台湾的传播学研究深受美国和欧洲国家的影响，先是以科学主义为思想基础的美国行为实证研究主宰着学术界，接着引进欧洲批判思想和美国的诠释思想，这是个亦步亦趋的过程。[②] 林东泰的研究也表明不论是假设演绎性的量化研究或是诠释性的质化研究，都显示欧美传播理论主流在台湾的全球化扩散现象，虽然年份上有一定滞后。[③]

3. 在研究方法上，台湾新闻传播学研究长期"唯美国马首是瞻"，以行为科学量化的研究方法、社会科学行为实证研究方法为主，较为忽视宏观层面的社会控制与分析。在二战期间，美国传播学界受到政府资助，以功能论、行为主义的效果研究方法为主流，研究媒介讯息对阅听人个人层次的效果，借以评估大众传播在社会中的功能。这类研究方法主要是从机构（商业机构、政府或政党）的立场来探讨媒介如何造成阅听人的改变，注重个人层次的分析，忽略宏观层面与社会控制因素的

[①] 钟蔚文：《世纪之交，追寻传播研究的意义》，台湾《淡江人文社会学刊》（校庆特刊）2001 年，第 11 页。

[②] 陈世敏：《半世纪台湾传播学的书籍出版》，台湾《新闻学研究》2001 年第 67 期，第 20 页。

[③] 林东泰等：《传播知识全球化回顾——台湾近五十年来的新闻传播硕士论文》，"中华传播学会"年会论文，台湾，2000。

分析。受美国影响至深的台湾传播学者也亦步亦趋地沿用了美式理论与研究方法,但是,"当本地成员学习行为主义的分析方法时,却可能被这个方法所限制"①。

受到美国的影响,台湾传播学研究从1966年开始实证性研究显著增加,此后行为科学、实证性社会研究一直占据主导地位。在历次对台湾传播学研究的回顾中,汪琪和臧国仁的研究显示,在1966年以前,台湾的传播学研究很少采用实证研究方法,而在1966年以后,采用实证研究方法的研究计划显著增加。陈世敏的研究显示,在20世纪70年代,"行为科学方法应用日趋普遍,有相当明显的增加趋势"。祝基滢研究1985年以前进行的174项台湾"国科会"专题研究计划后发现,社会调查是专题研究最常采用的研究方法,此后是内容分析、叙述与历史文献法。20世纪90年代以后,行为科学方法、以实证研究方法为主的社会科学研究典范,仍然在台湾的传播学门中居于主流地位。1995年以后,在传播学门中,偏向人文科学取向的质性研究有所增加,1996年以后"言说分析""参与观察""语艺分析""民族志""深度访谈法"等研究方法也开始被使用。这也显示出随着欧洲批判主义思想的引进,研究方法日趋多元化。但是,从主体上讲,台湾传播学研究仍然以实证研究为主,以行为科学、社会科学为主导。此外,根据陈百龄的研究,由于传播研究者在研究过程中以台湾"国科会"为研究经费的主要资助机构,研究重心仍然偏重社会控制,探讨如何应用传播媒体与控制资讯。

4. 台湾传播学界逐渐重视本土化传播理论及传播研究方法的建设。从20世纪70年代末至今,台湾传播学界经历了两次规模较大的"向在地文化转"的讨论。20世纪70年代末,伴随世界范围内民族运动、民主意识的增强以及中美建交、台湾在联合国席位的丧失等时代背景,部分台湾学者呼吁本地学术界应为民族而学术,不应依赖欧美思想。②

---

① 林丽云:《台湾传播研究史:学院内的传播学知识生产》,巨流图书公司,2004,第156页。
② 郑瑞城:《传播的独白》,久大文化,1987,第283页。

1978年，徐佳士、汪琪、杨孝濚、陈世敏、朱立等在政治大学召开研讨会，提出"传播学中国化"的概念。① 研究者已意识到应将注意力从放之四海而皆准的普遍理论转到关心在地的传播现象与问题，以及它们形成的脉络。② 这个时期的转向主要是本体论上的转向，在本体论上，研究者认为在地社会（此时指中国社会）与西方社会有很大不同，研究者不应以西方社会的发展为主体，而应转向以在地（中国）历史中的文化现象为主题，并用现代的学理加以解释。③ 其间，关绍箕等学者开拓中国传播理论领域，试图从中国古代的思想史当中整理建构中国传播理论。

第二次讨论是从20世纪90年代至今，台湾传播学界为研究本土化作出持续努力，代表性的事件有：1993年举办中文传播研究暨教学研讨会；1995年举办传播学门现况与发展研讨会；1996年在《新闻学研究》第53期上开放"新闻传播教育：传播学的正当性危机"专题；2002年在《中华传播学刊》第1期上开放"传播学的众声喧哗"专题。学者们提出传播研究中国化有四个努力方向：（1）将西方现有的传播观念或理论做跨文化、跨地区的再测试；（2）将西方对华人传播现象的理解加以整理、批判；（3）钻研中国文化中独特的传播现象，如面子与传播、方块汉字的传播功能等；（4）探索华人社区当前切身而重要的传播问题④。在这次的讨论中，"向在地文化转"包括本体论与认识论两部分的内容：第一，在本体论上传播研究应转向以在地的现象为主题，并思考其脉络。第二，在认识论上应转向以在地的研究者为主体，反省自身与在地社会的关系。⑤ 在前人研究的基础上，2004年林丽云提出，在本体论和认识论的问题上，研究者必须尊重并珍重研究场域

---

① 朱立：《开辟中国传播研究的第四战场》，台湾《报学》1978年第6卷第1期，第20页。
② 陈世敏、夏春祥：《向文化转》，《台湾传播研究简讯》1998年第14期，第3页。
③ 林丽云：《台湾传播研究史：学院内的传播学知识生产》，第158页。
④ 朱立：《传播研究中国化的方向：中文传播研究论述》，载臧国仁主编《中文传播研究论述：一九九三中文传播研究暨教学研讨会论文汇编》，台湾政治大学传播学院研究中心，1995，第25、21页。
⑤ 林丽云：《台湾传播研究史：学院内的传播学知识生产》，第207~208页。

中独特的历史经验与逻辑思维,并据以修正知识论的立场,以捕捉台湾传播文化的特质的过去、现在与未来。"只有经由以上的努力,我们才能淬炼出更精准的概念与架构,以观照并创造出生生不息、处处生机的台湾传播文化。"① 部分学者还将"向在地转"的理念转化为行动,积极推动台湾社会的媒体改革,提出开办台湾公共电视、推动无线电视公共化、加强学术社群与社会团体结盟等,受到社会关注。

5. 台湾新闻传播学历史研究与理论研究仍须进一步发展。1993 年,朱立教授认为除了朱传誉教授在新闻史方面的努力与成就外,台湾"在历史或社会传播方面的成就实在非常有限,而且困难重重,尤其是欠缺整合与统筹的功夫"②。从具体研究内容来看,从 1970 年到 1989 年,在台湾"国科会"的研究中,关于传播哲学、历史、制度的研究只有一成左右,远远不及阅听人、效果、讯息的研究。而且,在 1970 年到 1989 年间的 222 篇台湾政治大学硕士论文中,只有 13 篇属于哲学、历史与制度研究。1996 年至 2000 年台湾"国科会"专题研究的内容主题,研究比例降幅最大的三个项目是:(1) 大众传播效果与过程;(2) 新闻学与新闻媒体;(3) 传播史。③ 事实上,到了 20 世纪 70 年代,台湾的新闻史与传播史的研究已经式微,在 20 世纪 90 年代,相关的研究仍然十分有限。在理论研究方面,"基础研究如传播研究方法,研究成果一直未超过总数的 1.5%。媒介哲学一直挂零,对于整个传播领域的健全发展而言,目前呈现出的研究成果分布,不免令人忧心"。④ 在书籍出版方面,传播理论、传播哲学与研究方法等仍为台湾传播学界亟待深耕的基础学术主题。⑤ 在笔者前往台湾与菲律宾访问与参加研讨

---

① 林丽云:《台湾传播研究史:学院内的传播学知识生产》,第 112 页。
② 朱立:《传播研究中国化的方向,中文传播研究论述》,载臧国仁主编《中文传播研究论述:一九九三中文传播研究暨教学研讨会论文汇编》,台湾政治大学传播学院研究中心,1995,第 25、21 页。陈世敏:《半世纪台湾传播学的书籍出版》,台湾《新闻学研究》2001 年第 67 期,第 14~16 页。
③ 陈百龄:《国科会专题研究之现况分析》,"中华传播学会"年会论文,台湾,2000。
④ 须文蔚、陈世敏:《传播学发展现况》,台湾《新闻学研究》1996 年第 53 期,第 23 页。
⑤ 陈世敏:《半世纪台湾传播学的书籍出版》,台湾《新闻学研究》2001 年第 67 期,第 16 页。

第一章 台湾新闻传播学学科发展的基本历程及特点

会时，李瞻教授、卓南生教授都分别表示台湾新闻传播学研究最大的问题就是忽视新闻史、传播史的研究，这将使研究走向无本之木、无源之水。在新闻传播学术发展的历程中，一些重要的问题正是在历史脉络中形成的。"传播研究史乃是批判性研究的重要一环，不应只是一个学门的次领域，而应是学门的核心"①；"在传播学的架构中，传播研究史是重要内涵，也应是重要的支柱"②。

目前台湾地区的实用性传播研究大致可以分为媒介实务与政策研究两种，前者的目的在于了解或解决传播实务问题，后者的目的在于协助制定或检讨传播政策。这两项研究都有相当的学术及实用价值，但对理论的启发与建构帮助不大。理论是科学研究的基本目标，因此理论建构是所有学门的目标之一。理论性研究太少，将使理论知识无法累积，也将使台湾新闻传播研究无法建立理论体系，传播学门在台湾学术界的声誉地位不易建立。"一言蔽之，就是临床应用多，基本学理少，所以更像是沙上的城堡，经不起风雨吹打"③。

综观台湾新闻传播学研究的发展历程，虽然台湾学人一直在努力探索并取得不少成果，但是台湾新闻传播学研究中实证性研究所占的比例太高，理论性研究的比例偏低，具有理论价值的原创性研究数量更少。因此，如何改变传播学者对实用性研究的偏好，鼓励传播学者针对台湾独特的社会环境与传播结构，进行具有理论价值的原创性研究，是台湾传播研究的当务之急。④

其实，对于世界上大多数西方教育典范的"输入国"而言，学术发展有三个阶段：认识、反刍与创新，每一阶段各有任务。第一阶段通常只是被动地了解各种理论与研究方法，到第二阶段，了解之余针对理

---

① 钟蔚文：《世纪之交，追寻传播研究的意义》，台湾《淡江人文社会学刊校庆特刊》2001年，第8页。
② 陈世敏：《传播学入门科目的现实与理想》，台湾《新闻学研究》2000年第65期，第11页。
③ 陈世敏：《传播学入门科目的现实与理想》，第14~15页。
④ 罗文辉：《台湾传播研究的回顾（1951~1995）》，载张长义主编《分析社会的方法论文集》，台湾空中大学等，1995，D2。

论议题进行检验和反思,而第三阶段则逐渐建立自身的学术方向与地位,摆脱对"输出国"的依赖,进入对话。[①] 目前台湾新闻传播学理论研究正处于从第二阶段向第三阶段迈进的历程当中,而这个历程的顺利发展,要靠台湾学人的自省与努力。

第二节 台湾新闻传播学学科制度研究

一 学科制度的基本概念

方文认为学科发展包含学科理智发展和学科制度发展两个层面,学科发展史是学科理智史和学科制度史的双重动态史[②]。学科知识和理论体系即为学科理智,它强调知识的内在逻辑。学科制度结构是支撑学科研究的物质基础,它至少包括四类基本范畴:职业化和专业化的研究者及他们赖以栖身的研究机构和学术交流网络;规范的学科培养计划;学术成果的公开流通和社会评价;稳定的基金资助来源。[③]

学科制度精神,较之学科制度结构,更容易传递、移植和建立。学科制度精神,是跨学科共享的和内在强制性的;而学科制度结构,可能因学科本质的差异而呈现出特异性。一方面,在学科制度中,其研究者作为社会行动者,具有多重认同,尽管学者认同是基本的和突出的认同特质。另一方面,学科制度,也和其他的社会制度存在着复杂的互动关系,其后果是科学研究的价值中立预设也可能会经受严重挑战,在后文分析学科理智对教育的影响及两者的互动关系中可以发现这一现象。

二 台湾新闻传播学学科制度的基本发展历程

参考高等教育学者的研究,本书将台湾新闻传播学学科制度的发展

---

① 汪琪:《后现代、学术自觉与教育传承》,载冯建三主编《自反缩不缩?新闻系七十年》,台湾政治大学新闻系,2005,第39页。
② 方文:《社会心理学的演化:一种学科制度的视角》,《中国社会科学》2001年第6期,第126页。
③ 方文:《社会心理学的演化:一种学科制度的视角》,第128页。

第一章 台湾新闻传播学学科发展的基本历程及特点

分为教育发展历程、学术组织、学术期刊、学术资助基金几个方面。上述几个部分，实际也是新闻传播学在高等教育中的重要组成部分。高等教育的建制化要依靠学科制度来保障，而教师的讲授内容则与学科理智发展密切相关。

1. 教育发展历程。新闻传播教育的发展涵盖了专业化的研究者与研究机构、课程、培养计划等内容，具体情况会在以下各章加以介绍与分析，在此先进行简述。在台湾新闻教育的发展初期，也就是20世纪50~70年代，台湾地区经济初步获得发展，社会对专业新闻人才的需求量也有所增加。其间，台湾成立了台湾政治作战学校新闻系、台湾政治大学新闻研究所、政治大学新闻系、台湾师范大学社会教育系新闻组、世界新闻专科学校、台湾文化学院新闻系。在课程设置上，早期重视党化教育与专业技能培训，后期则重视写作能力以及文史哲素养的培训。重视实习，强调学界与业界的合作交流。20世纪70~90年代是台湾新闻教育的发展时期。11年间成立了台湾辅仁大学（日间部和夜间部）大众传播学系、台湾文化大学新闻暨传播学院、台湾政治大学广告系和广播电视系、台湾铭传大学大众传播系等17所院系。台湾大学、台湾辅仁大学、台湾文化大学、台湾淡江大学、台湾交通大学等先后开设研究所，1983年台湾政治大学开始招收新闻学博士生，这标志着该时期台湾新闻教育已形成了专科、本科、硕士、博士以及社会力量办学的一套完整体系。自从国民党在20世纪80年代末解除"戒严"与开放"报禁"之后，台湾新闻媒介数量激增，对新闻人才需求殷切。同时台湾鼓励私立大学的建设，该时期台湾地区的新闻传播教育显现出一派繁荣的景象。根据笔者统计，截至2011年，台湾新闻传播教育共有41校116个传播相关系所（公立28个，私立88个），其中大学部60个，硕士班44个，博士班2个。[①] 随着传播科技的快速发展，尤其是电脑与网络的普及，台湾新闻院校及时开设了电脑排版与设计、电子媒介原理与

---

① 整理自台湾"教育部"《大学校院学科标准分类查询》2011年数据，见本书第四章第二节内容。

制作、多媒体影像和电脑多媒体制作等课程，并积极改进教学实习设备。有学者评论说，在当今世界上，没有一个地方的新闻传播教育像台湾这样密度大。在"少子化"环境下，各校间的教育竞争十分激烈。

2. 学术组织。从高等教育学科的角度来看，学术组织是以知识的继承与创新为目标而进行合理的管理与协调的具有高度自主性的社会实体。[①] 台湾传播研究的学术组织大致可以分为三类，第一类是大学的传播系所，早期的研究机构如台湾政治大学新闻研究所、台湾辅仁大学大众传播系、台湾文化大学新闻系等；第二类是台湾当局组织成立的研究、管理机构，如台湾"行政院新闻局"、台湾"国家科学发展委员会"、台湾"中央研究院"社会研究所等；第三类是媒体和教育机构自行成立的学术组织，比较重要的有："中华民国大众传播教育协会"、"中华传播学会"、"中华民国新闻评议委员会"、"广播电视发展基金会"、《联合报》报系文化基金会、"电视文化研究委员会""中华民国发行公信会"等。比如台湾"中华传播学会"，每年举办一次大型年度论文研讨会，编辑发行两期学术期刊《中华传播学刊》，并辅以不定期的学术演讲，是台湾目前具有相当活力且在两岸影响力较大的学术组织。此外，台湾也是国际传播学会（ICA）、全美传播学会（NCA）和美国新闻和大众传播教育学会（AEJMC）、国际中华传播学会（CCA）的会员。

3. 学术期刊。学者/机构之间的竞争，是对科学发现优先权（Scientific Priority）的竞争，文本载体是其唯一的评判指标，[②] 由此凸显权威出版物的重要意义。目前，台湾高校以科研论文为职称晋升的重要指标，以发表在 Science Citation Index 或 Social Science Citation Index（简称 SCI/SSCI）刊物的高低或多寡作为评价指标，因此，台湾传播学研究的主要成果基本都发表在代表性学术刊物上。正如陈世敏所说："书籍不是学院研究成果的主要载具，不如期刊或未正式出版的专题报告草稿

[①] 赵文华：《高等教育学术组织特征的全景式透析》，《上海交通大学学报（社会科学版）》2000 年第 1 期，第 111 页。

[②] 方文：《社会心理学的演化：一种学科制度的视角》，第 128 页。

（例如'国科会'报告）受到重视。学术界的传统如此。"[1] 因此，期刊上所刊载新闻传播学论文的研究是考察台湾新闻传播学科发展不可缺少的因素。

目前台湾新闻传播方面学术期刊较多，注重学术规范，有一定的研究水准，其代表性刊物首推1967年创刊的《新闻学研究》，该刊实行匿名审稿制度，1996年退稿率达51.8%，没有稿费，评审委员都是台湾及香港的著名新闻学者。其他较为重要的学术期刊有台湾"中华传播学会"会刊《中华传播学刊》（2002年创刊）、台湾政治大学的《广告学研究》（1993年创刊）、《广播与电视》（1991年创刊）、台湾大学的《新闻论坛》（1994年创刊，2001年改为电子刊物）、台湾铭传大学的《传播管理研究》、台湾南华大学的《传播与管理研究》。如今《台湾社会研究季刊》每年皆有2~3篇论文与传播领域相关，具有一定影响力。此外，历史上还曾有《报学》（"台北市编辑人协会"主办，1951年创刊，1994年停刊）；《民意季刊》（"民意学会"主办，2005年6月停刊）；《传播研究集刊》（这是台湾政治大学传播学院1997年创办的一家刊登五六万字规模的单篇论文或研究报告的小型期刊，半年刊，2003年7月停刊）；台湾辅仁大学的《传播文化》（1992年创刊，2003年10月停刊）。

4. 学术资助基金。学科基金制度主要涉及两个相关问题：谁在资助以及谁获得资助。一般来说，有三类主要的资助或基金主体，民族国家中不同层级的政府所出资的基金主体，民族国家内部由企业或民间出资的私人基金主体以及跨国基金主体[2]。台湾新闻传播学科的研究资助，大致也可分为三类，第一类是政府主导资助的研究基金：如"行政院国家科学委员会""教育部""新闻局""文建会""研考会"，以及若干地方政府出资的基金；[3] 第二类是私人基金资助的项目，如郑贞铭

---

[1] 陈世敏：《半世纪台湾传播学的书籍出版》，第5页。
[2] 方文：《学科制度和社会认同》，中国人民大学出版社，2008，第34~35页。
[3] 陈百龄：《从"国科会"传播专题计划提案看学门发展生态：1966~2000》，台湾《新闻学研究》2001年第67期，第25页。

《中国大学新闻教育的研究》1964年受嘉新水泥文化基金会资助出版，马星野等人的《我与新闻教育》受"中华民国大众传播教育协会"出版资助；第三类是跨国组织根据政治经济目的进行的学术资助，如美国富布赖特（Fulbright）奖学金、亚洲基金会以及亚洲协会等，在冷战期间它们都曾援助台湾政治作战学校、台湾政治大学新闻系与新闻研究所的建设，并资助学者们前往美国深造、出版书籍等，这类资助驱使台湾早期传播学术的走向与美国远东的外交策略利益相吻合。[1]

三 学科理智与学科制度之间的关系

高等教育学者李泽彧认为，学科理智的发展和学科制度的发展是相互依赖、相互促进的。学科发展依赖于学科理智和学科制度的共同发展。要从整体上认识和促进一门学科的发展，必须将学科理智和学科制度两个层面结合起来[2]。

台湾新闻传播学学科理智发展的特点是：研究受社会政治、经济因素影响；传播学科研究主要移植西方传播学术理论，尤以美国影响巨大；研究方法仍然以实证研究为主，以行为科学、社会科学为主导。学科理智精神隐含地弥漫在整体的科学共同体中，它作为科学活动潜在的制度条令，内化于每个个体研究者的心智结构中。在一个学科的发展过程中，理智与制度的发展是不可分离的，正是由于这样的互动才产生了独一无二的本土的学科发展态势。由此，笔者拟从以下几个主要方面考察台湾新闻传播学学科理智发展对新闻传播教育的影响：（1）新闻系所的数量、类型与社会变迁因素的关系；（2）课程是高等教育的核心组成部分，在不同时间段课程设置的特点与学科理智的发展关系；（3）不同时间段台湾师资的构成与研究重点的改变之间的关系；（4）学生论文，尤其是硕士生论文如何受到教师研究的影响，从学生论文研究方法、研究理论的变迁中反观学科知识的传承和流变。

---

[1] 陈世敏：《半世纪台湾传播学的书籍出版》，第10页。
[2] 李泽彧、赵凤娟：《我国高等教育学学科建设：基本轨迹及未来取向》，《中国高教研究》2010年第3期，第33页。

第三节 台湾新闻传播教育的历史分期

一 学术分期的意义

"分期"既是学术史研究的一个基本问题,又是一种基本的学术史研究方法。任何一门学科的学术史,实际上也就是从历时或者说纵向的轴线对本学科过去的学术研究活动及其成果的陈述和评价。这种陈述和评价需要有一个分析的框架,而"分期"便是一种相当重要的"分析框架"。[1] 对于框架的建立,学者们认为这种"分析框架"应该是客观的,它必须是对过去学术活动的客观准确的描述,否则就无法形成学术共同体的"共识"。如果没有共识,学术讨论将无法展开。但是,学术史分期实际又是主观的,它包含着"评价"因素,因为已逝的学术活动并不能自我呈现出某种阶段性,它是不同时代研究主体不同的研究旨趣以及对学科相关问题不同认知的反映。[2] 从认识论的角度来说,学术分期实质上是研究主体以一定精神的或观念的形式把握客体的精神活动,不同的分期思路之中包含着主体的价值判断,它是主客观共同交会的产物。如今已有更多的学者对此达成共识。

正因为学术分期包含的主客观性,才使学科理论和知识体系呈现出多元性和倾向性。通过对互有差异的学术分期的探讨,有利于我们反观此前的学术研究与成果,查看各阶段间学术发展的内在逻辑脉络,探索学术、学科发展的规律和方向。例如学界对于中国史学史与文学史各个分期不断的讨论就是明证。

二 台湾新闻传播教育的历史分期

台湾新闻传播教育受到台湾社会变迁因素、新闻传播学术研究以及

---

[1] 李刚、倪波:《分期的意识形态——兼论"20世纪中国图书馆学"》,《图书情报工作》2002年第6期,第48页。
[2] 李珍、丁华东:《关于档案学学术分期的思考》,《档案学研究》2007年第5期,第14页。

高等教育政策的综合影响。在具体分期之前，有必要简要介绍各领域的分期情况。

（一）主要社会变迁因素领域的分期

1. 从经济发展领域看，李非认为战后台湾经济发展大致经历了一个衰退、扩张、高涨、减缓、收缩的循环波动过程，显现出萧条、复苏、起飞、调整、转型五个变化阶段。这种变化特点，与台湾所处的经济社会环境一致，在一定程度上，可将其视作这种环境变化作用的结果。因此，李非将战后台湾经济发展的全过程分为5个演进阶段：第一阶段（1945～1949）；第二阶段（1950～1960）；第三阶段（1961～1972）；第四阶段（1973～1979）；第五阶段（1980～1990）。① 台湾学者对于战后台湾经济发展的阶段划分，也有诸多不同的角度，但以政府经贸主轴、产业结构的变迁以及经济成长的关键年代转折点为主流的分期依据。例如蔡学仪（2004）将台湾经济发展划分为：（1）经济重建时期：1949～1951；（2）以农业为主之经济时期：1952～1961；（3）工业化与出口扩张时期：1962～1979；（4）开放与自由化经济时期：1980～1989；（5）全球化与两岸经贸往来时期：1990年至今。②

2. 从政治学研究角度看，国民党退台后，长期实行"一党独大"的政治模式，国民党在台湾社会处于核心地位，垄断着政治资源与政治权力，其他政党只是国民党政权实行所谓"政党政治"的陪衬而已。20世纪80年代后，台湾政治开始转型。伴随着在野政治势力的崛起，以及国民党进行"党务革新"和推动"宪政改革"，以选举竞争和政治制衡为主要内涵的西方民主政治形式的政党政治，开始成为台湾政治运作的主要形态。2000年民主进步党（简称民进党）上台，台湾政治体系首次实现政党轮替，西方式的政党政治在台湾政坛确立起来。由此，台湾学者彭怀恩将台湾的政党政治划分为威权的党制时代（1949～1986）、政治体系的转型（1986年至今）两个时期。③ 实际上，2000年台湾实现政党转型，

---

① 李非：《台湾经济发展阶段论》，《亚太经济》1991年第3期，第42～43页。
② 蔡学仪：《台湾经济论》，新文京开发，2004，目录。
③ 彭怀恩：《台湾政党政治》，风云论坛出版社，1994，目录。

在台湾政治发展史上具有指标性的意义，表明台湾政党政治转型的完成，台湾开始了多党竞争的时代，这可以看作是台湾政党政治的第三个阶段。

（二）台湾新闻传播学术史的历史分期

如前文所述，罗文辉、林丽云、林培渊曾经根据不同的研究对象与研究视角对台湾传播学研究进行分期。1995年，罗文辉根据《报学》杂志和《新闻学研究》上所载论文所用方法及研究内容变迁的考察，尝试把台湾的传播研究发展历程分成四个时期：萌芽期（1951～1965）、发展期（1966～1975）、成长期（1976～1985）、扩展期（1986～1995）①。2004年，林丽云根据布尔迪厄的场域与资本理论，从政治、经济、社会发展等角度，将台湾的传播研究分为三个时期：以"反攻复国"为主要目标（1954～1969）、以"国家"发展为普遍目标（1969～1989）、"向全球转"？或"向地方转"？（1989年至今）。2006年，林培渊认为分期并无绝对的标准，多是由研究者的研究目的和主观判断所决定的。他整合了林丽云提出的五种途径，将台湾传播研究分为三个时期：第一时期（1951～1969）"党国"主导、知识场域和方法的奠基；第二时期（1970～1989）推动"国家"社会发展、外来学理的套用验证；第三时期（1990～2005）研究数量激增与多元化，新科技与全球化牵引。后两位学者虽然提法不同，但时间段的分割大体一致。

（三）新闻传播教育研究的分期

2000年，郑贞铭《中外新闻传播教育》一书将台湾新闻传播教育划分为教育的奠基时期（1949～1970）、发展时期（1971～1990）与蓬勃时期（1991年至今）。② 陈飞宝将台湾新闻传播教育分为台湾新闻教育的奠基（1949～1960）、20世纪60年代新闻教育的成长（1961～1970）、新闻传播教育的扩展（1971～1990）、新闻传播教育的转型（1991～2000）、新闻传播教育全盛时代（2001～2004）五个时期③。但

---

① 罗文辉：《台湾传播研究的回顾（1951～1995）》，载张长义主编《分析社会的方法论文集》，台湾空中大学等，1995，D2。
② 郑贞铭：《中外新闻传播教育》，远流出版公司，1999，第199页。
③ 陈飞宝：《当代台湾传媒》，九州出版社，2007，第416～488页。

两位学者在文中并未提出分期的理由。其实，在20世纪中国学术史的研究中，一个最常见的学术史范式就是创立期、发展期和繁荣成熟期的三阶段进化论①。它起源于梁启超《清代学术概论》中所言的"四段论"。梁启超把佛学的"生、住、异、灭"与"思潮之流转"结合起来，把"无论何国何时代之思潮"统一划分为四期，即启蒙期（生）、全盛期（住）、蜕分期（异）和衰落期（灭）。梁启超还断言："吾观中外古今之所谓'思潮'者，皆循此历程以递相流转。"②刘士林认为，这种学术史观与进化论在逻辑上相通，因而也就成为中国现代学术的一个基本语法结构，即任何学术史都可以按照诞生期（初创期）、发展期（建构期）、高峰期（成熟期）以及衰落期来书写③。这也就是20世纪中国学术史面目如此一致的学术根源。

翁秀琪2001年分析台湾70所传播系所资料，根据各校成立传播科系的时间来考察台湾传播教育的发展趋势，结果发现：1990年以前，以"新闻类""大众传播类"系所为主。1991年以后，除"大众传播类"系所继续成立外，"传播新科技类""传播管理类""视觉传播类""艺术类"系所纷纷成立。而1991年至2000年的10年中，是台湾传播相关系所蓬勃发展的10年。这10年中总共有49个系所成立，占1954年以来成立系所的七成（69.9%）。④根据她的研究可以看出新闻传播教育的发展变化历程，但翁文只作了描述，并未结合社会变迁背景作出研究分期。

（四）从高等教育研究角度的分期

陈舜芬在1993年时曾按台湾高等教育设校政策将台湾高等教育的发展划分为停滞阶段（1945~1953）、成长阶段（1954~1972）、限制阶段（1973~1985）、开放阶段（1986~1993）四个阶段；⑤陈伯璋在

---

① 李刚、倪波：《分期的意识形态——兼论"20世纪中国图书馆学"》，《图书情报工作》2002年第6期，第50页。
② 梁启超：《清代学术概论》，朱维铮校注，中华书局，2010，第2、4页。
③ 刘士林：《先验批判》，三联书店，2001，第103~105页。
④ 翁秀琪：《台湾传播学的回顾与愿景》，台湾《新闻学研究》2001年第69期，第47页。
⑤ 陈舜芬：《高等教育研究论文集》，师大书苑，1993，第15~28页。

2004年则将台湾高等教育在1949年迄今的发展再扩充划分成发展初期（1949~1953）、创立发展期（1954~1971）、限制管控期（1972~1985）、"解严"开放期（1986~1993）、开放期（1994年迄今）等五个时期。① 杨莹归纳了不同学者的分类，将台湾高等教育的发展分成以下七个阶段：（1）发展停滞阶段（1949~1953），（2）发展成长阶段（1954~1971），（3）限制管控阶段（1972~1985），（4）"解严"开放阶段（1986~1993），（5）自主及再度扩充阶段（1994~2001），（6）多元竞争"春秋战国"阶段（2002~2005），（7）强调学校自主管理及绩效责任阶段（2005年迄今）。②

新闻传播教育的发展与社会变迁因素以及高等教育的发展紧密相关，同时新闻传播学科理智制度与学科制度的发展也相辅相成。但不论是在哪个研究领域，笔者注意到，战后初期台湾光复（1945年）或国民党政府迁台（1949年前后）、台湾经济发展转型（1970年前后）、"解严"与政治形态转型（1989年前后）这几个时间段，是所有研究领域分期的重要节点，或说是影响新闻传播教育重要因素的交集。综上，根据众多发展制约因素，笔者将台湾新闻传播教育的发展历程划分为三个时期：第一时期（1951~1973）以维护"党国"政治统治为主导的新闻与传播教育；第二时期（1974~1991）以经济建设为主导的新闻传播教育；第三时期（1992年至今）市场与技术引导下的新闻传播教育。

理由如下：第一时期（1951~1973），1951年7月台湾政工干部学校新闻系成立，这是台湾最早成立的新闻学系。之前虽有"台北市编辑人协会"向台湾"教育部"与台湾大学呼吁成立新闻学系，但未果。因此1951年是台湾新闻教育的开始。20世纪50年代至70年代，台湾在政治上仍然是威权的一党制，新闻教育内容、培养人才目标以及教育

---

① 陈伯璋：《台湾高等教育的发展与改革》，载陈伯璋、盖浙生主编《新世纪高等教育政策与行政》，高等教育出版社，2005，第4~7页。
② 杨莹：《台湾高等教育政策改革与发展》，台湾《教育人力与专业发展》2008年第25卷第6期，第21页。

主事者等仍然以服务政治为主。1973年对台湾经济与高等教育发展都是十分重要的一年。当时世界爆发第一次石油危机，台湾开始重新制定新的第7期6年经建计划，并推动土地改革。台湾行政主管部门宣布暂缓接受私立学校的申请，以整顿专科学校（尤其是五专）与高等教育相关制度法规的制定为主要政策。高等教育的发展速度在此阶段大幅减缓，私校部分尤其明显[1]。1951~1973年，台湾主要大学的新闻系所均已成立，专业数目增长明显减缓，新闻教育开始更多地重视质量。

第二时期（1974~1991），1973年以后，台湾经济迅速起飞，很快由一个农业社会转变为工业社会，20世纪80年代时被称为"亚洲四小龙"之一。工业化、平均居民所得、都市化以及教育程度快速上升。1985年台湾行政主管部门核准开放新设私立学校，因此自1986年起，高等教育又进入开放成长阶段。在良好的经济发展环境下，虽然台湾地区仍维持31家日报、晚报，但台湾报纸的发行、广告业务都发展迅速。杂志事业与广播、电视的发展令人耳目一新。在此期间，新闻传播教育发展快速，传播院校系科增设迅速，增设不少研究所，设立博士班、硕士班，师资队伍充实，新闻课程体系基本成型。教学配合社会经济发展，大批学人从海外返回任教，研究以套用验证外来学理为主。[2] 1987年国民党当局宣布解除"戒严"，其后即解除"党禁""报禁"。解除"报禁"，给台湾新闻事业尤其是报业带来巨大改变。在此契机下，媒介与信息部门对传播类人才的需求迅速增加，随着传播环境的开放，社会对传播人才需求剧增。解除"报禁"之后台湾媒体和新闻教育在1991年以后形成一个新高潮，因此把1991年作为第二时期与第三时期的分界点。

第三时期（1992年至今），此时期的新闻传播系所名目繁多，数量快速增长，课程设置也紧跟市场需求，出现传播教学领域扩大、课程偏重技术与应用的现象，产生了传播教育的角色与课程、传播教育的资源

---

[1] 陈伯璋：《台湾高等教育的发展与改革》，第5页。
[2] 王天滨：《台湾新闻传播史》，亚太图书出版社，2002，第6页。

与课程、传播教育的基本模式该如何等几个亟待澄清的问题①。2002年1月台湾加入世贸（WTO）后，更面临教育市场必须开放的压力。面对数字化大潮，传统媒体受到巨大冲击，纷纷走上数位化、整合化、自动化、国际化、多角经营的道路。面对市场化和科技化的引领，台湾各类新闻传播系所都纷纷调整定位和教学方向，注重教授传播新科技、网络传播、平面媒体和电子媒体制作、多媒体设计与制作等课程。资讯传播逐渐成为研究的主流之一。根据翁秀琪的统计，2004年"传播新科技类"已高居第二位，共有13个系所（18.6%），"传播新科技类"的异军突起，多少印证传播学门的发展受到传播新科技的影响极巨。根据笔者统计，2001~2012年，共有40个院系所成立，主要以私立学校开设视觉传播类的"视觉传达设计"以及"传播新科技"类的"传播与科技学系/传播工程"为主。②

根据社会变迁以及高等教育发展等诸多因素的影响，笔者最终确立了台湾新闻传播教育的分期，本书将在后面各章具体介绍不同时期台湾新闻传播教育的发展历程及特点。

小　结

学科发展可以通过学科理智与学科制度两个方面来考察。本书通过"确定时间段学科研究主题的变换"来考察台湾传播学学科理智史的发展过程，主要搜集期刊论文、台湾"国科会"研究计划、研讨会论文以及代表性专著等来考察台湾新闻传播学学科理智层面的发展。结果发现：第一，台湾传播学科发展深受社会政治、经济、文化需求的影响。第二，台湾传播学科研究主要移植西方传播学术理论，尤以美国影响巨大。第三，在研究方法上，台湾传播学研究以行为科学量化的研究方法、社会科学行为实证研究为主，较忽视宏观层面的社会控制与分析。

---

① 王石番、陈世敏：《传播课程规划研究》，台湾"教育部"委托专案计划，1996，第2页。
② 见本书第四章第二节内容。

第四，台湾传播学界逐渐重视本土化传播理论及传播研究方法的建设。第五，台湾传播学历史研究、传播理论研究仍待发展。目前台湾地区的实用性传播研究大致可以分为媒介实务与政策研究两种，前者的目的在于了解或解决传播实务问题，后者的目的在于协助制定或检讨传播政策。这两项研究都有相当的学术及实用价值，但对理论的启发与建构帮助不大。理论是科学研究的基本目标，因此理论建构是所有学门的目标之一。理论性研究太少，将使理论知识无法累积，也使台湾传播研究无法建立理论体系，传播学门在台湾学术界的声誉地位不易建立。

学科制度结构，是支撑学科研究的物质基础，它至少包括以下四类基本范畴——职业化和专业化的研究者及他们赖以栖身的研究机构和学术交流网络；规范的学科培养计划；学术成果的公开流通和社会评价；稳定的基金资助来源。本章简要论述了台湾新闻传播学科制度的基本发展历程，并计划在以下几个主要方面考察学科理智与学科制度发展的关系：（1）新闻系所成立的数量、类型与社会变迁因素的关系；（2）课程设置特点与学科理智的发展关系；（3）不同时间段台湾师资的构成与研究重点的改变关系；（4）学生论文，尤其是硕士生论文在研究方法、研究理论受到师承的影响。

在一个学科的发展过程中，学科理智与学科制度密不可分，正是由于这样的互动才产生了独一无二的本土学科发展态势。台湾新闻传播学学科理智发展的特点导致在台湾新闻传播教育中，课程设置仍以市场化、实用主义为主，学科理论研究较为薄弱，再加上台湾当局政治上一度"去中国化"的刻意作为，忽略新闻史的研究与教育已是多年积弊。由于缺乏成熟、严密的理论体系，反映在教学上就出现新闻传播学"教什么"和"怎么教"的争论，这在两岸都是一个大问题。台湾主要新闻传播院系对学门入门核心学程进行过数次探讨及改革，至今仍在探索之中。在台湾学者眼里，这不仅仅是与学术研究相对的教学上的问题。教育的结果除了造就合格的传播人才之外，更要能够推进学科学术正当性的建立。教育并不能独立于学术之外考虑：学术必须先有发展，教育才有源头活水。[①] 大陆因为特殊的大学建制方式，学科的正当性长久以来鲜受质疑。然而，学术正当性已成为本学科的"原罪"。若欲学科有长足的发展，就不能不时时思量如何改变此番局面，以期学术研究之强化，学术社群总体水平之提高。为了改善新闻传播学科缺乏学术正当性的现状，台湾学者除了从事现实研究，致力于建构本土理论体系之外，还把新闻传播学教育视为达成此目标不可或缺的合力之一。

本章另一个重要的内容是阐述了学术分期的意义并将台湾新闻传播教育发展历程划分为三个时期：第一时期（1951~1973）以维护"党国"政治统治为主导的新闻传播教育；第二时期（1974~1991）以经济建设为主导的新闻传播教育；第三时期（1992年至今）市场与技术引导下的台湾新闻传播教育。笔者将在此分期的基础上建立起研究的框架。

[①] 汪琪：《后现代、学术自觉与教育传承》，载冯建三主编《自反缩不缩？新闻系七十年》，台湾政治大学新闻系，2005，第39页。

第二章

以维护"党国"政治统治为主导的新闻传播教育（1951～1973年）

第一节 新闻传播教育为"党国"统治服务

一 台湾20世纪50年代至70年代的社会背景

根据绪论中所述社会变迁理论中所包含的PEST要素，影响台湾新闻传播教育的社会变迁因素主要包括：政治因素、经济因素、技术的革新、媒介的发展以及高等教育政策的变化等。国民党政府从迁台后到20世纪70年代，经历了从风雨飘摇到逐渐站稳脚跟的过程，在政治上建立起"党国"威权统治政权，经济发展逐渐稳定、复苏并为腾飞做好准备。

（一）政治背景

1945年台湾光复后，台湾人民回归祖国的喜悦很快就被失望、仇恨所笼罩。国民党官僚把在大陆的腐败作风带到台湾，贪污的数额和手段创下台湾50年之最高纪录。[①] 除了贪官横行之外，国民党政府在用人政策上明显是以外省人士为主。光复后，迁台的大陆人员取代了之前日本人的地位，占台湾省高级公务员的大部分。台湾本省政治精英在政治上的甄选管道完全被阻塞。这自然使台湾有心仕途的精英大失所望，产生不满。再者，国民党政府与本省籍人士语言隔阂，甚至对之有歧视心

---

① 孙云：《台湾政治生态的变化与两岸关系》，厦门大学出版社，2009，第9页。

第二章 以维护"党国"政治统治为主导的新闻传播教育（1951~1973年）

理，加上各地回台的十七八万"台湾人前日本兵"也没能安顿好，这些因素加剧了省籍矛盾和本省人对外省人的敌对情绪。[①]

1947年2月，台湾爆发"二二八"事件，事件表面原因是查缉私烟的纷争，但背后隐藏的是国民党接收台湾的地方政府的腐败专横和对台湾人民的残酷压制。"二二八"事件对台湾政治和社会造成多方面的深远影响，对媒介来说，一个直接的影响就是国民党政权对媒体态度的转变。国民党政府追究责任时认为，报业宣传是造成"二二八"的祸源之一，拥有言论自由的台湾新闻业与事件扩大有相当的关系，于是大举整肃，控制言论，为此后的"报禁"埋下伏笔。

在"外交"方面，台湾国民党政府也遭受了沉重打击，1949~1950年，许多国家开始承认中华人民共和国。1950年美国总统杜鲁门就台湾问题发表正式声明，保证遵守《开罗宣言》和《波茨坦公告》关于台湾归还中国的规定，并说："美国对台湾和中国其他任何领土没有掠夺性意向。美国目前无意在台湾获取特别权利和特权，或建立军事基地。美国亦无意使用武装力量干预现在的局势。美国政府将不遵循足以使之卷入中国内战的方针。"[②] 杜鲁门的声明，似乎表明美国已决心从此不再干涉中国内政，不再介入台湾问题。但是朝鲜战争爆发后，美国政府从其远东战略利益考虑，重新改变策略。1950年6月25日，朝鲜战争爆发的当天，美国远东军司令麦克阿瑟向国务院递交了一份在亚洲遏制共产党的战略计划，明确提出台湾具有极其重要的战略价值，美国应立即给予蒋介石广泛的军事援助，并派出海、空军"保卫"台湾。1950年6月27日，美国政府作出了派遣美国第七舰队侵入台湾海峡的决定。为此，"国府才有了喘一口气的机会，但是，美国为了避免卷入中国内战，并没有给予'国府'长期而稳固的承诺，更限制国府的军事行动。因此，美国的支持可能只是暂时性的，待战事平息后，国民党政权可能再度陷入岌岌不保的状态。"[③]

[①] 陈癸森：《论台湾——为台湾把脉》，海峡学术出版社，2002，第26页。
[②] 陶文钊：《中美关系史（1949~1972）》，上海人民出版社，2004，第12页。
[③] 林丽云：《台湾传播研究史》，巨流图书公司，2004，第71页。

面对内外交困的处境,蒋介石在台湾建立了亚洲第一个典型的"党国威权政体","党国威权政体不同于军人官僚威权政体的最突出的特征,是有一个由政治强人控制的强力政党,实现一党政治,党的组织高度穿透政府、军队和社会部门,并且有一个居支配地位的官方意识形态作为政权的合法性基础"。由政治"强人""两蒋父子"主导的威权体制,一方面确立国民党在台湾的绝对权威地位,利用其"戒严"体制和一党专政体制,严厉打击岛内一切反抗国民党统治的活动;另一方面,又通过实施地方自治,在一定程度上扩大了国民党政权在台湾的民意基础,树立较为民主的形象,对内缓和与台湾人民的矛盾,对外争取美国的支持。[1] 这种制度反映在新闻传播教育上,体现出其指导思想要为"反共复国"服务,但实务教育又比较能尊重新闻规律的做法。

(二)建立"反共复国国策",加强对媒体的控制

为了维护国民党的统治,蒋介石迁台后,立即在台湾确立了"反共复国"的"基本国策",其大陆政策主要以"反共复国"为奋斗目标。在1952年召开的"国民党第七次全国代表大会"上,蒋介石提出,要"巩固台湾,反攻大陆,完成反共抗俄复国建国的使命",在通过的《中国国民党反共抗俄时期工作纲领》中,特别强调要对民众进行"反共抗俄"的文化宣传,"以争取'全国'人心","开展三民主义的文化运动","团结一切反共抗俄的人士"和"海外及敌后反共青年";强调要开展"心理作战"。[2]

针对岛内混乱局势,国民党发布"动员戡乱时期临时条款",对台湾人民进行严密控制。1949年5月19日,台湾省政府及台湾省警备总司令部宣布自5月20日凌晨起台湾全省实行"戒严",从此台湾地区进入了长达38年之久的"戒严时期"。1949年5月27日,台湾省警备总司令部颁布"戒严期间防止非法集会、结社、游行、请愿、罢课、罢工、罢市、罢业等规定实施办法",并十分注意对舆论的控制。在对媒

---

[1] 姜南扬:《台湾政治转型与两岸关系》,武汉出版社,1999,第24~25页。
[2] 孙云:《台湾政治生态的变化与两岸关系》,厦门大学出版社,2009,第21页。

第二章 以维护"党国"政治统治为主导的新闻传播教育（1951~1973年）

体的管制上，国民党政府牢记"二二八"事件的教训，1950年颁布的《台湾省戒严期间新闻杂志管理办法》规定："凡诋毁政府首长、记载违背三民主义、挑拨政府与人民感情、散布失败投机之言论及失败之报道，意图扰乱人民视听，妨碍戡乱军事进行或海淫海盗之记载，影响人民秩序者皆查禁之。"① 1951年6月，国民党政权开始实施"报禁"政策，通过"五限"方针：限纸、限价、限张、限证、限印来牢牢控制新闻界。台湾当局用限制申请登记证和限制纸张的方式保障既有报纸经营者的利益，抬高准入门槛，从而保证将市场利益分配给既有的报纸经营者；对既有的报纸经营者，则以"限张""限印"为制约，确保其不越雷池，在政治上对他们进行限制和拉拢。② 报禁的实施，对台湾新闻事业产生了深远影响。

（三）经济发展情况

1945~1949年光复初期，台湾经济因战争破坏处于萧条状态，工业生产停顿，产量仅及战前最高水平的三分之一，农业产量也不及光复前最高水平的一半。随后由于大陆通货膨胀以及岛内物资短缺的影响，台湾又发生恶性通货膨胀。物价在1947~1949年上涨了1056倍。到20世纪40年代末，国民党政权退居台湾后又增加了台湾人口的压力，市场供给不足的情况更加严重，经济陷入一片混乱之中，濒临全面崩溃的边缘。③ 陈孔立先生在《台湾历史纲要》中这样描述："光复后的台湾面临着一系列问题：在经济方面，由于受到战火的摧残，工业厂矿、港口、船坞毁坏过半，电力设施处于半瘫痪状态；农田水利、交通运输体系也都受到不同程度的破坏。有关民生的工农业生产基本上处于停顿状态，生活物资匮乏……在政治方面，国民党当局不敢启用抗日台胞中的人才，所依赖的是从大陆调来的官员和从大陆回台的'半山'（有大陆经验的台湾人），所以，台湾民众所面对的是他们所陌生的新统治

---

① 陈国祥、祝萍：《台湾报业演进40年》，自立晚报社，1987，第76页。
② 佟文娟：《过程与分析：媒体与台湾政治民主化（1949~2007）》，厦门大学出版社，2009，第10页。
③ 李非：《台湾经济发展阶段论》，《亚太经济》1991年第3期，第39页。

者……双方都缺乏必要的了解,因此,台湾人民与从大陆去的官员之间的矛盾就很难避免的了。"①

20世纪50年代初,台湾经济逐步由混乱状态走向稳定与复苏。促使台湾经济摆脱困局的关键因素有两个,第一个因素是美国的经济援助,它直接遏制了台湾的通货膨胀,为台湾的民生消费与工农业生产的恢复提供大量的物资;第二个因素是土地改革,它使农村生产力摆脱封建土地关系的束缚,促进了农业生产的恢复与发展。从1953年开始,台湾开始实行四年"经建计划",重点发展与民生消费有关的食品、轻纺等进口替代工业,满足岛内市场需求,使台湾地区的"国民生产总值"达到7.3%的中速增长,实现了台湾经济的初步扩张。从1961年至1972年,随着岛内市场趋于饱和,台湾经济开始转向,以加工出口为目标的劳动力密集型轻纺工业获得大幅扩张,使台湾经济达到10%的高速增长,实现了战后台湾经济的第一次飞跃,促使社会经济形态由以农业为主导转向以工业为主导。②

(四)高等教育发展方针

二战结束后,台湾属农业经济,十分落后,20世纪50年代初发展的工业也多是一些替代进口型经济,效益很差,对人才需求很少。但由于从大陆到台湾有大批高校教师和学生等原因,台湾地区当局为稳住阵脚,把发展高等教育视为"救亡图存"的策略之一,当局在将日据时期5所专门学校改革更名为专科学校的同时,相继建立起一批公立、私立大学。为发展高等教育,从1954年起台湾"教育部"在当时财政极为困难的情况下,先后批准设立台湾政治大学、台湾清华大学、台湾交通大学等高校,允许他们首先发展研究生教育,后增设大学本科教育。并特别注重发挥高校"建教合作"的生产教育。全面模仿美国高等教育,引进"通才教育"的概念,争取学术认同,对这一时期台湾高等教育起到强心剂的作用。但由于生产力水平较低,台湾高校从1950年

---

① 陈孔立主编《台湾历史纲要》,九洲图书出版社,1996,第424~425页。
② 李非:《台湾经济发展阶段论》,《亚太经济》1991年第3期,第39页。

的7所增加到1955年的15所,在校生从1950年的5374人增加到1955年的13460人。这时期高等教育发展更多的是为用人补缺而办。①

在美国的经济支援和技术指导下,台湾先后在1953年至1957年开展第一、二期"经建计划",随着现代化农业、工业产业的发展,技术人才逐渐缺乏,于是当局开始有目的地推动农业教育计划及工业教育计划的实施。当时台湾行政主管部门的施政方针指出:"充实专科学校,配合经建计划,增育各种专门人才。"② 这一时期,为配合政府经建发展计划,台湾高等院系数量急遽扩增,"但政府经费不足以支应过多的公立大专院校设立,遂改而鼓励私人兴学,专科学校于此时期大量增设"③。成舍我先生的世界新闻专科学校就是在这个背景下创办的。

总体来说,从20世纪50年代中期到70年代初期,台湾较好地抓住经济调整机遇,经济开始进入初步起飞阶段,加上学龄人口激增,由此刺激起越来越强烈的人才需求,发展高等教育的要求日益紧迫。台湾当局适时推出积极发展高等教育的战略,全面扩张高等教育规模,形成了台湾高等教育发展的第一个高潮。

二 树立为维护"党国"统治服务的新闻传播教育宗旨

国民党退台初期,各种危机交织在一起,台湾岛内一片混乱不安,惶惶不可终日,陷于风雨飘摇的黯淡境地。回顾反共失败的原因,蒋介石认为主要失败在宣传和教育。蒋介石在1950年《元旦告全国军民同胞书》中指出:"最可痛心的就是这四年中间,国际共产党,宣传的毒素,铸成了一般社会的错误观感……这些错误观念,在国内则损害了政府的威信,妨碍了剿匪法令……在国际上则混淆了民主国家的视听……"④

---

① 曲士培:《台湾高等教育》,湖南教育出版社,1990,第23页。
② 简明忠:《台湾技职教育学制变革之探讨》,博士学位论文,台湾师范大学,2002,第234页。
③ 杨莹:《台湾高等教育政策改革与发展》,台湾《教育人力与专业发展》2008年第25卷第6期,第22页。
④ 《三十九年告全国军民同胞书》,《蒋总统集》,台湾"国防研究院",1968,第2247~2248页。

蒋介石将国民党失败的原因归咎于中了国际共产主义的"宣传毒素"，显然是不找自身失败根源的无力托辞，但这也在相当程度上反映了他对媒介控制的决心。为此，他在《贯彻本党的时代使命和革命任务》中，特别训诫党政军干部，要讲求政治作战，三分军事，七分政治，注重心理作战，研究宣传技术。在《对第二次新闻会议训词》中责成"中央第四组""在新闻文化方面，需要决心继续肃清一切黄色，海淫海盗和造谣讥谤，扰乱视听，妨碍反攻工作的报刊，歌舞和影剧"。并指示传播事业："当前最要紧的任务，就是发挥大众传播力量，强化心理建设和精神武装……"①

蒋介石多次在回顾反共战争失败的原因时，都认为教育失败是一个重要因素。1950年6月，台湾"教育部"颁订《戡乱"建国"教育实施纲要》，要求要遵照"反共抗俄"的最高"国策"，以"复国建国"为中心任务，而居于首位的教育重心就是"加强民族精神教育与三民主义教育"。教育作为一项重要的"国家"发展目标，是在反共的政治目标下实施的。对于这段时期的教育政策，有研究者认为是国民党有计划地推行党化教育以巩固其统治的正当性。

韦伯（Weber，M.）说，统治的正当性也可能是建立在人民是否相信统治权力为正当的。② 国民党政府迁台后要维护自己统治地位的正当性，第一是着手建立戒严体制，用强制手段维持社会的稳定；第二就是建立威权一党制，压制党外势力，实行一党独裁；第三就是建立一套文化道德理论体系，宣扬其统治的正当性和正确性。③ 在获取政权之后，文化道德体系霸权的建立，最重要的两个工具便是学校和媒介。正如安东尼奥·葛兰西（Antonio Gramsci）认为，在现代文明社会里，人们的生活和思想活动异常纷杂，不利于统治者的控制和指挥，于是，统治者就设立学校，培养专门的利于维持或夺取统治权的知识分子。学校所通行的主流思想理应是唯统治者为上，其目的是"通过养成坚定的和不动

---

① 转引自刘昌树《先总统蒋公大众传播思想之研究》，正中书局，1980，第41页。
② Weber, M. *Economy and Society*, New York: Bedminster Press, p.213.
③ 孙云：《台湾政治生态的变化与两岸关系》，厦门大学出版社，2009，第21页。

第二章 以维护"党国"政治统治为主导的新闻传播教育（1951~1973年）

摇的道德与社会责任的意识"来驱使受教育者自觉、自愿地学习、接受和实践统治者的意志。尽管在社会里存在着不同类型、规模、程度、管理模式、级别的学会、学社、学校、学院、研究所、研究院，但是，它们的宏观指导思想和微观的实践活动在根本上则是内在一致的，即始终不渝地践行统治者的思想，维护统治者的政权。[①]

除了学校之外，在国家机器中，传播媒介负责文化、观念、知识和话语等的生产。事实上，国民党对媒介作用的认识以及对媒介的控制也是由来已久的，蒋介石在1940年3月23日发表《今日新闻界之责任》的演讲词中说："故新闻记者应为国家意志所由表现之喉舌，亦即为社会民众赖以启迪之导师。我国五十年来国民革命之事业，其由萌芽而发展而成熟，皆与新闻界有极深之关系，其消长进退之机，亦视新闻界之认识与努力以为断，凡新闻界之努力与建国方针相适合者则革命之进展必迅，反是则必迟滞而多阻。"[②] 迁台后，面对岛内外风雨飘摇的局势，国民党政府更是把媒介视为"革命的重要武器，具有传播主义思想，发扬文化，贯彻'国策'，打击敌人的重大功能"[③]。

国民党政府迁台后，新闻教育机构和专业人才都十分匮乏。新闻教育肩负培养宣传人才的重任，由此受到特别重视。国民党"痛感过去新闻宣传的失败，必须从头训练青年新闻人才"[④]。因此1951年政工干部学校成立之后，首先设立的就是新闻组。1952年"改造委员会"教育机构所通过的《本党当前宣传指导（草案）》也指出："为辅导新闻事业并运用新闻宣传力量，以贯彻反共抗俄之'国策'，完成建设台湾，反攻大陆之任务……政府应注意新闻人才之培养，开设新闻学系或新闻专修科以造就新闻人才……设立新闻学奖金对新闻学术有贡献之机构或

---

① 〔美〕约翰·费斯克：《关键概念：传播与文化研究辞典》，李彬译注，新华出版社，2004，第442页。
② 转引自李瞻《总统蒋公的大众传播思想》，台湾《报学》1979年第6卷第1期，第7页。
③ 转引自林丽云《台湾传播研究史——学院内的传播学知识生产》，巨流图书公司，2004，第74页。
④ 谢然之：《台湾新闻教育之开始》，《新闻教育与我》，"中华民国大众传播教育协会"，1982，第17页。

个人，给予奖助以促进新闻学术之进步。"① 1954 年，台湾政治大学复校后，又率先成立新闻研究所。以上学校的成立标志着台湾早期新闻教育主要为"反共复国"、巩固国民党政权服务。虽然在其后的 20 世纪 60 年代末期，台湾经济开始发展与转型，但新闻传播教育的资源始终掌控在政府手上，"反共复国"、维护"党国"的统治仍然是教学指导与课程设置的重要组成部分。

第二节　早期成立的台湾新闻传播教育机构

一　1949～1973 年成立的新闻传播教育科、系、所

1949～1973 年，是台湾新闻传播教育的奠基与初步发展阶段。此时期成立的新闻传播教育科、系、所参见表 2-1：

表 2-1　1949～1973 年成立的新闻传播教育科、系、所

系所名称	成立时间	性　　质
台湾政工干部学校新闻系（后改名为政治作战学校）	1951 年 7 月成立，1970 年 10 月改名	隶属台湾"国防部"的军校
台湾政治大学新闻研究所	1954 年 10 月成立	"国立"硕士
台湾政治大学新闻系	1955 年在台复系	"国立"本科
台湾师范大学社会教育系新闻组	1955 年 6 月成立	"国立"本科
台湾世界新闻专科学校	1956 年 10 月成立	私立专科，分三年制与五年制，日、夜间部
台湾艺术专科学校广播电视科	夜间部于 1963 年春季成立，日间部于 1968 年秋季成立	"国立"专科，三年制
台湾"中国文化学院"新闻系	1963 年 8 月成立，夜间部新闻系于 1965 年成立	私立本科
台湾"中国文化学院"夜间部大众传播系	1963 年成立	私立本科
台湾辅仁大学日间部大众传播学系	1970 年成立	私立本科
台湾辅仁大学夜间部大众传播学系	1972 年成立	私立本科

资料来源：整理自郑贞铭《中外新闻传播教育》，第 266～284 页。

---

① 《中国国民党党史会资料》，未出版，转引自林丽云《台湾传播研究史——学院内的传播学知识生产》，第 77 页。

第二章 以维护"党国"政治统治为主导的新闻传播教育（1951～1973年）

以下对主要的科、系、所建设情况进行介绍。

（一）台湾政工干部学校[①]新闻系

根据台湾政工干部学校新闻组主任谢然之的回忆，首先在台湾创建正规新闻教育的是政工干部学校。当时国民党政府迁台之初，痛感过去新闻宣传的失败，意识到必须从头训练青年新闻人才，一方面是适应军中与报界的迫切需要，另一方面则为"反攻复国"储备编采人员，造就下一代的反共报人。[②] 由此，1951年台湾政工干部学校成立之后，首先创设新闻组。当时蒋经国特别支持军中的新闻教育工作，创设新闻组也是他的重要指示。所有学员都是从部队中严格考选录取的，新闻组原定只录取80人，但由于其他学科大约有超过200名的学员均愿选修新闻，学校不得不采用口试和笔试进行甄选，最后选定了100名为新闻组的正式生。因此"复兴岗的政工干校也可以说是台湾新闻教育的发祥地"[③]。军中新闻教育的中心目标"是培养冒险犯难的精神，鼓舞民心士气，瓦解敌人战斗意志，以及煽动敌后反共抗暴起义，这些是与一般新闻教育大不相同的。因此，干校的新闻训练，是要求每一学员除了报导战地新闻之外，要成为宣传员，战斗员，不仅做记者编辑，还要兼任组织者与鼓动者"。[④]

台湾政工干部学校新闻系的发展可以分三个阶段：第一，新闻组时期：自1955年至1957年，共办了5期，修业1年半。第二，新闻科时期：自1957年至1959年，共办了2期，修业2年，计120学分，具一般专科学校资格。第三，新闻系时期：自1959年（第8期）至20世纪80年代，修业4年，计修161学分，与大学大致相同。台湾政工干部学校原为2年专科学校性质，自第2期后改为4年制，一切课程都以"教育部"课程标准为准则，

[①] 蒋介石在1949年退守台湾后，提出"三分军事，七分政治"论调，委派蒋经国模仿苏联"莫斯科中山大学"党校体制创立此校。1950年成立台湾"政治干训练班"。1951年7月15日成立台湾"政工干部学校"，设校于日治时代之北投竞马场。1970年10月31日，更名为台湾"政治作战学校"。2006年7月停招专科部，9月1日改隶台湾"国防大学"，更名为台湾"国防大学政治作战学院"。

[②] 谢然之：《台湾新闻教育之开始》，《新闻教育与我》，"中华民国大众传播教育协会"，1982，第17页。

[③] 谢然之：《台湾新闻教育之开始》，第18页。

[④] 谢然之：《台湾新闻教育之开始》，第19页。

毕业生由"教育部"授以文学学士学位，同时台湾"国防部"颁以少尉军官资格派至军中服务。因此，当时"干校新闻教育的特色，是文武合一与学用合一。毕业后必须分发三军及联勤所属单位及军中新闻机构服务"。①

政工干部学校新闻组的课程，最初是2年制，除了第一阶段为入伍教育，为期4个月，着重于军事基本学术及精神教育外，其余的为一般课程，与大学必修科目相同。新闻专业课程方面，包括新闻学概论、新闻编辑、采访学、新闻评论、报业管理、新闻法规与外电翻译等科目，并特别注重战地采访、军中广播的训练。第一期学员在学期间，曾编印一张实习报，名为《海狮报》。临毕业前学生被分组到台北各大报社实习，这创下了台湾新闻科系学生毕业实习的先例，也给各报社、通讯社与电台提供一个遴选新人的机会。正课以外，台湾政工干部学校还经常邀请新闻界的一些前辈作专题演讲，董显光、曾虚白、马星野、成舍我、萧同兹与魏景蒙等诸先生，皆莅临该校发表过演讲。

根据谢然之的回忆，政工干部学校新闻组后来改为新闻科，从第8期便正式改称为新闻系，教育期限从2年延长为4年，新闻课程同于一般大学的标准。自改为4年制教育后，与以前不相同的地方，是将军事学科与一般学科分开。在分科教育时不上军事课程，分科教育结束后才完全进行兵科教育，也就等于大学生服兵役了。在生活管理方面，仿照美国西点军校办法，采用自治制度，以高年级管理低年级，教官只是从旁辅导。4年制毕业时，学生除由台湾"国防部"颁授少尉军官资格外，并由"教育部"授予文学学士学位。

（二）台湾政治大学②新闻研究所与政治大学新闻系

1954年，台湾政府为配合"国策"，培育高等通才，决定恢复台湾

---

① 谢然之：《台湾新闻教育之开始》，第21~22页。
② 台湾政治大学，简称政治大学、政大。前身为1927年中国国民党在南京成立的中央党务学校，负责北伐期间国民党干部的教育训练。课程着重党务及社会运动、政治宣传。1929年，中央党务学校改组为"中央政治学校"，初设政治、财政、地方自治、社会经济四系，后来又增设教育和外交等系。1946年"中央政治学校"与"中央干部学校"合并，定名为"国立政治大学"。国民党政府迁台后，于1954年在台北复校，初设行政、公民教育及新闻等三个研究所，1955年恢复成立大学部。

第二章 以维护"党国"政治统治为主导的新闻传播教育（1951～1973年）

政治大学。建校之初，先从恢复研究部入手，筹设教育、政治、外交及新闻4个研究所。国民党政权迁台后，亟须对外宣传寻求帮助，这也反映出教育对政府需求的配合。新闻研究所成立之初聘请曾任国民党"中央四组"主任的曾虚白为主任，他参考美国若干大学新闻研究所课程设置后，决定培养理论与实务并重的高级新闻人才。新闻所首届学生报考资格，规定除大学新闻学系毕业生外，其他文、史、政、经、社会、法商学士均属合格，并且规定高考及格且从事新闻工作2年以上者，也能报名。至于考试专门科目，包括新闻学、编辑采访与新闻事业史3项，共同科目则为国文、英文、三民主义与中外史地。首届录取标准十分严格，国文与英文定有最低标准，任何1科不及标准，即无录取的机会。因此，政治大学新闻所首届研究生仅录取了11人，以后依据此严格标准，历届硕士研究生招生总在10人以内。

新闻研究所的学科与其他研究所共修的科目是：（1）"中华民国宪法"研究；（2）三民主义哲学基础；（3）中国哲学研究。另有12门新闻专业科目，每门2学分，共计24学分。首期任课教师与所授专业科目如表2-2所示：

由于师资缺乏，新闻研究所成立后又聘请外籍教师担任客座教授，

表2-2 台湾政治大学新闻研究所初期的新闻专业课程

科　目	教　师	学　分
民意与民意测验	曾虚白	2
编辑采访	曾虚白	2
评论研究	陶希圣	2
比较新闻学	谢然之	2
新闻文献	谢然之	2
中国新闻史	成舍我	2
日本新闻史	陈固亭	2
美国新闻学	王洪钧	2
大众传播	王洪钧	2
国际采访	郑南渭	2
新闻法	吕　光	2
报业管理	陈训念	2

资料来源：整理自谢然之《台湾新闻教育之开始》，第26页。

● 台湾新闻传播教育初探 ▶▶▶

先后有美国犹他州立大学的新闻学教授孔慕思（Prof. Carlton Culmsee）、南伊利诺伊大学新闻学系主任郎豪华博士（Dr. Howard R. Long）、日本的小野秀雄教授以及南伊利诺伊大学的克莱顿教授（Prof. Charles Clayton），他们带来了新闻教育的新思潮，并努力促进台湾地区与美国、日本的文化交流，符合了当时国民党政府拓展外交空间的"国策"。除了捐赠图书之外，郎豪华博士还协助新闻研究所的姚朋、黄胄、李瞻与张宗栋等学生，先后至南伊利诺伊大学深造。

新闻研究所的教学方针，分为理论研究与实务研究两部分。理论研究包括学科研究与硕士论文。实务研究包括报刊实习与专业实习。其中以硕士论文为最重要的研究工作，能否获得硕士学位，完全取决于提交的论文能否获得通过。

1954年台湾政治大学新闻系复系，谢然之在拟订复系的教育宗旨中曾说明："我们的教育目标是培养真诚纯洁的青年，成为大公无私，尽忠职守的新闻记者。我们以追求真理与事实来建立公正的舆论，为服务社会而不断努力。我们信仰三民主义，忠爱国家民族，并以促进自由世界人士的团结与了解为我们奋斗的目标。"[①] 这显示新闻教育为社会发展、为台湾建设服务的宗旨。

在课程设置中，台湾政治大学新闻系将课程区分为一般必修课程及专业必修课程。这种区分方法在现代专业教育中是最合理的基本方针[②]。当时台湾"教育部"为修订大学新闻系课程，特广邀各方学者及新闻界人士举行座谈会，集思广益，共同讨论，台湾政治大学最后制定如下课程（见表2-3～表2-5）：

表2-3 台湾政治大学新闻系复系时期的一般必修课程

科　目	学　分
三民主义	4
国文	8
英文	8

① 谢然之：《台湾新闻教育之开始》，第26页。
② 谢然之：《台湾新闻教育之开始》，第28页。

续表

科 目	学 分
国际组织国际现势	2
中国近代史	4
哲学概论	4
西洋通史	6
普通心理学	6
政治学	6
经济学	6
法学绪论	4
共 计	58

表2-4 台湾政治大学新闻系复系时期的专业必修课程

科 目	学 分
新闻学概论	4
新闻采访学	3
新闻编辑学	3
评论写作	2
新闻文学	2
新闻英语	6
新闻写作	2
中国报业史	2
世界报业史	2
报业行政	2
报业经营与发行	2
广告学	2
分类编辑学	2
新闻法规	2
广播与电视	2
通讯事业概论	2
公共关系	2
报刊实习	4
业务实习	4
共 计	50

表 2-5　台湾政治大学新闻系复系时期的专业选修课程

科　目	学　分
中国近代报业研究	2
民意测验	4
舆论学	2
新闻心理学	2
广播业务	2
新闻摄影	2
新闻印刷	2
新闻英语名著选读	4
新闻英语写作与翻译	4
说明：学生选修课应达到	12

在台湾政治大学新闻系早期的专业必修课程中，有一个主要特点：实务性课程与培养英文写作能力的课程比重高。实务性课程（如新闻采、写、编等）12学分加上实习（报刊实习、业务实习）8学分共有20学分，占专业必修课程总学分的40%。新闻英语写作课程为专业必修课6学分，占专业必修课程总学分的12%，再加上选修课程"新闻英语名著选读"或"新闻英语写作与翻译"（均为4学分），学分比例远远高于其他科目，也远远高于其他学校相关课程的学分。这反映出政大新闻系培养人才的重点。除了课程设置注重实践外，新闻系也注重实习工作。常规性的校内实习工作是编印《学生新闻》，每周出版1期，由新闻系三年级学生负责编采、校对及发行工作，并由报刊实习讲师指导。当时聘请政大新闻研究所毕业的李瞻、张宗栋与陈谔3位硕士担任讲师，共同指导实习工作。英文实习报刊名为《政治前锋》（*Chengchi Vanguard*），是与研究所合办的，每月出版1期，供三、四年级选修"新闻英语写作与翻译"的学生实习之用，由郑南渭与余梦燕相继指导，学生负责编采、撰写与校对工作。最后是毕业实习，学生四年级时被分组派往各新闻单位进行实习，为期1个月。当时新闻单位人才匮乏，毕业实习可以沟通学校新闻教育与社会新闻事业之合作关系，新闻单位也可以乘机遴选新的人才，因此双方配合的积极性较高。

1960年以后，新闻系的课程经王洪钧与徐佳士先生不断改革后，

第二章 以维护"党国"政治统治为主导的新闻传播教育（1951~1973年）

日渐形成重视基础、重视语文能力培养的特色。王洪钧在1960年至1967年间主持新闻系工作时，完成了多项有意义的建设。他在1963年提出新闻教育应加强人文社会科学基础，应包括知识、技能、道德与方法四大方面内容，将人文社会通识课程调整至总学分的64%，专业学科减为33%。另在四年级分设编辑采访、广播电视、新闻英文、公共关系与广告、报业管理以及图画新闻（pictorial journalism）6组，毕业必修137学分[①]。1965年，台湾"教育部"修订台湾8个学院各学系的必修科目表时，规定新闻系课程的设置，均以台湾政治大学课程修正案为蓝本，其余四年级分组后的"专精科目"，则由各校自行订定，报台湾"教育部"核准施行。

1967年8月徐佳士接任新闻系主任，进一步对课程进行调整。改进目标是提高学生语文能力、扩大知识基础、培养专门记者[②]。主要做法为：第一，加强语文及主要社会科学课程。在二年级增设现代文选，加大读写比重。二年级的新闻英文6学分由选修改为必修，并采用小班上课（后来此课程推广到广告系、广电系）。社会科学方面，将政治学、经济学、社会心理学、民法、刑法、地理通论改为必修（以上课程为部分必修）。第二，增设副科，这是徐佳士的另一重要贡献。他于1969年正式推动集中选修科制度，也称增设"副科"。规定学生在政治学类、法律学类、经济学类、国际关系学类和企业管理学类5种选项内，可以依兴趣集中选定一类学习，在4年内必须修满20学分，让学生及早确定方向，把他们训练成"专业记者"。此后，再视需要增加"自然科学类"课程，培养科学记者。这种精简新闻专业必修科目，改变选课僵硬制度的改革是成功的，它奠定了新闻系后来实施的辅修、双修制度。第三，减少新闻专修科目。由于语文和社会科学课程的增加以及20学分副科的加设，新闻课程课时必然减少。在新设课程当中，纯新闻专业必修课程只占约40学分，比原来减少10学分，这在新闻系总

[①] 陈飞宝：《当代台湾传媒》，九州出版社，2007，第421页。
[②] 徐佳士：《一个报告》，台湾《报学》1969年第4卷第1期，第44页。

修 157 学分中，约占 25.5%，接近美国一般新闻系学生应修新闻科目所占比例（25%左右）。第四，4 年学分增加。由原来的 142 学分增加到 157 学分。其中：（1）基本文史及社会科学共计 82 学分，在 1、2 学年修毕；（2）新闻学科共 55～59 学分，于 1～4 学年修毕；（3）新闻学科之外集中选修学科（副科），在 3、4 学年修毕。这次改革加强了政大学生语文及社会科学基础的培养，影响深远。

（三）台湾师范大学[①]社会教育系新闻组

台湾师范大学前身是台湾省立师范学院，成立于 1946 年 6 月 5 日，1955 年 6 月改为台湾省立师范大学，社会教育系下辖新闻组、图书馆、社会事业 3 个组。新闻组的教学重视新闻事业的经营与改进，旨在培养"具有教育观点的新闻记者"，以大众传播为社会教育媒介，教育社会大众。课程除新闻编辑、采访写作、报学经营与发行等专业课程外，特别注重教育学科与社会教育的学习。四年级修新闻法规、新闻评论、副刊编辑、新闻英语、中国报业史等专业课程。新闻组学生修业 5 年（包括实习 1 年），第 4 年下学期要求学生必须在各新闻机构实习，每周 12 小时，共 6 学分。台湾师范大学社教系新闻组虽然规模不大，但在台湾新闻教育领域中有较高的美誉度，先后培养出前《中华日报》社长、正中书局总经理黄肇珩、《联合报》驻华盛顿办事处主任施克敏、《经济日报》副总编辑叶耿汉、《经济日报》副总编辑杨士仁、《自由时报》社长颜文闩、前淡江大学大传系主任、现任台湾师范大学社会科学院院长林东泰等人士，素有"小而美"之称誉。

（四）世界新闻职业学校与世界新闻专科学校[②]

在台湾政治大学新闻系恢复的同时，成舍我先生也开始筹建世界新

[①] 台湾师范大学起源为创立于 1922 年的台湾总督府高等学校，1926 年改名为台湾总督府台北高等学校，是大学预科学校，台湾光复后，1946 年成立台湾省立师范学院，是台湾师范大学的前身，1955 年台湾省立师范学院改制为台湾省立师范大学，成为台湾最早成立的师范大学，1967 年改制为"国立"台湾师范大学。

[②] 台湾世新大学是一所以培养新闻传播专业人才为主的私立大学。创办人成舍我为著名报人。校训为"德智兼修，手脑并用"，该校由最初的职业学校日渐转型为综合型大学，经历了以下发展阶段：世界新闻高级职业学校（1956.9～1960.7）、世界新闻专科学校（1960.8～1991.7）、世界新闻传播学院（1991.8～1997.7）、世新大学（1997.8 至今）。

第二章 以维护"党国"政治统治为主导的新闻传播教育（1951~1973年）

闻职业学校。对于创办背景，成舍我先生有一段回忆："1953年4月18日，我在《新生报》写了一篇《需要一万名新闻干部回大陆》的专论，强调新闻教育的重要，许多新闻界、教育界的朋友，看了后劝我，既然你相信办一个新闻学校，训练反共新闻干部，倡导新闻自由，比仅仅办一张反共报纸，功效更大，那么，你何不率性办一所新闻学校？"① 在"限证"办报无望的形势下，经过思考，成舍我先生决定重操旧业，恢复办学。

据成舍我先生回忆："1956年10月，世界新闻职业学校在台北木栅沟子口开学，当时仅有高级编辑采访科一班，次年复增高级编辑采访科、广播电视科及初级报业管理科各一班。初级班、高级班课程的开设参考了大陆时期初、高级职业学校的课程设置，初级班的主要课程是属于印刷方面的排字、铸版、开机器，以训练基础印刷技术为主；其次是国文、英文、算数及社会科学概要等。高级班的主要课程是属于事务方面的发行、广告、会计、簿记、印刷管理，一般课程有国文、英文、会计等，模仿高职排课，加强企管。初高两级，并讲授社会科学大意，自然科学大意，以充实其常识"。② 创办之初，条件艰苦。成舍我先生曾用"苦不堪言"来形容。当时"高初级各一班，第一学期总共只剩六十余人，所幸学生少，教职员工友连我总共不到十人，每月全部开销仅万余元，有时将我在他校兼课所赚得钟点费、稿费及其它薪俸，带到学校，抵补开支"③。当时师资也十分缺乏，成舍我先生只得依靠在大陆时期积累的广泛人缘，四处登门恳求，"来世新担任教课，名记者于衡先生，是开学时就曾做过我们的专任老师。像这样一所刚创办的中等学校，我们竟先后拥有大众公认的第一流师资，如程沧波、阮毅成、端木恺、蒋匀田、陶百川、蒋复、沈云龙、陈纪滢、王蓝许多专家学人，都

---

① 成舍我：《我如何创办世新》（20周年校庆演讲），成舍我先生纪念网站 http://csw.shu.edu.tw/PUBLIC/view_01.php3？main=&id=1417，2012年4月6日。
② 马之骕：《新闻界三老兵：曾虚白、成舍我、马星野奋斗历程》，经世书局，1986，第305~306页。
③ 成舍我：《我如何创办世新》（20周年校庆演讲），成舍我先生纪念网站 http://csw.shu.edu.tw/PUBLIC/view_01.php3？main=&id=1417，2012年4月6日。

曾来校正式授课。王云五、胡适诸先生来校专题讲演。云五先生，每年必来一二次"。①

1960 年成舍我先生及时抓住台湾当局鼓励私人办学、兴办专科学校的时机，使世界新闻职业学校正式改制为私立世界新闻专科学校，萧同兹任董事长，成舍我任校长。学校以"德智兼修，手脑并用"为校训，开设报业行政、编辑采访、印刷摄影 3 科，初期学制分 3 年制及 5 年制，3 年制招收高级中学或同等学校毕业生，修业年限 3 年。5 年制招收初级中学或同等学校毕业生，修业年限 5 年，通称新闻科。专科学校时期在课程设置上"则与法学院中政治、法律、社会等学习排课各种分系相当，专业课程在每一阶段中，都兼包有新闻学概论，采访，编辑，和新闻事业中必须的技能，如摄影，速记，译电等"。② 世界新闻专科学校的教育思想很大程度上体现了成舍我的新闻教育思想：训练初级班，目的是造就印刷工人，高级班造就发行、广告及事务上管理人员，本科则为造就一方既常识充足，一方且学有专长，而对新闻事业，又已得到深刻了解的编辑采访和报业指导者。③

依据校训，台湾世界新闻职业学校在开办之初，即成立印刷实习工厂，设备虽简单，却证明学术与技能并重。1957 年世界新闻职业学校创办 8 开小报《小世界》（周刊），其后广播电台的成立，更是煞费周章，经长期争取而始获准。《小世界》虽是学生实习报，却常有独家新闻的报导，为台北各大报所不及刊出，可说是意外的收获。④ 此后，世界新闻专科学校先后于 1962 年分设报业行政、采访编辑、广播电视 3 科，1963 年增设公共关系科，1964 年增设图书科，1966 年增加电影制

---

① 成舍我：《我如何创办世新》（20 周年校庆演讲）。
② 马之骕：《新闻界三老兵：曾虚白、成舍我、马星野奋斗历程》，经世书局，1986，第 302~311 页。
③ 成舍我：《普及新闻教育问题：我所理想的新闻教育》，台湾《报学季刊》1935 年第 1 卷第 3 期。
④ 谢然之：《台湾新闻教育之开始》，《新闻教育与我》，"中华民国大众传播教育协会"，1982，第 31 页。

作科，1969年增设印刷摄影科。世界新闻专科学校十分重视实习，实习分校内实习和校外实习，3年制从2年级起，5年制从4年级起，在校内印刷厂编印《小世界》周报，广播电视、电影专业学生则在世新电台、闭路电视台、电影电视摄影棚及小剧场实习。毕业生最后一学期，依各科性质到校外各新闻传播机构，如报社、电台、电影制片厂实习。为台湾业界培养了大批实用人才。

（五）台湾文化学院①新闻系

1962年台湾原"教育部部长"张其昀②创办台湾"中国文化研究所"。1963年设哲学、中文、新闻等大学部15个系，9月更名为台湾"文化学院"。新闻系的创办人兼首任系主任是谢然之教授。据谢然之回忆：华冈新闻系是文化学院重要的一环，晓峰先生的理想是"承东西之道统，集中外之精神"，他对新闻系有殷切的期望。曾于1968年11月23日召集新闻系全体同学在慈孝堂讲话，嘉勉新闻系的成就，并希望新闻系成为全校的模范，凝成钢铁的队伍，这番训勉对于新闻系同学有着极大的鼓励与启示。③

台湾文化学院新闻系在开办之初，在课程方面，由于"教育部"对大学共同必修科目与新闻学系必修科目，早已有了统一规定，所以与台湾政工干部学校和台湾政治大学新闻系没有差别，只能从加强课外作

---

① 台湾文化大学，简称文化大学、文大，别名华冈，创立于1962年，是一所位于台湾台北市的私立大学。1962年筹备之初，时任台湾"教育部"部长的张其昀决定先办研究所，校名为"中国文化研究所"，下设12个学门。1963年5月，大学部设立15个学系；1963年9月，夜间部行政管理、社会工作、大众传播与商学等4学系成立并招生，更名为"文化学院"。1980年改制为"文化大学"。
② 张其昀，字晓峰，是著名的史地学家、教育家，系蒋介石的同乡（浙江宁波人）。1954年，他出任台湾"教育部部长"，先后主持建立了"南海学园"，恢复了"中央图书馆"，并设立了"国立历史博物馆、科学馆、艺术馆、教育资料馆"，此外又创办了"中国文化研究所"、"国立"艺术专科学校等，曾被称为台湾的"文化之父"和"教育之父"，又因经他手完善了台湾的高等教育体系而被台湾学界誉称为"博士之父"。先后继担任国民党"中央党部宣传部长"、"中央改造委员会秘书长"以及台湾"行政院政务委员"、"教育部部长"、"总统府资政"等，他还是国民党第八届至第十一届的"中央常务委员"。
③ 谢然之：《台湾新闻教育之开始》，第33～34页。

业与专题研究方面发展自己的特色。例如文化学院实施的月记制度、每周专题演讲制度、每月新书、会见新闻界等都是值得称道的制度，[①] 为学生打下了扎实的写作功底。日后文化学院有不少学生进入报社、杂志社工作，如《中国时报》的高信疆、李广淮、张静涛，台湾《联合报》的简武雄、陈扬琳，台湾《经济日报》的赖金波、刘朗，台湾《民生报》的夏训夷等，在业界都有良好的表现。这与他们在校期间受到严格的笔头、口头训练有很大关系，颇受好评。

在实习方面，《文化一周》是校内实习报刊，所有采访、编辑、校印与发行，均由学生分组轮流担任。以后新闻系又出版了《新闻学杂志》，成为研究新闻学术与大众传播理论的系刊。

在聘请师资方面，由于华冈校区远在阳明山上，离市区较远，交通不便，经过张其昀、谢然之多方延揽，才初步建立起师资队伍。在教授台湾"教育部"规定的专业课同时，学生还依志愿分为编采组、广电组、报业行政组、新闻英语组与公共关系组。新闻系专业课程设置情况参见表2-6。

表2-6 台湾文化学院新闻系必修课程

科　目	教　师	学　分
大众传播理论	王洪钧	3
新闻学	钱　震	3
新闻采访	欧阳醇	3
新闻写作	于　衡	3
新闻法规	张宗栋	2
报业管理	黄通霈	2
广告与发行	颜伯勤	2
英语新闻	丁维栋（以后又兼夜间部新闻系主任）	2

资料来源：整理自谢然之《新闻教育与我》，第34页；郑贞铭《中外新闻传播教育》，第282页。

[①] 郑贞铭：《无爱不成师　郑贞铭学思录》，三民书局，2010，第383~385页。月记制度是每个学生每个月交一篇月记，写学习心得或对系务建议，或者个人感受，以求锻炼写作能力，增强师生情感；每周专题演讲制度是为补充教师少开课不足，每周邀请新闻界名人演讲；每月新书是每月读新书一种，并规定作读书报告或笔记；会见新闻界是每月邀请新闻界名人到校与学生会晤，传授经验，并做作业。

二 20世纪50~70年代的社会教育

社会教育是台湾普通教育的重要补充，也是台湾教育不可或缺的重要组成部分。一般通过公益机构、民间组织、宗教团体进行社会教育。[①] 在20世纪50~70年代，除了正规的教育学府之外，为了让更多的新闻工作者有机会接受教育，坊间的社会教育也很发达，主要通过学校、新闻记者公会以及报社来进行。其中成绩较显著者如下：

（一）"中国新闻函授学校"

1953年成立，该校以通信方式授课，遴选教授、专家、作家、记者编授课本，由学校按各班实际情形寄发，开设课外写作课程，学生须自行撰写短评、特写、专访等寄回学校评改。除了台湾地区之外，还有华侨青年参加。

（二）新闻讲习班

1957年由"台北市新闻记者公会"主办成立，由当时"新闻记者公会"理事长曾虚白兼任班主任，邀请新闻界名流作专题演讲。受邀演讲的人士与题目分别有：陶希圣《新闻感与新闻眼》、马星野《新闻与宣传》、沈锜《新闻记者对五二四事件的认知》、曾虚白《何谓民意》、陶百川《专栏写作经验谈》、谢然之《近十年来新闻学研究的发展》、钱震《了解读者》、王洪钧《大众传播学》、冷枫《新闻记者的基本条件》、周培敬《通讯社新闻的编辑》等。[②]

（三）英文新闻研习班

这是美国南伊利诺伊大学新闻系主任郎豪华博士在为政大新闻研究所授课之余举办的英文新闻讲习会，邀请台北外事记者参加，修课程给予学分，视同南伊利诺伊大学夜间部在海外的办学机构，参与讲习班的数名学员曾获该大学奖学金并进入新闻研究院继续深造。郎教授主讲课程分为两学期：第一学期为"英文新闻报道与特写之研究"，第二学期

[①] 何绵山：《台湾社会教育的新途径》，《教育评论》2011年第4期，第124页。
[②] 郑贞铭：《中外新闻传播教育》，远流出版公司，1999，第284页。

为"美国报刊社评写作之研究"。

第二次英文新闻讲习班为台湾英文报纸《中国邮报》主办,该报社长余梦燕为训练英文新闻写作人才,于 1961 年春成立英文新闻研习班,旨在训练英文新闻写作人才,成绩优异者为《中国邮报》酌予录用。

另外,台湾政治大学新闻研究所为了配合台湾推广社会教育的政策,于 1971 年至 1973 年间,与台湾新闻主管部门合作举办新闻研讨会,吸收台湾各大专院校的年轻人,包括助教、讲师、研究生及高年级的大学生进行培训。后来此种做法逐渐制度化,形成在职人员研修学位制度,为台湾政治大学后来开办在职专班教育奠定基础。

第三节 课程设置基本情况及特点

一 高等教育中课程设置的重要性

课程设置在高等教育体系中具有重要作用,"一门学科知识是否实现了制度化,或者说,该学科制度化的标志是进入大学,被纳入大学课程体系内"。[①] 任何教育都有培养目标,而培养目标的体现必须通过课程设置的内容和顺序来实现,课程规定了培养人才的基本规格、质量和标准。高等学校课程体系如何设置,直接关系到学校能否培养出不同层次、不同类别的专门人才,来适应和促进经济与社会发展。

通过对课程设置的考察,可以了解各时期、各校新闻传播教育的重点和特色。

二 台湾早期各校课程设置特点

各校课程设置的基本情况在上一节各校成立时已有较为详细的介绍。本节根据各校必修、选修及各时期课程调整的情况,总结出下述特点:

---

① 李政涛:《教育学科发展中的"制度"与"制度化"问题》,《华东师范大学学报》(教育科学版) 2001 年第 3 期,第 80~81 页。

第二章 以维护"党国"政治统治为主导的新闻传播教育（1951～1973年）

（一）课程设置党化教育色彩明显

国民党败退到台湾地区，检讨失败原因，认为政治上的腐败、军事上的错误尚属其次，最根本者为教育的失败①，尤其没有树立三民主义中心思想是主因。② 因此，国民党决定实施比在中国大陆时期更有力度的"教育政党化"。所谓教育政党化（党化教育），任鸿隽在20世纪30年代曾下过一个定义："（1）把党的主义或主张，融合在教课中间，使他渐渐地浸灌到学生的脑筋里去。（2）教育的事业，由党的机关或人才去主持，使他完全受党的指挥。"③ 到台湾以后，国民党实行的教育政党化，基本内容仍然是在这两个层次，但强度则非以往所能及。在课程方面，1950年台湾"教育部"公布《大学各学院及各专科学校共同必修科目》，将"三民主义"列为必修科目。当时台湾最初只有台湾大学一所大学，台湾师范学院、台南工学院、台中农学院三个独立学院。台湾大学由于服膺自由主义的教授占据主导，加以傅斯年校长主张自由的学风，国民党党义灌输的教育并不十分顺畅。独立学院虽然无力与国民党"暗斗"，但三民主义教育的影响力也有限度。因此，1954年底，国民党当局决定恢复其在中国大陆时期由党务学校转制而成的政治大学，在首先恢复的四个研究所里，开设了基本公共必修课"总统学说研究"，用意就在于实现大学教育政党化的突破。④ 在以"培养革命政工干部"为主的政工干部学校中，规定学员第一学期必修的共同科目，有"国父遗教""总统训词""俄帝侵华史""匪党理论批判""国际问题研究""政工业务""军事课程"等，⑤ 台湾政治大学新闻所与其他研究所的共同科目有"'中华民国'宪法研究""三民主义哲学基础"

---

① 蒋介石：《今后教育的基本方针》，转引自茅家琦《台湾三十年》，河南人民出版社，1988，第10页。
② 崔载阳：《三民主义教育哲学研究》，"中央"文物供应社，1981，第9页。
③ 任鸿隽：《党化教育有可能吗》，《独立评论》1932年第3期。
④ 何卓恩：《教育政党化与自由中国对公共文教空间的诉求》，台湾《开放时代》2010年第7期。
⑤ 谢然之：《新闻教育沿革》，《"中华民国"新闻年鉴》（1961年版），"台北新闻记者公会"，1961，第23～24页。

"中国哲学研究"。1954年，台湾"教育部"设置大学新闻系课程，把"三民主义"列为一般必修课程。① 这就是任鸿隽所说的"把党的主义或主张，融合在教课中间，使他渐渐地浸灌到学生的脑筋里去"。至于任鸿隽说到的"教育的事业，由党的机关或人才去主持，使他完全受党的指挥"，这在台湾政治大学、台湾政工干部学校、台湾文化学院新闻系所创办人的身上都可以得到体现，曾虚白、谢然之、张其昀均为国民党高级官员，忠实于三民主义，就算世界新闻职业学校的创办人成舍我先生虽不直接为国民党政府服务，但其创办宣言即是"训练反共新闻干部，倡导新闻自由"②，这在本章第四节将会进行更为深入的分析。

（二）课程设置初期强调实用性，后期注重加强文史哲修养

台湾各校创办初期以培养新闻界所需的实务人才为主，课程以新闻采访、写作、编辑、评论为重。由于要培养对外宣传人才，亦加强新闻英语写作与翻译课程的训练，像台湾政治大学新闻系所都聘请美国教授专门授课，另设有英文报刊供实习使用。从新闻教育的发展历史来看，"新闻教育是美国的发明，从头开始即明确揭橥以培养技能为取向……新闻教育以其内容形而下，缺乏特殊理论知识的骨干，历来见弃于悠久的欧美精英大学"。③ 新闻学教育最终在美国发展并且昌盛是和国家推行公立大学服务社会，使职业训练得以和抽象理论知识并驾齐驱分不开的。台湾新闻传播教育深受美国影响，再加上迁台后新闻人员紧缺，初期即采用实用性教学也属必然。在经历十来年的发展之后，台湾政治大学新闻系开始进行课程改革，加强语文、社会科学知识的培训，减少新闻专业必修科目，注重增强学生人文素养。这为学生日后投身新闻业奠定了厚实基础，具有特别意义。

---

① 谢然之：《台湾新闻教育之开始》，《新闻教育与我》，"中华民国大众传播教育协会"，1982，第28页。
② 成舍我：《我如何创办世新》（20周年校庆演讲），台湾《联合报》，1976年10月15日。
③ 张咏、李金铨：《密苏里新闻教育模式在现代中国的移植——兼论帝国使命：美国实用主义与中国现代化》，载李金铨主编《文人论政——知识分子与报刊》，广西师范大学出版社，2008，第281页。

（三）课程设置注重顺应时代发展

在1965年以后，台湾经济发展迅速。为了适应电子媒体尤其是电视业的兴起与发展，台湾各校多实施分组教学，如台湾政治大学新闻系分为编辑采访、广告公关、广播电视、英文新闻4组。文化学院新闻系则除上述四组外，另增报业行政组；世界新闻专科学校从一年级即分报业行政、编辑采访、广播电视、公共关系、电影制作及印刷摄影、图书资料等组，"以因应传播事业的多元化的发展"。① 在课程设置中，几乎所有学校都增设了广告、广播、电视、公共关系等专业课程，显示出以媒介划分课程和专业的倾向。

（四）各校分工明确，课程各具特色

例如台湾军方的政工干部学校、政治大学新闻研究所与新闻系为早期台湾新闻教育的主力。政工干部学校的目标在于"培养一批笃信三民主义，绝对服从领袖，坚决反共抗俄，并富有责任心、荣誉感的革命政工干部"，所以规定学员第一学期必修共同科目，有国父遗教、总统训词、俄帝侵华史、匪党理论批判、国际问题研究、政工业务、军事课程等。政大新闻研究所成立的三大任务，"一是培养新闻理论人才与新闻教育师资；二是'培养国际特派员'；三是培养新闻事业高级领导人才"。② 旨在培养台湾媒体对内外宣传的高级人员，因此政治上新闻所研究生都必须学习"中华民国"宪法研究、三民主义哲学基础，专业上则重视新闻采、写、编能力以及英语写作、编译能力的培养。随后成立的新闻系在课程设置上也强调专业优秀、英语过硬。台湾师范大学社教系新闻组旨在培养"具有教育观点的新闻记者"③，因此在课程上除重视新闻专业课程外，还特别注重教育学与社会教育课程的开设。世界新闻职业学校和专科学校主要培养大专水平的印刷厂工作人员与媒体基层从业人员，课程强调动手能力，实习所占比重大。各校职能分明，各

---

① 郑贞铭：《中外新闻传播教育》，第286页。
② 李瞻：《新闻教育》，《"中华民国"新闻年鉴》（1991年版），"中国新闻学会"，1991，第302页。
③ 郑贞铭：《中外新闻传播教育》，第278页。

有特色。这种早期形成的传统，对日后各主要院校虽在激烈竞争中，也能各具特色得以生存，具有示范作用。

（五）注重实践，注重与新闻界的合作交流

各校在建校之初，均重视扩充设备如摄影部、实习电台、实习电视台、图书馆，以供教学之用。在课程设置中，均设有校内外的实习制度。上一节各系概况中已有介绍，此不赘述。

第四节 台湾早期新闻传播教育者研究

一 新闻传播教育者的基本情况

国民党政府迁台初期，台湾各级学校师资匮乏。初期建立的新闻系所师资主要由大陆迁台的新闻教育者与记者担任；在20世纪50年代美援开始后，台湾也从美国和日本聘请新闻学教授进行培训和讲座；20世纪60年代至70年代后，原来培育的学生以及留学生开始陆续走上讲台。

经整理，这一阶段的教育者主要以台湾政治大学新闻研究系、所的专、兼任教师为主，其余如台湾文化学院、世界新闻职业学校、世界新闻专科学校的专业任课老师也主要由以下教师兼任，见表2-7：

表2-7 1951~1973年台湾新闻传播教育的主要专兼任教师

姓　名	学　历	教授课程
曾虚白（专任）	上海圣约翰大学学士	民意与民意测验、编辑采访
马星野	密苏里大学硕士	新闻理论
谢然之（专任）	密苏里大学硕士	比较新闻学、新闻文献
陶希圣（专任）	北京大学学士	评论研究
程沧波	复旦大学学士，后赴伦敦大学政治经济学院进修	评论研究
成舍我	安徽省安庆第四公学，北京大学中国文学系旁听生	新闻学研究、中国新闻史
陈训悆	上海同文书院学士	报业管理

第二章 以维护"党国"政治统治为主导的新闻传播教育（1951～1973年）

续表

姓　名	学　历	教授课程
吕　光	台湾大学法学院学士	新闻法
钱　震（专任）	密苏里大学新闻学院硕士	新闻学、新闻理论
郑南渭	密苏里大学硕士	国际采访
余梦燕	哥伦比亚大学新闻学院硕士	编辑采访研究
蒋君章	南京中央大学地理系学士	评论研究
陈固亭	日本明治大学新闻科学士	日本新闻史
沈宗琳	中国公学①学士	分类编辑
于　衡（专任）	日本明治大学法学部研究院硕士	新闻写作
冯志翔（专任）	复旦大学新闻系学士	大陆问题研究
王洪钧（专任）	密苏里大学硕士	大众传播、美国新闻学
徐佳士（专任）	明尼苏达大学硕士	比较新闻学
李　瞻（专任）	台湾政治大学硕士，曾到斯坦福大学和哥伦比亚大学研究	中国新闻史、外国新闻史
黄天鹏	北京平民大学报学系学士，曾到日本东京大学研究	新闻理论
郑贞铭（专任）	台湾政治大学硕士	传播理论、新闻理论、新闻采访写作
漆敬尧（专任）	加州州立大学硕士	新闻写作研究
张宗栋	台湾政治大学硕士	新闻法规
朱　谦（专任）	斯坦福大学博士	传播研究方法
陈纪滢	北京民国大学、哈尔滨政法大学夜间部毕业	现当代文学
阎沁恒（专任）	台湾政治大学硕士	世界通史、英国史
赖光临（专任）	台湾政治大学新闻系学士，曾到美国圣若望大学亚洲研究中心研究	传播史、新闻写作
潘家庆（专任）	明尼苏达大学硕士，曾到斯坦福大学研究	采访写作、传播理论

---

① 中国公学是中国最早的大学之一，是由清末革命党人创办的学校。1905年（光绪三十一年）11月，为反对日本文部省颁布的《取缔清国留日学生规则》，东京8000余名中国留日学生罢课抗议，3000余名留日学生退学回国。为安置留学生，姚洪业、孙镜清等各方奔走，募集经费，在上海四川北路横滨桥租民房为校舍，筹办中国公学。1906年（光绪三十二年）中国公学创立于上海，同年4月10日正式开学。共招学生318人，分大学班、中学班、师范速成班、理化专修班。

续表

姓　名	学　　历	教授课程
黄通霈	燕京大学学士	报业管理
欧阳醇（专任）	中央政治学校留日班学士	新闻采访
颜伯勤	东吴大学学士	广告与发行
丁维栋（专任）	芝加哥埃文斯敦西北大学新闻学院学士	英语新闻

资料来源：参考李瞻《新闻教育》（1991年），《政大新闻研究所博士班成立20周年之回顾与前瞻》（2004年），《政治大学新闻系历年专兼任教职员名录》（1935～2005），谢然之（1982），林丽云（2004），郑贞铭（1999）等资料整理而成。

另有5位外籍教师，其来自的学校与教授课程如表2-8所示。

表2-8　1951～1973年台湾新闻传播教育的主要外籍教师

姓　名	学　　历	教授课程
小野秀雄	日本东京大学教授	日本新闻史、新闻学研究
孔慕思	美国犹他州立大学新闻教授	公共关系、大众传播、民意学
郎豪华	南伊利诺伊大学新闻系主任	报业管理、大众传播、民意学
克莱顿	南伊利诺伊大学教授	新闻写作、评论写作、美国新闻学
凯赛	美国俄克拉荷马大学教授	公共关系、广告学、新闻写作

资料来源：参考李瞻《新闻教育》（1991年）。

由表2-7、表2-8统计可得知，迁台初期所创办的新闻教育，受美国影响巨大。台湾当局力求亲美，把与美国新闻教育的联系作为"国民外交"的一个内容，台湾政治大学邀请一批美国新闻学者来台讲学，这些学者又带动一批学生赴美留学，如朱谦、漆敬尧等。1954年至1969年间，共有7位美国新闻学教授到台湾讲学，台湾传播学界移植美国新闻学观念，吸收、借鉴美国教育经验，建立起自身的教育体制。

从教育者的学历背景来看，在32位主要教师当中（5位外籍客座教授未算在内），共有硕士14名，博士1名，学士16名（成舍我先生属北京大学旁听生，未算学位，除外），其中，15名硕·博士里，除2名日本硕士、3名台湾政治大学硕士外，其余都留学美国，新闻学硕士以密苏里大学和明尼苏达大学为主。在20世纪70年代后期，徐佳士、

第二章 以维护"党国"政治统治为主导的新闻传播教育（1951～1973年）

朱谦、杨孝濚等相继回台，从美国带回实证主义的大众传播研究方法，引导台湾传播研究的新方向。

除了少数的专任教师外，多数兼任教师都毕业于新闻院校，从事新闻工作。他们大多为业界知名工作者或媒体负责人，游走于业界和教育界之间，能较好地结合理论与实际，有力推动了建教合作。例如沈宗琳先生是"中央通讯社"总编辑，在台湾政治大学新闻系任兼任教授长达24年。欧阳醇先生先后担任《台湾新闻报》副社长、台湾《中国时报》副社长兼总编辑、《自由时报》社长等职，常年任教于台湾师范大学社教系、台湾文化学院新闻系与台湾辅仁大学大众传播学系。于衡先生历任《联合报》采访主任、副总编辑、主笔，在台湾政治大学、世界新闻职业学校、世界新闻专科学校、台湾文化学院、台湾辅仁大学任教多年。上述人士对学生实习、就业指导以及专业课程的教授都发挥了重要作用。

从创办人士的背景来看，为了完成台湾"反攻复国"的基本政策，培养"党国"所需宣传人才的重任必然要由政府认为可靠的人士来承担，因此台湾早期新闻传播教育的主事者和任教者多以国民党政府机关工作人员为主，多以原中央政校毕业者为主。各校主要创办人与主事者如曾虚白、谢然之、马星野等都是国民党高级干部。在教师当中，陶希圣做过蒋介石的侍从秘书，代蒋介石起草过《中国之命运》《苏俄在中国》等书。陈固亭曾历任国民党"监察院"委员与"考试院"委员。余梦燕毕业于中央政治大学新闻系，后取得哥伦比亚大学硕士学位，与丈夫黄遹霈一起经营主持由国民党政府特许创办的台湾《中国邮报》，两人长期在台湾政治大学、台湾文化学院教授英文采写以及媒介管理等课程。

台湾新闻传播教育开展初期，兼任教师所占比例较大。比如台湾政治大学新闻所成立之初，10年时间内计有4位专任教师，9位兼任教师，4位客座教授。[①] 新闻系1955年成立之时，与新闻所合用教师，仅

---

① 李瞻：《新闻教育》，《"中华民国"新闻年鉴》（1991年版），"中国新闻学会" 1991，第304页。

有专任副教授1人，系主任由新闻研究所所长曾虚白兼任。到1971年有专任教授、副教授、讲师各3人，兼任师资21人，共计30人。[①] 而台湾文化学院、世界新闻职业学校、世界新闻专科学校等其余私校，由于资金和人员的匮乏，专任教师比例更低，只能大量借助聘用教师维持教学，不少兼职教师一周之内需要在数校奔波授课，可见当时师资缺乏，办学不易。

二　主要教育者介绍

（一）曾虚白（1895～1994）

江苏常熟人，上海圣约翰大学毕业，"国民政府"政要、报业家、新闻教育家。其主要经历为：1923～1937年历任多家杂志、报社记者、主编和主笔。1937～1949年历任国民党军事委员会第五部国际宣传处处长、国民党中央宣传部国际宣传处处长兼政治学校新闻学院副院长、行政院新闻局副局长等职务。1949年赴台任"中国广播公司"副总经理；1950年7月至1951年10月任"中国国民党中央改造委员会"委员，1950年8～10月任"中国国民党中央改造委员会"第四组主任，这个职务是国民党的决策核心。1950年10月至1954年7月任"中央通讯社"社长；1963年1月任新闻通讯协会理事长；1964年任"中央通讯社"管理委员会主任委员；1966年任"中国新闻学会"会长；1967年任"中华文化复兴运动推行委员会"委员；1969至1994年1月任中国国民党"中央评议"委员；1981～1994年1月任"总统府"国策顾问。

主要新闻传播教育经历：在大陆期间，担任国民党中央宣传部国际宣传处处长兼中央政治学校新闻学院副院长（主要实际工作由马星野承担）；迁台后，1954～1969年任台湾政治大学新闻研究所所长；1955年任台湾政治大学新闻系系主任；1973年任台湾文化学院三民主义研究所所长。

---

① 李瞻：《新闻教育》，《"中华民国"新闻年鉴》（1991年版），第325页。

第二章 以维护"党国"政治统治为主导的新闻传播教育（1951~1973年）

曾虚白是对台湾新闻政策和新闻教育产生巨大影响的人物。首先介绍一下"中央改造委员会第四组主任"的角色和地位。蒋介石曾说："大陆反共军事悲惨的失败，完全是领导国民革命的本党，组织瓦解纪纲废弛、精神衰弱藩离尽撤之所招致。"① 为求政权稳固，1950年8月蒋介石召开会议通过成立"中央改造委员会专案小组"，重塑六大纲领改造国民党。1952年10月国民党改造完成，改造重心之一就是将媒体宣传列为政策的一部分，他责成第四组（"文工会"前身）负责思想改造，传达政令。从内在的指导促使媒体工作人员培养"三自"，即自律、自动、自我审查处理，使新闻报道与党的路线吻合。符合在"反共抗俄"教育下的指导方针，"反攻大陆统一中国"。② 1952年10月23日，国民党七届一中全会通过"中央委员会"组织大纲，各单位均以代号代称，如"第四组"。凡是涉及言论自由与新闻自由尺度，宣传工作指导、党义理论阐扬、干部分子训练相关问题都为第四组业务，工作范围之广，和昔日不可同日而语，而曾虚白就是第四组首任主任。在国民党政治革新改造期间，蒋介石以"总统"名义在"总统府"组成了一个"宣传会报"，主要作用一是决定政府的宣传政策，二是了解国际上对台湾直接、间接能发生影响的任何情况。该会报每周一召集一次会议，由蒋介石亲自主持。曾虚白是第四组主任兼宣传会报秘书，其余固定参加会报的是"行政院"院长陈诚，"改造委员会"秘书长张其昀，"党国"元老王世杰、张群、黄谷、沈昌焕及党政两大报社台湾《中央日报》社社长马星野与《台湾新生报》社长谢然之，③ 其他党政参与者则视与当日议题有关者，由秘书拟请，呈蒋介石核定后临时邀请。每次

---

① 蒋中正：《总统蒋公思想言论总集——关于实施本党改造说明》，转引自袁公瑜《国民党文工会职能转变之研究——1951年至2002年》，硕士学位论文，台湾佛光大学人文社会学院政治学研究所，2004，第29页。
② 蒋中正：《总统蒋公思想言论总集——关于实施本党改造说明》，转引自袁公瑜《国民党文工会职能转变之研究——1951年至2002年》，硕士学位论文，台湾佛光大学人文社会学院政治学研究所，2004，第31~32页。
③ 马星野与谢然之分别是中央政治学校新闻系，台湾政治大学新闻研究所、新闻系以及台湾文化大学的重要创办人与负责人。

开会并无固定程序，都先由秘书报告本周"国内外"发生的重大新闻，提出作为讨论的基础，蒋中正注意的问题更要列为讨论，各种不同的问题哪些应列入会报，决定取舍在秘书。① 究竟哪些问题应该列为"会报"，其取舍全在这位秘书的一念之间。而宣传会报的报告，经蒋介石决定指示后，也几乎就是制定台湾各项政策的依据。由此，曾虚白和蒋介石经常接触，使得第四组主任职务在党内重要性不言而喻，而第四组的职能也水涨船高。② 从上述介绍可以看到，当时国民党政府对宣传的重视与控制程度，而要将培养宣传报道人才的新闻教育机构交给一个忠实于三民主义、忠于"党国"且又有办学经验的人，曾虚白确实是不二人选。

曾虚白在主持新闻教育的过程中，形成了如下观点：

1. 新闻教育要为三民主义服务。曾虚白认为无论创办新闻事业，还是从事新闻教育以及新闻工作，都必须以三民主义为依归，并且认为新闻从业人员包括所有大众传播者，都应该"基于三民主义精神为出发点"③。曾虚白的三民主义的新闻教育观认为人类社会是由先知先觉、后知后觉、不知不觉者三种智慧不同的人构成。在这样一个参差不齐的混合人群中，三民主义者把这三种人比作一个金字塔：认为先知先觉的人，人数较少应在塔顶上，后知后觉的人，人数较多应在塔中间，唯有不知不觉的人，人数最多，应该是塔的基础。根据人类智慧的高低，创造出"先知觉后知，后知导不知"的政策。而"先知先觉者，即发明家""后知后觉者，即鼓吹家""不知不觉者，即实行家"。在这三个等级的人群中，所谓鼓吹家者，实际上就是宣传家，也就是从事大众传播的工作者，地位居中，他的责任是把先知先觉者的"知"，传播到不知不觉者的身上去，使不知不觉者的"知"与先知先觉者的"知"，得以

---

① 马之骕：《新闻界三老兵：曾虚白，成舍我，马星野奋斗历程》，经世书局，1986，第55页。
② 袁公瑜：《国民党文工会职能转变之研究——1951年至2002年》，第33页。
③ 马之骕：《新闻界三老兵：曾虚白，成舍我，马星野奋斗历程》，经世书局，1986，第99页。

第二章 以维护"党国"政治统治为主导的新闻传播教育（1951~1973年）

融会贯通，而后付诸"实行"。所以曾虚白说："我从事新闻教育的目的，就是培养传播者，最后也是达到实行民主政治之目的。"① 因此，台湾政工干部学校新闻系成立之初对学生的挑选和培养都非常严格，目的就是要为台湾培养优秀的宣传工作者。曾虚白从台湾政治大学新闻研究所开创时期，就一直开设民意学原理，所著《民意原理》是台湾第一本讨论舆论、公共意见的书。1973年，曾虚白以79岁高龄出任台湾文化学院三民主义研究所所长，继续实现其"实行民主政治教育"的目标。

2. 新闻教育模式取材美国。台湾政治大学新闻研究所创办之初，曾虚白出任首任所长，他参考美国新闻教育建制，认为其主旨是"理论"与"实务"并重，研究要配合国际新闻之发展。因此"延聘教授必须'国内外'兼顾。换言之，即涉及'我国国情'及历史背景的课程，定聘请'国内'专家任教，有关专业新知的课程，必须聘请外国专家任教"。② 由于资金紧缺，曾虚白积极申请"美国亚洲协会"的支持，先后聘请5位美籍教授、2位日籍教授，具体课程设置等都参考了美国建制。并在该基金支持下，主持编撰了《中国新闻史》。

台湾政治大学新闻研究所初创时，关于中国新闻史的教材很缺乏。当时戈公振的《中国报学史》，成了台湾学者了解中国新闻事业发展状况的唯一依据。随着时代的发展，台湾新闻从业者、学习者特别是研究教学者，迫切需要一部系统完整地记叙中国新闻事业发展史的专著。为此，曾虚白亲任主编，邀请台湾政治大学新闻研究所的李瞻、陈圣士、阎沁恒、黎剑莹等教师，台湾政治大学毕业生常崇宝、张玉法以及新闻史研究专家朱传誉一起，分工合作，撰写了一部新的《中国新闻史》。经过近3年时间写出初稿，经主编审核后两度改写，然后将改写稿分送台湾新闻从业与新闻教育先辈陶希圣、程沧波、成舍我、萧同兹、胡健中、黄少谷、黄天鹏、朱虚白、马星野、谢然之、曹圣芬、王惕吾等人审阅，征

---

① 马之骕：《新闻界三老兵：曾虚白，成舍我，马星野奋斗历程》，第111页。
② 马之骕：《新闻界三老兵：曾虚白，成舍我，马星野奋斗历程》，第10页。

求意见，再加修订，才最终定稿。可谓群策群力，数易其稿，基本代表了当时台湾中国新闻史研究的最高水平与基本史观。该书出版后，被誉为"取精用宏，体大思深，为戈公振《中国报学史》之后最权威最完整的中国新闻史"[①]。这也是曾虚白先生对台湾新闻史研究的一个贡献。

3. 新闻教育应该因应时代要求。随着资讯的发展，曾虚白认为传播教育应配合时代需求，灌输学生资讯新知，以适应当前新科技发展的需要，学校应确定专精的课程，建立辅系制度，以扩展需要。[②]

曾虚白先生桃李满天下，80大寿时，他将各界寿礼捐设成立"曾虚白先生新闻事业奖基金"，下设"曾虚白新闻奖"，以奖励对新闻学术及公共服务有卓越贡献的新闻从业人员。后与卓越新闻奖基金会合作，共设"曾虚白先生新闻学术著作奖"及"曾虚白先生公共服务报导奖"两个奖项。这是代表台湾新闻学术和公益报道的最高奖项（林丽云和夏春祥的著作都曾经获得该学术著作奖）。曾虚白先生92岁高龄时开始撰写《曾虚白自传》，96岁完成，并荣获台湾"国家"文艺奖，他将全部奖金新台币60万元，捐献给"曾虚白基金会"，用以奖掖新闻媒体善尽公共服务职责。

（二）马星野（1909~1991）

浙江省平阳县人。先后就学于厦门大学、南京中央党务学校（中央政治学校）、美国密苏里大学新闻学院。1934年密苏里大学毕业后，进华盛顿国会图书馆研究半年，于1934年5月回国。同年秋，应聘任教于中央政治学校。先于该校外交系讲授《新闻学概论》《新闻事业经营及管理》。1935年负责筹建中央政治学校新闻系，出任教授兼系主任，先后达14年之久。1937年抗战期间，马星野随中央政治学校西迁巴渝，在新闻系增设新闻事业专修班。1942年兼任国民党宣传部新闻事业处处长。其间，曾起草《中国新闻记者信条》，被全国各地新闻记者公会讨论通过采用。1945年，抗战胜利后，马星野任南京中央日报社

[①] 曹立新：《曾虚白：全方位的新闻人》，http://blog.sina.com.cn/s/articlelist_1765125162_0_1.html，2012年4月12日。

[②] 马之骕：《新闻界三老兵：曾虚白、成舍我、马星野奋斗历程》，第118页。

第二章 以维护"党国"政治统治为主导的新闻传播教育（1951～1973年）

社长。1948年出席联合国首次世界新闻自由会议，并获"国民政府"颁给他的"中华民国一等景星大绶勋章"。同年，马星野筹办《中央日报》台北分版，次年出刊。1949年淮海战役后，赴台继续担任"中央日报社"社长。1952年辞去"中央日报社"社长一职，转任国民党"中央设计委员会"副主任，后又调任国民党"中央委员会第四组"主任，主管宣传。1957年出任台湾当局联合国大会"代表团"顾问。1959年出任驻巴拿马"大使"。1964年任"中央通讯社"社长，1973～1985年担任董事长。其间，1972年当选台湾"中国新闻学会"理事长。1984年4月，美国密苏里大学新闻学院授予他"杰出新闻事业终生服务最高荣誉奖章"。1985年6月被聘为"总统府国策顾问"。

在新闻传播教育方面，马星野担任"中央日报社"社长期间，在台湾政治大学兼课，同时也常去台湾世界新闻专科学校、台湾文化学院等学校开设讲座。马星野虽然不是台湾新闻传播教育的主事人，但他最大的贡献是在大陆中央政治学校创办新闻系的15年时间培养了大批学生，这些学生后来在台湾新闻界、教育界担任了重要角色。例如，"中央日报社"董事长曹圣芬、台湾文化学院夜间部新闻系主任彭河清、大华晚报社董事长钱震、"中央银行"秘书处长邵德润、"新闻局"顾问王汉中、"中央日报社"人事室主任马志铄等都是中央政治学校第一届新闻系学生。[1] 其他像"中国电影公司"总经理龚弘，前"中国广播公司"总经理黎世芬，台湾英文"中国邮报"社长余梦燕，台湾政治大学新闻系主任王洪钧、徐佳士等也是中央政治学校毕业生，均为马星野的弟子，接受过他的谆谆教诲。王洪钧曾多次说，"影响我最深的一位老师，自然是马星野先生，平生追从近50年"，"我对好几位大学启蒙老师，常怀感激之情。此生影响我最大的一位老师，唯有马星野先生"。[2]

马星野先生曾撰文回忆其从事新闻教育的缘由：从密苏里大学新闻

---

[1] 马星野：《我从事新闻教育经过》，《新闻教育与我》，"中华民国大众传播教育协会"，1982，第5页。
[2] 王洪钧：《我笃信新闻教育》，正中书局，1993，第12、28页。

学院学成归来后,"1934年7月的一天,政校蒋校长召我去,他问我:新闻学好了回国做什么事?我说,办报。他老先生笑笑说:办报很重要,但是办报没有人帮忙是不行的,现在中国好的记者太少,应先训练一批新闻记者,以后帮你办报"。① 在这个指示下,马星野即着手创办新闻系训练学生。马星野曾多次说明自己从事新闻教育的理由是:民主政治的需要;新闻事业现状的需要;个人的兴趣与责任感。②

马星野的新闻教育思想和特点可以归纳为:

1. 新闻教育的目的是为了实现民主政治。马星野认为:"民主政治的成功,是基于政府一切措施要根据人们的好恶和需要。如果人民对一件事只知道一些片断,既不清楚又不完整,那就犹如戴上了有色眼镜,看到的是模糊的、不明确的,而且带有色彩。而传播工具可以担任人民了解事实与传达民意的桥梁,但是要真正达成为民喉舌、为民耳目的使命,促成健全民主政治的实行,就必须要具有负责任、尊自由、有修养、道德高、观察力强而正确以及能明确反映民意的新闻记者,来报道事实。因此,造就一批优秀的新闻记者,是当前'国家'实施民主政治最迫切最重要的事。"③

2. 尽职尽责开办新闻教育。马星野曾说自己是第一个由国立大学公费派往密苏里大学学习新闻的学生,"国家的培植,使我感到有为国家主办教育的责任。……我认为影响最普及,时间上最快奏效的,莫过于做新闻事业。培植新闻记者是一件对国家贡献最大的事"。有了这个信念,在创办初期条件艰苦、仅有3名专任教师的情况下,马星野既要负责系务,又要授课并且辅导实习办报,负担沉重,但他都能勤恳敬业,满怀热情地投入工作。这在许多学生的回忆录中都能读到。

3. 具有培养记者新闻专业性的理念。马星野认为,要做一个现代中国新闻记者,必须具备多方面的条件,并且教育应当向这个方向发

---

① 马星野:《我从事新闻教育经过》,《新闻教育与我》,第4页。
② 马星野:《我从事新闻教育经过》,《新闻教育与我》,第9~11页。
③ 马星野:《我从事新闻教育经过》,《新闻教育与我》,第10页。

第二章 以维护"党国"政治统治为主导的新闻传播教育（1951~1973年）

展：（1）学识、技能、敏锐的新闻感和辨别是非的能力；以判断新闻的价值，对读者对国家社会的重大影响。（2）良好的语文基础。英文是必需的，能再擅长西班牙和法国等语文更好。很好的国文能力，更是最基本的条件。（3）新闻事业的专门技巧，包括编辑、采访、速记、打字、撰写社论等。他说："一般而论，新闻记者所需要的社会科学方面的知识，要远比专业技术来得重要。所以当我主持政校新闻采访时，特别注重社会科学的比重。"[1] 马星野接受过密苏里大学新闻教育理念的熏陶，他认为新闻是民主政治的推动力，是民众的喉舌与耳目，是民众与政府之间的桥梁，这与曾虚白认为媒介是把先知先觉者的"知"，传播到"不知不觉"者的身上的工具论观点有所不同，他虽也是三民主义的信徒，但更重视新闻教育的本质和实践，担任"中央日报社"社长期间能在一定程度上对有关当局过度干涉新闻报道提出意见，提倡按照新闻规律报道事实。这也在某种程度上反映了台湾的新闻教育继承了大陆1949年以前的传统，既标榜美国的自由主义，也受到国民党的干预。来自执政党的控制一直到20世纪80年代末开放"报禁"和"党禁"后，才真正获得松绑。但从台湾早期教育者背景及其设置课程的情况来看，就算是"报禁"时代，贯穿台湾新闻教育的仍然是美式自由主义理念，因此，在认知方面，新闻自由和专业性仍是大多数学者和新闻人员追求的理念。[2]

（三）成舍我（1898~1991）

湖南湘乡籍人氏，出生于南京。中国著名报人，新闻教育家。从1924年起，成舍我先后创办《世界晚报》（北京）、《民生报》（南京）、《立报》（上海）、《香港立报》、《台湾立报》等，直至1991年去世，从事新闻业近77年，一生参与创办媒体、刊物近20家，直接创办12家。除了办报之外，成舍我亦重视新闻人才的培育，在中国新闻史上，他是"以个人力量从事新闻教育时间最长、影响最大、成绩最突出的卓

---

[1] 马星野：《我从事新闻教育经过》，《新闻教育与我》，第12~13页。
[2] 陈韬文：《新闻传播教育对新闻人员的影响：大陆、台湾和香港的比较研究》，台湾《传播研究集刊》2003年第8期，第40页。

越的新闻教育家"①。成舍我先生先后在北平、桂林创办新闻专科学校，1955年在台北创办世界新闻职业学校，1997年改制为世新大学。

关于成舍我先生的新闻教育思想，有不少研究论文。方汉奇先生总结成舍我的新闻教育特点是：组织好教学队伍；加强学生的素质教育；加强学生的动手能力；勤俭办学②。以下对这些特点作具体阐述：

1. 组织好教学队伍：办好一个学校，必须要有一支好的教师队伍。成舍我先生在每次办学过程中，对学生们作出的第一个许诺，往往就是"聘请最好的老师"。北平新闻专科学校时期，他所请的教师如张友渔、左笑鸿、萨空了、赵家骧等，都是有丰富学识的办报人。他自己也经常挤出时间为学生们上课。在台湾办世界新闻职业学校、世界新闻专科学校期间，他聘请了程沧波、阮毅成、端木恺、蒋匀田、陶百川、王晓波、朱传誉等到校授课，其中相当的一部分人，都是台湾新闻界的知名人士和著名的新闻学者。

2. 加强学生的素质教育。世新大学的校训是"德智兼修，手脑并用"。成舍我先生多次在校庆、校友会上说人格教育在新闻教育中尤其重要，"我在给世新毕业同学的纪念册上写：新闻记者拿红包，罪恶甚于贪官污吏③"。"各位在新闻界工作，最重要的仍是'德'。我们在社会上，要让人看得起，觉得世新精神不错，最重要的还是在品德的表现。做一个新闻从业人员，如果品德不够，背上记者的招牌，拿着一枝笔，去敲诈、去胡扯、去捧人家，这比贪官污吏对国家社会的贻害更大"④。

3. 加强学生的动手能力。新闻传播学是一门实践性很强的学科。成舍我先生认为新闻教育应配合新闻事业。密苏里大学新闻教育之成功，就在于有一份发行很广的学校报纸。传播教育，在编辑采访而言，就应该有一份自己的报纸，广播电视就要有一个实习电台、电视台，如

---

① 方汉奇：《新闻史的奇情壮彩》，华文出版社，2000，第251页。
② 方汉奇：《新闻史的奇情壮彩》，第253~254页。
③ 成舍我：《"报禁"开放与新闻教育》，台湾《传播教育会讯》1987年第22期，第4页。
④ 成舍我：《"世新"是属于全体同学的恳切盼望校友能早日"接棒"》（1972年成舍我在校友会二周年会庆讲词），成舍我先生纪念网站，http://csw.shu.edu.tw/PUBLIC/view_01.php3?main=Works&id=1430，2012年6月2日。

第二章 以维护"党国"政治统治为主导的新闻传播教育（1951～1973年）

此新闻教育才能够落实，即使不能自己设立，也应当和传播单位配合①。因此到台湾后"理论与实务并重"仍然是"世新"办学的一项重要方针。为使学生有更多的实习机会，世新大学率先创办了世新电台、《小世界》周报、彩色与黑白兼备的闭路电视实习台、铅印工厂、彩色印刷厂、电影摄影棚等，使学生有充分的实践机会。

4. 勤俭办学。作为私立学校，世新大学开办之初，资金常常捉襟见肘，成舍我先生厉行节约，比如不乘汽车、节约用水用电、节约纸笔等，从自身做起，起到良好的示范作用。这在不少教师和学生的回忆录中都可以看到。

当然，成舍我先生首先还是一个民营报业经营管理者，毕竟不是纯粹的新闻教育家，所以他的新闻教育思想带有一定的历史局限性，比如新闻教育带有"私有""本位"的色彩，这种"前店后厂"的手工作坊培养模式将"为自己报纸培养人才"的实用性目的置于首要乃至唯一的地位，学校"熟练工种"式的人才培养机制充满了"工业流水线的色彩"，遮蔽了理想的光芒。②他创办新闻学校的最终目的是为报社输送专门人才，批量化培养"拿来就用"的新闻人才是其办学宗旨，这样的教育办学理念充斥着工业化的色彩，明显缺乏培养领袖人才的精英教育理念，功利性较重。特别是三专和五专大量招生时期，师资受到限制，真正能在媒介充当领袖和精英的人才还不多。

（四）谢然之（1912～2009）

浙江余姚人，被称为"台湾新闻教育之父"。先后就读于光华大学、东吴大学、日本东京中央大学，抗战时期公派赴美于明尼苏达大学、密苏里大学新闻学院攻读新闻学，获新闻学学士、硕士学位，学成归国后进入中央政治学校新闻系授课。1945年赴台接收日本人的《台湾日日新报》并将其改制为《新生报》，1947年，在政治大学新闻系执教"新闻编辑""新闻采访""新闻写作"等课程。1949年春，随国民党政府迁

---

① 方汉奇：《新闻史的奇情壮彩》，第253～254页。
② 叶红：《对成舍我先生新闻教育事业的反思》，《湖北经济学院学报》（人文社会科学版）2006年第3卷第12期，第150页。

台。5月,受台湾省政府主席陈诚之邀,接办台湾当时的第一大报《新生报》,又在高雄创办《台湾新闻报》,兼任两报董事长。他所设立的"编采合一""民意调查"等制度,提倡广告学及专栏报道的重要性,对台湾新闻业发展影响较大。1951年,台湾政治干部学校在北投成立,时任台湾"国防部"总政治部主任的蒋经国指派谢然之主持该校新闻组的创设。1955年,谢然之又接连创办台湾政治大学新闻系(1956~1960年间担任新闻系主任)、台湾师范大学社会教育系新闻组、台湾文化学院新闻学系,为台湾新闻界培养了许多优秀人才,众多台湾新闻界的从业人士皆是其弟子。1959年秋,谢然之应聘为美国南伊利诺伊大学新闻学院客座教授,赴美国讲学1年。1961年,回台湾任国民党"中央四组"(文化宣传组)主任,监督管制当时所有新闻传播媒体的内容言论。谢然之在"中央四组"工作出色,深得蒋经国的赏识。

从上述经历可以看到,谢然之在台湾新闻传播教育史上地位特殊,他是曾虚白、马星野的学生,三人都担任过国民党"中央四组"主任,又曾同在中央政治学校任教。他们在新闻传播界及教育界扮演双重领导者。谢然之是台湾政治大学新闻系、台湾师范大学社会教育系新闻组、台湾文化学院新闻学系的直接创办人,其基本观念和做法对早期台湾新闻传播教育影响甚大。郑贞铭先生曾说:"谢然之教授是开创台湾四十至五十年代新闻事业和新闻教育的舵手,他不但身兼《新生报》和《台湾新闻报》董事长,也是政战、政大在台复校新闻系、文化大学新闻系的系主任,以及世新大学的催生者和推手。"[1] 郑贞铭回忆说:"当时政治大学在台北复校之初,陈大齐先生出任校长,将新闻系视为是重点系,特别商请谢然之先生担任系主任。谢先生谦辞再三,最后一次陈校长亲自到《新生报》报社来劝驾。陈老校长爬到四楼的社长室时说道:'我年纪大了,本来没有上高楼的力气。为了学校和学生,我是勉为其难。请你看在我在爬楼梯的诚意,也勉为其难吧!'谢然之先生不

---

[1] 郑贞铭:《缅怀谢然之创系艰难,吾爱吾师,薪火相传》,http://www.nownews.com/2009/06/29/327-2470989.htm#ixzz1piTqsO00,2012年2月28日。

得不接受托付,在木栅重建政大新闻系。"可见谢然之的影响之大。

谢然之先生对台湾政治大学新闻系复系宗旨与课程的设立,以及台湾文化学院课程的设置,前文已作介绍,此不赘述。据王洪钧和郑贞铭的回忆,谢然之一再在台兴办新闻传播教育,从复兴岗经木栅以至华冈,就是要"有所报效'党国',兼以答谢昔日师长们所赐予的恩泽"。[1] 谢然之在《报学》上撰写过多篇有关新闻教育的论文,他接受过美式教育,重视课程设置中理论与实务的结合,并能结合各校特色开办专业课程,是台湾早期与中期新闻传播教育承前启后的重要人物。

三 教育者的主要特点

根据上述资料,早期台湾新闻传播教育者具有以下特点:

(一)主导新闻传播教育者与主要教学者(专任或兼任)大都与国民党有密切关系

早期曾在台湾政治大学新闻研究所、新闻系主持工作的曾虚白、马星野、谢然之本身就是国民党的高级官员,三人都曾担任国民党"中央四组"主任。他们在传达政令、制定新闻政策方面,忠实于"党国"和三民主义,亲手设计并规划了主要学校的新闻系所建设,为台湾新闻传播教育奠定基础。其后主持工作的王洪钧、徐佳士、李瞻等人均是台湾政治大学新闻系毕业生,毕业后接受美援基金资助,赴美留学,属于"根红苗正"型学者。建立台湾文化学院的张其昀,曾担任台湾"教育部"部长,在台湾文化学院发挥积极建设作用的郑贞铭也是跟随谢然之多年,备受其嘉奖。而建立世界新闻职业学校的成舍我,迁台后的办学目标是为培养"一万名反共新闻人才"。以后在台湾新闻教育界发挥重要作用的徐佳士、李瞻、漆敬尧等人,在教育工作中也将台湾政治大学"信仰三民主义,忠爱国家民族"的传统发扬光大。[2] 从师资的构成情

---

[1] 郑贞铭:《无爱不成师:郑贞铭学思录》,三民书局,2011,第144页。
[2] 谢然之:《台湾新闻教育之开始》,《新闻教育与我》,第26页。

况也反映了台湾政治大学乃是台湾新闻传播教育的起源地和重镇，随着台湾教育的开放，有从台湾政治大学逐渐扩散到其他学校的情形。① 其实这个传统从 20 世纪 50 年代以后就开始形成。而且早期聘用的兼职教师，也大都是从中央政治学校或台湾政治大学毕业。当然早期台湾缺乏新闻教育人才是事实，但是否有助于"反共复国"也是挑选主事者和任教者的重要标准。

（二）早期教育者以接受美式教育为主，学缘关系较强

在台湾传播学界，先后有谢然之、曾虚白、王洪钧、李瞻、徐佳士、漆敬尧、朱谦等学者赴美深造，而 1954 年到 1969 年间，共有 7 位美国新闻学教授来台讲学。② 此外，尚有"中央通讯社"总编辑沈宗琳，"中国广播公司"节目部主任、主播制推广人、"行政院新闻局"副局长邱楠，《大公报》记者陈纪滢，"中央通讯社"采访部副主任张任飞，"中央通讯社"副总编辑胡传厚等台湾政治大学新闻系兼任师资接受美援计划。③ 这些人回到台湾，基本都被台湾各新闻系所聘为专任或兼任教师。从高等教育学的"学缘"概念来看，学缘的概念借用于血缘、亲缘，指教师在学业上的师承关系或所毕业学校来源的构成状态和比例关系。④ 当时的新闻教育主事者与教师主要都接受美国密苏里大学新闻学院或南伊利诺伊大学新闻学院教育（先是台湾政治大学新闻研究所外聘教授积极予以推荐，日后是台湾文化学院新闻系与密苏里大学新闻学院建立学生交换计划），少数接受美国明尼苏达大学教育（如徐佳士、陈世敏）。在罗文辉所撰文中，原国民党两位驻美"大使"沈剑虹、董显光均毕业于密苏里大学新闻学院；谢然之、王洪钧担任新闻系主任期间，在课程设置方面均积极参考"国内外"学者意见，当然这

---

① 林东泰、邱显哲：《传播教育在台湾：以五十年来硕士论文指导教授篇数为例》，"中华传播学会"年会论文，台湾，2001。
② 曾虚白：《十五年来的政大新闻研究所》，台湾《新闻学研究》1969 年第 3 期，第 2 页。
③ 程宗明：《析论台湾传播学研究/实务的生产（1949～1980）与未来——从政治经济学取向思考对比典范的转向》，载林静伶主编《1998 传播论文选集》，"中华传播学会"，1998，第 385～439 页。
④ 袁祖望：《高等教育比较学》，厦门大学出版社，1999，第 214 页。

第二章 以维护"党国"政治统治为主导的新闻传播教育（1951~1973年）

里的"国外"，主要就是指美国。①

学缘关系的优势是可以迅速形成规模，用人知己知彼，但其缺点也是显而易见的。20世纪美国学者进行长达8年（1924~1932）之久的"霍桑实验"的一个重要成果，就是发现在正式组织中往往有"非正式组织"的存在。所谓"非正式组织"，用中国的话来说，就是"小团体"或"小圈子"。在台湾早期的新闻教育中，担任主要系所的主事者或主要教师的，均以中央政治学校毕业者为主，他们之间或有师承关系或有同事关系，形成较为明显的学缘关系。

第五节 台湾早期新闻传播受教育者情况研究

一 主要学校学生人数与就业情况

截至1961年，台湾政工干部学校第1期至第11期毕业生，总人数共303人，分配在陆海空军、地勤等、军中刊物、军中广播电台、军闻社任职95人，20多人在地方报社、通讯社服务。其他担任教官、编译等。

台湾政治大学新闻研究所，1954年至1961年5月，共招收7届硕士研究生，有67名学生获得硕士学位。1961年在校的研究生一至三年级共有21人。台湾政治大学新闻学系是该校学生人数最多的一个系，截至1961年共招考7期461人，已经毕业的学生有160人，其中侨生59人，毕业后返回新加坡、越南、韩国等侨居地任职。世界新闻职业学校从1956年10月到1960年10月，共招专科学生8班427人；职业部学生4班189人；3年制专科新生350人，5年制新生200人。台湾师范大学新闻组有3届毕业生35人，除侨胞回原籍进《香港时报》《马来亚丽的呼声》电台，其他多在台湾《中央日报》"中央通讯社"

---

① 罗文辉：《密苏里大学新闻学院对中华民国新闻教育及新闻事业的影响》，载臧国仁主编《自反缩不缩？新闻系七十年》，台湾政治大学新闻系，2005，第43、46页。

等单位任职。①

截至 1970 年，世界新闻专科学校共计招有 3 年制学生 1486 人，5 年制学生 1268 人。夜间部学生有 25 班 1284 人。截至 1971 年，在职校毕业生 5 届，计 359 人；专科学校 3 年制毕业生 10 届，计 2587 人；5 年制毕业生 8 届，计 1158 人；夜间部毕业生 5 届，计 894 人，总计 4998 人。专科班学生除部分继续升学外，大部分在全省各媒体服务。台湾艺术专科学校广播电视科 1971 年日间部毕业生 1 届、夜间部毕业生 5 届，共计 384 人。台湾文化学院新闻系截至 1970 年有毕业生 4 届共 224 名，在校生 450 名；大众传播系毕业生 3 届 139 人，在校生 269 人。台湾师范大学社会教育系新闻组截至 1970 年 7 月，共有毕业生 12 届，计 104 人。台湾政工干部学校新闻系自第 8 期起，改为 4 年学制，第 8 期至第 16 期共有 4 年制毕业生 318 人，毕业后大部分在军中新闻单位任职，并成为新闻行政、电视广播与报刊某一部门领导。专科毕业生不少进入其他大学或研究所继续深造。②

二 对新闻教育的评估以及和业界的合作

（一）新闻业界关心新闻教育

自迁台以来，台湾业界就对新闻教育比较支持和关注。根据徐佳士先生的观点，中国大众传播事业传统上对新闻教育抱持有利态度，已接受新闻从业人员应在高等学府培植的看法③。大众媒介，尤其是报纸类，都优先录用受过正式新闻教育的青年。台湾新闻界的一些重要人士均热心参与新闻教育工作。1963 年台湾举办了第一次大规模的新闻教育座谈会，时任《征信新闻报》发行人的余纪忠先生建议台湾政治大学开办新闻训练，以现行新闻界从业人员为对象，提高新闻界的素质。

---

① 综合整理自谢然之《中国新闻教育沿革》，《"中华民国"新闻年鉴》（1961 年版），"台北新闻记者公会"，1961，第 1~35 页；徐佳士：《十年来新闻教育的发展》，《"中华民国"新闻年鉴》（1971 年版），"台北市新闻记者公会"，1971。
② 整理自徐佳士《十年来新闻教育的发展》，《"中华民国"新闻年鉴》（1971 年版），"台北市新闻记者公会"，1971。
③ 郑贞铭：《中外新闻传播教育》，远流出版公司，1999，第 266 页。

第二章　以维护"党国"政治统治为主导的新闻传播教育（1951~1973年）

"中央通讯社"时任管理委员会主任委员萧同兹反驳有人对新闻教育怀疑的看法，他认为现代的新闻记者必须接受现代严格的新闻教育。[①]

早期台湾业界为延揽优秀新闻人才，纷纷为新闻院系提供实习便利，开展建交合作。比如台湾《中央日报》与台湾政治大学开展合作，把木栅与景美两个地区的采访工作都交给该校四年级学生负责，学生采访的新闻被报送台湾《中央日报》采访组使用，每人实习两个月。台湾政治大学的毕业实习从1960年起改在寒假期间进行，学生可根据兴趣在可供实习的25家传播机构中进行选择，为期一个月。一些台湾知名的媒体和公司，均愿免费为各校学生提供实习平台并提供奖学金资助，这显示出当时学界与业界已经形成了良好的互动关系[②]。在奖学金方面，台湾政治大学新闻系在20世纪70年代获新闻事业机构及私人资助，当时就有13种奖学金，台湾师范大学社会教育系新闻组也有近10个新闻机构捐赠奖学金。[③]

20世纪50~70年代，有关台湾新闻传播教育的评估还很缺乏，囿于资料查找的局限，笔者目前所找到最早的一份调查是1959年刊登于《报学》第2卷第5期上的报告——《从实际的观点看新闻教育》。1959年台湾政治大学复校后，第一届新闻系学生与台湾师范大学社会教育系新闻组学生联合举行毕业实习，两校将应届毕业生60人（政大48人，师大12人），分派到15个新闻事业及新闻行政机关工作，并聘请各机关负责人担任指导委员，历时1个月，这是台湾近十年来新闻系毕业生的第一次大规模实习。实习期满后，两校于1959年6月16日举行就业实习检讨会，邀请各指导委员就1个月来的观察以及对两校新闻教育内容及实习制度提出意见，作为今后改进的参考。这篇文章既为座谈会之记录，也是笔者见到的最早关于新闻传播教育反馈的书面材料。当时有台湾政治大学新闻研究所所长曾虚白、台湾政治大学王洪钧（当时因系主任谢然之赴美国，由王洪钧做代理）、台湾师范大学社会教育

[①] 郑贞铭：《中外新闻传播教育》，第290页。
[②] 郑贞铭：《中外新闻传播教育》，第277页。
[③] 郑贞铭：《中外新闻传播教育》，第276~279页。

系主任孙邦正、台湾英文《中国邮报》董事长黄遹霈与副社长余梦燕、"中国广播公司"新闻组主任王大空、"中央通讯社"总编辑沈宗琳与副总编辑彭清、台湾《中华日报》副总编辑欧阳醇、《联合报》副总编辑马克任、台湾《中央日报》采访部主任王康、《征信新闻》副总编辑袁啸星、《大华晚报》副总编辑齐振一、《新生报》总编辑王德馨等22人出席座谈。

经笔者整理,与会者就教学内容、实习制度安排提出以下建议:(1) 课程内容方面:应该设置新闻管理、经营方面的课程以应对时代需要(黄遹霈);应加强英文基本功训练,加强中、英文采访写作的训练,加强国文程度与文学修养,加强学识修养,练习讲国语和本省话的能力(王大空、欧阳醇、袁啸星、王康、齐振一);改变"采访第一"的观念,文人办报时代已经过去,要有编辑观念(沈宗琳);建议开放学生能够选国文系的课,加强学识修养(于衡)。(2) 新闻实习制度方面:加强校内实习报刊的建设,将《学生新闻》改成日刊,加强学生校内动手能力的培养,并贯彻理想的新闻理念(余梦燕、于衡、王德馨);实习生要对所实习的媒体性质与特点有深入的了解,并形成实习计划(侯斌彦、周培敬、张明);实习时间应该增加,1个月似乎不够;考虑4年之中应该安排学生在各个部门实习,学校要处理好综合实习与专业部门实习的问题,考虑各种实习的时间段安排(王德馨、吴来兴、张任飞);新闻系应该有自己的资料中心和实习工厂(沈宗琳)(以上建议在今天看来仍有实际意义)。

曾虚白感谢媒体人士对实习的支持,他说:"新闻教育如不能和新闻工作配合,绝对是新闻教育的一大失败。因为新闻教育的目的在培养有用的新闻人,供给新闻界以新血液。"[①] 根据与会者建议,曾虚白认为实习时间应该由二、三年级暑假开始,不应放在毕业前才进行。学校和报社应共同负责学生的实习。学校应加强对学生写作技巧以及语言能

---

① 编辑部整理《从实际的观点看新闻教育》,台湾《报学》1959年第2卷第5期,第109页。

第二章 以维护"党国"政治统治为主导的新闻传播教育（1951~1973 年）

力的训练，希望实习指导委员能辅助并严格要求学生。

综上所述，台湾新闻传播教育创办早期，主要创办者与负责人均从事过新闻工作且多数接受过新闻教育，深知新闻教育要配合新闻实践的重要意义。与会者提出的意见，比如加强中文修养、加强中英文写作能力的训练、规范完善实习制度、加强学生实习报纸的建设等，其后在台湾政治大学的课程改革中大都得到实现。可见这次座谈对以后新闻教育的改进，有很大的推动作用。

1950~1970 年间另一件新闻业界与学界共商教育方针的大事，是 1963 年 5 月 12 日由台湾政治大学新闻系主办的"全国新闻教育座谈会"。当天与会的人士包括董显光、曾虚白、萧同兹、程天放、成舍我、王惕吾、余纪忠、谢然之、王洪钧、曹圣芬等数十位政界、新闻界与教育界的代表性人物。台湾政治大学刘季洪校长说："新闻教育在大学教育中占有很大的地位。我是学教育的，过去我认为师范教育很重要，但是现在我的观念已经有了改变，我觉得新闻教育异常重要。新闻教育走上大众传播阶段以后，传播效力日广，而大众对传播事业的依赖及信托亦日甚一日。因此，如何使新闻所系的学生能接受如师范学院一样严格的训练，以造就国家社会最理想的新闻记者，最为重要。"[①] 此次座谈会显示了各界人士对新闻教育的重视。

此次新闻教育座谈会所得的结论，大致可归纳为以下六部分内容：

1. 一般部分：（1）新闻教育应配合新闻事业的需要；（2）新闻教育应配合"国家"的需要；（3）新闻教育应重质不重量；（4）教育内容应不断检讨改进，因应传播之发展。

2. 课程部分：（1）新闻专业科目及学分不宜超过全部必修学分的三分之二；（2）重视人文及社会科学之基本科目，尤以本国及外国语言最为重要，历史亦然，不应低于 40%；（3）专业科目应重视采访、写作及编辑、新闻史；（4）专业科目应在四年级分组实施，配合各类新闻传播事业之需要，尤以广播电视为然。

---

① 郑贞铭：《中外新闻传播教育》，第 288~289 页。

3. 道德部分：（1）新闻教育必须重视学生高尚品格之培养；（2）新闻教育应引导学生重视国家利益；（3）新闻教育应重视法律知识，特别是诽谤法，以维护个人权益；（4）新闻教育应重视学生社会责任心之培养，尤其是揭发社会黑暗，促进社会改革。

4. 语文部分：（1）中文写说能力必须通达流畅；（2）外国语文应修两种或两种以上。

5. 新闻研究所部分：（1）新闻研究所课程与新闻系应各有宗旨，不宜重复；（2）新闻研究所应重视理论人才与言论人才之培养。

6. 其他部分：（1）应编著出版一整套教科书，供新闻系学生使用；（2）应与新闻业界合作，提供在职教育；（3）应鼓励新闻系学生阅读大量课外书籍，拓展知识基础。

"上述为新闻学界与新闻事业界人士的综合高论，实已为台湾初期的新闻传播教育指引出正确的方向。这次研讨会的影响是深远的。"[1]

以上两次座谈会议参与人士的规格都很高，反映出台湾早期新闻教育界与业界之间良好的合作关系。大众传播事业者对新闻教育抱支持态度，已接受新闻从业人员应在高等学府培植的看法。

（二）新闻业界对教育的反馈意见调查

1976年由台湾政治大学新闻研究所硕士生崔家蓉做的调查"对当前学校新闻教育评价的研究"，是笔者搜集到的较早使用定量研究方法调查的业界反馈意见。该文对新闻从业人员对新闻教育的评价作了抽样调查。作者分别在台湾有代表性的10家电视台、电台与报社进行特性选样以及随机选样，在取得上述媒介单位人员名单后，分为新闻科系毕业生与非新闻科系毕业生两部分，各抽出30个样本，共60样本，采用预存立场理论和认知不协调理论进行分析。研究的结论是：（1）相信教育功能的人，对新闻教育功能的评价高；不相信教育功能的人，对新闻教育的评价低。（2）有志读新闻科系的人，对新闻教育的评价高；读新闻科系志愿不强烈的人，对新闻教育的评价低。（3）新闻科系毕

---

[1] 郑贞铭：《中外新闻传播教育》，第291~292页。

第二章 以维护"党国"政治统治为主导的新闻传播教育（1951～1973年）

业的，以曾受新闻教育为荣；非新闻科系毕业的，不以未受新闻教育为憾。（4）新闻科系毕业的人对新闻教育的评价高，非新闻科系毕业的人对新闻教育的评价较低。（5）毕业实习积分高的，对新闻教育的评价要比经验不愉快的为高；等等。另有两个结果很有意思，一个是在学校成绩好坏，对新闻教育评价的高低，并没有显著的影响力；另一个是喜不喜欢新闻工作，对新闻教育评价的高低也没有显著的影响力。① 这与我们平时的想象还是有一点差别。

该项研究最大的意义也许不在结论而是在研究方法上，正如作者所说："究竟应该拿哪些因素来代表对新闻教育的评价？以前并没有著作，甚至专文讨论。"在无据可考的情况下，该项研究的变量与方法设计对后人有一定参考价值，并且也在一定程度上反映了当时业界对新闻传播教育的实际看法。

第六节 学术研究活动对教育的影响与互动

如前文所说，在研究学科理智与学科制度互动关系的时候，笔者拟从课程设置内容、教师研究重点、学生论文尤其是硕士生论文方面展开。

一 新闻传播学研究理论配合"反攻复国"政策

20世纪50～70年代，台湾新闻学传播学理论的研究成果主要在《报学》和《新闻学研究》上发表。据林丽云的观察，由台北市编辑人协会创办的《报学》在创刊初期，其编辑方针之一就是建立新闻自由的论述，② 显示出新闻人追求自由的取向。1954年之前，《报学》每一期均有数篇以"新闻自由"为题的论文发表。这也反映出在迁台初期，国民党

---

① 崔家蓉：《对当前学校新闻教育评价的研究》，台湾《报学》1976年第5卷第5期，第46～49页。
② 林丽云：《台湾传播研究史——学院内的传播学知识生产》，巨流图书公司，2004，第89页。

政府需要美国支持，有意放宽言论政策，有设立"民主橱窗"的意图。1954年底，第一次台海危机爆发，美国和台湾当局签署《共同防御协定》，正式把台湾纳入美国在亚洲的防卫系统中。得到了美国支持的蒋介石，态度开始强硬，国民党也开始加强对媒介的控制并减少了对民营报刊的补助。蒋介石在1955年说："对于刊载不正当文字的报刊……予以定期停止发行的处分，这是合法，并且合理的措施。否则海淫海盗，甚至危害国家民族的文字，任其发表……其后果必致不堪设想。"①

为了论证政府管制媒体实施政策的正当性，新闻学界的研究主要从社会责任理论和媒介自律方面进行了配合论证，充当喉舌。1959年，《报学》也开始接受官方（国民党"中央第四组"及台湾省新闻处）的补助，因此在关键事件上会刊登学者的论述以配合政府需要。20世纪60年代，台湾新闻传播研究者选择性地转译了报刊四种理论中的"社会责任论"，其实在美国学者所提出的"社会责任论"中，政府应积极地保障一般公众的新闻自由，而不宜控制媒体。但是，这时台湾的传播学者所建构的"社会责任论"，却变为媒体应受政府控制才能负起社会责任。②这个时期，谢然之、曾虚白、胡传厚等都纷纷在《报学》上发文倡导"社会责任论"。1965年，曾虚白援引李普曼的"民意"理论，论证政府控制媒体的必要性。他说："资本主义制度下，媒体的所有权朝向独占，为了商业利益而制作粗俗的节目……倘公众对传播事业的愿望无法达成，政府不得不插身进去为公众服务。换言之，如传播事业不负责任，无其他势力可使之负责，政府不得不负责处理了。"③ 1965年8月，台湾政治大学新闻研究所举行"新闻自由与社会责任"研讨会，会议的基调即在商业竞争下新闻媒体应负起社会责任，应接受政府管制。

1967年，台湾政治大学新闻研究所创办《新闻学研究》。该刊创办

---

① 中国国民党"中央委员会第四组"编《宣传手册》，中国国民党"第四组"，1961，第16页。
② 林丽云：《台湾传播研究史——学院内的传播学知识生产》，第96页。
③ 曾虚白：《新闻自由与社会责任》，台湾《报学》1965年第3卷第5期，第62页。

之后，第一、二两期中的论文都以社会责任、业界自律或政府管制为主题，曾虚白在创刊号上发表《新闻自由与社会责任》、谢然之撰写了《新闻自由与自律》、李瞻撰写了《新闻自由理论的演进及其趋势》等论文，评析西方国家新闻自由理论的演进及其局限，论证政府对媒介管理和控制的合法性。

在教科书建设方面，由曾虚白、李瞻等分别组织编写的《中国新闻史》与《外国新闻史》，改变了新闻传播专业学生无史书可读的窘境。然而正如克罗齐所说"一切真历史都是当代史"一样，1947年朱光潜先生在《克罗齐的历史学》一文中探究克罗齐的史学思想时，曾对这一命题作出如下阐发："没有一个过去史真正是历史，如果它不引起现实底思索，打动现实底兴趣，和现实底心灵生活打成一片。过去史在我的现时思想活动中才能复苏，才获得它的历史性。所以一切历史都必是现时史……注重历史的现时性，其实就是注重历史与生活的联贯。"[①]而在曾虚白的《中国新闻史》中，视国民党政府为中国道统的继承者……因此借助新闻史的修撰，将"'国府'政权视为中国道统的继承者；排斥或边缘化中共的新闻事业体系，对比强化'自由中国'优于'共产中国'是该书的基本史观"[②]。

在新闻传播理论与教科书方面论证与维护国民党政府统治的正当性与合理性，是迁台之初新闻学界占主导地位的学术思想。

二 新思想的引进与新的研究方向

20世纪60年代初期，留美学子逐步返台，他们开始引介美国主流的大众传播研究内容。20世纪40年代以后，美国的传播研究逐渐由人文性质的新闻学研究，转变为社会科学性质的大众传播研究。因此，美国的传播学在研究方法上逐渐以定量方法代替定质方法，也就是以行为科学方法代替人文方法；而且，在研究主题上也以过程与结构研究代替报人

[①] 于沛：《如何看待"一切真历史都是当代史"》，光明网，http://www.gmw.cn/01gmrb/2006-03/27/content_394521.htm，2012年3月30日。

[②] 林丽云：《台湾传播研究史——学院内的传播学知识生产》，第105~106页。

的研究。① 1964年朱谦在《报学》上发表《大众传播理论体系》一文，成为台湾"第一位将行为科学的研究方法，应用到传播研究上"的人士。② 1966年徐佳士出版了《大众传播理论》一书，这是台湾第一本系统介绍传播理论的书籍。早期研究者在政府与亚洲基金会的资助下，纷纷从事效果理论的研究，如在1965年，朱谦与漆敬尧教授共同完成《大众传播在政府公共关系中的功能》，这是运用行为科学的效果研究方法在台湾的较早尝试；1970年徐佳士研究"二级或多级传播"理论在台湾的适用性；同一年，他与台湾政治大学新闻研究所同事组成团队，研究"电视对儿童的影响"，台湾政治大学新闻系也将"大众传播学研究方法"列为必修的科目。③

朱立从1967年到1977年发表于《新闻学研究》上的论文中归纳出观察到的几个趋势：（1）1967年到1968年，多以报业发展或报业面对的问题为主，也引介外国资料与状况。（2）1969年到1973年，讨论台湾传播状况的论文，已有大量篇幅从行为科学与定量分析着手。讨论其他国家的传播问题的文章比例，相对降低。（3）1974年到1977年，讨论本土问题的论文激增。④

三　学科理智发展对课程设置及学生论文的影响

（一）学科理智研究方向影响课程开设和教学内容

当时台湾新闻传播学系所多把新闻学与新闻史课程列为必修，而身处学术生产场域的教师在讲授课程或者出考题时就会强调自己认可的内容和知识体系，传授给历届新闻传播科系学生。⑤ 以1968年至1973年台湾政治大学新闻研究所入学考试为例，"新闻学"与"新闻史"是必考的科目。考题中每年至少有1题（占该科记分的25%）是关于自由报业的弊端与防治的。1969年到1973年间台湾"教育部"公费留学考试中，新闻学一

---

① 石永贵：《新闻学研究之回顾》，台湾《新闻学研究》1969年第4期，第119页。
② 杨孝濚：《传播研究方法总论》，三民书局，1981，第5页。
③ 陈世敏：《报学半年刊的内容分析》，台湾《报学》1970年第4卷第4期，第49页。
④ 朱立：《开辟中国传播研究的第四战场》，台湾《报学》1978年第6卷第1期，第27页。
⑤ 林丽云：《台湾传播研究史——学院内的传播学知识生产》，第109页。

第二章 以维护"党国"政治统治为主导的新闻传播教育（1951～1973年）

科大约有5题，其中有3题与新闻自由的演进与流弊，以及新闻自律与社会责任论的发展有关。① 在课程设置方面，新闻研究所课程包括"三民主义哲学基础"，新闻系的课程包括"三民主义与中国近代史"等，② 这些课程都包含浓厚的党化教育色彩，从教学内容方面配合政府的政策。

20世纪60～70年代，从美国返台的年轻学者们纷纷开设新课程传授新的研究理论与研究方法。1960年朱谦在斯坦福大学获得新闻与传播学硕士学位后，在当时台湾政治大学新闻系主任王洪钧的邀请下，教授"新闻英语与民意测验"课程。在新闻系任教一年后，又回斯坦福大学攻读博士，两年后获得博士学位，返回台湾政治大学新闻研究所开设了"传播学理论""传播学研究方法""内容分析"和内容分析课程。传播学研究方法包括统计方法，当时在文学院可算是闻所未闻。朱谦使用英语讲授奎因·麦克尼马尔的心理统计学，曾虚白所长要求一、二年级的研究生全部必修，"大家叫苦连天，十八位同学大约有半数要补考，这恐怕是政大研究生的创举。但是也有一位同学期终考得九十八分，可见不是没有人懂"。③ 杨孝濚也说，朱谦1964年至1965年间在台湾政治大学新闻研究所讲授"统计学""研究方法"，"由于他的'归国'讲学，才使传播研究从哲学式的思考，带进行为科学的领域。更因为他所带回来的新方法和新观念，而在台湾传播研究历史上，写下了艰苦的第一页"。④ 1971年杨孝濚在美国威斯康星大学博士毕业后，应台湾政治大学新闻研究所之聘，以客座副教授身份回台，陆续在该所讲授"内容分析""传播统计""电脑在传播研究上之应用""中国大众传播问题专题研究""研究方法"等课程，并编写了《传播统计学》及《传播研究

---

① 李瞻《新闻学》一书中（1986年版，第344～368页）详细罗列1969年到1972年关于新闻学相关考试的考题。
② 谢然之：《台湾新闻教育之开始》，《新闻教育与我》，"中华民国大众传播教育协会"，1982，第23、28页。
③ 朱谦：《中文传播研究三十年回顾与前瞻》，载臧国仁主编《中文传播研究论述——一九九三中文传播研究暨教学研讨会论文汇编》，台湾政治大学传播学院，1995，第11～12页。
④ 杨孝濚：《传播研究方法总论》，三民书局，1981，第5页。

电脑语言程式》两本教材。

（二）学生在做论文过程中对知识的再生产过程受到导师影响

因为硕士研究生一方面对理论的学习需求较强，另一方面与导师交流频繁，不少人协助导师进行课题研究，所以，硕士论文可以成为审视学科知识传播的较好途径。

在重视社会责任论，主张报业"自律"、遵守新闻道德的主流研究方向指导下，20世纪60年代台湾政治大学新闻研究所的硕士论文中有6篇探讨媒体制度、新闻理论与新闻自律的问题。此餐，在60年代中期，曾虚白编撰《中国新闻史》时，有13位研究生探讨中国先秦、汉代、宋代、清代的传播活动以及民国以来的报刊与报人，包括国民党的革命报刊与报人[1]。在新理念引进后，朱谦带来行为科学的研究方法，虽未能指导所有的研究生完成他们的论文，但却留下了深远的影响：像《单面传播与两面传播之比较研究》（王秋士，1966），《电视对于农民态度的影响》（林惠霖，1966），《从广播看社会价值之演化》（樊楚才，1966）……都是经由朱谦博士指导研究方法所完成的硕士论文[2]。在学术新思潮的带动下，新生代的研究者也界定行为科学的大众传播研究是主流的研究，当时的研究生石永贵、陈世敏等纷纷在《新闻学研究》《报学》上发表论文，他们主张运用西方的理论在本地进行调查，以验证西方理论在本地社会的适用性。根据朱立的研究，1956年7月到1976年7月，台湾政治大学新闻研究所的硕士论文的趋势：1956年到1962年，只有9.3%的论文以中国为题材，量化分析占1/4；1963年至1968年，量化研究及历史研究仍少，多为谈论台湾报业发展；1969年到1973年，量化研究占1/2，与《新闻学研究》的趋势大致相同；1974年到1976年全部以台湾为题材，且都运用行为科学或定量分析方法。[3]

---

[1] 曾虚白：《十五年来的政大新闻研究所》，台湾《新闻学研究》1969年第3期，第10～15页。
[2] 杨孝溁：《传播研究方法总论》，第5页。
[3] 朱立：《开辟中国传播研究的第四战场》，台湾《报学》1978年第6卷第1期，第20～27页。

第二章　以维护"党国"政治统治为主导的新闻传播教育（1951~1973年）

由此，学科理智层面的研究经由学科制度，如教师教学和论文辅导、教科书传播等方式，相互影响、互动，两者基本保持一致，共同造就此时期新闻传播教育的特点。

小　结

国民党政府从迁台后到20世纪70年代，经历了从风雨飘摇到逐渐站稳脚跟，政治上建立"党国"威权统治政权，经济上逐渐稳定、复苏并为腾飞做准备的过程。迁台初期，由于"内政外交"处于风雨飘摇之际，国民党政府加大统治正当性的宣传，并将在大陆的失败归结为宣传与教育的失败，由此加强对宣传与教育领域的控制。意识形态中文化霸权的建立，最重要的两个工具便是学校和媒介。新闻教育担负培养宣传人员的重要责任，因此国民党政府在迁台后，首先恢复的四个研究所当中，就有台湾政治大学新闻研究所，并树立了为"党国"统治服务的新闻传播教育宗旨。

20世纪50~70年代，台湾在7所学校中建立起10个新闻系所、科组，除了台湾政治大学和台湾政治作战学校外，多数学校的师资建设和创办过程都十分艰难。

台湾早期的新闻教育重视社会教育，当时的主要目的是补充大学教育的不足，让更多新闻记者有机会接触专业知识，开阔视野并提高英文水平，增强与外界交流的能力。

在课程设置方面，党化教育意图明显。初期主要为新闻界培养实用性人才，实用性强，后期课程设置注重加强学生文史哲修养。各校课程设置分工明确，注重实践。

在教育师资方面，早期主导新闻的教育者与主要教学者（专任或兼任）大都与国民党有密切关系，教育者以接受美式教育为主，学缘关系较强。台湾新闻教育创办早期，主要创办者与负责人均从事过新闻工作且多数接受过新闻教育，深知新闻教育要配合新闻实践。而新闻界人士也因为有在大陆就关注并参与新闻教育的传统，赴台后因业界缺乏人才，也能积极投身新闻教育，反映出台湾早期新闻学界与业界良好的合作关系，此时期对于受教育者的研究与反馈尚处起步阶段。

20世纪50年代，新闻学理论、新闻史的研究主要配合台湾"反攻复国"政策，20世纪60年代初期，留学美国的学子开始返台，他们开始引介美国主流的大众传播研究。学科理智研究的方向影响课程设置和教学内容，学生在做论文过程中对知识的再生产过程受到导师影响的痕迹是显而易见的。

第三章

以经济建设为主导的新闻传播教育（1974~1991年）

第一节 20世纪70年代至90年代台湾的社会背景

一 经济背景

20世纪70年代初期，世界经济发生剧烈变动，在以美元为中心的国际货币体系面临崩溃的同时，又连续出现世界性的粮食危机和能源危机，这对外贸依存度极高的台湾经济产生重大冲击。台湾经济受挫严重，陷入20世纪50年代初以来最严重的低迷状态，出现经济增长1%而通货膨胀超过40%的"滞胀"现象。[1] 为应对危机，台湾开始实施第二次进口替代战略，并重新制定新的第七期六年经济建设计划，进行以交通、能源、重化工业等基础项目为重点的十大建设，同时推动农村第二次土地改革，进一步解放农业生产力，经济实际增长率连续3年（1976~1978）实现两位数。然而在20世纪80年代初世界第二次经济危机到来后，台湾经济再度陷入困境，经过调整，台湾开始走上以第三产业为主导，以技术密集型产业以及附加值较高的策略性工业为重点的经济转型之路，使台湾经济在20世纪80年代中期出现高速成长的局面，人均收入基本达到发达国家20世纪70年代中期的水平。[2]

---

[1] 李非：《台湾经济发展通论》，九州出版社，2004，第103页。
[2] 李非：《台湾经济发展通论》，第127页。

任何政治上的变动都有其深刻的经济社会原因，在这方面，很多政治学家都有过深入的研究。在李普塞特看来，"国家越富裕，出现民主的可能性就越大"。亨廷顿的研究也发现，第三波民主化的转型地带，是1976年的平均国民生产毛额介于1000美元和3000美元之间。[①] 从台湾的情况看，20世纪60~70年代，台湾经济快速发展，到80年代时，台湾已经从一个传统的农业社会变成一个中等发达的工业社会。伴随着经济发展，中产阶级与知识分子的力量迅速壮大。他们越来越不满于"纳税有份，参政无份"，继续处于政治边缘化的群体的地位。他们主张进行温和的民主改革，要求在某些方面重新分配权力。由于经济发展而带来的中产阶级的崛起，成为20世纪80年代台湾民主转型的重要动力。也就是说，台湾的经济和社会结构变迁，提供了政治改革的重要能量。[②]

在此期间，由于生活水准的改善，使得中产阶级有能力负担子女的高等教育学费和生活费，也有意愿让子女接受更高的教育。新闻传播院系对青年人有着天生的吸引力，故新闻系总属于学生报名踊跃而取分相对较高的专业，录取人数也持续增加，录取标准也高于同类组的许多系组。[③] 当时选读新闻传播系所在年轻人当中是一件热门的事情。

二 政治背景

20世纪70年代后，国际政治格局发生了重大变化。1975年4月蒋介石因病去世，蒋经国出任国民党的党主席。国民党当局在内外压力下，认识到"反共复国"短期内难以实现，唯有全力建设台湾，使其成为"三民主义模范省"，才能为日后的"反共复国"奠定基础。

从20世纪70年代中后期开始，国民党的统治地位不再牢固。一方面，在统治的正当性问题上，20世纪70年代初，发生了"保钓事件"、尼克松访问大陆、日本与台湾"断交"、台湾当局"被驱逐出联大"等

---

① 郭建平：《台湾政治转型成因研究综述》，《现代台湾研究》2006年第2期，第23页。
② 孙云：《台湾政治生态的变化与两岸关系》，厦门大学出版社，2009，第52~53页。
③ 郑贞铭：《中外传播教育》，远流出版公司，1999，第302页。

第三章 以经济建设为主导的新闻传播教育（1974~1991年）

一系列事件，使台湾处于日益孤立的国际环境。外在承认的减弱影响了国民党统治权威的正当性，国民党的统治面临严重危机。另一方面，从20世纪70年代中后期开始，台湾中产阶级崛起，党外人士①势力日益强大，要求政治改革、"革新保台"的呼声日益高涨。虽然党外势力从国民党迁台后就一直存在，但力量"比较分散，形不成气候"。20世纪50年代中后期至60年代初，雷震等人曾企图通过《自由中国》杂志建立党外反对势力，但在国民党的高压政策下未能取得实质性成果。20世纪70年代以后由于经济发展而带来的中产阶级的崛起，成为80年代台湾民主政治转型的重要动力。20世纪70年代以来，台湾党外势力创办了大批政治性刊物，主要以《台湾政论》《八十年代》《美丽岛》为主。党外人士以刊物作为载体，培养了一大批党外运动的骨干和积极分子，组建了反对党雏形，并多次参加政治选举。

1979年12月10日国际人权日这一天，台湾爆发"美丽岛事件"，②后来进行的公审变为党外人士宣扬政治主张的大好传播机会。"美丽岛事件"对台湾的执政当局和在野政治势力都产生了重大影响，该事件弱化了国民党的威权体制，为日后民主运动的发展和民主进步党（简称民进党）的成立营造了有利的政治环境。张俊宏认为，"美丽岛事件"主

---

① 中国学者对"党外"的定义是，"国民党以外同国民党持不同政见的人士，是包括分离运动、自治运动、社会运动、本土运动和民主运动等不同政治力量组成的反国民党的联合阵线"。参见陈孔立《台湾历史纲要》，九州出版社，1996，第498页。

② 1979年12月10日，《美丽岛》人士未经执行戒严令的治安单位的许可，如期在高雄举办国际人权日纪念大会，台湾当局派出大批军警严阵以待。后经协调，允许易地举行，但不可点燃火把。在游行过程中，亢奋的群众不受控制，治安单位认为他们违反法规，采取镇暴行动，造成警民冲突。据统计，有上百名宪警受伤，受伤民众人数没有确切数字。12日，《美丽岛》发表说明会，澄清前一天事件不是杂志社人员引发和主导的。13日，治安单位逮捕《美丽岛》首要人物张俊宏、姚嘉文、陈菊、吕秀莲、林义雄、王拓、杨青矗、周平德、纪万生、陈忠信、魏廷朝、张富忠、邱奕彬、苏秋镇，施明德在逃（于翌年1月8日被捕）。14日，黄信介被捕，还有相关人员十数名也遭逮捕。1980年2月20日，经军事检察官侦查完毕，黄信介、施明德、林义雄、姚嘉文、陈菊、吕秀莲、张俊宏、林弘宣以"叛乱罪"被提起公诉，周平德等37人被送司法机关侦办。4月18日，"警备总部军事法庭"判决施明德无期徒刑，黄信介14年徒刑，姚嘉文、张俊宏、林义雄、林弘宣、吕秀莲、陈菊12年徒刑。

要的影响是暴露了国民党独裁统治的本质,国民党为此付出巨大代价。① 杨青矗认为,大审让人民了解了真相,使人民顿时觉醒,国民党的高压统治失去了效力。②

在国际上,20世纪70年代第三波民主化浪潮袭来之后,葡萄牙、西班牙、希腊等国的威权政体相继垮台。80年代中期,韩国、菲律宾等国也相继开始向民主化的转型。1986年2月发生在菲律宾的"二月革命",结束了统治20年之久的马科斯专制独裁统治,使国民党当局倍感压力。更为重要的是,美国不断向台湾当局施加压力,力促台湾民主化。美国竭力以"美国模式"影响台湾,不断敦促台湾当局推进民主化进程。1985年7月,美国参、众两院联席会议通过了"台湾民主修正案",声称"充分民主为台湾和平前途之要件,美国应鼓励台湾当局依台湾关系法之精神努力达成此一目标。台湾若能朝更民主的方向前进,将有助于美国民众对台湾道义与法律的支持"③。

在内外巨大压力下,蒋经国在国民党"十一届四中全会"闭幕式上宣布恢复终止的"国会"选举会,宣誓杜绝军事统治,为台湾渐进式民主铺下道路。1986年3月,国民党召开"十二届三中全会",会议提出了政治革新的任务。1986年10月15日,蒋经国在国民党"中央常务委员会"上说,"时代在变,环境在变,潮流也在变,因应这些变迁,执政党必须以新的观念,新的作法,在民主宪政体制的基础上,推动革新措施",启动第二次"政治革新"。在他看来,要谋求国民党政权的"长治久安",要维系和巩固在台统治,必须要进行政治改革。

经过前期酝酿,1987年7月14日,蒋经国发布命令,宣告台湾地区,包括台湾本岛和澎湖地区,自15日零时起解除"戒严"。"解严"

---

① 陈敏凤:《重审美丽岛——专访施明德、黄信介、许信良、姚嘉文、张俊宏谈"美丽岛事件"》,《新新闻》1989年第135期,转引自佟文娟《过程与分析:媒体与台湾政治民主化(1949~2007)》,厦门大学出版社,2009,第24页。
② 陈仪深、潘彦蓉:《杨青矗先生访问记录》,《口述历史》第12期,转引自佟文娟《过程与分析:媒体与台湾政治民主化(1949~2007)》,厦门大学出版社,2009,第24页。
③ 赵勇:《台湾政治转型与分离倾向》,中央编译出版社,2008,第39页。

声明宣布废止"戒严"期间依据"戒严法"制定的30项法令,并总结解除"戒严"至少有3个方面的意义:(1)军事管制范围缩减与行政及司法机关职权普遍扩张:平民不再受军事审判,即使是现役军人,如其所犯者为较轻微的犯罪行为,也不受军事审判。出入境及出版品的管理,分别由警察机关及"行政院新闻局"负责。(2)人民从事政治活动,将以普通法律保障并促成,因之,在"立法院"通过"人民团体组织法"与"集会游行法"后,人民将可依法组党结社及集会游行。(3)行政主管机关的行政裁量权也不再如"戒严"时期的广泛和较有弹性,使一般人民或民意机关更能发挥督促或监督的功能①。1987年7月15日,国民党当局宣布"解除戒严",代之以所谓的"动员戡乱时期国家安全法",1989年1月公布实施"动员戡乱时期人民团体组织法",这在"法律程序"上正式解除了"党禁",使在台湾结社组党合法化,国民党"一党执政,多党竞争"的新政党政策正式确立。此后,台湾岛内形成了一股组党热潮。1987年12月1日,台湾"新闻局"宣布,自1988年1月1日起解除"报禁"。解除"报禁",增加版面,取消对民众办报的限制,这就给言论自由带来了新的生机。1991年4月8日,台湾当局召开了"第一届国民大会第二次临时会议"。会议于4月23日通过决议终止"动员戡乱时期",废除"临时条款",同时通过了10条所谓"宪法增修条文"。终止"戡乱时期",废除"临时条款",为台湾的"宪政改革"铺平了道路。

三 高等教育发展背景

战后台湾一直推行教育投资增长率高于地区经济增长率的教育优先策略。1952~1962年,台湾地区"国内生产总值"(GDP)的年均增长率为22.8%,而公共教育经费的年均增长率为28.15%。1962~1973年,台湾"GDP"的年均增长率为15.6%,而公共教育经费的年均增长率为18.3%。1973~1982年,台湾"GDP"的年均增长率为20%,

---

① 齐光裕:《"中华民国"的政治发展》,扬智文化,1996,第460页。

而公共教育经费的年均增长率为24.7%。20世纪80年代以后,尽管台湾地区经济增长率降低了,1982~1986年"GDP"的年均增长率只有9.35%,但同期教育经费的年均增长率也达到了9.9%。①

20世纪70年代后,台湾高等教育发展的基本策略是:第一,按高教发展要求大量增加教育投入,1977年全岛高等教育经费占全部教育经费的27.32%;第二,根据经济发展需要积极改革高等教育体系,为了培养各行业需要的"短、平、快"应用型人才,大量设置2年制专科、3年制专科和5年制专科等专科型院校;第三,积极建构系统的高等教育体系,推行从专科、本科到研究生教育以及非正规高等教育的高教一体化。②

然而,随着这一时期高等教育的迅速发展,也给当时部分毕业生带来就业困难,造成学校教学质量下降等问题。1972~1985年间,台湾行政当局宣布暂缓开设私立学校,并对公立大专院校的增设实施限制。高等教育的发展速度大幅减缓,私校部分尤其明显。1985年,台湾行政当局核准开放新设私立学校,但指定范围限于工、医、技术学院,2年制商业护理专校及5年制工专。从1986年起,台湾高等教育进入开放成长阶段。1987年台湾解除"戒严",随着大众对于高等教育的需求日渐高涨,政府被要求以更为开放多元的政策促进高教发展。1989年3月,台湾"教育部"部长毛高文明确指出大专院校的增设与调整,将成为台湾"教育部"施政的重点工作之一,并表示将逐年增加大专学生及研究生人数,期使接受高教人数与总人口之比例,由当时的20‰以渐进方式提高,将使大学升学率达50%以上,高教在校学生人数占总人口数之比例将扩增至30‰。③

人力计划与经济建设计划共同引导教育发展,是台湾高等教育发展

---

① 马早明:《韩国和我国台湾二战后高等教育发展战略特点探析》,《比较教育研究》1997年第6期,第32页。
② 曲士培:《台湾高等教育》,湖南教育出版社,1990,第38页。
③ 杨莹:《台湾高等教育政策改革与发展》,台湾《教育人力与专业发展》2008年第25卷第6期,第22页。

的一个重要特点。经建计划及人力计划既是劳动力市场对劳动力需求的一个主导性规划，也是高等教育发展的最高指导原则。长期以来，台湾劳动力市场借助当局威权控制的权力优势形成人力计划，高等教育的发展被纳入人力计划的一部分加以规划。每期的经济建设计划和人力计划都是在对当时劳动力结构、需求作描述与评估的基础上，根据不同行业、职业劳动力的分布与需求提出高校专业设置与调整的建议，并直接指导高校专业招生人数的确定。因此，历次的经济建设计划或人力计划，都会涉及高等教育专业结构调整的重点。这些重点都是以"配合台湾经济发展""与经济建设无直接相关的专业不予扩充"为原则。[①] 所以说，台湾的经济建设计划和人力计划对高等教育发展，尤其是高校专业设置与调整的影响非常大。这种影响在20世纪90年代中期之前表现得尤为明显。在人力计划观念的主导下，当局对高校招生人数与专业设置如人文与科技类专业的比例方面都有严格的限制。由于长期以来高校担负着培养经济建设人才的工具性目标，使高校专业设置与调整带有过度实用功利主义的倾向，片面沉沦于为经济服务，而忽略了基础学科的发展以及博雅文化的陶冶。这样的政策制度也反映到同时期台湾新闻传播教育的招生与专业设置当中。

四　新闻事业的基本发展情况

20世纪70年代后，台湾社会发生显著变化，给台湾新闻业发展带来巨大影响。在报业方面，台湾民众对于台湾前途、政局的发展及个人等关注的程度日益加深，读报人数迅速增长，报业发展的环境比以前好。虽然20世纪70年代台湾报纸总数依然维持在31家，但发行总量和广告额都有显著增长（见表3-1、表3-2）。1981年，台湾报纸总销量达到300万份，台湾《中国时报》和《联合报》两家民营报纸分别在1979年和1980年宣布突破百万份大关。

[①] 陈韵如:《台湾与法国高等教育制度之比较分析研究——以学校结构及入学制度为例》，硕士学位论文，台湾成功大学教育研究所，2003，第41~42页。

表3-1　1971~1980年台湾报纸印刷份数

年　份	每天印报份数（万）	1年消费新闻纸吨数
1971	130	无正式记录
1972	137	无正式记录
1973	141	无正式记录
1974	152	无正式记录
1975	165	约3.5万
1976	180	约4万
1977	210	约4.5万
1978	230	约5万
1979	280	约6万
1980	350	接近9万

资料来源：转引自王天滨《台北新闻传播史》，亚太图书出版社，2002，第325页。

表3-2　1971~1980年台湾报纸广告总值

年　份	广告总值（万元）	增长率（%）
1971	53760	5.25
1972	59882	11.39
1973	84460	41.04
1974	108580	28.56
1975	135260	24.57
1976	159300	17.77
1977	194154	21.88
1978	242484	23.04
1979	325620	34.29
1980	442620	35.93

资料来源：转引自王天滨《台北新闻传播史》，亚太图书出版社，2002，第326页。

1988年解除"报禁"后，台湾新登记的报纸多如雨后春笋，报纸登记数量呈直线上升。报纸数量的倍增，使各报间的竞争激烈异常。台湾新闻工作者汤海鸿对此有一段生动的描写："解除报禁后，台湾地区的报业经营即宛如脱缰野马般，奔腾进入一个崭新的境界：老报挟其既有之优势，一面深沟高垒固守地盘，一面增张扩版强力出击；新报则纷

第三章　以经济建设为主导的新闻传播教育（1974～1991年）

纷崛起，虽一时难成气候，但初生之犊，冲刺勇猛，也让人不敢轻视。在新旧势力的交替冲击下，报业市场起起伏伏，时而山穷水尽，时而柳暗花明，其竞争之激烈，变化之多端，直令人目不暇接，叹为观止。"①

"报禁"解除初期，为应付即将到来的新一轮更激烈的竞争，各报都大量招揽记者。《联合报》在1987年2～4月间就招收记者、编辑116人，其余各大报群起效仿。② 此举吸引了大批热衷新闻工作的青年投身报业。同时，各报间相互挖人才的现象亦层出不穷。新闻媒体数量剧增，造成对新闻人才的渴求，也刺激了同时期新闻传播教育的蓬勃发展。报禁开放，本欲通过自由竞争的市场，打破言论垄断，发挥报纸社会公器的角色，但事实并不尽如人意，"报禁"开放3年后，传播学者杨孝濚感叹地说："从'报禁'开放3年后的事实来观察，这种提升报业品质、避免报业垄断言论市场不但没有降低或消除，从报纸媒介为扩充本身的生存空间，以更煽动性之内容攻讦官员，并严重侵犯个人隐私，甚至于制造新闻，深受社会大众诟病，将报业认定为'制造业'、'修理业'和'屠宰业'的讽刺。'报禁'开放后，报业品质反而下降，这亦是开放'报禁'之初，所无法设想和预测的。"③

在广播方面，台湾当局在20世纪50年代出于"反共抗俄""反共复国"的政治需要，扩大了国民党党营、军营的广播电台的规模，新设了一批民营广播电台，形成全岛性的广播网。20世纪60年代台湾经济起飞，为适应经济发展及人才教育提升的社会需要，各地增建转播台，改善广播设备，增设了娱乐性、服务性节目，分类日益细化。20世纪70年代台湾开始建立警察、农业和新闻专业广播网，进入了调频、专业广播网时代。在台湾当局长达38年的"戒严"期内，广播电台的设立始终受到严格控制。1987年台湾"解禁"，1993年台湾当局控制的

---

① 汤海鸿：《报业解除后报业的竞争形势》，载《"中华民国"新闻年鉴》（1991年版），"台北市新闻记者公会"，1991，第75页。
② 陈柏明、陈飞宝等：《台湾新闻事业史》，中国财政经济出版社，2002，第126页。
③ 杨孝濚：《报社经营策略的观察》，载《"中华民国"新闻年鉴》（1991年版），"台北市新闻记者公会"，1991，第85页。

广播频道被迫作部分开放，民间广播电台林立，公民营的调幅、调频的广播电台达 100 余座，是 20 世纪 50 年代的 30 倍。开放以后台湾电台种类众多、数量激增，十分需要相应的专业技术人才和管理人才，各校纷纷开设广播电视新闻专业以应对市场需求，这也在某种程度上推动新闻传播教育的发展。

在电视方面，台湾第一家商业电视台——台湾电视公司（台视）于 1962 年 10 月正式开播，揭开了台湾地区电视传播的序幕。1968 年由国民党创办的"中国电视公司"（中视）以及 1971 年"中华电视公司"（华视）相继成立，打破了台视独家经营的局面，引进了竞争。这三家电视台属于政商结合的商业台，由于台湾当局政治体制的特点，电视媒体和有关当局之间形成了"行政为主，媒介为从"的主从关系，电视新闻表现出很强的统一性、控制性和政治性，同时激烈的商业恶性竞争，又使电视带有较强的世俗性。台湾当局解除"戒严令"后，随着电视媒体的开放，1995 年，"民间全民联合无线电视"（民视）成立，1997 年公共电视台建成。此后，有线电视的合法，乃至卫星电视的播放，形成了立体性、纵横交错的电视网，台湾电视走向现代化和多元化道路。由于台湾无线电视台长期只有 3 家，因此对新闻人才的需求相对固定。到了 20 世纪 90 年代中期有线电视合法化、有线电视台市场开放后，对新闻人才的需求有所增加，但需求规模总体不大。

在通讯社方面，1946~1987 年间台湾新闻通讯社一直维持在 39 家，远远赶不上台湾报纸、广播、电视等媒介的发展速度。这一时期，台湾新闻通讯社除了国民党党营的"中央通讯社"和军营的军闻社得到当局支持外，其他民营的专业性通讯社，都是规模较小、勉强维持、影响有限。20 世纪 90 年代后，台湾出现政党政治，社会政治走向多元化格局，这为新闻通讯社事业提供了一定的发展空间。据统计，从 1962 年到 1981 年将近 20 年的时间内，台湾共有通讯社 37 家。1988 年"报禁"开放后，随着报纸的增加，通讯社也逐渐成长，到 1991 年已达 183 家（见表 3-3），通讯社多集中在台北市，业务趋于多元化、专业化。

第三章 以经济建设为主导的新闻传播教育（1974～1991年）

表3-3 台湾通讯社数量变化情况

年份	1987年	1988年	1989年	1990年	1991年
家数	44	130	157	179	183

资料来源：转引自王天滨《台湾新闻传播史》，亚太图书出版社，2002，第461页。

就从业人员来说，通讯社之间竞争十分激烈，政府的通讯社往往在硬件、人员待遇方面都有较大优势，例如"中央通讯社"1990年现职人员中，有博士学位者11人、硕士42人，全社460名工作职员中，80%以上为大专毕业①。而一般的中小通讯社就无法与之相比。

总之，20世纪70年代至90年代，随着台湾经济、政治体制的转型，新闻事业发生巨大改变，"报禁"解除后，各类报刊、广播、电视台、通讯社的发展，对新闻传播人才的需求不论从数量还是质量要求方面都有较大提升，这也极大促进了台湾新闻传播教育的发展。

第二节 主要新闻传播院系所介绍

一 1973～1991年间的台湾新闻传播院系所

表3-4 1973～1991年间的台湾新闻传播院系所

设立系所年代	未改制过的科系	改制过的学院以及科系
1973～1991	世界新闻专科学校观光宣导科（1976） 台湾淡江大学大众传播系（1983） 台湾辅仁大学大众传播研究所硕士班（1983）	台湾文化学院印刷学系增设夜间部印刷工程系（1976） 台湾文化大学哲学所新闻组硕士班（1980） 台湾文化大学新闻研究所新闻组由哲学研究所改为政治研究所（1980）

---

① 廖寿衡：《新闻通讯事业面临重大挑战》，《"中华民国"新闻年鉴》（1991年版），"台北市新闻记者公会"，1991，第26页。

续表

设立系所年代	未改制过的科系	改制过的学院以及科系
1973~1991	台湾政治大学新闻研究所博士班（1983） 台湾文化大学造纸印刷研究所（1983，后改名为印刷研究所） 台湾政治作战学校新闻研究所（1983） 台湾文化大学新闻研究所（1984） 台湾师范大学社会教育系新闻组硕士班（1985） 台湾文化大学广告系（1986） 台湾政治大学广告系（1987） 台湾文化大学成立新闻暨传播学院，由原社会科学院改制（分设新闻研究所、印刷研究所及新闻、广告、大众传播，印刷传播四系）（1989） 台湾政治大学成立传播学院（分设新闻研究所及新闻、广告、广播电视三系）（1989） 台湾大学新闻所硕士班（1991） 台湾交通大学传播科技研究所硕士班（1991）	台湾文化大学哲学所新闻组硕士班改隶政治研究所新闻组硕士班（1981） 台湾艺术专科学校影剧科分设成电影科及戏剧科（1981） 台湾文化大学政治所新闻组硕士班独立为新闻所硕士班（1983） 台湾辅仁大学大众传播系实施分组教学（1984） 台湾辅仁大学大众传播系改制为新闻、广播电视、广告三组（1986） 铭传女子商业专科学校改制为铭传管理学院，设立大众传播系（1989） 云林科技大学商业设计系改制（1991） 世界新闻专科学校广播电视电影科升格为广播电视电影系（1991） 世界新闻专科学校公共关系科升格为公共传播系（1991） 世界新闻专科学校编辑采访科升格为新闻系（1991） 世界新闻专科学校报业行政科改制为传播管理系（1991） 铭传管理学院大众传播学系（1991） 世界新闻传播学院（1991）

资料来源：整理自翁秀琪《台湾传播教育的回顾与愿景》，台湾《新闻学研究》第69期；郑贞铭《中外新闻传播教育》，第294页；李瞻《新闻教育》，《"中华民国"新闻年鉴》（1991年版），第301~303页。

表3-4统计显示，1973~1991年是台湾新闻传播教育的重要发展时期。据笔者统计，在这一时期"未改制过的科系"中，一共有台湾世界新闻专科学校观光宣导科、台湾淡江大学大众传播系、台湾文化大学广告系、台湾政治大学广告系4个新成立的科、系；新成立的系所有：台湾辅仁大学大众传播研究所硕士班、台湾政治大学新闻研究所博士班、台湾文化大学造纸印刷研究所（后改名为印刷研究所）、台湾政治作战学校

新闻研究所、台湾文化大学新闻研究所、台湾师范大学社会教育系新闻组硕士班、台湾大学新闻所硕士班、台湾交通大学传播科技研究所硕士班8个新成立的博、硕士研究所；新成立的学院有台湾文化大学的新闻暨传播学院以及台湾政治大学的传播学院。在"改制过的学院以及科系"当中，有16个院系所进行科目和专业的增设与改制。1973～1991年，是台湾新闻传播教育发展较为迅速的时期。台湾已经建立起了比较完整的博士、硕士、大学层次的教育体系。各主要大学的新闻传播研究所均在此时期建立或改制，标志随着社会发展，新闻传播教育水平不断提高，并为后期的进一步发展奠定基础。根据翁秀琪的研究，1991年是台湾传播系所成立相当关键的一年，此前从1954年至1973年，每年最多有1～2个系所成立，而1990年即有4家成立，1991年更高达7家，[①]这显示"解禁"后媒体数量激增带来新闻传播教育的繁荣。

二 主要院系所介绍

（一）台湾政治大学新闻研究所博士班

据李瞻先生回忆，台湾政治大学新闻研究所增设博士班主要有两个目的，目的之一是培养高级外交宣传人才。20世纪70年代末期，台美"断交"后，台湾"外交"处境艰困，新闻研究所增设博士班，可以培养高级国际新闻人才，强化国际宣传，协助拓展"外交"空间，协助"突破台湾外交与国际宣传之困局"。[②]目的之二是为台湾各大学培养高层次师资。新闻研究所成立17年以后，台湾教育者认为，欲求学术独立，每一学门，至少应有一个从事高深学术研究之研究所。而且当时台湾新闻传播教育的师资，除台湾政治大学新闻研究所系外，其他新闻与传播科系的师资，绝大部分为兼任，合格师资，亟待培养。开设博士班可以解决台湾急需新闻实务、管理以及教育高层次人才的问题。在李瞻

[①] 翁秀琪：《台湾传播教育的回顾与愿景》，台湾《新闻学研究》2001年第69期，第43页。

[②] 李瞻：《政大新闻研究所博士班成立20周年之回顾与前瞻》，载陈培爱、许清茂等主编《新闻春秋》，厦门大学出版社，2004，第427页。

先生等人的积极推动下,"建立博士班的提议获经国先生同意,于1982年12月,以特许专案方式成立"。①

1983年博士班开设以后,一方面敦聘留学获得博士学位的优良师资担任专任教师(见表3-5),另一方面又从美国延聘四位客座教授(见表3-6),建设优良的师资队伍。首期开设课程的研究重点在:(1)高级传播理论与研究方法;(2)三民主义传播政策研究;(3)国际传播与国际政治;(4)外文与外语训练。②台湾政治大学新闻研究所博士班招生较为严格,要求修毕32学分、须至少住校研究3年方可毕业,首期仅录取3名学生。截至2003年4月,共有27位研究生完成博士学位,据笔者统计,除赖国洲担任台湾电视公司董事长之外,其余26位均在台湾各大学任教,③早期毕业者多担任各校系主任与研究所所长。这个结果也算是很好实现当初开办博士班是为培养合格师资,"保障台湾研究新闻学之清寒子弟,与赴岛外研究新闻传播仅获硕士学位之归来同学,能有至大专院校任教之机会"的目的。

表3-5 台湾政治大学新闻研究所博士班成立后延聘的专任教师

姓　名	最高学历	应聘年月
汪　琪	南伊利诺伊大学博士	1982年8月
王石番	明尼苏达大学博士	1983年8月
杨边琳	英国利兹大学博士	1983年8月
彭　芸	南伊利诺伊大学博士	1983年8月
祝基滢	南伊利诺伊大学博士	1984年8月
谢瀛春	伊利诺伊大学博士	1984年8月
钟蔚文	斯坦福大学博士	1985年8月
罗文辉	密苏里大学博士	1985年8月

资料来源:李瞻:《政大新闻研究所博士班成立20周年之回顾与前瞻》,载陈培爱、许清茂等主编《新闻春秋》,厦门大学出版社,2004,第427页。

---

① 李瞻:《政大新闻研究所博士班成立20周年之回顾与前瞻》,载陈培爱、许清茂等主编《新闻春秋》,厦门大学出版社,2004,第426页。
② 李瞻:《新闻教育》,《"中华民国"新闻年鉴》(1991年版),"中国新闻学会",1991,第306页。
③ 根据李瞻材料统计,见李瞻《政大新闻研究所博士班成立20周年之回顾与前瞻》,载陈培爱、许清茂等主编《新闻春秋》,厦门大学出版社,2004,第434页。

表3-6 台湾政治大学新闻研究所博士班成立后延聘的客座教授

姓　名	国籍	所属大学	年度
艾默瑞博士（Edwin Emery）	美国	明尼苏达大学	1983
杨边琳博士（Linda Benson）	英国	英国利兹大学	1983
吉尔默博士（Donald M. Gillmor）	美国	明尼苏达大学	1984
喻德基博士（Frederick T. C. Yu）	美国	哥伦比亚大学	1984

资料来源：李瞻：《政大新闻研究所博士班成立20周年之回顾与前瞻》，载陈培爱、许清茂等主编《新闻春秋》，厦门大学出版社，2004，第427页。

（二）台湾大学新闻研究所

早在1952年，"台北市编辑人协会"召开第四次会员大会之时，就建议台湾"教育部"与台湾大学联合成立新闻学系，并提出《台湾大学创立新闻学系建议书》，当时台湾"教育部"部长程天放与台湾省教育厅长陈雪屏均表赞成，唯有关经费、设备与教授等问题，台湾大学校长钱思亮颇多疑虑，致未成功。① 其实坊间多认为这是因为台湾大学受到哈佛、耶鲁等名校精英办学理念思想影响，认为"新闻无学"而婉拒。②

随着媒介影响的日益增强以及台湾社会发生激烈变动，台湾大学重新肯定新闻传播教育的社会价值和学术内涵。为了与台湾已有的新闻院校有所区隔，台湾大学决定仿照美国哥伦比亚大学新闻研究所的实务训练模式，以培养新闻界的进阶人才为主，不招收本科生，只招具有一定学科基础的硕士研究生。1991年台湾大学新闻研究所建立，设立宗旨为"培养新闻传播进阶人才，提升新闻传播专业水平"③。在建制上，通过《联合报》系创办人王惕吾先生以及该报系"美加新闻中心"主任张作锦等人的协助，邀请到美国哥伦比亚大学新闻学院院长喻德基教授来主持创办工作，确立起凸显新闻传播专业实务训练的体制，包括专

---

① 李瞻：《新闻教育》，《"中华民国"新闻年鉴》（1991年版），"中国新闻学会"，1991，第303页。
② 谷玲玲副教授访谈，2011年8月2日于台湾大学新闻研究所办公室。
③ 台湾大学新闻研究所本所简讯之宗旨与目标，http://www.journalism.ntu.edu.tw/intro/super_pages.php? ID = intro2，2012年3月25日。

业实务师资、系统性的专业课程、以新闻作品取代传统学术论文等重要制度。虽然师法于哥伦比亚大学新闻研究所,但是为配合台湾的教育制度与媒体环境,台湾大学新闻研究所也发展出自己的特点。例如,哥伦比亚大学的新闻研究所是一个完全以进阶实务训练为主的研究所,所里的专任师资全部都是实务界的资深工作者,该所建制庞大,每年学生人数多达 200 人以上;而台湾大学新闻研究所,则强调教学必须兼顾学术要求及规范,并符合一般研究所的两年学制,同时,专任师资仍须通过学术资格审查,专业实务教师则聘请业界资深优秀的工作者兼任授课。当时第一届招生仅招收 12 名学生,报名人数却达 600 人以上,在台湾引起轰动。在业务课方面,研究所聘请了曾任美国合众国际社(United Press International)特派员的客座副教授尼尔·罗宾森(Neal Robins)赴台授课,同时聘请当时台湾《中国时报》总编辑黄肇松先生、联合晚报社社长张作锦先生、"中央通讯社"社长洪健昭先生、摄影名家张照堂先生和美国《时代周刊》驻台特派员 D. H. 夏皮洛(D. H. Shapiro)等,分别担任采访写作、新闻编辑、媒体实务、新闻摄影、深度采写专题等课程的兼任教师,教师阵容为一时之选。1992 年,原任台湾政治大学广播电视系副教授的张锦华女士,被聘为台湾大学新闻研究所第二任所长,除教授实务课程之外,她还增加了传播理论和研究方法等课程,增设了学术论文写作的规定。此后在师资方面,陆续聘任了以传播研究方法、传播理论、传播史见长的林鹤玲老师、彭文正老师、谷玲玲老师、林丽云老师等。

据担任过台湾大学新闻研究所所长的谷玲玲女士介绍:"台大新闻研究所的课程号称从实际中学,的确比较讲究技能的传授,但我们不是纯粹的技能,在研究所这个阶段,光是学习技能其他资源就浪费了。学生进来不只学技能,也学习一些社会科学的观察方法,研究方法,拥有自己的方法,这些东西对他将来进入媒体工作有很大的帮助,因为你在媒体里面,也常常会碰到需要社会科学方法的时候,所以我们觉得这个部分是应该加进去的。而且台湾大学作为综合类的一流院校,学生可以选课的范围也就大得多,很多台大的同学进来都把整个台大看成一座公

第三章 以经济建设为主导的新闻传播教育（1974～1991年）

园，所以这个是台大的优势。"①

近年来，为配合台湾大学整体的教育宗旨和环境，新闻研究所把教育目标重新定为"培养新闻传播之技艺与智能、训练独立思辨及尊重多元之公民意识、提升国际视野以及加强具备学术领域专长之新闻人才"②，相较创办初期的人才培养宗旨，内涵有了很大提升。通过图3-1可以更好地了解其特色。

本所特色
(1)落实专业实务师资教学制、结合新闻实务脉动；(2)提供五大类课程结合校内外资源；(3)"从做中学"的专业实务教学；(4)结合新闻理论与实务的课程设计；(5)可进行多元的国际交流；(6)企划出版深度报道专书

设所宗旨
培养新闻传播进阶人才
提升新闻传播专业水准

教育目标
(1)培养新闻传播之技艺与智能；(2)训练独立思辨与尊重多元之公民意识；(3)提升国际视野；(4)加强具备学术领域专长之新闻人才

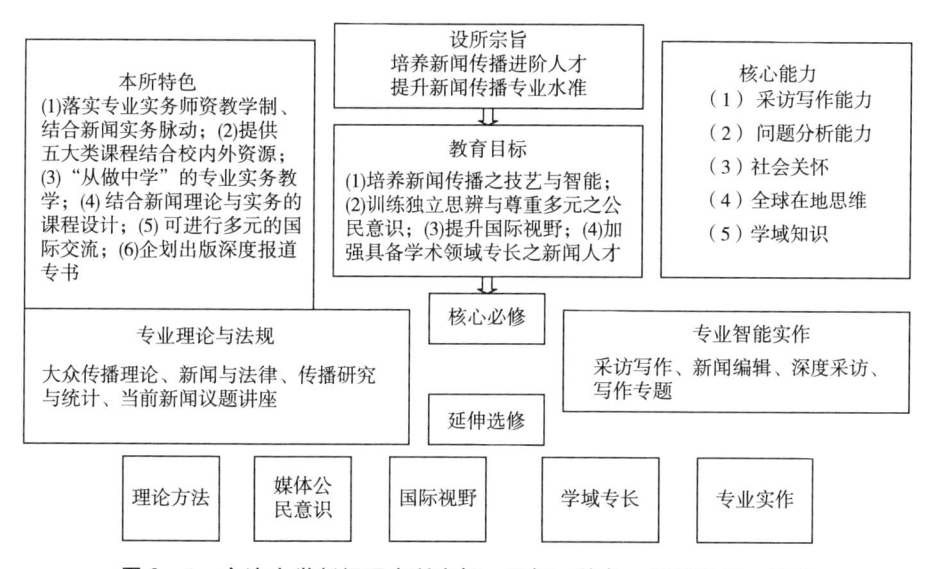

核心能力
(1)采访写作能力
(2)问题分析能力
(3)社会关怀
(4)全球在地思维
(5)学域知识

专业理论与法规
大众传播理论、新闻与法律、传播研究与统计、当前新闻议题讲座

核心必修

专业智能实作
采访写作、新闻编辑、深度采访、写作专题

延伸选修

理论方法 | 媒体公民意识 | 国际视野 | 学域专长 | 专业实作

图3-1 台湾大学新闻研究所宗旨、目标、特色、课程规划一览表
资料来源：节选自台湾大学新闻研究所课程资讯，http://www.journalism.ntu.edu.tw/course/super_pages.php? ID=course1，2012年3月25日。

（三）台湾辅仁大学大众传播学系

台湾辅仁大学前身为直属罗马教廷教育部的天主教大学。1927年北洋政府准予试办，并正式将校名改为辅仁大学。国民党政府迁台后，辅仁大学1960年在台复校。1971年成立大众传播系，以新闻、广播电视、广告为发展重点。1972年夜间部成立大众传播系。1982年大众传

---
① 谷玲玲副教授访谈，2011年8月2日于台湾大学新闻研究所办公室。
② 台湾大学新闻研究所本所简讯之宗旨与目标，http://www.journalism.ntu.edu.tw/intro/super_pages.php? ID=intro2，2012年3月25日。

播系分班教学。甲班重点在新闻、杂志、广播、戏剧，乙班重点在电视、电影、广告、摄影。1983年大众传播学研究所成立，首任所长为赵振靖神父，以后由皇甫河旺、李天铎、林静伶、关绍箕等相继出任所长。研究所的教育目标是"首重培养学生对媒介创制系统与讯息传播模式的理解，进而期使学生能就媒介与社会大众互动所成的文化现象，作判省思与深度研究"。1984年大众传播系分为语言文字传播、影像传播、广告公共关系三组招生。1986年大众传播系分组，名称改为新闻组、广播电视组、广告组。其中新闻组为传统教育之基础，广播电视组以电影、电视、录影为教学重点，广告组适应社会日益迫切的需要，以培养广告、公共关系、行销企划人才为主。根据王洪钧先生回忆，台湾辅仁大学大众传播系的教育似乎对视觉传播情有独钟，从创系之初，对广播电视教学便非常重视。"犹忆1974年，大传系已在文友楼二楼建立了闭路电视。六月二十九日，闭路电视正式启用，于枢机剪彩，并致词说，学生所得到的实习机会越多，对自己所学课程越有兴趣，将来贡献社会报效国家的力量也越大；并保证对扩充大传系设备定要优先考虑，绝不因陋就简。辅大大传系今日培养出好几位电视主播人才，譬如李艳秋、沈春华等，诚然归功于她们自己的天赋及努力，我认为更应感激于枢机所创造的教育环境。"[1] 据王石番先生等人的调查，从1977年至1992年，在广播界工作者和在无线电视台工作者，辅仁大学的毕业生在各校中都居于第二位，[2] 可见其教育的重点所在，且颇具成效。

2010年10月台湾辅仁大学传播学院成立，其下设有大众传播学研究所、新闻传播学系、广告传播学系与影像传播学系。

（四）台湾淡江大学大众传播学系

1950年，张鸣、张建邦父子创办台湾淡江英语专科学校，这是台湾第一所私立高等学府。1958年改制为文理学院，1980年改名为淡江

---

[1] 王洪钧：《我笃信新闻教育》，正中书局，1993，第250页。
[2] 王石番、陈世敏等：《传播教育课程规划研究》，台湾"教育部"委托专案计划，1996，第16页。

大学。淡江大学大众传播系于1983年8月成立,初期借聘台湾政治大学研究所陈世敏教授为主任,1985年聘台湾师范大学的林东泰副教授为主任,1990年后改聘赵雅丽、张煦华等继任。1988年8月,大众传播系新生改招双班,并分广播电视组、印刷媒体组与公共广告组三组教学。①

目前淡江大学的大众传播系、传播硕士班和咨讯传播学系分属于文学院之下。大众传播系历史较为悠久,是淡江大学重点发展的系所之一。面对传播环境的变革,该系的教育目标转变为培养"说故事与文化行销之专业传播人才"以及"训练具跨媒体讯息处理专业之传播人才",注意顺应科技变化。在课程设计上,除了"内容产制"与"营销传播"两个领域外,再辅以"传播核心基础知识"领域,使学生的训练能涵盖理论基础建构与渐进的实务训练。②

三 其他类型的新闻传播教育

20世纪70~90年代,一些大学和新闻团体仍然继续定期或不定期开办社会教育。1986年台湾开办空中大学,空中大学是采用视听传播媒体进行教学的大学,"提供的教材包括教科书、录像(音)带、光盘片等;教学方式以隔空教学为主、面授教学为辅,透过电视、广播、因特网、远距视讯等管道播送教学内容"。③ 在开办初期,空中大学设有人文学系、社会科学系以及商学系。教学科目分共同必修、共同选修、专业选修。在各学系的专业选修科目中,人文系有文学、历史、哲学、艺术、新闻传播及其他六类④。学生修满128个学分即可获得学士学位。

台湾空中大学成立之初,台湾文化大学的郑贞铭先生被聘为学校的三位顾问之一。据他回忆,新闻传播是空中大学创校之初的重点课程之

---

① 李瞻:《新闻教育》,《"中华民国"新闻年鉴》(1991年版),"中国新闻学会",1991,第351页。
② 淡江大学大众传播学系之本系介绍,http://www.tamx.tku.edu.tw/a1-1-1.htm, 2012年3月25日。
③ 台湾空中大学简介,http://www.nou.edu.tw/~president/intro/,2012年3月25日。
④ 王秀香:《台湾的空中大学》,《教育与职业》1994年第7期,第33页。

一，首开之课是新闻与传播。① 课程的目标在于：（1）使学生对新闻与传播的范畴及其运作具有基本的认识；（2）培养新闻传播专业之精神与道德；（3）培养对新闻传播现象有鉴赏及批判的能力。② 这也是台湾较早开始的媒介素养教育。

郑贞铭邀请林东泰、钟蔚文一同讲授课程并编撰教材。教师们为了使课程活泼化，发挥电视教学的特质，让学生有更多机会瞻仰传播学术界与实务界领导人士的风采，先后邀请钱震、王洪均、赖光临、李瞻、杨志弘等多位传播学者和专家参与座谈或访问。据统计，"选修该课程的学生，约近两千人，以台北地区为多数。使传播教育突破了空间的限制，以全台湾为教育的境界，在传播教育史上，是值得记录的一章"③。

第三节 主要学系课程设置及特点研究

1973～1991年，伴随高等教育制度配合台湾经济建设的方针，各校课程也发生不小改变。为全面展示此段时期台湾新闻传播教育的全貌，特挑选不同学院有代表性的专业课程进行介绍，具体有：1991年台湾政治大学新闻系、台湾文化大学广告学系、台湾辅仁大学大众传播学系广播电视组、台湾淡江大学大众传播学系以及台湾世界新闻专科学校编辑采访科的课程安排及课程特色。

一 台湾政治大学新闻系课程设置

如第二章所述，台湾政治大学新闻系在课程方面，经历了王洪钧与徐佳士时期的改革，并达成"从事新闻工作，必须有坚实的语文基础，因此语文以及写作训练，始终是新闻系课程的重点"的共识。④ 20世纪

---

① 郑贞铭：《郑贞铭学思录　无爱不成师》，三民书局，2010，第471页。
② 《"空大"新闻与传播课程开播》，台湾《传播教育会讯》1987年第21期，第13页。
③ 《"空大"新闻与传播课程开播》，台湾《传播教育会讯》1987年第21期，第13页。
④ 李瞻：《新闻教育》，《"中华民国"新闻年鉴》（1991年版），"中国新闻学会"，1991，第326页。

90年代初，教育者们逐步认识到，随着社会的多元发展，新闻工作日趋专业化，因此课程设计也力求基础与专业并重。1991年台湾政治大学新闻系课程包括以下两个部分：

1. 基础课程：可分为一般性基础课程以及专修基础课程。一般性基础课程包括加强学生文史修养的现代文选以及社会科学科目，具体有社会学、普通心理学、政治学、经济学、法学绪论及社会心理学等，以上是必修科目。专修基础课程是鉴于新闻报道专业化的需求，要求新闻系的学生必须选择本系以外另一系的课程，作为专业科目。修习方式，依学校规定，以任一系为辅系，不修辅系的学生则必须在政治、法律、经济、心理、社会、教育、国际关系及企业管理8个学科中选择任1科，在上述各系为新闻系所开设课程中，至少修够20学分，方得毕业。

2. 专业课程：也分为一般性专业课程及专修专业课程。前者包括采访写作、新闻编辑、新闻英文和传播理论等。后者自三年级开始，专业课程便分为编采组、英文组、管理组、摄影组、广电组5组，每组均开设专修专业课程。专业课程中，除了一般课堂练习外，还设有实习课程，实习课程主要包括以下几项：（1）出版《栅美报导》周刊。所有工作均由三年级学生轮流承担。（2）英文《政治前锋》每学年出刊6次，由四年级英文组学生负责出版。（3）出版系刊《新闻学人》，每学期出版1次，由新闻系学生共同制作。（4）摄影。修习摄影课程以及参与摄影小组的学生，必须实习暗房作业。校外实习则在三年级暑期进行，每名学生均依志愿及本身条件，被安排至各新闻传播事业机构实习，评分以实习报告和主管评分作为成绩考核标准。

表3-7　台湾政治大学新闻系1991年课程设置表

课程名称	学分	课程名称	学分
以下为部定必修			
国文	8	中国通史	4
英文	8	中国近代史	2
国父思想	4	"中华民国"宪法	2

续表

课程名称	学分	课程名称	学分
以下为系定必修			
新闻学	2	传播研究方法	2
采访写作	8	现代文选	6
新闻英文	4	电子计算机概论	3
中国新闻史	2	社会学	4
外国新闻史	3	普通心理学	4
新闻编辑	2	政治学	6
媒介经营与管理	2	经济学	6
传播理论	4	法学绪论	4
媒介实务	4	社会心理学	3
新闻法规	2	自然科学概论	3
以下为编采组必修			
特写写作	3	杂志编辑	3
精确写作	3	公共事务专题报道	4
以下为英文组必修			
英文新闻写作	4	编译	3
英文报刊实务	4		
以下为管理组必修			
传播科技	3	阅听人分析	3
媒介市场学	3	广告与发行	3
以下为摄影组必修			
基础摄影	4	视觉传播	2
新闻摄影	4	电脑绘图	2
图片编辑	2		
以下为广电组必修			
广播电视新闻采访写作	4	电视新闻节目制作	4
广播新闻节目制作	2	视觉传播	2
以下为选修			
国际传播	2~3	评论写作	2
戏剧概论	2	当前新闻事业问题	3
音乐概论	2	英文新闻名著选读	3
中国大陆研究	4	民意原理	3
英语采访	2	传播研究方法（二）	3
报刊美工	2	应用统计与电脑	3

续表

课程名称	学分	课程名称	学分
以下为选修			
大众媒介与政府	3	大众媒介专题	3
语艺学	3	广播新闻实务	4
教育媒介	3	广播电视工程	2
大众媒介与民主社会	3	广播与电视	2
组织传播	3	广播电视新闻播报	2
科学传播	3	多媒体制作	2
媒介调查与计划	3	资讯系统设计	2
专题采访	3	广告学	2
新闻英语（二）	4	业务实习	1
电脑在采访上之应用	3		

注：虽然台湾"教育部"规定修128学分即可毕业，但台湾政治大学新闻系学生，因修辅系关系，仍应修完148学分。

资料来源：李瞻：《新闻教育》，《"中华民国"新闻年鉴》（1991年版），"中国新闻学会"，1991，第342页。

从表3-7课程安排可以看出，台湾政治大学新闻系课程延续前期注重语文能力培养的传统，在系定必修课74学分中，现代文选仍占6学分，新闻英文有4学分；新闻理论、新闻史与新闻实务的学分分别是14学分、5学分和12学分，占系必修学分总数的18.9%、6.8%和16.2%。专业课程只占系必修课程的47.3%，体现其对通识知识的重视。新闻系重视培养学生的人文知识与社会科学知识，在系定必修课程当中，此类课程有39学分，占系必修课程的52.7%。这个比例在其他学校是绝无仅有的，可见台湾政治大学培养人才的着力点与特色。在各专业的小组必修课程中，大约有12学分，均以实务课程为主。此外辅系、专修科目以及选修课程占32学分，课程内容涉及度较广，力求在4年内培养学生知识系统的广博与专精。但是要在有限的学分和时段内，修习这么多课程，只能靠增加学分和学习量。另外，分组学习也造成课程琐碎、学分增多、学生学习压力较大等问题。

二 台湾文化大学广告学系课程设置

台湾文化大学广告学系于1986年8月成立,是台湾第一个广告学系。成立广告学系的目的"是配合当前台湾经济的迅速发展,有计划地培养广告人才,提升公共的学术地位"[①]。

台湾文化大学广告学系的课程设计,在一、二年级除广告学概论、传播理论等基础教育外,还开设广告社会学、广告心理学与经济学等课程,以奠定学生的社会科学基础。三年级加强专业教育,四年级则综合3年所学,开设广告个案研究及毕业实习,并为培养学生广告学术研究能力,开设行销研究、企业管理、公共关系等课程,使学生具备深造的基础。表3-8是1991年的课程设置情况。(台湾"教育部"部定共同必修课程6科28学分,所有学校均是一样,详见台湾政治大学新闻系课程表3-7介绍,此处略去。)

表3-8 台湾文化大学广告学系1991年课程设置表

课程名称	学分	课程名称	学分
以下为必修			
广告学概论	4	广告策划与企管	4
传播理论	4	平面广告文案写作	3
中外广告史	3	印刷媒体广告制作	3
传播研究方法	2	媒体计划	2
行销学	4	行销活动	1
消费行为	3	行销研究	4
以下为必修			
创意原理	2	电子媒介广告制作	3
设计基本原理	2	企业管理	2
摄影学	2	广告伦理与法规	2
媒体概论	2	毕业实习	4
戏剧概论	4		

---

① 李瞻:《新闻教育》,《"中华民国"新闻年鉴》(1991年版),"中国新闻学会",1991,第345页。

续表

课程名称	学分	课程名称	学分
以下为选修			
广告心理学	3	商业摄影	2
广告社会学	3	公共关系	2
经济学	3	电子广告文案写作	2
统计学	3	印刷媒体行政管理	2
电子计算机与资料处理	4	电子媒体行政管理	2
印刷学	2	广告个案研究	3

资料来源：李瞻：《新闻教育》，《"中华民国"新闻年鉴》（1991年版），第345～346页。

以上广告学系必修课程21科，共60学分，选修课12科31学分，加上台湾"教育部"部定共同必修课程6科28学分，合计119学分。广告学系学生毕业，最低为128学分。

广告学系在专业必修课程的60学分当中，理论课程有26学分，占43.3%，广告史课程有3学分，占5%，广告实务课程有31学分，占51.7%。选修课程与专业相关度较高，有31学分。与台湾政治大学新闻系的课程相比，台湾文化大学广告专业课程设置仍以实务教育为主，但其理论课程及选修课程与除台湾政治大学之外的学校相比，所占比例相对较高，彰显"文化"立校的本色。

三 台湾辅仁大学大众传播学系广播电视组课程设置

台湾辅仁大学大众传播学系，于1971年8月由张思恒神父创立，以培养传播媒介理论与实务人才为目的。大众传播学系分新闻、广告与广播电视三组，现以广播电视组课程为例加以分析。课程由以下几部分组成：（1）台湾"教育部"部定共同必修课程6科28学分，见台湾政治大学新闻系课程介绍，此处略去。（2）"部定"系必修课程。（3）校定必修课程。（4）选修课程。

台湾新闻传播教育初探

表3-9 台湾辅仁大学大众传播学系广播电视组1991年课程设置表

课程名称	学分	课程名称	学分
以下为"部定"系必修科目			
传播理论	4	视觉传播	2
传播与社会	3	电子媒介	3
传播史	3	广播节目制作	3
采访写作	3	电视节目制作	3
新闻编辑	2	传播法规	2
摄影实务	3	媒介管理	2
传播研究方法	3		
以下为校定必修课程			
人生哲学	4	影视剧情片研究	4
英语实习	2	影视纪录片研究	4
理则学	2	电视节目制作实习	2
资讯科学	4	电视节目策划	4
统计学	4	美学	2
广告学	4	影视理论与批评	4
戏剧原理	4	毕业制作	4
影视剧本写作	4	业务实习	2

注：另有选修科目，因数量较多，此处略去。要求学生至少须修10学分。
资料来源：李瞻：《新闻教育》，《"中华民国"新闻年鉴》（1991年版），第349页。

以上四类，合计修完128学分，方得毕业。新闻组与广告组之课程，大致与广播电视组相同。

在表3-9的课程设置表中，"部定"必修课程共有13科36学分，其中传播史3学分，占"部定"必修课程的8.3%；专业理论课程16学分，占44.4%；专业实务课程17学分，占47.2%。在校定必修科目中，共有16科54学分，其中通识课程16学分，占29.6%；专业理论课程22学分，占40.7%；专业实务课程16学分，占29.6%。值得一提的是，台湾辅仁大学是台湾较早引入批判理论的学校，20世纪90年代初期，在校定必修课程中，影视理论与批评就占4学分，可见其对批判理论的重视并开风气之先，如今台湾辅仁大学对批判理论的研究在台湾已经颇具影响。台湾辅仁大学重视影视教学，在专业课程的安排中，理论与实务并重，毕业生在广电系统内任职效果较好。与上述两校相比，台湾辅仁大学选修课程较少，理论课程的比重略低一些。

四 台湾淡江大学大众传播学系课程设置

台湾淡江大学文学院于1972年8月增设大众传播学系，借聘台湾政治大学新闻研究所陈世敏教授为主任。大众传播学系之课程，分"部定"必修、系定必修、分组必修与选修4类。"部定"必修为6科28学分，各校相同。

表3-10 台湾淡江大学大众传播学系1991年课程设置表

课程名称	学分	课程名称	学分
以下为系定必修			
政治学	4	社会学	4
经济学	4	心理学	4
以下为系定专业必修			
新闻学	4	摄影实务	4
传播原理	4	报业实务	4
传播史	3	戏剧研究	4
编辑与采访	4	电视原理与制作	4
传播研究方法	4	广播原理与制作	4
传播法规	2	电影原理与制作	4
民意测验	2	广告原理与制作	4
杂志编辑	2	新闻英文	6
当代传播问题	3	美学	
以下为广播电视组必选科目（限定8学分）			
口头传播	2	电视新闻	2
公共电视	2	教育电视	2
视觉传播	2	电视深度报道	2
以下为印刷媒体组必选科目（限定8学分）			
新闻伦理与媒介批评	2	公共关系	2
特写写作	4	广告媒体企划	2
新闻法规	4	专业摄影	2
调查性新闻报道	2	广告文案设计	2
新闻编辑实务	4		

资料整理自李瞻《新闻教育》，《"中华民国"新闻年鉴)》（1991年版），"中国新闻学会"，1991，第352页。

在表 3-10 的课程设置中，系定专业必修课程为 64 学分，分组必选为 8 学分，系定基础必修课程为 16 学分。在系定专业必修课中，传播史的课程有 3 学分，占 4.7%；专业理论课程有 37 学分（计入新闻英文 6 学分），理论课程比重较大，占 57.8%；专业实务课程有 24 学分，占 37.5%。在各组必选科目的 8 个学分中，以专业实务课程为主。除去各类必修和必选科目，最后选修课程有 12 学分，比起台湾政治大学、台湾文化大学来说，比重相对较低。

五 台湾世界新闻专科学校编辑采访科的课程设置

台湾世界新闻传播学院的发展经历了职业学校→专科学校→学院的不断升级过程。1991 年台湾世界新闻专科学校升格为世界新闻传播学院，但因其课程当时正在调整中，故此处介绍的是其作为专科学校时尚未调整的课程设置。成舍我先生在北平、桂林、台湾所创办的三所新闻专科学校，虽然时间、地点不同，但目的相同，都是要培养"手脑并用、德智兼修"的新闻人才。赴台初期成舍我原始构想是办一所新闻学院或新闻专科学校，但当时政府对大学或专科学校的设立严加管制，成舍我只好从职业学校开始办起。"学校于 1956 年 9 月开学，招收高级部、初级部学生各一班"[1]。1960 年升级为专科之后，学制分 3 年制及 5 年制两种，3 年制招收高中毕业生，5 年制招收初中毕业生。至 1990 年为止，3 年制专科共设有 8 科，5 年制专科共设有 4 科，学生总数为 6055 人。"世新已无可否认是全世界学生最多，分科最细，最注重专业实习的第一所新闻学校"[2]。学生"多能以负责尽职，克（刻）苦耐劳，为其所属机关所嘉许"[3]。以下课程以三年制专科编辑采访科课程为例

---

[1] 成嘉玲：《"世新"永远的老校长——父亲在新闻教育上的理念与贡献》，载中国人民大学港澳台新闻研究所主编《报海生涯——成舍我百年诞辰纪念文集》，新华出版社，1998，第 164 页。
[2] 方汉奇：《一代报人成舍我》，载方汉奇《新闻史的奇情壮彩》，华文出版社，2000，第 253 页。
[3] 成舍我：《发扬世新精神造福社会并为反攻复国贡献心力》，成舍我先生纪念网站，http://csw.shu.edu.tw/PUBLIC/view_01.php3? main =&id =1426。

作介绍，计分为4类，总分为120学分。①

1. 台湾"教育部""部定"共同必修科目，计有6科28学分。

科　　目	学　分
国　　文	8
英　　文	8
国父思想	4
中国通史	4
中国现代史	2
法学绪论	2
共　　计	28

2. 台湾"教育部""部定"专业必修科目：共计15科54学分。

科　　目	学　分
新闻学	4
大众传播学	4
中国新闻史	4
世界新闻史	4
编辑学	4
分类编辑	4
采访学	4
新闻摄影	2
评论文作法及选读	2
记事文作法及选读	2
英语采访	4
英语汉译	4
通讯社与通讯工具	4
新闻法规与道德	4
理则学	4
总　　计	54

---

① 以下资料整理自李瞻《新闻教育》，载《"中华民国"新闻年鉴》（1991年版），第358～359页。

3. 科定实习必修科目：共计8科28学分。

科　　目	学　分
新闻采访与记事文写作实习	12
新闻摄影实习	2
新闻编辑实习	4
分类编辑实习	2
评论写作实习	2
英语采访实习	2
英语汉译实习	2
通讯工具实习	2
总　　计	28

4. 选修科目：要求至少必须选修10学分。（此处略去）

报业行政科、广播电视科、公共关系科等7科之课程分类与学分，大致与编辑采访科相同。

在这份课程表中，除了台湾"教育部""部定"共同必修科目与"部定"专业必修科目共82学分外，科定实习必修科目占28学分（占总学分数的23.3%），突出对实务能力的培养。按照台湾学制，专科学校还是属于专门技术学校，其办学定位、培养学生目标都与大学教育不尽相同，因此，世界新闻专科学校的课程以培养动手强、富有实践精神的新闻实务专业人才为目标。与同期的大学相比，比如台湾政治大学新闻系的实习课程单列的"业务实习"只占1学分，广告专业的"专业实习"与"毕业专题制作"也只各占1学分，其余的业务实习均安排在专业课程中随堂训练或开设实习课程不另算分数。台湾文化大学新闻系的"报刊实习"为6学分，"毕业实习"为4学分（占总学分数的7.8%）。而世界新闻专科学校的实习则为28学分，占总学分数的23.3%。在选修课程当中，世界新闻专科学校只有10学分（占总学分数的8.3%），台湾政治大学新闻系占42学分（占总学分数的29.6%），并要求学生选修辅系或者必须要在政治、法律、经济、心理等8个学科中择一至少修满20学分,方得毕业。台湾文化大学新闻系至少要求修27学分(占总学分数的21.1%)。相比之下,差距较大。当然这也与世界新闻专科学校属于专科,且私立学校办学节约成本、缺乏师资有关。根据李瞻的记载,"依照'教育部'规定,世界新专有131班,至少应聘专任教师197人,其中专任讲师以上教师应有147人,而其中合格之专业教师,至少应有98人。1984年'教育部'评鉴,世界新闻专科学校有专任教师106人,专任讲师以上之教师36人,专业教师15人,而经教育部审定合格者8人"。[①] 私立院校生存之艰难可见一斑。

根据上述课程安排,笔者将各校专业课程所占总学分的百分比计算出来,并参考1991年4~5月由台湾"教育部"召集整理的《"全国"新闻与传播教育评鉴报告》得出表3-11的数据:

表3-11 各校各专业课程所占百分比

校 别	系 别	毕业学分	专业学分百分比	备 注
台湾政治大学	新闻学系	148	45.54%	设辅系或集中选修
台湾政治大学	广告学系	128	64.84%	
台湾政治大学	广电学系	148	43.91%	设辅系或集中选修
台湾文化大学	新闻学系	128	59.37%	
台湾文化大学	大众传播学系	128	59.37%	
台湾文化大学	印刷学系	128	74.22%	
台湾文化大学	广告学系	128	65.62%	
台湾辅仁大学	大众传播学系	128	67.18%	广播电视组
台湾淡江大学	大众传播学系	128	62.50%	
世界新闻专科学校	编辑采访科	120	73.3%	

资料来源:根据台湾"教育部"《"全国"新闻与传播教育评鉴报告》等自行整理。

综上所述,此时期课程特点有:

1. 各校专业设置注意应对媒介市场需求,专业齐全,实施分组授

[①] 李瞻:《新闻教育》,《"中华民国"新闻年鉴》(1991年版),"中国新闻学会",1991,第358页。

课，课程设置体系已经成型。基本形成"部定"必修课程、系定必修、组定必修与选修课程的体系。

2. 新闻与传播专业课程学分比例偏高，而人文学科与社会学科之学分比例偏低。在美国，从20世纪30~40年代开始，已经倾向于新闻学专业课程在新闻教育中不应占主导地位，专业课程大致只占课时25%的教学模式。在表3-11中，除台湾政治大学新闻学系和广电学系专业课程比例低于50%、台湾文化大学新闻学系和大众传播学系低于60%以外，其余学校均占60%以上，有的系甚至超过70%。这意味学生较少有时间学习除专业之外的其他课程，人文学科和社会学科的知识面较为狭窄。

3. 课程设置以媒介区隔为主，课程科目多，但课程之间关联性弱，有的甚至重复。不少学校均设有新闻、广电和广告专业，除系定必修课程外，各组课程互不关联，学生知识与就业面狭窄。以媒介为区隔的教学方式在20世纪90年代后期新科技的冲击下已不适应时代需求，这直接导致了学程制的产生。此外，课程之间关联也存在问题，比如台湾淡江大学系定课程中已有编辑与采访、杂志编辑，但印刷媒体组必修科目中还设有新闻编辑实务。台湾文化大学广告学系必修课中既有行销学又有行销研究，均是4学分，还有1门行销活动（1学分），就算是理论实务各有偏重，也难免有所重复；而在选修课当中，平面媒体制作与电子媒体制作与系定必修课程也有重复，这种情况实际反映了师资欠缺，选修课程多为凑学分，尚未发挥开拓学生视野的作用。

4. 除台湾政治大学外，各校特色不明显，可发挥余地不大。由于台湾"教育部""部定"必修课程占据总学分的22%左右，各校在有限时段内只能安排专业理论和实务课程，保证完成基本的教学要求之后，很难再有发挥余地，故课程设置较为雷同，特色不明显。台湾政治大学生源优异，学校为加强学生语文能力与人文、社会科学知识能力的培养，推行辅系或几种选修，并增大学分。而其他学校囿于生源和办学条件限制很难效仿。因此有研究者认为，台湾"教育部"原为保证教学方向和质量，规定"部定"新闻传播学院共同必修之6科

第三章 以经济建设为主导的新闻传播教育（1974～1991年）

28学分，但随着社会多元发展和市场需求的多样化，"部定"课程"未能发挥预期之教育效果，似应取消"。① 另外还有一个现象值得关注，除台湾世界新闻专科学校外，各校在专业理论课程与专业实务课程上的比例差别还不是很大，基本是1:1，表示理论与实务并重的教学思想是各校的共识。

第四节 回台留学生为师资队伍注入新鲜血液

一 新闻传播教育者基本情况分析

根据台湾《"中华民国"新闻年鉴》（1991年版）、《"全国"新闻与大众传播教育评鉴报告》、《自反缩不缩？新闻系七十年》等资料，笔者将20世纪90年代各系专任教师情况整理如表3-12所示：

表3-12 1991年台湾各校师资情况调查表②

学 校	系所	专任教师	专任教师学历	专任教师毕业学校	兼任教师
台湾政治大学传播学院	新闻研究所	教授：7 副教授：2	博士：8 硕士：1	美国：8 德国：1	无
	新闻学系	教授：10 副教授：5 讲师：3	博士：8 硕士：10	美国：9 台湾：9	34人
	广告学系	教授：1 副教授：1 讲师：4	博士：2名 硕士：4名	美国：6	兼任教师8人，另有新闻系专任教师5人在系上课，系主任由新闻系主任兼任
	广播电视学系	教授：1 副教授：2 讲师：3	博士：2 硕士：4	美国：6	兼任教师19人，系主任由新闻系主任担任

---

① 李瞻：《"全国"新闻与大众传播教育评鉴报告》，台湾《报学》1992年第8卷第6期，第198页。
② 该数据资料截至1991年4月，台湾世界新闻传播学院、台湾大学新闻研究所、台湾交通大学科技研究所尚在筹备过程中，故师资情况未统计入内。助教未统计。

● 台湾新闻传播教育初探

续表

学　　校	系所	专任教师	专任教师学历	专任教师毕业学校	兼任教师
台湾文化大学新闻暨传播学院	新闻研究所	教授：2	硕士：2	美国：1 台湾：1	兼任教师9人
	新闻学系	副教授：3 讲师：7	硕士：10	美国：5 日本：1 台湾：4	兼任教师24人，另有新闻研究所专任教授2人在系任课
	广告学系	副教授：1 讲师：2	硕士：3	美国：1 台湾：2	兼任教师16人
	夜间部	新闻系、印刷系、大众传播系，无专任编制	均为兼任教师	均为兼任教师	均为兼任教师
台湾辅仁大学	大众传播学系	教授：2 副教授：5 讲师：3	博士：2 硕士：8	美国：6 日本：2 台湾：2	兼任教师51人
	大众传播研究所	专任教师与大众传播学系相同	同上	同上	兼任教师6人
台湾淡江大学	大众传播学系	副教授：4 讲师：2	博士：4 硕士：2	美国：4 英国：1 台湾：1	兼任教师34人
台湾政治作战学校	新闻系	教授：2 副教授：1 讲师：12	博士：1 硕士：14	美国：5 法国：1 台湾：9	兼任教师10人
	新闻研究所	副教授：2	博士：2	美国：2	兼任教师11人
台湾师范大学	社教系新闻组	教授：1 副教授：3 讲师：1	博士：3 硕士：2	美国：3 日本：1 台湾：1	兼任教师6人

第三章 以经济建设为主导的新闻传播教育（1974~1991 年）

续表

学　　校	系所	专任教师	专任教师学历	专任教师毕业学校	兼任教师
铭传管理学院	大众传播学系	教授：1 副教授：1 讲师：3	博士：1 硕士：4	美国：3 台湾：2	兼任教师 38 人
台湾艺术专科学校	广播电视科	副教授：3 讲师：5	硕士：6 学士：2	美国：4 日本：1 台湾：3	兼任教师 13 人

注：世界新闻传播学院于 1991 年 8 月改制成立，师资情况统计不全，故在《"中华民国"新闻年鉴》（1991 年版）中无收录。1991 年，世界新闻专科学校改制为世界新闻传播学院，专任师资比例与素质，均有较大提升，5 系系主任 4 人为留美博士，1 人为台湾大学博士。①

资料来源：自行整理。

根据表 3-12 统计，截至 1991 年 4 月，台湾各校 105 位专任教师中，共有教授 27 名，占总数的 25.7%；副教授 33 名，占总数的 31.4%；讲师 45 名，占总数的 42.9%。讲师比例最大，显示师资建设正在发展中，传播教育发展引入新人才。在本阶段，已有不少留美博士回台任教。在 105 名教师中，共有博士 33 名，硕士 70 名，学士 2 名，其中留美硕博士有 63 人，占教师总数的 60%，留美学校以密苏里大学、俄亥俄州立大学、南伊利诺伊大学以及威斯康星麦迪逊分校为主。德国博士 1 名，英国硕士 1 名，日本硕士 4 名，台湾硕博士 36 名。（台湾政治作战学校师资以该校硕士为主，其余各校师资以台湾政治大学博硕士、台湾文化大学硕士为主。）这也显示实现当初台湾政治大学新闻研究所博士班创办时要解决"台湾新闻教育缺乏师资"的目标。

此外，各学校主要负责人绝大多数为台湾政治大学新闻系毕业后的留美博士或硕士，他们留学回来后多到其他高校任教，显示美式教育和台湾政治大学新闻传播教育模式的强大影响力。

---

① 李瞻：《新闻教育》，《"中华民国"新闻年鉴》（1991 年版），"中国新闻学会"，1991，第 358 页。

此时期，各校专业实务课程大都聘请业界教师，实验室也缺乏管理员，部分教育者因此提倡"新闻传播教育与其他学系不同，主要是有实务训练。故教师应分学术与专业实务两个系统。其聘任升等，学术教师以学术著作、论文为准，而专业实务教师，则以作品或贡献为准"；"新闻传播学系，应比照艺术或理工学院，设有技工编制，负责器材设备之保管维修"[①]。建议教师应分两类，除一般教师外，应准予编列专业教师，后来这个建议部分得到采纳。

二 主要教师介绍

（一）王洪钧（1922～2004），天津人

中央政治学校新闻学院毕业，美国密苏里大学新闻学院硕士。曾任职于"中央通讯社"与《益世报》。抗战胜利后，任《中央日报》记者、采访主任、编辑、撰述委员及主笔职务。赴台后，曾任台湾"教育部高等教育司"司长、文化局局长，参与制定《广播法》，草拟《电影法》。1967 年，开始执教于台湾政治大学新闻系及新闻研究所并兼系主任（1960～1967），创建新闻馆、进行课程改革，随后担任台湾文化大学新闻暨传播学院院长。身为台湾九所大专院校新闻科系主任的老师，王洪钧先生被尊为新闻界的"教父"。著有《新闻采访学》《大众传播与现代社会》《新闻报导学》《大众传播学术论集》《大众传播与现代社会》等专著。

王洪钧先生在大陆时期受教于中央政治大学，受过董显光[②]、马星野的教诲。王洪钧尊马星野为恩师，追随近 50 年。在中央政治大学

---

① 李瞻：《"全国"新闻与大众传播教育评鉴报告》，台湾《报学》1992 年第 8 卷第 6 期，第 197 页。

② 董显光（1887 年 11 月 9 日～1971 年 1 月 10 日），浙江宁波人。著名报人、作家、外交家、虔诚的基督教徒。就读于密苏里大学和纽约哥伦比亚大学普利策新闻学院。任《北京日报》主笔、创办《庸报》。董于 1947 年出任国民政府行政院政务委员兼新闻局长，兼任中央政治学校新闻研究院院长。1949 年，董随国民政府迁往台湾，担任"中国广播公司"总经理兼台湾《中央日报》董事长，先后出任"中华民国驻日本大使""中华民国驻美国大使"，董卸职返台，任"总统府"资政。

新闻学院学习期间，院长董显光在精神和学问上都对王洪钧影响甚巨。"董先生是一位宗教家，以热诚、坦白、奉献的精神来办新闻教育"。王洪钧到密苏里大学读书，也源于董师推荐。[①] 对自己赴台后从事教育的经历，王洪钧在《我笃信新闻教育》一书中对自己在台湾政治大学、台湾文化大学、台湾师范大学、世界新闻专科学校、台湾辅仁大学、台湾淡江大学等学校的新闻传播院系的授课和建设情况作了详细介绍。

王洪钧先生从事教育工作以台湾政治大学为主，其贡献可分为硬件和软件两部分。硬件方面，1961年建立远东最大的新闻馆，此馆集实习、研究于一体，落成之日，美国总统肯尼迪曾来电庆贺。软件方面，进行了台湾政治大学新闻教育的第一次课程修改。据潘家庆回忆："新闻系复系之初因人才难求，复受制于有限的财力，课程多半因人设事，缺少整体，长远规划。洪钧师循着理想（1959年提出新闻教育为知识、技能、道德与方法四大教育内涵）、征询（1961年校庆召开了首次新闻教育座谈会）、修订（1962年进行修订）、评价（1963年8月再约集学界，业界参与讨论）；本系课程规划于焉完成。修订后的课程，人文社会通识课程占64%，专业学科减为33%。另外三、四年级采分组，计分编采、广电、新闻英文、广告公关、报业管理以及新闻六组。此时把毕业必修学分提高为137个。1965年'教育部'订修'全国'大学新闻系课程，即以此为蓝本，这是政大新闻教育的第一次课程修订。"[②]

王洪钧先生的新闻教育思想大致可以分为三个阶段：第一阶段，20世纪50~60年代，提出新闻教育的"四元论"。他曾在《报学》上发表文章，指出新闻教育的四项特质是知识教育、技能教育、道德教育与方法教育。知识教育部分强调每个准新闻记者对生长中的各种知识（包括社会科学和人文科学）必须有及时而广泛的了解。技能教育部分强调

[①] 王洪钧：《我笃信新闻教育》，正中书局，1993，第45页。
[②] 潘家庆：《我在新闻系的五十年》，载冯建三主编《自反缩不缩？新闻系七十年》，台湾政治大学新闻系，2005，第25~26页。

新闻教育不同于职业教育或学徒制度，不仅要教授如何做（know - how），更应教授为什么这样（know - why），要培养学习技能的智慧。道德教育的部分则强调要知晓权力的赋予并获得相当的法律知识和道德观。方法论教育则包括客观的分析方法、逻辑的思想方法和独立的判断方法以及快速阅读、采集、运用和表达的方法。[1] 以上四元论的提法在当时颇有影响。1961年王洪钧先生因参加"联合国东南亚新闻教育研讨会"之机，对台湾新闻教育作了一番回顾，认为当时台湾新闻教育的最大问题，在于如何使空前庞大数量的学生共同达到理想的教育水准问题，也就是"大量的新闻教育问题"，他强调要解决这个问题，必须呼吁新闻事业在各方面给予新闻教育最大的支持。[2] 1974年台湾"教育部"提出建教合作政策，[3] 当时王洪均担任"教育部高等教育司"司长，对此政策亦献计出力。

第二阶段：20世纪70~80年代，王洪钧有感于现实环境的变迁，提倡新闻教育是专业教育，在重视实践的同时，尤其应重视专业道德和中国文化精神的教育。1965年王洪钧以《新闻专业教育之重要》为题在台湾文化大学新闻系讲演，强调新闻记者必须是真理的工作者。1991年在台湾辅仁大学发表《新的报业应有的新的使命感》的讲演中，强调"解禁"后新报业的新使命，应为民主法治之监督者、为社会公道之维护者、为提升民智之前导者、为道德重建之鼓吹者。

第三阶段：20世纪90年代以后，提出全方位新闻教育理念。1991

---

[1] 王洪钧：《新闻学和新闻教育的新观念》，台湾《报学》1951年第2卷第3期。
[2] 王洪钧：《我笃信新闻教育》，正中书局，1993，第465页。
[3] 建教合作始于1974年台湾"教育部"所发布的行政命令《建教合作实施办法》。为求教育配合台湾建设之发展，请各级学校释出学生之人力资源。本来是期待发挥教育、训练、研究、服务之功能，因此派遣学生至各机关、事业机构、民间团体、学术研究机构等，进行各种专案研究、学术或技术性服务、实习或训练。建教合作的优势是有人因此建立人脉关系，从学校毕业后，可迅速至原实习单位就职，或向原实习单位申请到奖学金以便升学；但其缺点是，建教合作会影响学生之在校成绩（学分制），因此当遇到恶劣的工作环境或是学非所用时，学生往往敢怒不敢言。自2009年度，参与建教合作之学生（又称"教育技术生"）可免除3年之学费。2010年，台湾仍有约3.5万建教生。

年9月,在"中华民国"第一次新闻暨大众传播教育检讨会议上,王洪钧先生发表《八十年的新闻教育及未来发展刍见》演讲,提出台湾新闻传播教育面临的八个重要问题,主要内容为:新闻及大众传播事业之专业特性犹待发挥;教育之宗旨如何定位;专科至博士班的教育并无一贯性的目标及教育内容,无序发展是否会形成资源浪费;台湾新闻暨传播教育自始迄今,几全盘师法美国,是否应平衡台湾的需要而加以检讨;基于中国文化思想之新闻理念,是否应积极加以研究,以平衡美式新闻教育之不足,培养中国之新闻记者;推行制度化之在职教育等。均切中新闻传播教育的本质与要害,部分观点对于今天两岸新闻教育发展的方向仍有借鉴作用。

1991年12月,在"建立中国化新闻暨传播理念体系及教育制度第一次学术研讨会"会上,王洪钧先生再次建议要建立新闻记者以及社会公民的终身教育体系。他确信新闻传播教育应是一种全方位的教育,不限于学校时期,更应延至终身;不限于新闻从业者,也要扩及全民。[①]

综上所述,王洪钧先生的新闻教育思想可以总结为:第一,新闻教育的目的是服务社会、履行社会责任,应承担公民教育之任务;第二,新闻教育不仅是专业教育更是全方位的教育,不仅要重视专精知识教育,更要有广博的通识教育;第三,新闻教育是终身教育,新闻教育必须获取业界支持。王洪钧先生是台湾少有的将教育理念进行梳理并形成文字的教育者,从他的论文中我们不仅可以获知各时期新闻教育改革的背景与细节,而且能从其教育理念的发展变化中观察到台湾近半个世纪以来新闻传播教育思想的发展变迁过程。

(二)徐佳士(1921~),江西省奉新县人

台湾政治大学学士,美国明尼苏达大学、斯坦福大学硕士。曾任报社记者、编辑、"台湾考试院"考试委员、"文化建设委员会"委员等。著作有《大众传播理论》《符号的陷阱》《冷眼看媒体世界》

---

① 王洪钧:《我笃信新闻教育》,正中书局,1993,第462页。

等。1959～1968年任台湾政治大学新闻系兼任教师，1968～1990年在台湾政治大学任专任教师，1969～1975年担任台湾政治大学新闻研究所所长，1967～1975年担任台湾政治大学新闻系主任。（徐佳士先生20世纪90年代中期曾经来到厦门大学新闻与传播学院讲学，并与研究生座谈，当时笔者在席间亦有幸聆听其对传播学研究的心得。）

徐佳士先生在担任台湾政治大学新闻系主任期间对课程设置作出重要改革，第一个做法是开设现代文选课程，加强学生的语文训练。现代文选开两班，一班由赖光临老师授课，强调文史哲方面内容，另一班由潘家庆老师授课，偏重基础社会科学。上课方式采用开放式教学，主要由同学做课堂报告、讨论与成果展示。教师负责课程计划与进度，书单推荐与作业评改。教师在教室中作壁上观，课程终了做10分钟讲评。上学期选书为一般基础知识，写作则偏重基本写作训练；下学期分政治、经济、文化、社会、环保与传播6个单元选书，作业以分科及小组报告为重点。在课堂成果展示中，常有精彩的内容出现。"那种授课方式，要同学们不来上课，的确是件不容易的事情。"[①] 现代文选的教学法维持了20多年，最后推广到广告系、广电系，大大加强了学生的基础知识与写作能力。第二个做法是创办集中选修制度（这是副科制度的前身）。据徐佳士先生回忆，"1967年，我接下新闻系主任之后，设立了'集中选修'制度，规定学生在新闻系以外的科系中，任选一系选修20学分的课，增加他们语文、社会科学等各方面的素养。我的目的是要让学生及早确立方向，并将他们训练成专业记者"。这个"其他的科系"包括政治、国际关系、经济、企业管理、社会、法律等学科。学生在4年内，必须修20个专门学分。当时做这种改变很有压力，因为系里教师开课的机会随之减少，并且在当时闭塞的大学体制中，要学生到另外一个系选修课程，难度也非常高。最终经过徐佳士等人的协调

[①] 潘家庆：《我在新闻系的五十年》，载冯建三主编《自反缩不缩？新闻系七十年》，台湾政治大学新闻系，2005，第26~27页。

努力，在学校范围内实施了集中选修制度。"这个制度实质上改变了政大选课的僵固体制，因而奠定了政大后来的副修、双主修的体制"。① 第三个做法就是加强实习制度，延揽优秀师资。徐佳士把原本报导校际新闻的学生实习报《学生新闻》，改造成报导社区消息的《栅美报导》，让学生的实习触角伸得更远，据说这也是台湾第一份在新闻主管部门登记在案的社区报。在师资的延揽上，徐佳士为新闻系聘请了全台湾第一位传播学博士朱谦，也邀请到欧阳醇、余梦燕等资深新闻工作者，还有林怀民、殷允芃等文艺传播界的杰出人士到学校教书，拓展同学的视野与增加其对实务工作的认识。②

除了潜心教育，徐佳士先生对台湾新闻传播事业的最大贡献在于对传播学术研究的推进。作为早期的归台学者，徐佳士于1966年写作的《大众传播理论》至今影响深远，他对美国当时的传播研究做了彻底的梳理和解释，介绍了美国大众传播学的主要研究者。由于对传播效果的重视，使徐佳士深受实证主义影响，《大众传播理论》全书9章中有5章介绍美国传播研究关于阅听人及效果的理论，显示出早期台湾传播学者深受实证主义影响，把传播研究定义为行为科学的效果研究。而这种观点的形成与介绍也对台湾后来的传播研究方向产生巨大影响。徐佳士先生的文风好像他的老师施拉姆，流畅优美、不疾不徐，娓娓道来。"对于当时对传播研究懵懵懂懂的台湾来说，这种不偏不倚点出各家学说的学术著作来得正是时候。"③ 该书出版后多次重印，成为台湾传播学子的入门书籍。此后徐佳士又陆续写作《大众传播的未来》《大众传播八讲》等多本著作。

除写作著作外，徐佳士先生运用行为效果的实证研究方法，与潘家庆、杨孝濚、赵婴、郑振煌等进行了一系列有崭新意义的传播研究。他

---

① 潘家庆：《我在新闻系的五十年》，载冯建三主编《自反缩不缩？新闻系七十年》，台湾政治大学新闻系，2005，第27页。
② 徐佳士：《新闻教育与我》，载冯建三主编《自反缩不缩？新闻系七十年》，台湾政治大学新闻系，2005，第8页。
③ 苏蘅：《拓荒传播知识的启蒙书》，载冯建三主编《自反缩不缩？新闻系七十年》，台湾政治大学新闻系，2005，第131页。

主持的几项规模较大的计划，都得到台湾"国科会"的资助，具体为：台湾民众传播行为研究、台湾地区大众传播过程及民众反应研究、改进台湾大众传播"国家"发展功能研究等。亚洲协会也支持他的团队完成了台湾地区家庭计划传播模式研究。徐佳士先生是台湾传播研究领域的开拓者和领路人。

2009年1月1日，徐佳士先生获得第一届"星云真善美新闻教育贡献奖"。他补足缴交税金，将所得奖金100万全数捐给台湾政治大学新闻系，作为学术发展的基金，彰显了他对新闻教育的挚爱之心。

三 其他重要的教育者

此一时期，其他重要的教育者，囿于篇幅所限，笔者仅将担任过各校研究所所长和系主任、科主任的教师列举如下，他们也为台湾新闻教育事业的发展作出过重要贡献。

表3-13 各校新闻传播教育历届负责人名单

台湾政治大学新闻研究所历任所长	
姓 名	任 期
曾虚白	1954年10月~1969年7月
徐佳士	1969年8月~1975年7月
漆敬尧	1975年8月~1981年7月
李 瞻	1981年8月~1987年7月
汪 琪	1987年8月~1990年7月
台湾政治大学新闻学系历届系主任	
姓 名	任 期
曾虚白	1955年10月~1956年7月
谢然之	1956年8月~1960年7月
王洪钧	1960年8月~1967年7月
徐佳士	1967年8月~1975年7月
漆敬尧	1975年8月~1981年7月
赖光临	1981年8月~1987年7月
汪 琪	1987年8月~1990年7月

续表

台湾政治大学广告学系历届系主任	
姓　名	任　期
赖光临	1987年8月~1988年7月
王石番	1988年10月~1994年7月

台湾政治作战学校新闻系历届系主任	
姓　名	任　期
谢然之	1951年8月~1959年7月
胡一贯	1959年8月~1961年7月
林大椿	1961年8月~1973年7月
祝振华	1973年8月~1976年7月
戴华山	1976年8月~1982年7月
蒋金龙	1982年8月~1989年7月
刘济民	1989年8月~？

台湾政治作战学校新闻研究所历届所长	
姓　名	任　期
林大椿	1983年8月~1985年10月
黄新生	1985年10月~1987年10月
吴奇为	1987年10月~1989年3月
刘济民	1989年5月~？

台湾文化大学新闻研究所历届所长	
姓　名	任　期
郑贞铭	1984年8月~1989年8月
王洪钧	1989年8月~？

台湾文化大学新闻学系历届系主任	
姓　名	任　期
谢然之	1963年8月~1970年7月
郑贞铭	1970年8月~1976年7月
张煦华	1976年8月~1980年7月
方兰生	1980年8月~1985年7月
郑贞铭	1985年8月~1989年7月
马骥伸	1989年8月~1993年7月

续表

台湾文化大学大众传播学系历届系主任

姓　名	任　期
龚　弘	1963 年 9 月～1969 年 7 月
毛树清	1969 年 9 月～1976 年 8 月
梅长龄	1976 年 9 月～1983 年 2 月
吴东权	1983 年 3 月～1983 年 8 月
楚崧秋	1983 年 9 月～1985 年 6 月
方兰生	1985 年 7 月～？

台湾文化大学广告学系历届系主任

姓　名	任　期
潘健行	1986 年 8 月～1987 年 7 月
简武雄	1987 年 8 月～1989 年 7 月
罗文坤	1989 年 8 月～？

台湾辅仁大学大众传播学系历届系主任

姓　名	任　期
张思恒	1971 年 8 月～1980 年 7 月
赵振靖	1980 年 8 月～1985 年 7 月
皇甫河旺	1985 年 8 月～1991 年 7 月
李天铎	1991 年 8 月～1997 年 7 月

台湾辅仁大学大众传播研究所历届所长

姓　名	任　期
赵振靖	1983 年 8 月～1985 年 7 月
皇甫河旺	1985 年 8 月～1991 年 7 月
李天铎	1991 年 8 月～1997 年 7 月

台湾淡江大学大众传播学系历届系主任

姓　名	任　期
陈世敏（借聘）	1983 年 8 月～1985 年 7 月
林东泰	1985 年 8 月～1990 年 7 月
赵雅丽	1990 年 8 月～？

台湾师范大学社会教育学系历届系主任

姓　名	任　期
孙邦正	1955 年 8 月～1972 年 7 月
王振鹄	1972 年 8 月～1976 年 7 月
李宝和	1976 年 8 月～1977 年 7 月
李建兴	1977 年 8 月～1983 年 7 月
杨国赐	1983 年 8 月～1988 年 10 月

第三章 以经济建设为主导的新闻传播教育（1974~1991年）

续表

台湾师范大学社会教育学系历届系主任	
姓　名	任　期
林美和	1988年11月~1990年7月
林胜义	1990年8月~？
铭传管理学院大众传播学系历届系主任	
姓　名	任　期
李铨（大众传播学科）	1980年10月~1985年8月
杨志弘（大众传播学科）	1985年8月~1990年7月
杨志弘（改制为大众传播学系）	1990年8月~？
台湾艺术专科学校广播电视科历届负责人	
姓　名	任　期
刘家骏	1963年2月~1968年7月
祝振华	1968年8月~1973年7月
温世光	1973年8月~1976年7月
顾乃春	1976年8月~1979年7月
马国光	1979年8月~1981年7月
蒋丽莲	1981年8月~1985年7月
马国光	1985年8月~1990年7月
曾连荣	1990年8月~？
世界新闻传播学院历任校长	
姓　名	任　期
成舍我	1956年10月~1975年7月
洪为溥	1975年8月~1980年7月
周良彦	1980年8月~1981年7月
张凯元	1981年8月~1990年7月
林念生	1990年8月~1991年7月
世界新闻传播学院1991年度各科科主任	
科　名	姓　名
报业行政科	常胜君
编辑采访科	荆溪人
广播电视科	蔡念中
公共关系科	张依依
图书资料科	林志凤
电影制作科	林念生
印刷摄影科	余成添
观光宣导科	陈溥泉

资料来源：李瞻：《"中华民国"新闻年鉴》（1991年版），"中国新闻学会"，1991，第301~359页。

第五节　新闻传播受教育者逐渐受到重视

一　学生基本情况调查

关于新闻传播受教育者的研究，美国的研究比较充分，中国大陆、香港、台湾地区的研究则比较欠缺。美国新闻学专业全国性的入学率调查最早从 1937 年开始，1964 年道·琼斯报纸基金（Dow Jones Newspaper Fund）开始进行新闻与传播学毕业生年度调查，1987 年改由俄亥俄州立大学调查，1997 年乔治亚大学（University of Georgia）又接手该调查，其中包括每年全国新闻与传播院系的入学人数调查。这项毕业生年度调查旨在检测美国的新闻与大众传播学毕业生的就业率与工资水平，并调查追踪毕业生的课程活动，测试他们找工作的技巧，衡量这些毕业生完成学业后的职业态度和行为。这些年度调查积累了大量新闻传播学毕业生的资料，为高校新闻教育课程的改进提供了依据，为毕业生就业提供了参考，为行业管理者和政策制定者提供了可靠的数据。[①]

表 3-14　至 1980 年台湾新闻系科毕业生及 1981 年在校生数

单位：人

学校名称	系　　科	毕业生数	在校生数
台湾政治大学	新闻学系	约 2000	240
台湾师范大学	社会教育学系新闻组		60
台湾文化大学	新闻学系	891	251
	新闻学系夜间部	639	277
	大众传播系夜间部	约 800	295
台湾辅仁大学	文学院大众传播系	384	278
	大众传播系夜间部	244	225
台湾政治作战学校	新闻学系	838	148
台湾艺术专科学校	广播电视科	1198	297

---

① 陈昌凤：《中美新闻教育传承与流变》，中国广播电视出版社，2006，第 140 页。

第三章 以经济建设为主导的新闻传播教育（1974～1991年）

续表

学校名称	系　科	毕业生数	在校生数
世界新闻专科学校	报业行政科	2283	660
	编辑采访科	3945	996
	广播电视科	3793	1205
	公共关系科	1531	254
	图书资料科	1140	259
	电影制作科	642	496
	印刷摄影科	690	570
总　数		21018	6511

资料来源：《"中华民国"新闻年鉴》（1981年版），"台北新闻记者公会"，1981，第151～157页。

表3-15　1990年度台湾各大学院校新闻相关系所组在校生人数

单位：人

大学系所组		年级					合计
		一	二	三	四	五	
新闻研究所	台湾政治大学新闻研究所	硕士班20	19	12	4	4	59
	台湾政治大学新闻研究所	博士班2	1	2		11	16
	台湾文化大学新闻研究所	硕士班12	10				22
	台湾政治作战学校新闻研究所	硕士班					未提供资料
新闻系	台湾政治大学新闻系	101	109	77	88		375
	台湾师范大学社会教育系新闻组		22	21	31		74
	台湾文化大学新闻系	149	127	126	124		526
	台湾文化大学新闻系夜间部	49	59	60	62	53	283
	台湾政治作战学校新闻系						未提供资料
大众传播研究所	台湾辅仁大学大众传播研究所	10	12	6	3		31
大众传播系	台湾辅仁大学大众传播系	172	191	184	178	21	746

续表

大学系所组		一	二	三	四	五	合 计
	台湾辅仁大学大众传播系夜间部	60	60	58	58	62	298
	台湾文化大学大众传播系夜间部	58	59	60	51	57	285
	台湾淡江大学大众传播系	100	132	138	89		459
	铭传管理学院大众传播系	54					54
广播电视系	台湾政治大学广播电视系	42	51	61			154
广告系	台湾政治大学广告系	46	54	52	53		205
	台湾文化大学广告系	67	67		66	65	265
印刷系	台湾文化大学印刷系	88	97	60	65		310
	台湾文化大学印刷系夜间部	49	60	58	59	52	278
广播电视科	台湾艺术专科学校广播电视科	33	26	32			91
	台湾艺术专科学校广播电视科夜间部	40	37	35	33		145
总 计		1152	1193	1042	964	325	4676

资料来源:《"中华民国'新闻年鉴》(1991年版),"台北新闻记者公会",1991,第313页。

根据表3-14与表3-15的数据,20世纪80~90年代,台湾政治大学成立了博士班,台湾辅仁大学、台湾政治作战学校、台湾文化大学均成立大众传播研究所或新闻研究所。多所大专院校都成立了大众传播、广播、电视、广告公关等系科组。该时期,台湾当局在经济上提出国际化、自由化、制度化策略,经济增长快速。解除"报禁"后,大量资本涌入媒体,台湾媒体高速扩张,各大媒体对人才需求剧增,大众媒体的就业机会增加,增强了学生报考大众传播院系的意愿。

1981年台湾新闻系科在校生数为6511人,若不算世界新闻专科学校三专、五专学生数目则为2071人，1990年的统计，共有4676人，[①]增加近1倍多。虽然解除"报禁"之后，各类媒体都有较大发展，但在有限的范围内，大量毕业生的产生必然会造成就业的困难。1987年时任台湾政治大学新闻系主任的赖光临先生撰文写道："今天，台湾地区已有九所大专学校设立新闻传播科系，每年招收新生达二千余名，以一地区设系密度论，已居世界的首位。"[②] 1990年，根据李瞻、陈世敏等人的调查，发现台湾的新闻传播教育存在如下问题：第一，不同学校都开设相同的专业，同样在报业、广告、广播电视、公关方面打转，重复投资，造成浪费；第二，学生人数过多，每年市场所需不过三五百人，其余2000多毕业生，学而无用，日后必将造成社会问题。因此建议：第一，要增加电讯传播、媒介管理、语言传播等专业的开设，鼓励各校发展特色专业；第二，减少大学部人数，应以研究所为重点。大学部应注重质的提升，量的节制，借以培养优异新闻人才，协助学生充分就业。[③]

二 学生就业情况调查

根据赖光临先生1987年的统计，台湾政治大学新闻系每年的毕业生，从1959年复校第1期40余名增长到近年60余名。其中一半为侨生，毕业后回侨居地，另一半台生多数进入新闻广播机构工作，包括报纸、杂志、广播、电视、广告、公共关系、传播公司及新闻行政部门等领域。据近5年统计（1980～1985），海内外深造占20%，新闻传播工作占74%，其他占6%。毕业生中甚多担任一级主管职务。[④] 在当时的学校中，像台湾政治大学这样有意识对毕业生就业做调查并公布结果的，为数不多。

---

① 因世界新闻传播学院尚在改制，没有计入，台湾政治作战学校新闻系与新闻研究所没有提供资料。
② 赖光临：《政大新闻系迈入新台阶》，台湾《新闻学人》1987年第9卷第4期，第54页。
③ 李瞻：《"全国"新闻与大众传播教育评鉴报告》，台湾《报学》1992年第8卷第6期，第197~198页。
④ 赖光临：《政大新闻系迈入新台阶》，台湾《新闻学人》1987年第9卷第4期，第56页。

● 台湾新闻传播教育初探

在全台范围内,第一次针对新闻传播学专业毕业生就业情况做的大规模调查,是1996年由王石番、陈世敏主持的台湾"教育部"委托项目,当时他们受台湾"教育部"委托,进行传播教育课程规划研究,其中有对台湾地区传播人力需求状况做调查的项目。他们具体选取了台湾4个成立时间较早的大专院校传播类科系——政治大学新闻系、文化大学新闻系、辅仁大学大众传播系以及世界新闻专科学校五专的编辑采访科,并对这些科系进行每隔5年的抽样,抽出1977年、1982年、1987年、1992年的毕业生①来作为调查对象,希望借由这样的调查了解新闻传播就业市场是否有所改变②。(虽然这次调查是在1996年进行的,但其调查的学生就业年限属于1973~1991年时间段,故在此节选择部分数据加以介绍和分析。)

(一) 受访者的第一份工作

表3-16 第一份工作是否与传播相关

类目名称	样本数(个)	百分比(%)
是	537	60.9
否	185	21.0
其他	77	8.7
不知道	83	9.4
总计	882	100.0

注:由于调查者考虑到有些抽样班级离开学校出社会工作已有一段时间,要追溯第一份工作的实际内容相当困难,所以研究只调查学生毕业离校后第一份工作是否与新闻传播相关。研究者所定义的传播事业是广义的,除了一般大众媒介之外,也包括录音唱片业、资讯软件业、政府新闻行政业,以及在大专新闻传播科系任教等。即使有些人是在制造业或商业机构任职,只要他的工作性质是属于公关、广告、行销、企划、出版等,也都被纳入广义的新闻传播相关工作之中。

资料来源:王石番、陈世敏,台湾"教育部"委托专案研究,1996,第12页。

---

① 台湾政治大学4个毕业班、台湾文化大学5个毕业班所有资料齐全。由于台湾辅仁大学、世界新闻专科学校毕业生通讯资料不齐全,台湾辅仁大学少了1992年广电与新闻两组,世界新闻专科学校则缺失1977年、1982年两个班的资料,并且1981年和1992年也只搜集到1个班的资料。

② 因原调查表格部分"年类目"过于繁复和细化,本文根据研究需要对相关类目作出合并与合计。

根据表 3-16 在总样本数 882 人中，第一份工作与新闻传播有关的有 537 人，表明在 20 世纪 70 年代到 90 年代，第一份工作属于新闻传播者人数众多，算得上学有所用。

表 3-17 受访者 1996 年度的工作

变项名称	样本数（个）	百分比（％）
（1）不知	145	16.4
（2）传播相关产业	334	37.9
报纸	150	17.0
杂志	30	3.4
广播	14	1.6
无线电视台	23	2.6
有线电视频道	19	2.2
有线电视系统	5	0.6
广告业	21	2.4
平面设计	1	0.1
公关业	8	0.9
行销公司	1	0.1
传播公司	8	0.9
大型传播集团	2	0.2
电影摄制业	1	0.1
电影发行业	1	0.1
图书出版业	14	1.6
有声出版业	3	0.3
资讯、多媒体业	2	0.2
其他文化事业	1	0.1
资料搜集、剪报公司	1	0.1
传播相关教职或传播科系行政工作	5	0.6
传播相关公职	8	0.9
独立制作人、自由业	14	1.6
传播公益或自律组织	2	0.2
（3）非传播相关产业	232	26.3
（4）未就业、深造、移民	171	19.4
总　计	882	100.0

资料来源：王石番、陈世敏，台湾"教育部"委托专案研究，1996，第 13 页。

根据表 3-17，到 1996 年，毕业生从事工作与新闻传播无关者有 232 人，占 26.3%，从事新闻传播相关产业者只有 1/3 强。在与新闻传播相关者中，以从事报业工作者人数最多，有 150 人，占 17%；从事杂志事业者次之，有 30 人，占 3.4%；从事无线电视者有 23 人，占 2.6%；从事广播者 14 人，占 1.6%；从事有线电视工作者有 24 人，占 2.8%。1993 年台湾通过《有线电视法》，有线电视数量激增，从 1989 年的 125 家剧增到 501 家。[①] 但是这并没有带来从业人员数量的激增，笔者分析应该与有线电视播放内容以非自制节目为主有关，对专业工作人员需求不大。公关和广告业、行销业人士有 31 人，占 3.5%。在调查中显示，这些人员大致从事广告文案、广告 AE 等工作，或者是公关公司或企业中的公关从业人员、发言人以及企业中的广告宣传者，从所占比例来看，当时数量还比较少。

（二）受访者 1996 年度的职务与工作内容

表 3-18 受访者 1996 年度的职务与工作内容

变量名称	样本数（个）	百分比（%）
（1）不知	160	18.1
（2）传播相关职务或工作	353	40
一般记者	116	13.2
一般编辑	29	3.3
新闻媒体行政管理者	23	2.6
其他企划性工作	21	2.4
其他与传播有关者	164	18.6
（3）非传播有关工作	197	22.4
非传播有关教职	28	3.2
非传播有关公职	27	3.1
其他非传播工作	142	16.1
（4）未就业、深造、移民	172	19.5
总　数	882	100.0

资料来自：王石番、陈世敏，台湾"教育部"委托专案研究，1996，第 14 页。

---

① 陈飞宝：《当代台湾传媒》，九州出版社，2007，第 314 页。

根据表3－18，关于受调查者的事业或工作内容，一般记者最多有116名，占所调查人数的13.2%；一般编辑29人，占3.3%；新闻媒体行政管理者有23人，占2.6%。这显示早年优秀毕业生经过一二十年的努力，有少数人进入中层或高层，担任管理人员，大多数人还在基层继续奋斗。

（三）以校别分析就业状况

表3－19 不同学校毕业生第一份工作情况

单位:%

调查类目	台湾政治大学	台湾辅仁大学	台湾文化大学	世界新闻专科学校	总　计
是，与传播相关	127（66.5）	191（61.0）	191（70.2）	28（26.4）	537（60.9）
否，与传播无关	26（13.6）	88（28.1）	38（14.0）	33（31.1）	185（21）
其他（升学、服役）	21（11.0）	2（0.6）	14（5.1）	40（37.7）	77（8.7）
不知	17（8.9）	32（10.2）	29（10.7）	5（4.7）	83（9.4）
总　计	191（100.0）	313（100.0）	272（100.0）	106（100.0）	882（100.0）

资料来自：王石番、陈世敏，台湾"教育部"委托专案研究，1996，第15页。

根据表3－19，关于第一份工作与新闻传播工作相关的情况，台湾文化大学从事新闻传播相关工作者最多，有191人，占文化大学样本总数的70.2%；台湾政治大学次之，127人，占政治大学样本总数的66.5%；台湾辅仁大学第三，191人，占该校样本总数的61%；世界新闻专科学校28人，占该校样本总数的26.4%（世界新闻专科学校因样本量的缺失，其统计数据只具一定代表性）。而在从事工作与传播无关的学校中，排序则为台湾世界新闻专科学校、台湾辅仁大学、台湾文化大学、台湾政治大学。

根据表3－20，到1996年，在报纸工作者中，台湾文化大学毕业生最多，有72人，占26.5%；台湾政治大学第二，有41人，占21.5%；世界新闻专科学校第三，有10人，占9.4%；台湾辅仁大学最少，有27人，占8.6%。在杂志工作者中，台湾文化大学最多，有14人，占5.1%；世界新闻专科学校第二，5人，占4.7%；台湾政治大学第三，

表 3-20　不同学校毕业生 1996 年的工作情况

单位：%

调查类目	台湾政治大学	台湾辅仁大学	台湾文化大学	世界新闻专科学校	总　　计
不知	22（11.5）	56（17.9）	41（15.1）	26（24.5）	145（16.4）
报纸	41（21.5）	27（8.6）	72（26.5）	10（9.4）	150（17.0）
杂志	7（3.7）	4（1.3）	14（5.1）	5（4.7）	30（3.4）
广播	3（1.6）	4（1.3）	7（2.6）	0	14（1.6）
无线电视台	13（6.8）	9（2.9）	1（0.4）	0	23（2.6）
其他传播事业	22（11.3）	48（15.1）	37（13.8）	10（9.2）	117（13.3）
非传播产业	37（19.4）	111（35.5）	59（21.7）	25（23.6）	232（26.3）
深造、升学	14（7.3）	14（4.5）	13（4.8）	17（16.0）	58（6.6）
移民、出国	24（12.6）	26（8.3）	18（6.6）	1（1.4）	69（7.8）
未就业	8（4.2）	14（4.5）	10（3.7）	12（11.3）	44（5.0）
总　　计	191（100.0）	313（100.0）	272（100.0）	106（100.0）	882（100.0）

资料来自：王石番、陈世敏，台湾"教育部"委托专案研究，1996，第 16 页。

7人，占3.7%；台湾辅仁大学最少，4人，占1.3%。在广播工作者中，台湾文化大学最多，7人，占2.6%，台湾政治大学和台湾辅仁大学差不多，世界新闻专科学校没有人在电台工作。在电视台工作者，台湾政治大学最多，有13人，占6.8%；台湾辅仁大学第二，有9人，占2.9%；台湾文化大学只有1人，世界新闻专科学校没有人。在非新闻传播界工作者中，台湾辅仁大学最多，有111人，占35.5%；世界新闻专科学校第二，有25人，占23.6%；台湾文化大学第三，有59人，占21.7%；台湾政治大学最少，有37人，占19.4%。在其他新闻传播事业工作者中，以台湾辅仁大学最多，占15.1%。在杂志和报纸中，台湾文化大学工作的人员数量最多，这显示台湾文化大学在新闻教育中采取"月记""每月新书"等制度加强学生写作与思考能力的做法是颇具成效的。在当时无线电视尚处垄断地位之时，三台影响力巨大，台湾政治大学、台湾辅仁大学毕业学生占据主要比例，显示学生具备一定实力，而台湾辅仁大学加强广电专业人才的培训，也有一定成效。在四校

第三章 以经济建设为主导的新闻传播教育（1974～1991年）

学生中，台湾政治大学学生移民、深造升学的比例都较高。世界新闻专科学校此时以培养专科学生为主，广播电视科也是其主要专业，但是在电台、电视台却没有一人工作，显示其毕业生就业层次尚待提高。

（四）各个学校不同年份的就业情况

表3-21 台湾政治大学不同年份毕业生第一份工作

单位:%

调查类目	1977年	1982年	1987年	1992年	总 计
是，与传播相关	34（56.7）	16（53.3）	46（82.1）	31（68.9）	127（66.5）
否，与传播无关	9（15.0）	5（16.7）	6（10.7）	6（13.1）	26（13.6）
其他（升学、服役）	8（13.3）	6（20.0）	0	7（15.6）	21（11.0）
不知	9（15.0）	3（10.0）	4（7.1）	1（2.2）	17（8.9）
总 计	60（100.0）	30（100.0）	56（100.0）	45（100.0）	191（100.0）

资料来源：王石番、陈世敏，台湾"教育部"委托专案研究，1996，第20页。

表3-22 台湾辅仁大学不同年份毕业生第一份工作

单位:%

调查类目	1977年	1982年	1987年	1992年	总 计
是，与传播相关	30（44.8）	37（53.6）	88（76.5）	36（58.1）	191（61.0）
否，与传播无关	28（41.8）	23（33.3）	22（19.1）	15（24.2）	88（28.1）
其他（升学、服役）	0	0	2（1.7）	0	2（0.6）
不知	9（13.4）	9（13.0）	3（2.6）	11（17.7）	32（10.3）
总 计	67（100.0）	69（100.0）	115（100.0）	62（100.0）	313（100.0）

资料来源：王石番、陈世敏，台湾"教育部"委托专案研究，1996，第20页。

表3-23 台湾文化大学不同年份毕业生第一份工作

单位:%

调查类目	1977年	1982年	1987年	1992年	总 计
是，与传播相关	32（61.5）	27（73.0）	49（79.0）	83（68.6）	191（70.2）
否，与传播无关	11（21.2）	0	11（17.7）	16（13.2）	38（14.0）
其他（升学、服役）	0	0	0	14（11.6）	14（5.1）
不知	9（17.3）	10（27.0）	2（3.2）	8（6.6）	29（10.7）
总 计	52（100.0）	37（100.0）	62（100.0）	121（100.0）	272（100.0）

资料来源：王石番、陈世敏，台湾"教育部"委托专案研究，1996，第21页。

表 3-24　世界新闻专科学校不同年份毕业生第一份工作[1]

单位:%

调查类目	1987 年	1992 年	总　计
是，与传播相关	9（11.6）	19（34.5）	28（26.4）
否，与传播无关	27（52.9）	6（10.9）	33（31.1）
其他（升学、服役）	14（27.5）	26（47.3）	40（37.8）
不知	1（2.0）	4（7.3）	5（4.7）
总　计	51（100.0）	55（100.0）	106（100.0）

资料来源：王石番、陈世敏，台湾"教育部"委托专案研究，1996，第21页。

在表3-21至表3-24中，如以学校和年份来分，台湾政治大学每一年的毕业生至少有53.3%的人第一份工作与新闻传播相关，在"解禁"之后的1987年和1992年，台湾政治大学毕业生第一份工作属新闻传播相关者都在2/3以上。台湾辅仁大学每一年的毕业生至少都有44.8%的比例，其第一份工作属于新闻传播相关工作，1987年与1992年毕业者第一份工作属于新闻传播者在58%以上。台湾文化大学每一年的毕业生至少都有61.5%的比例，其第一份工作与新闻传播相关，而从1982年以后，这个比例几乎都在70%以上，是这4所学校较为突出者。世界新闻专科学校1987年和1992年的毕业生第一份工作是从事新闻传播相关工作者，最高只占该校该年样本总数的34.5%，是4所学校中比例较低者。

表 3-25　台湾政治大学不同年份毕业生在1996年的工作

单位:%

调查类目	1977 年	1982 年	1987 年	1992 年	总　计
不知	12（20.0）	4（13.3）	6（10.7）	0	22（11.5）
报纸	11（18.3）	5（16.7）	14（25.0）	11（24.4）	41（21.5）
其他传播相关产业	6（10.1）	9（30.0）	15（26.8）	15（33.3）	45（23.6）
非传播相关产业	10（16.7）	10（33.3）	10（17.9）	7（15.6）	37（19.4）
升学、出国、未就业	21（34.9）	2（6.7）	11（19.6）	12（26.7）	46（24.1）
总　计	60（100.0）	30（100.0）	56（100.0）	45（100.0）	191（100.0）

资料来源：王石番、陈世敏，台湾"教育部"委托专案研究，1996，第22页。

[1] 台湾世界新闻专科学校因资料不全，缺失1977年和1982年的资料。

表3-26 台湾辅仁大学大学不同年份毕业生在1996年的工作

单位:%

调查类目	1977年	1982年	1987年	1992年	小 计
不知	15（22.4）	24（34.8）	12（10.4）	5（8.1）	56（17.9）
报纸	4（6.0）	6（8.7）	17（14.8）	0	27（8.6）
其他传播相关产业	12（17.9）	11（16.0）	24（20.9）	18（29.0）	65（20.8）
非传播相关产业	27（40.3）	25（36.2）	40（34.8）	19（30.6）	111（35.5）
升学、出国、未就业	9（13.4）	3（4.3）	22（19.1）	20（32.3）	54（17.3）
总 计	67（100.0）	69（100.0）	115（100.0）	62（100.0）	313（100.0）

资料来源：王石番、陈世敏，台湾"教育部"委托专案研究，1996，第22页。

表3-27 台湾文化大学不同年份毕业生在1996年的工作

单位:%

调查类目	1977年	1982年	1987年	1992年	小 计
不知	12（23.1）	5（13.5）	8（12.9）	16（13.2）	41（15.1）
报纸	9（17.3）	11（29.7）	20（32.3）	32（26.4）	72（26.5）
其他传播相关产业	12（23.1）	6（16.3）	13（20.9）	28（23.1）	59（21.7）
非传播相关产业	13（25.0）	7（18.9）	14（22.6）	25（20.7）	59（21.7）
升学、出国、未就业	6（11.5）	8（21.6）	7（11.3）	20（16.6）	41（15.1）
总 计	52（100.0）	37（100.0）	62（100.0）	121（100.0）	272（100.0）

资料来源：王石番、陈世敏，台湾"教育部"委托专案研究，1996，第23页。

表3-28 世界新闻专科学校不同年份毕业生在1996年的工作

单位:%

调查类目	1987年	1992年	小 计
不知	23（45.1）	3（5.5）	26（24.5）
报纸	7（13.7）	3（5.5）	10（9.4）
其他传播相关产业	3（5.9）	12（21.8）	15（14.2）
非传播相关产业	13（25.5）	12（21.8）	25（23.6）
升学、出国、未就业	5（9.8）	25（45.4）	30（28.3）
总 计	51（100.0）	55（100.0）	106（100.0）

资料来源：王石番、陈世敏，台湾"教育部"委托专案研究，1996，第23页。

在表3-25至表3-28中，若以学校和年份来分，毕业生在1996年的工作是从事非新闻传播事业者，台湾政治大学以1982年毕业的最多，占该年总数的33.3%，其他各年毕业的在16%左右；台湾辅仁大学是1977年和1982年毕业的较高，在36.2%以上；台湾文化大学则是1977年毕业的比例较高，占该年样本数的25.0%。大致上，这几所学校1987年、1992年的毕业生从事非新闻传播行业的比例较低，而且毕业越早从事非新闻传播事业的比例越高。各校在"报禁"开放前的1987年均为就业率较高的年份，这可能是因为当时"报禁"即将开放，各报纷纷谋求发展，征求人才，所以应届毕业生有意愿和机会从事报纸工作，"报禁"开放后的1992年位居其次。而1977年和1982年的毕业生在报社工作的就比较少。各校在同一年的就业情况呈相生相克状态，比如1977年台湾政治大学与传播工作相关的就业率为56.7%，台湾辅仁大学、台湾文化大学就相对较低。1992年台湾文化大学就业率为73%，台湾政治大学、台湾辅仁大学就相对较低。显示在台湾有限的市场中，各校毕业生间激烈的就业竞争局面。

三 受教育者对新闻传播教育的反馈意见

20世纪70~90年代，各校对教育反馈意见的量化调查并不普遍。1984年杨志弘等选取1977~1981年台湾政治大学、台湾师范大学、台湾文化大学与台湾辅仁大学新闻传播相关系（组）日间部212名毕业生为访问对象，调查他们对近几年新闻传播系（组）主要课程的满意程度，结果发现：（1）满意的，只有新闻采访1科；（2）偏满意的，有广告学、新闻写作、校区、社区报纸或毕业实习、新闻学4科；（3）偏不满意的，有传播原理、新闻史、心理学或传播心理学、新闻编辑、报刊实务5科；（4）不满意的，有新闻英文、社会学或社会心理学、摄影实务、传播研究方法、广播电视原理、新闻法规、广告企划实务、深度报导或特写写作、经济学或经济新闻、政治学或国际政治学、大陆问题研究11科；（5）很不满意的，有理则学、广播电视实务、语意学3科。此外，受访者将加强师资视为十分急切；将增加实习设备、增加图书设备、强调辅系视为很急切；而将增订课程视为急切工作。[1]

该研究的意义在于通过调查将台湾新闻教育的主要课程集中于24门，并分为"新闻实务类""法政类""社会学类"，在调查中发现毕业年度之间评价没有显著差异。学生对专业课程"满意"的只有新闻采访1门，对其余的专业课"较不满意"，"不满意"的以辅助性的社会科学知识课程为主。影响学生对课程满意度的因素主要有：（1）意愿：能激发学生学习、从事大众传播工作意愿的程度；（2）课程：课程内容的丰富程度；（3）师资：师资优良、讲解深入的程度；（4）能力：帮助从业人员处理实务能力的程度。校际间对课程的满意度有十分显著的差异。[2]

此研究较早使用实证调查方法对受教育者的意见进行调查，结果较为客观，显示出20世纪70年代末80年代初期新闻传播教育发展较快的形势下，教育出现的问题，后人从中可以了解当时台湾主要学校开设的课程情况及学生对教育效果的评价，也可以窥见在20世纪80年代初期，台湾各校师资和实验设备、图书状况都亟待加强。

第六节 学术研究活动对教育的影响与互动

一 20世纪70~90年代的学术研究特点

（一）学术研究为"国家发展"与促进社会现代化服务

20世纪70年代，随着国际政治经济形势的变化，国民党政府逐渐把社会目标定位于推进"国家建设"，加速"反攻复国"之准备。[3] 以"国家发展"为普遍目标逐渐成为社会共识。而美国的大众传播研究正有助于运用媒体推动社会的现代化。基于对台湾社会的使命感，传播学

---

[1] 杨志弘、吴统雄：《新闻传播系（组）毕业生对新闻教育评价之研究——以1977年至1981年毕业生为研究对象》，台湾《报学》1984年第7卷第2期，第56页。
[2] 杨志弘、吴统雄：《新闻传播系（组）毕业生对新闻教育评价之研究——以1977年至1981年毕业生为研究对象》，台湾《报学》1984年第7卷第2期，第58~59页。
[3] 《中国国民党党史工作委员会》，载《中国国民党六十六年工作记实》，近代中国出版社，1980，第109页。

术研究者已感受到时代所提出的需求,并且多数都愿意协助在地社会从传统社会进化到现代社会。正如郑瑞城先生所说:"如果学术的最终目的是在济世,则传播研究及实务工作者好谈传播在'国家'发展中的角色及功能,亦正表现了知识分子对'国家'社会的责任感及民胞物与的胸怀。"① 因此,在"国家发展"的召唤下,台湾新闻传播研究者所认知到的社会需求是"国家发展"与现代化。在研究上,他们主要的目的是运用大众传播媒体促进社会发展。例如,1975年,徐佳士、杨孝溁与潘家庆在台湾"国科会"委托下合作进行"台湾大众传播过程与民众反应"的研究,并说明他们的最终目的在于了解应如何运用大众传播媒体促进"国家发展"。在回答这些问题时,台湾传播研究者主要是采用美国研究者施拉姆(Wilbur Schramm)与丹尼尔·勒纳(D. Lerner)在20世纪60年代所提出的"国家发展理论"进行研究。

根据林丽云的研究,1970年至1989年间,以台湾"国科会"研究的主题来看,在成员的齐力合作下,传播研究主要包括媒体对阅听人的效果研究、大众传播过程与民众的反应研究、媒体体系的表现研究三大类。以研究方法而言,半数以上(五成四)的研究是以社会调查方法进行研究。他们主要是站在"客观主义"的立场,以社会科学的调查法与客观的内容分析法搜集大量的资料,再运用统计方法与电脑程式分析,检试变量的关系。此外,由于研究中模式的变项逐渐繁复,研究者所用的统计方法也由描述性统计进步到卡方分析,再到变异数分析、回归分析、因素分析等较高阶的分析方法。② 1970～1989年,在台湾"国科会"的研究中,关于传播哲学、历史、制度等的研究只有一成左右,远远少于阅听人、效果、讯息的研究。此外,1970～1989年222篇的台湾政治大学硕士论文中,只有13篇属于哲学、历史与制度的研究。③ 这

---

① 郑瑞城:《传播的独白》,久大文化,1987,第13页。
② 林丽云:《台湾传播研究史——学院内的传播学知识生产》,巨流图书公司,2004,第145页。
③ 陈百龄:《从国科会传播专题计划提案看学门发展生态:1966～2000》,台湾《新闻学研究》2001年第67期,第25~49页。

显示旧的论题已被新的模式所取代。

杨世凡的研究也显示1964~1985年的研究主要集中在以下几个方面：第一是媒介效果影响研究，早期着重于内容分析式的媒介内容改革及可读性研究，后来发展为说服及有效性研究。电视对儿童及青少年的影响研究持续进行，政令倡导与媒体效用之分析的研究亦在20世纪80年代崛起。第二是传播与"国家发展"，新事物传播中的家庭计划模式研究、现代化研究、意见领袖（亲身影响）在20世纪70年代前期蔚为风潮，5年间完成10项大、小研究。第三是阅听人动机及使用行为研究、政治传播（政治社会化研究）与形象研究在20世纪80年代鼎足而立。政令倡导与媒体效用之分析的研究亦在20世纪80年代崛起。①

由此可见，此时期台湾新闻传播学术研究在台湾社会朝着有助于"国家发展"的普遍目标迈进。

（二）以量化研究为主要研究方法

据陈世敏先生的介绍，台湾高等教育的演进，在行为社会科学方面，最具有历史意义的一次转折，当推1977年1月《社会及行为科学研究法》的出版。② 这本书上、下两册，一经问世，研究生几乎人手一书，23年来风行不衰，俨然成为研究所阶段的方法论典范，影响台湾的心理学、社会学、政治学、传播学的学术研究。"可以说，本书一出，引述之广，无出其右，几乎成为一世代台湾社会科学学术研究方法的'圣经'。"③ 其出版精神可从丛书序言窥见一斑："一个国家科学的发展，不但不能偏废，而且必须生根。此一原则，用于社会科学较之用于自然科学更为适切。在文化差异与地域限制两个基础上，社会科学实不易做到像自然科学那样可以局部的或枝节的'借用'或'移植'。'国内'大学在自然科学方面的教学与研究水平已大为提高；……但无可讳言的，社会科学的发展则较为落后。从'国内'大学社会科学的教学

---

① 杨世凡：《台湾大众传播学术研究之表析（1961~1985）》，硕士学位论文，台湾辅仁大学大众传播研究所，1985。
② 杨国枢、文崇一等主编《社会及行为科学研究法》，华东书局，1977。
③ 陈世敏：《华夏传播学方法论初探》，台湾《新闻学研究》2002年，第71期，第1~16页。

方式及出版的中文书籍看，多年积留下来的几种缺点一直未能革除：其一是内容陈旧……其二是忽视方法论方面的知识，以致学难致用；其三是仅限于国外数据的介绍，而缺乏与'国情'需要配合的研究成果。"①

陈世敏先生认为此书作者指明社会科学发展"忽视方法论方面的知识"这个问题非常有意义，但书中所谓的方法论，就是以美国马首是瞻的量化研究技术。该书作者认为社会行为科学的借用与移植，只有在理论方面才有问题，方法或研究技术是价值中立的，不会有水土不服的情形产生。结果是"移植量化研究方法，就某种意义来说，恰恰与台湾学术界另一个层次的'中国化'目标背道而驰"。因为几乎主流的研究都采用美式定量研究而忽略自身学科方法论的建设。"此书一出，立刻风行，六个月内印了第二刷，把台湾社会行为科学的研究推向西洋'科学主义'的最高峰，社会科学计量研究方法雄霸一时。翻开1980年代的台湾相关研究所学位论文'参考书目'，立可看出此书影响之大之广。"②

而杨孝濚在1975年的一篇论文中，也提出"在任何一项研究中，只要主要自变数或是应变数是有关于传播行为因素，就可称为传播研究"③。其后，他对台湾传播研究发展进行分析时也说："传播研究（Communication Research）是指任何有关研究人类传播行为（Communication Behavior）的研究称之。更深一层的解释如下：传播研究是利用行为科学的理论和研究方法，从主观的、纯技术的新闻学研究，拓展到客观的、科学的传播学研究。传播研究必须应用有关的传播理论作为基础，然后发展成为假说，再应用系统的行为科学研究方法加以验证或推翻；而根据这些结果所作成的研究，才算是传播研究——这种研究的主要变数，无论是主要自变数或应变数，必须是有关的传播因素。"④ 可

---

① 陈世敏：《华夏传播学方法论初探》，台湾《新闻学研究》2002年第71期，第1~16页。
② 陈世敏：《华夏传播学方法论初探》，台湾《新闻学研究》2002年第71期，第1~16页。
③ 杨孝濚：《传播研究在台湾的发展》，台湾《视听教育双月刊》1975年第16卷第6期，第15页。
④ 杨孝濚：《传播研究方法总论》，三民书局，1981，第6页。

见，当时在杨孝濚看来，有无应用系统的行为科学研究方法是判断一项研究能否成为"传播研究"的充分必要条件。在教科书和导师的倡导下，定量的研究方法在当时成为既科学又客观的最佳研究方法。

二 学科理智发展对学科教学的影响以及互动

（一）学科理智研究方向影响课程设置和教学内容

在本章第四节对师资的调查中，在105名教师中，共有博士33名，硕士70名，学士2名，其中留美硕博士有63人，占教师总数的60%，留美学校以密苏里大学、俄亥俄州立大学、南伊利诺伊大学以及威斯康星麦迪逊分校为主，可见美式教育影响之深远。这些学者返台后，陆续编写了一批优秀的教科书：如杨孝濚的《传播研究方法总论》、李金铨的《大众传播理论》、陈世敏的《大众传播与社会变迁》、郑瑞城的《组织传播》、赖光临的《中国新闻传播史》、颜伯勤的《广告学》等书籍，解决了台湾新闻科系学生无书可读的困境，这是台湾政治大学新闻系对台湾新闻教育的重大贡献。[1] 这些教科书以介绍美式和西方研究理论和研究方法为主，有的已经显示出西方理论要与台湾本土实践相结合的思想。方汉奇先生曾说，一般说来，新闻教育质量的高低，起决定作用的，主要是两个因素：一个是师资，一个是教材。两者之间，教材的作用更大。这是因为，师资的多少和良窳，往往受办学主客观条件的限制，而教材只要一旦完成，就可以直接嘉惠于学子，无远弗届。[2]

以李金铨的《大众传播理论》为例，徐佳士在初版的序中写道："在中文书籍的库藏里，由于李金铨博士这本书的出现，开始有了一部完整的、从每一个可能的角度探讨大众传播的著作。"[3] 这本《大众传播理论》采取传播社会学的观点，探讨社会、媒介与人三个环节的交互

---

[1] 李瞻：《访问日本新闻事业与创办〈学生新闻〉》，载冯建三主编《自反缩不缩？新闻系七十年》，台湾政治大学新闻系，2005，第21页。
[2] 方汉奇：《21世纪新闻传播学系列教材总序》，载郑超然等《外国新闻传播史》，中国人民大学出版社，2000。
[3] 徐佳士先生序，载李金铨《大众传播理论修正三版》，三民书局，2005。

关系。作者认为媒介是站在社会与人之间作媒的实体，帮助人建构现实社会，但是以往的文献很少从这个角度加以思考。作者试图从传播社会学的角度探讨媒介怎样联系社会与人。此书在1981年出版后，连续两次再版，历时24年，可见教材对学生和教学影响的深远。

此外，学科知识的推动与发展方向与教师的研究专长也密切相关，陈世敏于1977年获得明尼苏达大学博士学位，回台后即开设研究方法课程，以菲利普·迈耶（Philip Meyer）的《精确新闻报道》作为教科书，讲授新闻报道中的民意调查、研究方法与统计训练。而杨孝濚在台湾政治大学任教时，现代化和新事物传播是当时研究的主要研究题材，但是随着他离开台湾政治大学，现代化和新事物传播研究也同时沉寂。又如20世纪70年代初期崛起的现代化研究，1987年的符号学分析，1991年左右的沉默螺旋，1991年以后的批判理论、女性主义、语艺分析、基模理论、新闻专业意义理论等的兴起，都分别与各校师资有明显的关联。①

（二）学生在做论文过程中对知识的再生产受到导师影响

20世纪70～90年代，不少研究生参与导师的研究计划，担任研究助理工作，并将研究结果发展为硕士论文。在1974年至1976年间，11位台湾政治大学新闻研究所研究生在杨孝濚的指导下，探讨大众传播对特定的民众在认知、态度（特别是现代化）与行为（如政治参与）上的影响。又如，在1972年到1980年间，也有16位台湾政治大学新闻研究所研究生在徐佳士的指导下，探讨阅听人的特质与传播行为。在1970年到1989年间，政治大学新闻研究所的硕士论文共有222篇：其中有83篇是从行为主义的角度来分析阅听人的传播行为（包括使用的动机、行为及效果等）；10篇探讨特定议题（如投票、辅选、家庭计划等）在特定团体内（如农村、妇女等）的消息传播过程；另有70篇以内容分析的方法分析新闻报导，以评估新闻报导的正、负功能。② 在

---

① 林东泰等：《传播知识全球化——回顾台湾近五十年来的新闻传播硕士论文911篇》，"中华传播学会"年会论文，2000。
② 林丽云：《台湾传播研究史——学院内的传播学知识生产》，巨流图书公司，2004，第146～147页。

第三章 以经济建设为主导的新闻传播教育（1974~1991年）

《新闻学研究》第14、16、17期中，都有由硕士研究论文改写的相关论文发表。这也显示了台湾政治大学新闻研究所由于历史悠久再加上师资优良，一直是台湾新闻传播研究的重镇。

在研究内容方面，汪琪与臧国仁的调查显示，1956年至1992年间台湾地区发表的传播相关硕博士论文，在1970年以前，媒介实务，传播历史、法规及外国传播研究，所占的比例很高。但在1970年以后，大众传播以及大众传播相关的主题，则变成以"阅听人""传播发展""政治传播"为研究重点。传播与发展的主题在1971~1975年这一个时期达到20%的高峰后，逐渐下降。到了1986~1989年时，竟只剩下1篇。[1] 祝基滢调查1970~1985年新闻传播研究计划时，也发现"社会变迁与现代化研究""阅听人分析""媒体表现""传播政策"这4个研究主题依序为前4个比例最高的研究主题。而研究采用的研究方法，也以社会调查法为最多。[2]

林东泰从研究理论的框架和运用方面分析发现：在1977年之后，当新事物传播和现代化不再是台湾硕士论文的热门题目之后，随之而起的是"使用与满足"研究，1977年至1999年，几乎每年都有各种不同媒体的"使用与满足"相关研究，并且在1989年以5篇达到高峰期。从各篇硕士论文的研究架构和研究理论来看，1988年以前的研究，只是从心理学动机角度，尝试了解阅听人使用媒体的动机，直到1987年以后的研究，才真正援引了使用与满足研究取向的理论模式。[3]

在研究方法方面，林东泰等学者也发现，台湾近50年来的新闻传播硕士论文的研究取向为：纯粹描述性研究比例最高，[4] 占34.9%，即

---

[1] 汪琪、臧国仁：《台湾地区传播研究的回顾与展望》，1993中文传播研究暨教育研讨会会议论文，台湾，1993。
[2] 祝基滢：《我国新闻学与大众传播学研究现况之分析》，台湾"国科会"专题研究计划，1986。
[3] 林东泰等：《传播知识全球化——回顾台湾近五十年来的新闻传播硕士论文911篇》，"中华传播学会"年会论文，台湾，2000。
[4] 纯粹描述性研究，是指缺乏既有理论或模式的探索性量化研究，它尝试在不同变项之间探索可能的关联性，但缺乏理论建构逻辑或理论依据。

过去近50年来的硕士论文有1/3以上是从事纯描述性的量化研究。其次是假设演绎型的量化研究,[①] 占31.7%,以验证西方传播理论或模式为研究目的。若将演绎型量化研究和纯粹描述性研究累加起来,则高达66.6%,即台湾过去50年来的新闻传播硕士论文,是以量化研究为主轴。

这显示出刚进入学术场域的研究生经由师生传承,美式的效果研究与定量研究方法在台湾落地生根、逐渐成形,并一再繁衍。

小 结

从20世纪70年代中后期开始,台湾逐渐把社会发展的重心转移到经济建设层面,并在世界第三波民主化浪潮与内外部的巨大压力下,进行政治改革,解除"戒严",开放"党禁"和"报禁"。人力计划与经建计划同步,进一步引导教育发展,是台湾高等教育发展的一个重要特点。1973～1991年是台湾新闻传播教育的重要发展时期,新建院、系、所较多,台湾已经建立起了比较完整的博士、硕士、大学层次的教育体系。各主要大学的新闻传播教育研究所均在此时期建立或改制,标志随着社会发展,新闻教育水平提高,并为后期的进一步发展奠定基础。

在课程设置方面,各校专业设置注意应对媒介市场的需求,专业设置齐全并实施分组授课;课程设置体系已经成型。基本形成部定必修课程、系定必修、组定必修与选修课程的体系。以台湾政治大学新闻系为首的学校在课程设置上进行多次改革,力求培养学生的语文能力以及广博的人文、社会科学知识。但总体来说课程设置以媒介区隔为主,专业课程所占比例较高,各校均开设新闻、广电、广告、公关专业,特色不鲜明。空中大学开办的新闻传播课程教育第一次突破了全台湾的范围,这也是台湾较早开始的社会媒介素养教育,具有较大的社会影响。

---

① 假设演绎型量化研究,是指依照西方创建的传播理论或模式,在台湾搜集本土素材、信息和数据,进行科学的假设演绎工作,借以证实该理论或模式的类化能力。

在教育者方面，20世纪70~90年代，已有不少留美博士回台担任教职，带回新的研究理论和研究方法。在105名教师中，共有博士33名，硕士70名，学士2名，其中留美硕博士有63人，占教师总数的60%。多所学校的主要负责人为台湾政治大学新闻系毕业后的留美博士或硕士，显示美式教育模式的源远流长，以及台湾政治大学新闻系与新闻研究所在台湾的强大影响力。

随着台湾媒体的高速扩张，各大媒体对人才的需求剧增，大众媒体的就业机会大增，增强了学生报考新闻传播院系的意愿。大量毕业生的产生必然会造成就业的困难。在王石番、陈世敏等人对毕业生就业所做的调查中，大致上，在1987年与1992年各校毕业生从事非新闻传播行业的比例较低，毕业越早从事非新闻传播事业的比例越高。在台湾有限的市场中，各校就业情况呈现相生相克之势。

在学科理智与教育发展的关系中，学科理智研究方面，在传播学者心目中，以"国家发展"为普遍目标已逐渐成为共识，而美国的大众传播研究正有助于运用媒体推动社会的现代化，因此这时期的台湾新闻传播学术研究多采用美国的行为科学量化研究方法，以效果研究为主。学科理智研究的方向也影响到课程设置和教学内容，留美教师纷纷写作教材传授美国传播学理论与研究方法，刚进入学术场域的研究生则经由教师口传心授，在研究论文和研究思路上受到潜移默化的影响。

第四章

市场与技术引导下的新闻传播教育（1992年至今）

第一节 新开办的新闻传播院系所以及分类隶属情况

一 风云变幻的台湾社会背景

（一）激烈变化的政治格局

20世纪90年代中后期，台湾岛内政治生态、民众心态及国民党当局的内外政策等都发生了重大的变化。首先，国民党进行了本土化改造，改变了国民党的内部组成。经过蒋经国和李登辉的改革，1993年8月国民党"十四全"大会进行高层权力重组后，在210名"中央委员"中，本省籍人士占压倒性多数，达55.2%。国民党从上到下，变成了以台湾本省籍人士为主要力量的政党①。其次，国民党开放"党禁"后，大量政党产生。1986年至2000年，台湾进入政党体系的转型期。1986年民进党的成立被视为台湾民主转型和政党体系转型的开始，此后一批新党接踵出现。1990年，台湾有59个新政党出现，1998年达到了80多个。②"党禁"的解除，使得台湾结社组党合法化。最后，2000年民进党获取政权后，台湾政坛首次实现了政党轮替，执政50多年的国民党失去政权，民进党上台执政。这标志着在台湾的政治发展进程

---

① 孙云：《台湾政治生态的变化与两岸关系》，厦门大学出版社，2009，第96页。
② 高民政：《台湾政治纵览》，华文出版社，2000，第70页。

第四章 市场与技术引导下的新闻传播教育（1992年至今）

中，政党轮替将成为台湾民主政治的常态。不过，在2000年政党轮替以后，台湾政治生态呈现出严重的蓝绿"二元化"的基本结构。由于政治人物拉票的操控，凡事必有蓝、绿之分，它不只表现在政党支持方面，还扩及媒体经营、教育学术、社会运动及族群关系等层面。

在这个政治背景下，政府解禁之后，大量私人资本进入媒介行业，媒体客观中立的理念也受到侵蚀。例如，陈炳宏的研究发现，媒体集团化与产权集中对媒体内容多元化有显著的影响。台湾《中国时报》并购中天电视前后一年间，《中国时报》影视版出现有关中天的新闻总则数与新闻平均面积都增加超过1倍。除了这样的"量"的增加外，在相关新闻处理上也借由版面与版位等呈现方式出现"质"的改变。同样，《民众日报》产权转移给东森媒体集团前后一年间，《民众日报》出现东森相关新闻的天数增幅为5倍以上，报导则数则增为7倍以上，标题和照片也有显著的版位及大小变化。[①]

此外，各方政党人士或者自己花钱开办媒体，或者更多采用软性的政治力控制，通过经济利益、政治公关、政治赏赐等方法来控制媒体。媒体在很大程度上已经成为政客拉取选票、政党互相攻讦的工具。例如2000年以后，政治人物的权力操控成为广电媒体的一大景观，庞大的政商势力，在媒体"解严"以后，以其他更细致的形式介入媒体。政治人物不仅直接经营广电媒体，而且还直接担任节目主持人或嘉宾，成为所谓的媒体"名嘴"。2003年，台湾"广电三法修正案"规定公职人员或党务人员等不得经营媒体。但法规没有严格限制政治人物主持或参与节目制作，这使得大量政治人物可以继续对媒体施加影响，"在积极介入和操弄下，媒体成为政治人物与政党宣扬自己，打击异己的媒介，甚至媒体也成为被打击的对象，政治人物操弄媒体，手段更见细腻与隐性，人物本身常不出面，而是隐匿在后，借用商业力量或社会压力集团去制衡媒体，影响媒体，演变成一种新型态，与威权时期截然不同的新

[①] 陈炳宏：《媒体集团化与其内容之关联性研究》，台湾《新闻学研究》2010年第104期，第22页。

白色恐怖"①。

（二）经济形态发生转型

20世纪60年代以来，台湾产业结构调整大致经历劳动力密集型轻工业（20世纪60~70年代）——重化工业（20世纪80年代）——高科技产业（20世纪90年代至今）三个阶段。在由农业向工业，由轻工业向重工业以及由劳动力、资本密集型产业向知识、技术密集型产业的重大转变中，三次产业的异步扩张，导致台湾产业结构向服务产业主导转变，而这正是知识经济时代下经济增长和产业结构的最主要特征。②

在知识经济的带动下，台湾的城市人口占总人口数的比重从1952年的48%提高到2001年的84%。到2003年，台湾人口超过100万的城市有3个，超过10万的有30多个。城市化的结果使人口向少数几个主要城市集中。③ 20世纪90年代中期以来，台湾地区劳动力人口中受过高等教育的比例显著增长，仅受过小学教育的就业者比例大幅下降。1994~2005年，接受过高等教育的就业者占总就业者的比例从19.59%提升到34.78%；接受过初中及以下教育的就业者占总就业者的比例从47.68%下降到28.97%；接受过高中（职）教育的就业者占总就业者的比例从32.72%上升到36.25%。④ 这一时期文化与休闲产业也得到很大发展：1961年，登记的报纸、杂志及通讯社、出版社数量约1300家，1971年3100家，1981年4900家，1987年5700家；每百户家庭订报比例也不断增长，20世纪60年代约17份，70年代约50份，80年代约70份⑤。经济形态的转型对教育、文化、媒介的发展都产生了重大影响。

---

① 王天滨：《新闻自由——被打压的台湾媒体第四权》，亚太图书出版社，2005，第323页。
② 王鹏：《新经济增长理论与台湾经济增长》，博士学位论文，厦门大学台湾研究院，2006，第84页。
③ 曾文利：《台湾服务业发展与竞争力分析》，博士学位论文，厦门大学，第56页。
④ 台湾"行政院主计处"，《台湾劳动力市场》，http://www.dgbas.gov.tw，2012年1月24日。
⑤ 林淇瀁：《台湾报纸副刊的三个历史面向——以〈自立晚报〉副刊为例的一段史料之旅》，台湾《台湾史料研究》1996年第8期，第137~144页。

(三) 政治经济因素对新闻业发展影响巨大

学者多以"报禁"解除为界将台湾报业环境分为两个阶段。"解禁"之前的台湾报业被称为"寡头结构的政治生态"或"国家统合主义",其特点是当局政权与少数精英结成侍从结构,行政机关选择性干预私人部门,并且由上而下进行社团化的控制。解除"戒严"之后,台湾当局对究竟应该采取什么样的媒介制度并没有达成共识(指美国的多元主义即以商业主义为主轴的媒介制度和欧洲的社会统合主义的媒介制度),导致"台湾的新自由主义'国家机器'与资本互相渗透,关系愈形错综复杂"[1]。部分媒体与政治间的互动关系逐渐从"共生"转变成"寄生",台湾掌权者以新闻信息作为操控媒体的工具,进而形成一种全新的政媒关系。

在政治大系统中,除了政治因素以外,媒体更多的还受到经济因素的影响,从传播经济学的角度看,媒体本身就是一种属于追求经济效益的企业化组织,"所有的传播媒介系统都有经济的分支"[2]。随着市场经济的发展,在传媒市场化的进程中,经济力越来越深刻地制约与影响着媒体运行,特别是追求市场利润已经成为媒体运行的主流逻辑。从台湾广播电视媒体的演进来看,广播电视媒体的经济力经历了一个逐步成长的过程:从威权时期对政治力的依附,到逐步主宰了广播电视媒体的运行逻辑,"台湾有线电视产业发展的主导力量,已经由政党与'国家机器'转到企业集团手中"[3]。以市场为导向,追求市场利润已经成为支配广播电视媒体运作的基本动力,随着经济力运行模式的改变,执政当局的权力控制也越来越受到市场力量的限制,而媒体财团崛起后,更是依靠强大的经济力获得与执政当局博弈的资本。[4]

---

[1] 李金铨:《超越西方霸权:传媒与"文化中国"的现代性》,牛津大学出版社,2004,第36页。
[2] 〔加〕玛丽·威庞德:《传媒的历史与分析——大众传媒在加拿大》,郭慎之译,北京广播学院出版社,2003,第74页。
[3] 张启胜:《广电媒体所有权规范之研究》,硕士学位论文,台湾世新大学,2003。
[4] 艾江明:《台湾当局与广电媒体的行为互动(1950~2008)——制度变迁理论的研究视角》,博士学位论文,厦门大学,2010,第136页。

台湾大学新闻研究所林丽云在审视"报禁"开放的历程及开放后的报业变迁后指出，在长期的威权统治以及管制者的保护与放任下，报业的结构是扭曲的。在缺乏合理的规范下，大报扩张，夹杀小报；大报内部又缺乏民主机制，老板将报纸作为参与政治的工具；后进的财团报也模仿此种竞争策略，并变本加厉。台湾报业在恶性竞争中内耗，面对外来竞争时更难以抗衡。①

尽管有着政府介入传媒市场的呼吁，台湾媒体依然陷于无序的竞争中。市场导向的驱力日益强大，读者、新闻与发行量渐渐被消费者、商品与市场这样更加商业化的概念所取代，"置入性行销""广告新闻化"成为媒体潜规则，对新闻公信力造成不良的影响。在媒体竞争生态的压力之下，记者这一行业不断地丧失台湾新闻界早先所具有的"文人办报"的特征，新闻工作变得与其他工作无异。②

2008年"台湾卓越新闻奖"基金会主编《关键力量的沉沦：回首报禁解除二十年》一书，台湾政治大学教授陈世敏在前言中写道："报业体制固然是政治制度下的一个次系统，受政治体制制约，但是在民主自由的环境里，报业常常可以是促成社会品质提升或下降的一股力量。当关键力量变成腐败的力量或与政治共谋的力量时，其后果比报业缺席还可怕。""媒体是社会乱源"一语，诚然道尽了当代台湾人对大众传播媒体失职的无奈心情。

陈世敏认为，政府在管制和扶助媒体方面是失职的："开放而无政策，落得媒体失序，社会受伤，真是为德不卒。一个负责的、有反应的政府，绝不应坐视媒体的沉沦。传媒专业化的相关体制，百废待兴，恍如荒原。"

因此有研究者指出，报禁解除之后政府对报业采取完全自由放任的政策，放弃了政府作为规则制定者本应有的扶植和促进报业有序发展的

---

① 林丽云：《变迁与挑战：解禁后的台湾报业》，台湾《新闻学研究》2008年第95期，第183~212页。
② 黄顺星：《记者的重量：台湾政治新闻记者的想像与实作1980~2005》，博士学位论文，台湾世新大学，2008，第156页。

角色，令台湾报业跌入恶性竞争的泥沼。①

（四）高等教育配合经济发展

随着知识经济时代的来临以及产业结构的转型，台湾地区劳动力市场的劳动力需求发生了显著变化。自20世纪70年代以来，台湾在高等教育方面就一直采取人力资源配合经济发展的政策。台湾人力规划与经济建设计划同步，每期人力规划都是在评估近期的劳动力需求后，根据不同行业、职业劳动力的分布与需求提出高校专业设置与调整的建议。这种影响作用在20世纪80年代以前表现得尤为明显。20世纪80年代以后，随着社会的自由开放与民主改革，影响高校专业设置与调整的因素也逐渐增多，不过以推动科技的研究发展为重点所进行的人力规划依然起着很大的作用。

产业结构的变化，迫使台湾当局从20世纪90年代以来进行系列改革以提高人才培养的规模和层次，主要措施如下：第一，重新修订《大学法》《学位授予法》等相关法规，实施新的教育政策；第二，全面提升高等教育质量，大力发展研究所，扩充研究生教育规模，突出培养高层次人才；第三，进一步扩展高等教育的规模，主要是本科生及研究生的增长幅度最大。适龄青年入大学率从1988~1989年度的15.95%增至1999~2000年度的38.90%，开始走向普及型高等教育。②

1994年台湾修正通过《大学法》，明确赋予大学在法律规定范围内享有自治权，这象征台湾当局已无法完全主导高等教育。这段时间受到"松绑"政策之影响，学术自主意识逐渐抬头，而且为了朝向"大众化"（mass）或"普及化"（universal）高教模式发展，大学校院再度开始快速扩充。1997年台湾当局废除"宪法"原第164条三级政府对教科文预算最低比率保障的条例。在政府经费逐年紧缩之际，台湾各高校间的竞争愈发激烈。

2002年1月台湾加入世贸（WTO）后，2003年台湾"教育部"公

---

① 余绍敏：《台湾报业的新闻理念与新闻实践：社会变迁的视角》，博士学位论文，厦门大学，2011，第30页。
② 郑金贵：《台湾高等教育》，厦门大学出版社，2008，第93页。

布大学校院暨研究所实行"进退场机制",2004~2005年推出"奖励大学教学卓越计划"以及5年500亿"发展国际一流大学及顶尖研究中心计划"等,这些策略都显示台湾高等教育政策已渐由"管制"转为"开放",其各项经费划拨也变为竞争性经费核给,使高等教育的发展进入"春秋战国"激烈竞争的时期。①

二 1992~2000年成立的新闻传播院系所

1992年至今,是台湾新闻传播教育发展的兴盛时期,不论是在数量还是在层次、类型方面,都是以往无法相比的。以下就介绍1992~2000年成立的新闻传播院系所(见表4-1)。

表4-1 1992~2000年成立的新闻传播院系所

设立系所年代	未改制过的科系	改制过的科系
1992~2000年	世界新闻传播学院口语传播系(1992) 台湾中正大学电讯传播所(1993) 大叶工学院视觉传达设计系(1993) 长荣管理学院大众传播系(1993) 元智工学院信息传播所硕士班(1994) 朝阳技术学院视觉传达设计系(1994) 世界新闻传播学院传播所硕士班(1994) 铭传管理学院传播管理所硕士班(1995) 台湾淡江大学大众传播所硕士班(1995) 云林技术学院视觉传达设计所硕士班(1995) 铭传管理学院传播管理所硕士在职班(1995)	世界新闻传播学院新闻系增设夜间部(1992) 世界新闻传播学院传播管理系下的资讯管理组独立设系(1993) 台湾文化大学印刷系改名为印刷传播系,并由工学院改隶新闻暨传播学院(1993) 台湾文化大学大众传播(1993) 台湾交通大学传播科技所硕士班更名为传播研究所硕士班(1994) 元智工学院资讯与传播科技系,后改名为资讯传播科技系(1994) 台湾艺术学院广播电视系(1994) 台湾艺术专科学校电影科升格为台湾艺术学院电影学系(1994) 台湾艺术专科学校印刷艺术科升格为台湾艺术学院印刷艺术系(1994)

---

① 杨莹:《台湾高等教育政策改革与发展》,台湾《教育人力与专业发展》2008年第25卷第6期,第23页。

第四章　市场与技术引导下的新闻传播教育（1992年至今）

续表

设立系所年代	未改制过的科系	改制过的科系
1992~2000年	台湾政治大学广播电视所硕士班（1996） 南华管理学院传播管理系（1996） 台南艺术学院音像纪录所（1996） 台湾师范大学大众传播所硕士班（1997） 元智大学资讯社会所硕士班（1997） 台湾政治大学广告所硕士班（1997） 台湾中山大学传播管理所硕士班（1997） 南华管理学院出版所硕士班（1997） 玄奘人文社会学院大众传播系（1997） 台湾淡江大学资讯传播系（1998） 世新大学传播所博士班（1998） 台湾树德技术学院视觉传达设计系（1998） 台湾师范大学图文传播所硕士班（1999） 玄奘人文社会学院新闻系（1999） 世新大学传播所硕士在职班（1999） 台南艺术学院音像艺术管理所（1999） 台南艺术学院音像动画所（1999） 南华大学传播管理所硕士班（1999） 台湾文化大学新闻所硕士在职班（1999） 元智大学信息传播所硕士在职班（1999） 台北师范学院教育传播与科技所硕士班（2000） 世新大学图书信息所硕士班（2000） 台湾艺术学院多媒体动画艺术所硕士班（2000） 台湾艺术学院应用媒体艺术所硕士班（2000） 南华大学出版所硕士在职班（2000）	台湾省立师范学院工业教育系图文传播组独立设系，改名为图文传播教育系，后又改名为图文传播技术系，改隶教育学院（1995）。 世界新闻传播学院印刷摄影科升格为平面传播科技系（1995） 世界新闻传播学院图书资料科重新设系为图书资讯系（1995） 朝阳技术学院影视传播系（1995） 台湾辅仁大学新闻系广电组独立为影像传播系（1995） 世界新闻传播学院新闻系增设三年制在职进修班（1995）朝阳技术学院影视传播系改名为传播艺术系（1996） 台湾辅仁大学新闻系新闻组与广告组独立为新闻系及广告系（1997） 世新大学新闻系夜间部在升格大学后更名为第二部（1997） 世新大学资讯管理系与传播管理系划归管理学院（1997） 台湾实践大学视觉传达设计系（1997） 台湾实践大学视觉传达设计系改名为媒体传达设计系（1997） 台湾省立师范学院图文传播技术系改隶科技学院，并更名为图文传播系（1998） 云林科技大学商业设计系历经二次改名后，改为视觉传达设计系（1999）

资料来源：整理自翁秀琪《台湾传播教育的回顾与愿景》，台湾《新闻学研究》2001年第69期，第43~44页。

● 台湾新闻传播教育初探 ▶▶▶

表4-2 系所成立数及年份一览表（1954~2000年）

成立年（公元）	数目	百分比（%）
1954	1	1.4
1955	2	2.9
1957	1	1.4
1963	2	2.9
1968	1	1.4
1971	1	1.4
1980	1	1.4
1982	1	1.4
1983	4	5.7
1986	1	1.4
1987	2	2.9
1990	4	5.7
1991	7	10.0
1992	1	1.4
1993	2	2.9
1994	7	10.0
1995	8	11.4
1996	4	5.7
1997	8	11.4
1998	3	4.3
1999	4	5.7
2000	5	7.1
合计	70	100.0

资料来源：整理自翁秀琪《台湾传播教育的回顾与愿景》，台湾《新闻学研究》2001年第69期，第42页。

从表4-2可以看出，1991年是台湾传播系所成立相当关键的一年，这一年中共有7个（10%）传播相关系所成立。1992年到2000年，每一年都至少有一个传播相关系所成立，其中1994年有7个（10%）系所，1995年和1997年均有8个（11.4%）传播相关系所成立，发展势头十分迅猛。这也反映20世纪90年代中期以来，台湾经济发展进入了高科技产业及服务业并重时期。随着产业对资本及知识的需求的增加，劳动力市场对高技术劳动力的需求上升，对低技术劳动力的需求下降。根据

第四章 市场与技术引导下的新闻传播教育（1992年至今）

翁秀琪教授的研究，台湾的传播系所在1970年以前，以"新闻类""大众传播类"系所为主；1971～1990年，以"大众传播类"系所为主；1991年以后，除"大众传播类"系所继续成立外，"传播新科技类""传播管理类""视觉传播类""艺术类"系所纷纷成立，1991～2000年的10年，是台湾传播相关系所蓬勃发展的10年。这10年中总共有49个系所成立，占1954年以来成立系所的七成（69.9%）。[①]

从系所成立的时间段上，可以窥见市场需求与教育之间的密切互动过程，例如1993年台湾《有线电视法》通过，1994年有关当局正式接受有线电视申请；在电台方面，1993年1月30日，台湾当局决定开放广播资源，宣布释出28个频道供社会申请。[②] 在这种背景下，1994年与1995年便有15家传播系所成立。1996年"电信三法"通过，1997年便有8家传播系所成立。新成立的传播系所大多是与"应用传播科技"（视觉传达设计、音像制作）以及"传播与资讯管理"（媒体管理、公关、广告、行销）相关。

三 2001～2012年新成立的新闻传播院校及系所

表4-3是2001～2012年台湾新成立的新闻传播院校及系所情况。

表4-3 2001～2012年台湾新成立的新闻传播院校及系所

设立系所年代	未改制过的科系	改制过的科系
2001～2012年	中正大学传播系（2001） 昆山科技大学视讯传播设计系（2001） 南台科技大学资讯传播系（2001） 南台科技大学资讯传播所硕士班（2002） 世新大学资讯传播所硕士在职班（2002） 世新大学传播管理所及硕士在职班（2002）	台湾世新大学图书资讯学系改名为资讯传播学系（2001） 台湾文化大学印刷传播所改名为台湾文化大学资讯传播所（2002） 台湾文化大学印刷传播系改名为台湾文化大学资讯传播系（2003） 昆山科技大学公共传播系改名为台湾昆山科技大学公共关系暨广告系（2004） 政治大学新闻系硕士在职专班改名为传播学院硕士在职专班（2004）

---

① 翁秀琪：《台湾传播教育的回顾与愿景》，台湾《新闻学研究》2001年第69期，第41页。
② 艾江明：《台湾当局与广电媒体的行为互动（1950～2008）——制度变迁理论的研究视角》，博士学位论文，厦门大学，2010，第103页。

续表

设立系所年代	未改制过的科系	改制过的科系
2001~2012年	佛光大学传播学所硕士班（2002） 昆山科技大学视觉传达设计所硕士班（2002） 佛光大学传播学所硕士在职班（2003） 玄奘人文社会学院资讯传播所硕士班（2003） 世新大学口语所硕士班（2003） 台湾交通大学传播与科技学系（2004） 静宜大学信息传播工程学系（2004） 元智大学信息传播学系－互动育乐科技组（2004） 铭传大学数字信息传播学系（2004） 世新大学图文传播暨数位出版学系（2004）（新增兼改名） 玄奘人文社会学院视觉传达设计学系（进修学士班）（2004） 台湾艺术大学图文传播艺术学系硕士班（2005） 台湾艺术大学视觉传达设计学系硕士班（2005） 静宜大学大众传播学系（2005） 台湾政治大学国际传播学程硕士班（2006） 慈济大学传播学系硕士班（2006） 玄奘大学信息传播研究所硕士在职专班（2006） 台湾政治大学传播学院传播学士学位学程（2007） 台湾艺术大学图文传播艺术学系硕士在职专班（2007） 台湾淡江大学信息传播学系硕士班（2007） 铭传大学（桃园）新闻与大众传播学士学位学程（2007）	世新大学平面传播科技学系改名为图文传播暨数字出版学系（学士班、硕士班、硕士在职专班）（2004） 世新大学平面传播科技学系改名为图文传播暨数位出版学系（二年制在职专班）（2004） 大叶大学工业关系学系改名为人力资源暨公共关系学系（学士班、硕士班、硕士在职专班）（2004） 世新大学公共关系组及广告组取消分组，变为公共关系暨广告学系（2005） 世新大学编辑采访组及国际传播组取消分组，变为新闻学系（2005） 铭传大学（台北）数字信息传播学系纳入传播学院共同招生大一大二不分系（2005） 立德管理学院硕士班改名为信息传播学系（2006） 台湾政治大学硕士班更名学位学程招生，改名为国际传播英语硕士学位学程（2007） 佛光大学整并新增班次传播学系（学士班、硕士班、硕士在职专班）（2007） 南华大学传播管理学系改名为传播学系（2008） 稻江科技暨管理学院文学与平面传播学系改名为文学创作与传播学系（2008） 台湾中正大学传播学系所合一（学士班、硕士班）（2009） 致远管理学院改名为信息与多媒体设计学系（学士班进修学士班）（2009） 兴国管理学院学士班更名并新增班次为网络多媒体设计学系（2009） 明道大学进修学士班硕士班改名为信息传播学系（2009） 台湾艺术大学硕士班系所整并并更名为广播电视学系应用媒体艺术硕士班（2010）

第四章 市场与技术引导下的新闻传播教育（1992年至今）

续表

设立系所年代	未改制过的科系	改制过的科系
2001~2012年	台湾亚洲大学视觉传达设计学系（2007） 静宜大学信息传播工程学系硕士班（2008） 台湾亚洲大学信息传播学系硕士班（2008） 台湾师范大学视觉设计系（2009） 台湾体育学院运动信息与传播学系（2010） 台湾辅仁大学学位学程招生大众传播学士学位学程（进修学士班）（2010） 真理大学（淡水）运动信息传播学系（2010） 台湾辅仁大学传播学院（2011） 铭传大学（台北）新闻与大众传播学士学位学程（新增学程）（2011） 玄奘大学视觉传达设计学系（硕士班）（2011） 世新大学口语传播学系硕士在职专班（2012） 世新大学说服传播国际硕士学位学程（外国学生专班）硕士班（2012） 世新大学传播汇流与创新管理数字学习硕士在职专班学位学程招生（2012）	台南艺术大学硕士班系所整并并分组为音像纪录与影像维护研究所（2010） 铭传大学（台北）系所整并，并改名为传播管理学系（学士班、硕士班、硕士在职专班）（2010） 台湾亚洲大学视觉传达设计学系学士班分组（2010）玄奘大学传播学院（学院更名）（2011） 玄奘大学大众传播学系所整并（学士班、进修学士班、硕士班）（2011） 稻江科技暨管理学院传播艺术学系（更名）（2011） 台北教育大学系所整并并更名，课程与教学研究所、教育传播与科技研究所整并并更名为课程与教学传播科技研究所，含教育传播与科技硕士班（日间班）、教育传播与科技硕士学位在职进修专班（夜间班）、课程与教学硕士班（日间班）、教学硕士学位班（夜间班）、课程领导与管理硕士学位在职进修专班（夜间班）、课程与教学博士班（日间班）（2012） 元智大学信息传播学系学士班分组更名（信息传播学系下设三学籍分组：数字媒体设计组、互动育乐科技组、网络传播组，数字媒体设计组更名为设计组，互动育乐科技组更名为科技组，网络传播组停招）（2012） 台湾义守大学语文暨传播学院改名为传播与设计学院（2012） 世新大学广播电视电影学系分组（硕士班学籍分组为创作组、理论组）（2012） 世新大学传播研究所转型更名为传播博士学位学程（2012）

资料来源：笔者综合整理自台湾《高教简讯》第156、165、176、188期。http://www.news.high.edu.tw/monthly156/content02.asp；台湾《高教技职简讯》，第17、23、41、50、61期。http://120.96.85.10/news050/20110 12701.asp？c=0400，2012年3月5日。

根据表 4-4 统计,除了 2009 年外,各年院系成立的数量都在 2 所或 2 所以上,2002 年、2004 年和 2007 年都成立了 5 所或 5 所以上。从媒介政策与系所成立的关系上看,2002 年,台湾当局一共进行了 10 个梯次的电台频道开放,共增加新的电台 151 家,使大量地下电台转为合法化[①]。2003 年,"广电三法"中规定:通过股份上市,利用市场调节,来限制媒体财团的股权分散。2006 年年初,《无线电视事业公股处理条例》获得通过,主张推动无线电视上市,使得执政当局不再享有原来的官方股份,同时,将公视、"华视"、原住民频道、客家电视、宏观卫视整合为"公共广电集团"[②]。也许是受到政策调控的影响,新闻传播学系所的负责人对市场预期作出预测,往往在政策出台同年或次年便扩大招生规模。

从成立的系所和更名改名情况看,以网络多媒体设计、信息设计、媒体艺术、视觉传达设计、传播与设计等生产应用型系所为主,反映了台湾新闻传播教育因应数位传播趋势及传统业界转型对人才的需求。

表 4-4　系所成立数及年份一览表(2001~2012 年)

成立年	数目	百分比(%)
2001	3	7.5
2002	5	12.5
2003	3	7.5
2004	6	15
2005	3	7.5
2006	3	7.5
2007	5	12.5
2008	2	5
2009	1	2.5
2010	3	7.5
2011	3	7.5
2012	3	7.5
合　计	40	100.0

资料来源:笔者根据表 4-3 整理。

---

① 艾江明:《台湾当局与广电媒体的行为互动(1950~2008)——制度变迁理论的研究视角》,博士学位论文,厦门大学,2010,第 103 页。

② 艾江明:《台湾当局与广电媒体的行为互动(1950~2008)——制度变迁理论的研究视角》,博士学位论文,厦门大学,2010,第 98 页。

对比表4-2和表4-4，1991~2000年的10年间，共有49个系所成立，2001~2012年的12年间，共有40个系所成立，前后20年来发展较为迅速和稳定。其中2002年、2004年、2007年出现办学高潮。从办学层次与办学种类上看，呈现以下趋势：（1）硕士班级开设数量逐年增加，进一步显示出社会对高层次人才的需求，这与高等教育发展的整体趋势一致；（2）在开办系所的类型方面，1991~2000年主要培养两类人才：一类是生产应用传播科技类人才（系所多以广电、影像、视觉传达、多媒体与资讯科技等命名），另一类是培养传播与资讯管理人才（系所多以传播管理、公共关系与广告等为名），成立这类系所的目的是协助产业运用媒体来控制资讯的流通。2001~2012年，则主要以私立学校开设视觉传播类的"视觉传达设计"以及传播新科技类的"传播与科技学系/传播工程"专业为主，一些体育类学校还开设"运动信息与传播学系"；传播管理类系所开设趋势下降，但这应与资讯管理已划归管理学门有关[1]。2001~2012年传播系所的建立目的仍以培养数位传播时代的设计与制作人才为主，显示新闻传播教育的实用性取向一直没有改变。

根据高等教育学者的研究，当前台湾高校新设专业的主要方向包括：电子通讯材料、生物科技、新兴管理、世界语言、管理、医药、工程、环境资源、大众传播、艺术、生活休闲、教育福利、高龄社会、景观设计等[2]。专业设置的实用性导向在私立高校以及高等技职院校表现得尤为明显，即使是以"研究高深学问为主"的大学，也未能免俗。

据翁秀琪的调查，2000年台湾共有24校70个与传播相关的系所，其中大学部40所，硕士班28所，博士班2所[3]。2004年郑贞铭调查共有28校81个与传播相关的系所，其中大学部45所，硕士班34所，博

---

[1] 在目前台湾"教育部"学科标准分类中，咨讯管理属于管理学门。
[2] 王秀槐：《"我国"大学近年来新设科系分布型态与趋势之研究》，提升高等教育竞争力：二十一世纪大学教育的发展国际学术研讨会议论文，台湾，2003，第17~18页。
[3] 翁秀琪：《台湾传播教育的回顾与愿景》，台湾《新闻学研究》2001年第69期，第37页。

● 台湾新闻传播教育初探

士班 2 所。① 2011 年根据笔者在台湾"教育部"网页上所统计的资料，目前共有 42 校 116 个与传播相关的系所（包括学程在内），其中大学部 70 所，硕士班 44 所，博士班 2 所。②

在翁秀琪等人 2000 年的调查中，当时台湾 24 校 70 个传播系所，各校所属学院为："人文社会学院" 13 所（18.6%），"传播学院" 27 所（38.6%），"教育学院" 3 所（4.3%），"管理学院" 6 所（8.6%），"艺术学院" 8 所（11.4%），"其他" 13 所（18.6%），分类较为混杂（见表 4-5）。而官方（台湾"教育部高等教育司"）的分类则见表 4-6。

表 4-5 传播系所所属学院一览表

学院类别	数　目	百分比（%）
人文社会学院	13	18.6
传播学院	27	38.6
教育学院	3	4.3
管理学院	6	8.6
艺术学院	8	11.3
其他	13	18.6
合　计	70	100.0

资料来源：翁秀琪：《台湾传播教育的回顾与愿景》，《新闻学研究》2001 年第 69 期，第 38 页。

表 4-6 官方（台湾"教育部高等教育司"）分类一览表

类　别	数　目	百分比（%）
法学、社会	7	10.0
电机、信息	4	5.7
教　育	2	2.9

---

① 郑贞铭编著《20 世纪中国新闻学与传播学·台湾新闻传播事业卷》，复旦大学出版社，2005，第 175 页。
② 台湾"教育部"大学校院学科标准分类查询，http：//www.edu.tw/statistics/content.aspx? site_ content_ sn =7858，2013 年 3 月 12 日。

第四章 市场与技术引导下的新闻传播教育（1992年至今）

续表

类　别	数目	百分比（%）
人　文	21	30.0
商学、管理	4	5.7
艺　术	3	4.3
无分类	29	41.4
合　计	70	100.0

资料来源：翁秀琪：《台湾传播教育的回顾与愿景》，台湾《新闻学研究》2001年第69期，第38页。

笔者统计2011年各系所归类（在台湾"教育部高等教育司"以"依学门查找"方式来统计各系所所属学院）时发现，目前台湾传播学门隶属于社会科学、商业及法律领域之下，涵盖了一般大众传播学类、新闻学类、广播电视学类、公共关系学类、博物馆学类、图书信息档案学类、图文传播学类、广告学类以及其他传播及信息学类等学科（见表4-7）。

表4-7　台湾传播学门学科标准分类

学门	说明
传播学门	属于该学类之系所结合艺术与文化、传播与科技、营销企划学以及人文社会等相关领域，培育数字媒体、视讯、动画等大众传播之研究与教学各方面之人才。
一般大众传播学类	一般大众传播包括广播、电视，信息来自新闻、广告、博物馆图书（管理与档案），以及连结两者的公共关系学、传播学。
新闻学类	属于该学类之系所结合新闻及语文传播的专业理论与实务训练，培育深具独立思考、尊重生命、关怀群众与社会、敏锐的观察与人文素养之现代化新闻、传播专业人才。
广播电视学类	属于该学类之系所培养传播电视事业的全方位人才
公共关系学类	属于该学类之系所提供劳资关系、人力资源管理和营销公关理论与实务课程，并结合企业管理、传播理论和社会心理学等方面，提升学生协调与沟通能力。
博物馆学类	培育博物馆相关（如搜藏、研究、展示、教育、管理、营销等）方面之专业人才，以提升博物馆从业人员之专业水平，并促进博物馆学之发展。

续表

学门	说明
图书信息档案学类	培养现代化的图书馆信息与档案服务研究、教学与实务工作人才，且探讨新的信息、传播科技于图书馆信息与档案服务上之应用。
图文传播学类	培养兼具人文与科技素养，训练学生具有平面设计、绘图与媒体及计算机数字设计、绘图等能力，整合相关科技、美学、文学、历史、艺术欣赏、设计与绘图、传播媒体等各领域课程，以培育图文传播界之出版、印刷及摄影等相关人才。
广告学类	学习广告及公共关系理论与实务、大众传播及营销管理领域，培养广告创意与设计、公关、企划及营销传播之专业人才。
其他传播及信息学类	所有不属于上述分类之传播暨信息领域之系所或以学院为单位之不分系（硕）学士班

资料来源：整理自台湾"教育部"大学校院学科标准分类查询，http://www.edu.tw/statistics/content.aspx?site_content_sn=7858，2012年3月15日。

这个分类标准从2006年开始实行，已经大大超越2000年翁秀琪等人划分的新闻类、大众传播类、人类口语传播类、公共传播类、视觉传播类、传播新科技类、传播教育类、传播管理类、艺术类的分类[①]。

根据笔者统计，2011年，台湾传播学门每一类别所属系所的数量见表4-8：

表4-8 各系所按学类归属划分情况

学门类别	数量	百分比（%）
一般大众传播学类	50	53.1
新闻学类	10	10.6
广播电视学类	6	6.4
公共关系学类	3	3.2
博物馆学类	3	3.2
图书信息档案学类	10	10.6

---

① 翁秀琪：《台湾传播教育的回顾与愿景》，台湾《新闻学研究》2001年第69期，第39~40页。

续表

学门类别	数量	百分比（%）
图文传播学类	4	4.3
广告学类	4	4.3
其他传播及信息学类	4	4.3
合　计	94	100.0

注：以"学门浏览"为分类标准的系所数量为94个，与笔者在台湾"教育部""大学校院学科标准分类"查询2011学年查到的116个系所学程数量有所出入，经查证这与"按类归属"时没有计入少数学校的"学程"数量有关。

资料来源：笔者统计整理自台湾"教育部"网页"2011学年度大学校院一览表"，"依学门浏览"，http：//ulist.moe.gov.tw/Query/Browse，2012年3月20日。

在表4-8按"各系所按学类归属"的分类中，以归属"一般大众传播学类"（占53.1%）与"新闻学类"（占10.6%）为多，近年在"图书信息档案学类"（占10.6%）中也开设不少相关专业，其次是"广播电视学类"和"图文传播学类"，在"广告学类"和"公共关系学类"门类下的系所，并没有想象得那么多。

将上述系所按所属学院整理归类，见表4-9：

表4-9　所属学院一览表（2011年）

学院别	数　目	百分比（%）
传播学院	20	21.3
新闻暨传播学院（或新闻传播学院）	16	17.0
社会科学学院	5	5.3
客家文化学院	1	1.0
文学院	3	3.2
资讯学院	6	6.4
人文暨社会科学研究院	3	3.2
传播与设计学院	1	1.0
数位设计学院	1	1.0
资讯科技学院	2	2.1
创意媒体学院	2	2.1

续表

学院别	数目	百分比（%）
教育传播学院	1	1.0
商业暨管理学院	2	2.1
社会科学暨管理学院	1	1.0
应用科学学院	1	1.0
人文资讯学院	1	1.0
管理学院	1	1.0
外语学院	1	1.0
文化创意与设计学院	2	2.1
文化资源学院	1	1.0
商学院	1	1.0
文博学院	1	1.0
民生学院	2	2.1
图书资讯学系（所）	9	9.6
图书资讯与档案研究所	1	1.1
科技学院	2	2.1
教育学院	1	1.1
国际学院	1	1.1
其他	5	5.3
合计	94	100.0

资料来源：笔者整理自台湾"教育部"网页"2011学年度大学校院一览表"，"依学门浏览"，http://ulist.moe.gov.tw/Query/Browse，2012年3月25日。

对比2000年翁秀琪所作台湾"教育部高等教育司"的分类，新闻传播系所曾被划分在"法学、社会""电机、信息""教育""人文""商学、管理""艺术"等学院，① 经比较可以发现，2011年对传播学门的划分更为细致，除了"电机、信息""管理""艺术"几个学院排除外，所属学院的数目也是2000年所不能相比的，分属29个不同的学

---

① 翁秀琪：《台湾传播教育的回顾与愿景》，台湾《新闻学研究》2001年第69期，第38~39页。

第四章 市场与技术引导下的新闻传播教育（1992年至今）

院，虽以隶属传播学院或新闻暨传播学院为主，但只占总量的38.3%，其余分属资讯学院、社会科学学院、图书资讯学系（所）等，显示出新闻传播学专业跨学科的趋势日益明显。然而一个学科外延越广阔，内涵界定就越模糊，当什么专业都可以延揽到新闻传播教育名下的时候，新闻传播学专业核心课程和核心教育理念就变得愈发不明确。这多少显示出当前台湾传播学门在学院及教育体制内的尴尬地位，"传播学从人文学科和社会学科来，现在又杂糅了更年轻的管理科学、资讯科学，甚至杂糅了语言学、文化研究，'跨学科'的意味更浓。什么都是传播学，显然带来了传播学的定位和认同问题。是机会抑或危机，正考验着我们"①，而以科技、视觉传播设计系所为主导的局面仍然反映出教育以培养职技人员优先的教学思想。

四 蓬勃发展的社会教育

（一）非体制内的新闻传播教育发展

20世纪90年代以后，随着教育市场的开放和多样化，台湾存在多种未向或拒向台湾"教育部"申请审核立案的新闻与传播教育形式，可称为"非体制内的传播教育"②，主要由大学、宗教类学校以及新闻社团创办。比较有代表性的学校有：（1）台中市台湾文化学院大众传播系。（2）基督教神学教育体系中的文宣系与大众传播学系，比如台北县淡水镇基督书院成立的"文宣系"（设新闻与传播、采访写作、传播研究方法等15门传播相关必修课程），桃园县中坜市的圣德基督学院大众传播学系，辅仁大学附设的神学院开设的"传播媒体理论及牧灵应用"选修课等。这些组织开办的课程意在教育学生认识资讯的内涵与使用技术，更好地理解和传播教义。（3）高雄县市记者联合经营的高雄传播学院。该学院的办学目的是"提高南部地区传播管理人员素质，培

---

① 陈世敏：《跋：传播学知识历史可以正什么》，载翁秀琪主编《台湾传播学的想像》，巨流图书公司，2004。
② 陈飞宝：《当代台湾传媒》，九州出版社，2007，第449页。

育传播相关人才"①，该学院聘请潘家庆、陈世敏、钟蔚文、罗文辉等专家担任学术顾问，1995年1月与台湾中山大学管理学院与文学院合作开办推广非学分的传播管理研究班，招收学士学位或具同等学力学生，经学院甄试后取得入学资格，每期50人，考试合格者发给中英文结业证书。

（二）台湾空中大学继续发展

台湾空中大学开设了人文学系、社会科学系、商学系、公共行政学系、生活科学系、管理与信息学系等多个系。人文学系设有传播与图书资讯类课程，主要科目分可分为理论与实务课程两类，理论性质的课程有：广播节目概论、电视节目概论、新闻学、视觉传播、网路中的危机、媒介与儿童等；实务类课程有新闻编辑与采访、网路新闻编辑、参考资源与服务等②。开设的目的和意义更偏重于对公民进行媒介素养教育。空中大学从1994年开始授予学位，按规定修满128学分后发给学生学士学位证书。

（三）硕士在职专班教育

20世纪90年代中期以来，台湾各大学纷纷设立硕士专班为在职人员提供进修渠道，它的兴盛原因在于一方面"解严"后，台湾社会急速变迁，在职人员往往需要接受回流教育，充实提高。但由于研究所入学渠道不利于在职人员，因此各大学通过硕士专班开启另一扇门，使得在职人员有机会返校进修。另一方面，20世纪90年代中期以后，台湾当局财政持续走下坡，大学迅速膨胀，当局补助高等院校的比例不增反减，使得各大学财务日趋短绌，各大学提高现有师资、设备资源利用率，招收在职专班生，可以作为大学开拓财源的手段③。（根据笔者调查，台湾政治大学传播学院硕士专班要求毕业前须修够36学分，每学分须缴纳6000元新台币，4年共216000新台币，约合人民币5400元。

---

① 陈飞宝：《当代台湾传媒》，九州出版社，2007，第449~450页。
② 台湾空中大学各科学系课程介绍，http://hum.nou.edu.tw/，2012年5月5日。
③ 杨朝祥：《因应WTO冲击，高等教育速谋对策》，台湾《"国家"政策论坛》2001年第1卷第9期，第146~151页。

台湾世新大学传播汇流与创新管理数字学习硕士在职专班毕业前必须修够30学分,每学分须缴纳6930元新台币,外加12350元新台币的学杂费用,4年共计220250新台币,约合人民币5500元。)1998年4月15日,台湾"教育部"通过了《建立高等教育回流教育体系实施方案》,计划通过扩大研究所在职进修渠道,使应届学生与在职学生比例达到1∶1。根据台湾"教育部"1998年"建立高等教育回流体系研究所在职专班及大学先修制度相关事宜会议"以及相关的规定,在职专班具有如下特性:(1)开班范围:各大学现有研究所,针对专业领域在职人士提供结合理论与实务之硕士学程。(2)招生对象:限招收大学毕业或同等学力之在职生,并应该规定具相当年限之工作经验。[1] 据调查,台湾地区在1995年时,只有两个系所开设在职专班,此后系所增设专班的数量逐年增加,2003年硕士在职专班数量已达172所。截至2004年5月,在职研究生总人数为38854人,占台湾新闻主播专业硕士研究生总人数的32%[2]。

世新大学首先在2000年设立传播领域的硕士在职专班。2004年台湾有8所大学[3]、共13个传播系所设有新闻及传播硕士在职专班,每年招收传播相关系所之总人数达到303人。陈瑞南等2005年对台湾政治大学、台湾中山大学、世新大学、铭传大学4校在职专班研究生所作的调查表明:这些专班进修的在职研究生平均年龄为37.3岁,离校时间约为15年,在职生61.8%为传播科系毕业生,另有38.2%来自非传播科系。这些在职生当中有60.3%正担任中高阶主管职位。一般而言,在职专班学员的学习动机来自许多面向,除了汲取新知之外,入学动机

---

[1] 王秀槐:《"我国"大学近年来新设科系分布型态与趋势之研究》,提升高等教育竞争力:二十一世纪大学教育的发展国际学术研讨会会议论文,台湾,2003。
[2] 转引自陈百龄《传播在职专班教学经验与反思》,载冯建三主编《自反缩不缩?新闻系七十年》,台湾政治大学新闻系,2005,第66页。
[3] 8所大学为:台湾政治大学、台湾中山大学、台湾艺术大学、台湾文化大学、元智大学、铭传大学、世新大学及佛光大学。

还包括寻求工作升迁、结识更多同行，以及满足社会期待等。[①]

下面以台湾政治大学传播学院硕士在职专班为例进行介绍（见图4-1）。

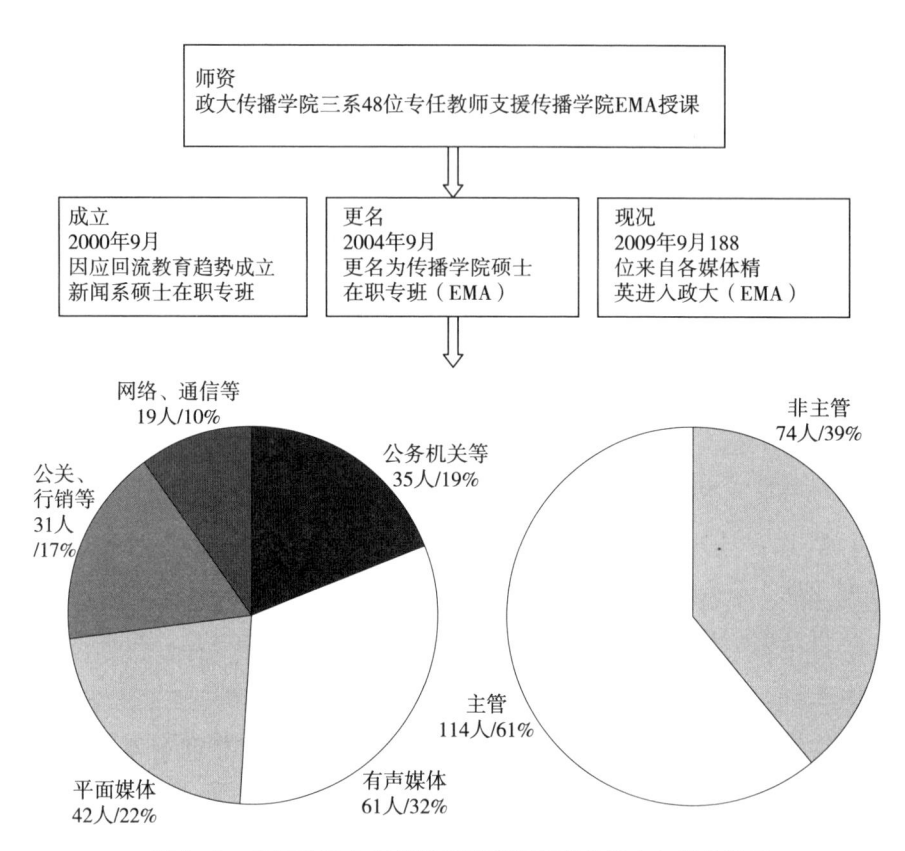

图4-1 台湾政治大学传播学院在职专班的历史与学员性质

资料来源：台湾政治大学传播学院在职专班历史，jour. nccu. edu. tw/history. asp，2012年3月10日。

台湾政治大学传播学院硕士在职专班招生的条件是具有6年以上工作经验的传播业界人士，或4年以上工作经验具有职场特殊成就者，考试分为笔试（科目为英文和社会问题研究）、口试（个人特质和研究设想），修业年限为2~6年，上课时间原则上为周六全天，毕业要修够

[①] 陈瑞南、陈弘志、蔡莞莹、石丽英：《传播在职专班学生学习动机与障碍之研究》，"中华传播学会"年会论文，台湾，2005。

36学分，含必修24学分及选修12学分，毕业可选"毕业论文一"或"毕业论文二"，前者可用专业作品申报，后者是研究论文，但不论是作品还是论文都必须符合相应规定，毕业时除提交论文外，还必须通过学位考试[①]。台湾政治大学的传播在职专班要求在台湾来说是比较严格和规范的。

台湾政治大学从2001年起正式招收在职专班研究生，平均工作年限第一届为9.2年，第四届则为13.2年[②]。在职专班学生历经职场磨炼，社会经验较丰富，多数处于部门中层，正处于人生中一个关键且重要的阶段，对未来的不可预测性，使他们不断提高自我要求并显现积极地追求进修的高度意愿[③]。但在学习中也存在学习时间受限、阅读外语材料生疏、判断事情容易形成惯性思维等问题。而对于学院教师，犹如不下水的旱鸭子教练，要与一群长年逐浪的泳将高谈游泳要领，[④]教师如何教授这类有丰富的职场经验的学生，这真不是一件容易的事情。

台湾政治大学传播学院副院长陈百龄多年担任在职专班班主任与任课教师，目前台湾针对传播在职专班教学及管理做专门研究的学者不多，陈百龄先生便是其中之一。笔者于2011年11月就该问题访问过他。陈百龄先生认为办好在职专班首先要在教学思路、教学模式上做调整，要给学生带来新的方法论和知识观，改变知识观是在职专班重要的议题课程。在职专班的学生在长期工作中，容易发展出一套处理资讯的快速模式，这套惯性思维提高了工作效率，但也可能限制资讯工作者的视野。例如，记者采访新闻时常依循经验作出假设、搜集资料，极少质疑这些假设可能背后也有假设，因而造成错误，授课教

---

① 参见政治大学传播学院EMA官网，http://www.projour.nccu.edu.tw/EMA101/。
② 陈百龄：《传播在职专班教学经验与反思》，载冯建三主编《自反缩不缩？新闻系七十年》，台湾政治大学新闻系，2005，第66页。
③ 陈瑞南、陈弘志、蔡莞莹、石丽英：《传播在职专班学生学习动机与障碍之研究》，"中华传播学会"年会论文，台湾，2005。
④ 转引自陈百龄《传播在职专班教学经验与反思》，载冯建三主编《自反缩不缩？新闻系七十年》，台湾政治大学新闻系，2005，第66页。

师就需要在课程中改变学生的知识观。当然这不是容易的事,它对教师的能力是相当的挑战,陈百龄本人也是经过多年的积累才能逐渐应对。还有如何教授理论知识的应用。传播工作者在日复一日的工作实践中,不一定具备从现象中归纳本质,然后寻求解决之道的能力。因此理论应用是重要课题。教师的作用就是协助学员把平时具体的东西概念化或抽象化,找出连接实践和理论之间的关系,最后开出处方,以求更好地找到因应之道。这实际上是将教学理念上升到哲学层次,与大陆提倡的理论从实践中产生,最后又要指导实践的思想相一致。陈百龄把这个理念应用到"资讯企划和整合"等课程中,教学生如何进行反思,教一种工具和方法。"这类课程是实验性课程。在职专班的学生本身已经有工作,有些还很好,他们本身已经有一座金山、银山,我们要教的是给他们一种工具和方法,如何把金银做成东西。布置的作业是把概念带回家。"①

根据陈百龄先生的经验,在职专班的课程中,由于资讯生态不断改变,教师不可能也不应该把特定理论当作永久不变的指导原则,而只能让学员在特定问题情境下就个案具体学习策略,并伺机引导学员将知识转换到类似情境。他的经验是通过个案教学,引导学生认识和联系理论。但是,传播学门目前累积的可用个案非常有限,未来如何制作整理传播个案,提供在职专班教学使用,非常值得研究。另外要在短短1个学期里改变学员常年形成的惯性思考和知识观,是很困难的,但这类课程就像埋下一颗种子到学员的脑海里,期望日后这颗种子一旦条件可以配合,便能够冒出新芽。② 此外,还要起建立较为弹性和人性化的管理模式。由于在职学生学业容易受到工作和家庭生活的影响,尤其是女性学生更为明显,如何设计弹性化的授课时间和地点以及作业和考试方式等,都是需要考虑的问题。

目前台湾几个主要的传播在职专班各有特色,例如报考台湾政治大

---

① 陈百龄访谈,2010年11月28日于厦门大学逸夫楼。
② 转引自陈百龄《传播在职专班教学经验与反思》,第72页。

学学生的学习动机是为"汲取新知",报考中山大学的学生以求"职业进展"为动机,报考世新大学的学生是为了发展"社交关系",报考铭传大学的学生则是契合"外界期望",四校各擅其长。① 学生入学动机调查也反映出四校各自的特色。

目前在职专班的创办在台湾方兴未艾,不少学校开办社会教育的收入所得已经超过其他招生收入,如何在激烈的市场竞争中办出特色,针对学生需求设置课程并使之顺利完成学业,是需要台湾各校共同思考的问题。

(四) 媒介素养教育

媒介素养教育(Media Literacy)在台湾被称为媒体素养教育或媒体识读教育,目前主要有三类机构来推广媒介素养教育,第一是学校层面,各大专院校均设有与传媒教育相关的选修课程,如大众传媒批判、电视与暴力、大众文化、媒体研究等。1999年成立的台湾政治大学传播学院媒体素养研究室是台湾媒介素养教育活动的重要推介者。第二是媒体自身,台湾的公共电视台长期关注并制作媒介素养节目。第三是社会层面。如以媒体识读教育基金会、富邦文教基金会、媒体观察教育基金会为代表的社会组织。② 此三种主体之间有分立、有合作,共同推进台湾的媒介素养教育。以下简要介绍大学层面开展的媒介素养教育的情况(见表4-10)。

表4-10 台湾地区大学媒介素养教育课程开设情况

学校名称	课程名称	开课年度	授课教师	课程性质
台湾政治大学	媒体素养概论	2000	吴翠珍等	通识、选修
慈济大学	媒体素养概论	2001	孙维三等	通识、校核心科目、全校大一必修
世新大学	媒体识读	2001	余阳洲等	新闻传播类、语言类专业大一必修
台北教育大学	媒体识读教育	2004	林佳蓉	初等教育系选修

---

① 陈瑞南、陈弘志、蔡莞莹、石丽英:《传播在职专班学生学习动机与障碍之研究》,"中华传播学会"年会论文,台湾,2005。
② 司峥鸣:《台湾媒介素养教育管窥》,《新闻传播》2005年第12期,第64页。

续表

学校名称	课程名称	开课年度	授课教师	课程性质
逢甲大学	大众传播学概论	2004	林承宇	通识、选修
台湾中山大学	媒介与社会	2002	萧苹	通识、选修
东海大学	媒体素养概论	2004	林宗贵	企管系选修
南华大学	媒体素养教育	2004	周云慧	通识、选修
东华大学	新闻学导论	2001	须文蔚	通识、选修
静宜大学	媒体识读教育	2004	郑晓芬	进修推广部（非学分班）
台湾朝阳科技大学	媒体素养教育	2004	周云慧	通识、选修

资料来源：聂竹明、张新明：《台湾大学生媒介素养教育内容、模式及启示》，《电化教育研究》2008年第8期，第83页。

以上大学所开设的媒介课程性质有一定的差异，如台湾东海大学的媒介素养课程为企管系选修课程，强调学习具体操作技术，在创作过程中提高媒介素养。台北教育大学的媒介素养课程为初等教育系选修课，强调对媒体组织的运作与策略及大众传播过程的了解，探讨媒体的符号特质与真实再现；课程内容为大众传播的过程与效果、媒体文本识读研究、媒体识读教学活动设计。其他学校的通识类课程内容基本类似。研究者们分析了台湾政治大学、慈济大学、东华大学的教学大纲后发现，台湾各大学的媒介教育在教学上呈现以下特点：

1. 体现媒介素养层次性。台湾高校基本按认识媒介、媒介与再现、传播科技、媒介产品与消费、媒介近用与监督5个方面进行教学。起初以简单形式引入媒介素养概念，然后让学生了解传播科技带来媒介与再现，通过对具体的媒介产品消费分析进行探索、延伸，最后指出媒体的近用、监督与改造。

2. 实现教学实例本土化。台湾的媒介素养教育是由于被操控的媒体日益泛滥，为避免社会大众特别是儿童受电视负面影响而发起的。因而在教学中几乎每所大学皆采用台湾的本土实例。如台湾政治大学的"主体意识：色情与八卦媒体""媒体文化：好莱坞与麦当劳""民粹主义：传媒中的政治娱乐"等课程；慈济大学的"台湾媒体的特征""记者这一行";东华大学的"台湾媒体,商党军政公营""台湾记者是谁?无冕王或文化流氓""时事、八卦、狗仔文化"等课程,都具有强烈的现实针对性与本土化色彩。

3. 实施教学过程探究化。台湾教师在媒介素养教学过程中,鼓励学生对现实媒体世界保持好奇心,及时地收集大部分学生感兴趣的议题,然后对现实问题进行讨论、探究,体现集中研究和批判性思维价值。如台湾政治大学期中小组会谈,期中"异言堂"安排4位教师一起与学生座谈,期末分小组报告;台湾东华大学安排电影教学;台湾静宜大学对台湾中部广播电台进行媒体参访等。[1]

第二节 当前台湾新闻传播教育的课程设置及特点

一 学校类别与层次决定课程设置

在大陆,按照潘懋元、陈厚丰等的分类,将高等教育系统从横向上划分为高等普通教育和高等职业教育两个子系统。依据人才培养的类型和学科专业设置的面向,将从事普通高等教育的高等学校从横向上划分为学科型、专业型两种,即根据学科来设置专业的高等学校称之为学科型高校(相当于"国际教育标准分类法"中的5A1),面向社会各行业领域设置专业的高等学校称之为专业型高校;将从事高等职业教育、根据岗位和岗位群设置专业的高等学校称之为职业型高校。根据高校所设学科(专业)的内在关系与覆盖面,在横向上将高等学校划分为综合性、多科性和单科性三类;根据履行社会职能的能级,将普通高等教育子系统中的学科型、专业型两种类型的高校,在纵向上划分为研究型、教学科研型、教学型三个层次,将职业型高等教育子系统中的高校在纵向上划分为教学科研型和教学型两个层次[2](见图4-2)。

---

[1] 聂竹明、张新明:《台湾大学生媒介素养教育内容、模式及启示》,《电化教育研究》2008年第8期,第84页。
[2] 潘懋元、陈厚丰:《高等教育分类的方法论问题》,《高等教育研究》2006年第3期,第13页。

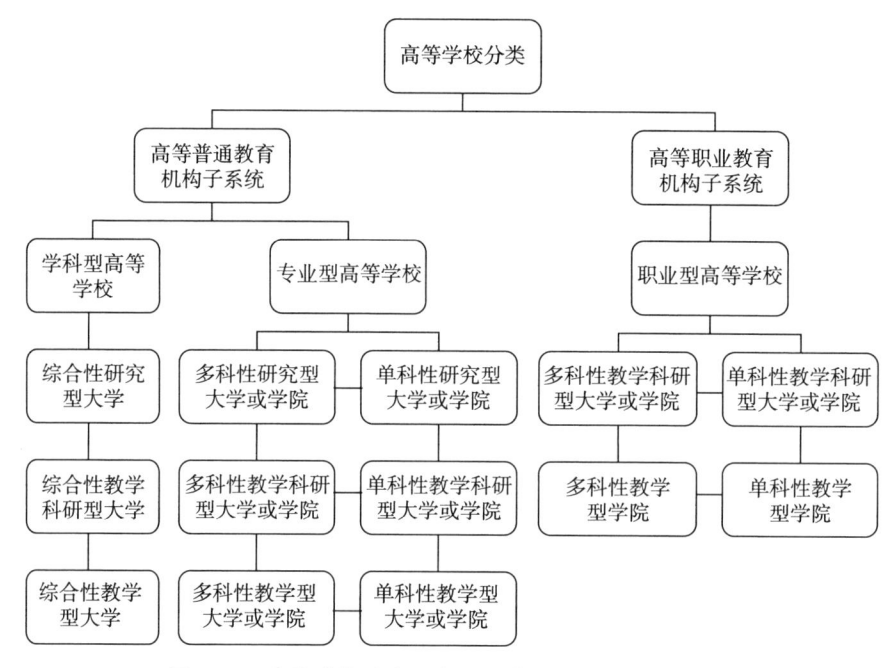

```
                        高等学校分类
                           │
              ┌────────────┴────────────┐
        高等普通教育                高等职业教育
        机构子系统                  机构子系统
           │                          │
     ┌─────┴─────┐                    │
   学科型高等   专业型高等学校       职业型高等学校
    学校           │                  │
     │        ┌────┴────┐         ┌───┴───┐
   综合性研究  多科性研究型 单科性研究型 多科性教学科研 单科性教学科研
   型大学     大学或学院   大学或学院   型大学或学院   型大学或学院
     │
   综合性教学   多科性教学科研 单科性教学科研  多科性教学   单科性教学
   科研型大学   型大学或学院   型大学或学院    型学院       型学院
     │
   综合性教学   多科性教学型   单科性教学型
   型大学       大学或学院     大学或学院
```

图 4－2　高等学校分类示意图（高等学校类型和层次）

资料来源：潘懋元、陈厚丰《高等教育分类的方法论问题》，《高等教育研究》2006年第3期，第13页。

按台湾地区的教育体制，高等教育包括专科学校、独立学院、大学及研究所。专科学校的教育特点是传授应用科学、培养专门技术人才；独立学院、大学及研究所以学术研究、培养高级专门人才为宗旨。[1] 综上所述，台湾地区是按高等教育所承担的社会任务来划分学校的。虽然台湾没有具体根据科研与教学的关系对高校进行分类，但近年来台湾相关教育部门陆续推行了"大学学术追求卓越发展计划""研究型大学整合计划""发展国际一流大学及顶尖研究中心计划"，在确定竞争性的奖励经费时，仍然以科研和教学作为主要评量标准，如评估台湾大学、台湾成功大学、台湾清华大学、台湾交通大学、台湾中山大学、台湾政治大学等，使其首批获得"5年500亿"的奖助，就显示出对科研、教学分类法的重视。课程设置与学校定位有密切关系，根据培养目标和定

---

[1] 潘慧斌：《台湾地区高等教育纵览》，学林出版社，2002，第8页。

位的不同，各校课程安排会显示诸多差异。

二　不同类型学校不同专业的课程设置比较研究

本节选择台湾政治大学的新闻学专业、台湾世新大学的广播电视学专业、台湾文化大学的广告学专业、台湾铭传大学的传播管理专业的课程来作具体分析，试图揭示以研究型为主、以研究教学型为主、以教学研究型为主以及以应用型为主的学校在课程设置上究竟有何异同。

（一）主要学校新闻系课程介绍及特点分析

1. 台湾政治大学新闻系课程设置的历程和特点

在台湾，台湾政治大学课程制改革可谓引领风骚。迄今为止，台湾政治大学经历过三次大的课程规划和修正。1959年，王洪钧先生提出新闻教育为知识、技能、道德与方法四大教育内涵的改革，可算为第一次课程规划。第二次是徐佳士先生的课程改革，主要做法是提高学生语文能力和写作能力，扩大知识基础并增设"副科"。第三次始于1995年，在郑瑞城先生的带领下，历经一百多次会议，1997年完成学程制的设计。2000年后又经王石番、翁秀琪等历任院长修正，形成较为完备的"学程制"课程计划，引导了全台湾本科新闻教育改革的风向。所谓"学程"，即联合不同领域不同专长的教师共同对某一学科开设的一系列课程。这种为共同开设课程而结合的群体，可视实际需要成立或解散，所以称"弹性学程"。以这种"学程"代替设立新系所，可节省大量的人力、物力、财力。[①]

1998年台湾政治大学传播学院设计的学程制度，总体课程规划含5大部分，详见图4-3。除原有的辅系及双主修课程外，学校还设置跨院系所的学分学程，以供学生修习。传播学院系级专业课程，由"学系"变为"学程"。设立学程的目的，就是希望借助一套套专业课程的组合，达到教学资源共享与知识整合的目标。学生在大一、大二以不分

[①] 郑金贵编《台湾高等教育》，厦门大学出版社，2008，第310页。

系的方式修习学院的共同科目，大二或大三开始进入专业学程。前段先修习传播基础，对传播学门有较完整的了解，再决定最适合自己的课程，并搭配辅系、双修与集选制度，使学生自己能够规划4年的学习生涯。

主学程
培养传播工作各领域所需之核心专业知识

自由选修
学生依兴趣及目标自行组合个人知识地图

小学程
与主学程相关培养第二专长

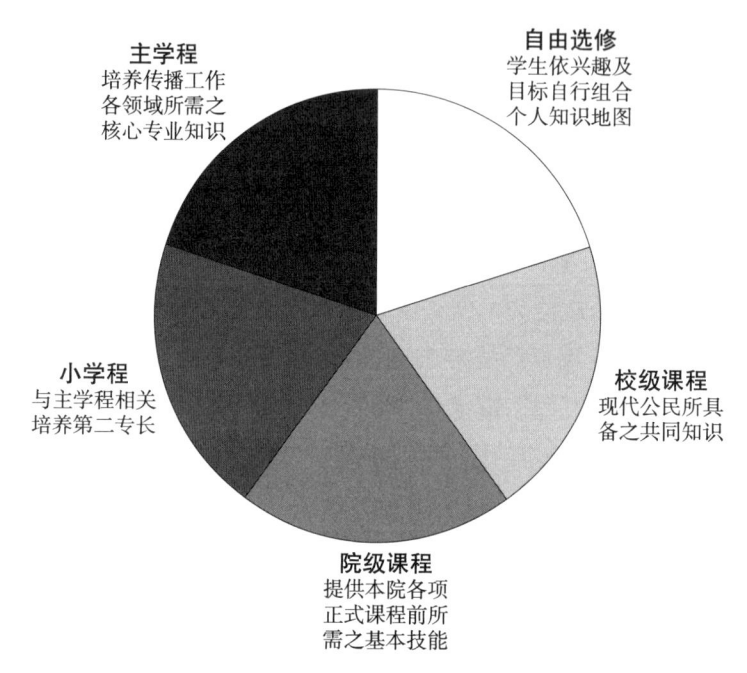

校级课程
现代公民所具备之共同知识

院级课程
提供本院各项正式课程前所需之基本技能

图4-3 台湾政治大学传播学院总体课程规划示意图

资料来源：台湾政治大学传播学院学士班课程，http://comm.nccu.edu.tw/01_txt.php? sn=66, 2012年3月20日。

除了校级、院级基础课程之外，传播学院开设的主学程有新闻与信息学程（由新闻系主要开设）、策略与创意沟通学程（由广告系主要开设）、传播产制与管理学程（由广播电视学系主要开设），并结合院外单位开设小学程（文化、传播与现代社会；外语传播第二专长；其他小学程），供学生培养第二专长。

下面以台湾政治大学传播学院2011级新闻系的课程为例来作分析（见表4-11），其课程由校级、院级、系级专业学程以及选修课几部分组成。

表4-11 台湾政治大学2011级新闻学系入学新生适用科目表

课程类别		说明	最低应修学分数
校级课程	语言通识	包括中国语文4~6学分、外国语文4~6学分。	28~32
	一般通识	本校"一般通识"下规划"核心课程"。"核心课程"为群修课程,本校学生须至少于人文、社会、自然领域各修习1门核心课程。 1. 人文学（须选修3~8学分）；2. 社会科学（须选修3~8学分）3. 自然科学（须选修4~8学分）	
	书院通识	须修习1~4学分。	
		自2011学年起,多修之通识课程不采计为毕业学分。	
院级课程	院共同必修	含下列三科,共15学分,分别是：传播与社会（全学年,共6学分）、传播叙事（全学年,共6学分）、研究方法（一学期,3学分）。	15
	院共同选修	如可视当学期开课状况及个人兴趣自行选修	自由选修
	工作坊	为无学分之短期训练,旨在提供修习本院各项课程前所需之基本技能,如排版、绘图、摄影、流动影像与声音制作等。	无学分
系级专业学程	系必修	含下列六科,共19学分,详如下列： 新闻专业：过去、现在与未来（一学期,3学分）； 信息搜集与呈现（一学期,3学分）；基础采访写作（一学期,3学分）；新闻媒体实验（全学年,4学分）； 新闻多媒体叙事（一学期,3学分）；伦理与新闻媒体（一学期,3学分）	19
	新闻系专业领域学程	本系设新闻与信息学程,学生须自三领域自行修读15学分；三领域分别为采访与报导领域、信息设计与媒体企划领域、社会与文化领域。	15
	跨领域	本系生必修1个小学程,尚待院规划课程后公告。	——
自由选修		另本院广电及广告两系的专业领域学程,传播产制与管理学程、策略与创意沟通学程,学生得依照个人兴趣、能力与人生目标选修。	自行规划

注：本系毕业学分为128学分。
资料来源：台湾政治大学传播学院新闻学系,http://www.jschool.nccu.edu.tw/02courses.asp,2012年3月20日。

● 台湾新闻传播教育初探

校级课程由学校统一制定，此处不作探讨。院级课程由院共同必修（主要由理论、实务和方法3部分构成，共15学分）、院共同选修与"工作坊"组成，据陈百龄副院长介绍，"工作坊"是技能培训课程，在寒暑假进行，虽无学分，但因不掌握操作技能就无法进入后面学期的专业学习，因此学生修习踊跃。新闻系系必修课程是新闻与信息学程，有19学分，具体如表4-12所示：

表4-12 台湾政治大学新闻系必修课程——新闻与信息学程

科目名称	类型	学分	组数	学期
新闻专业：过去、现在与未来	必	3	1	一上
信息搜集与呈现	必	3	2	一上
基础采访写作	必	3	4	一下
新闻媒体实验	必	4	4	二全
新闻多媒体叙事	必	3	3	二上或下
伦理与新闻媒体	必	3	2	三上或下

新闻与信息学程包含新闻历史与制作理论、信息制作、新闻伦理几类课程，有两个趋势值得注意：（1）新闻媒体实验课程（含报纸、影音、网络），采用教学平台方式，以网络、电视及手机方式呈现采访报道，使新闻系学生实验不再限于平面报纸，重视信息搜集与呈现能力。（2）重视新闻多媒体叙事能力的培养，新闻叙事是当代社会"事实为基础"（或非虚构）的论述类型之一。课程主要目的在于探索如何运用网络等科技工具论述相关的理论议题，协助学生学习和思考以各种事实叙述为基础的叙事理论和实践议题。

此外，新闻系学生还须从下列3个领域中任意修读15学分。

采访与报导领域

科目名称	类型	学分	组数	学期
影音新闻——广播	选	3	1	二
影音新闻——电视	选	3	1	二
进阶采访写作	选	3	3~4	三

第四章 市场与技术引导下的新闻传播教育（1992年至今）

续表

科目名称	类型	学分	组数	学期
英文采访写作	选	3	1	二
英文新闻编译	选	3	1	三
专业媒体实验	选	3	1	三
进阶影音新闻	选	3	1	三
新闻业务实习	选	1	2	三
网络多媒体报道	选	3	1	四
分类报导讯息研究	选	3	1	四
纪录片制作	选	3	1	四

信息设计与媒体企划领域

科目名称	类型	学分	组数	学期
新闻摄影	选	3	1	二
进阶新闻摄影	选	3	1	三
信息设计	选	3	1	三
数字平台实验	选	3	1	三
媒介管理与沟通	选	3	1	三
设计专题	选	3	1	三
进阶信息设计专题	选	3	1	三

社会与文化领域

科目名称	类型	学分	组数	学期
传播与科技专题	选	3	1	三
传播与社会专题	选	3	1	四
传播史专题	选	3	1	三
国际传播专题	选	3	1	三
经典名著选读	选	3	1	四
网络出版	选	3	1	四

在选修课的要求中，学生要从该院广电及广告两系的专业领域学程——传播产制与管理学程与策略与创意沟通学程中进行选修。另外，主修该学程的学生一般要在本院及外院之人文艺术、社会科学、自然及科技类课程中，自行修习20学分，培养学生的第二专长。

综上，台湾政治大学新闻系课程设置具有如下特点：

第一，课程弹性大，学生在选课过程中有较多的主动权。大学部课程采用学程制，每个学程虽然都有一些必修的科目，但是预留了很大的空间，可以让每位学生根据个人兴趣和未来发展方向，自由规划学习计划。比如在3个领域学程15学分的选修课程中，就有24门课程70学分的课程可供选择。现代大学教育发展的一个重要方向就是要激发学生学习的主动性。罗杰斯（Carl Rogers）认为，传统的教学忽视了人，压抑了人，限制了人的需要、兴趣、个性等，重书本、重知识的学习，漠视学生作为人的发展，培养出的学生只能是"容器"，而非生机勃勃的全面发展的个体，因而必须进行变革。那么，如何进行变革呢？根据教学的目的在于培养"全面发展的人"的观点，他指出，教学变革的关键在于确立以人为本的教学观念，"以学生发展为中心"，培养"全面发展的人"（Fully Functioning Person），而全面发展的人的最根本标志在于创造性，因此教学要开发学生的创造性，发展其创造力。[1] 学程制在保证新闻系学生掌握基本的理论和技术基础上，充分发挥学生的主动性和选择性，在四年时间内，最大限度地完成"专"和"博"的训练，当然这种教学改革必须在全校课程统筹的基础上来进行。

第二，宽基础，有较深的人文素养。上述科目配置，由一般性知识渐入专业领域，涵盖了人文科学、社会科学、自然科学、生命科学等各类知识，学生在毕业之前均须修满至少128学分。其中，通识教育和基础课程两者的学分数占毕业最低学分数的1/2以上，要求学生博雅、专精并重，规定学生应在每类知识中至少修习1科，并须修满至少12学分。这类课程如哲学、史学、心理学、政治学、科技概论等，可由传播学院开课，也可借助学校其他科系的资源优势。以传播理论为主的院共同必修课和院共同选修课，要求学生深刻思考新闻在社会结构与过程中的角色、功能和道德责任。

---

[1] 姚利民、史曼莉：《大学研究性教学理论基础研究》，《大学教育科学》2008年第4期，第55页。

第三，适应时代需要，动手能力是基础。任何教育最终必须使学生学以致用，这对新闻系学生来说尤其重要。上述学程制在各级必修科目设计过程当中，都很注重理论与实践的结合。据该学院主管教学工作的副院长陈百龄介绍，因应国际化及网络媒体的迅速发展，传播学院经过5次课程规划工作小组开会，决定自1998年起，将新闻系专业3学程"新闻编采""网络及多媒体""国际传播"重新整合为"新闻与信息"学程，给学生提供更具弹性、能自行组合的基础学门训练。该学程由3位教师合上，分别为报纸、广电、网络的采编及制作，让学生能在有限时间内集中3学程修课资源，学习以网络、电视及手机方式呈现作品，不再局限于平面报纸，而要掌握多媒体技术。台湾政治大学传播学院还设有专门的信息与媒体整合实验中心，让学生在校内就能着手训练新闻实务能力。所有的教学实验中心都采用学生助理制，实现学生自治。例如该校的实验电台每年由100多位学生助理主导，他们从大一开始就负责各种节目的策划、制作、播出等媒体操作实务，这样的学生毕业后可以迅速上手，深受用人单位的欢迎和认可。[①]

第四，课业导师制度值得学习。台湾政治大学的课程，最值得学习的就是在台湾首创课业导师制度。如上所述，在选课过程中，学生有一定的自由度，但仅凭学生的兴趣，不一定能优化知识结构，还需要导师的选课指导。富有经验的导师要根据社会的需要和学生的兴趣特长指导学生选课。这样建构起来的弹性化课程模块，最终才能形成有效的课程体系。

2. 台湾世新大学新闻学系课程设置的历程与特点

台湾世新大学的发展历程经历了职业学校→专科学校→学院→大学的过程，其课程设置也反映了这个变化。1997年8月世新学院获准改制为大学，下设新闻传播学院、管理学院、人文社会学院及法学院4个学院。2004年世新大学成立教学卓越中心，第二年便通过"教育部"奖励大学教学卓越计划，至今已连续六年获评选为教学卓越大学。在成露茜教授的带领下，2005年世新大学将媒体识读（Media Literacy）列

---

① 陈百龄访谈，2010年11月28日上午于厦门大学逸夫楼。

入校定必修课程，成为其课程特色。

世新大学新闻学系的课程分为校必修、院必修、系定必修、系定选修四类课程。下面以 2010 学年新闻学系课程设置作为分析样本，见表 4－13。

表 4－13 台湾世新大学新闻传播学院新闻学系
日间学制学士班 2010 学年课程设置

项目	学科简码	科目	全、半年	授课时数	学分数 上	学分数 下
第一学年（2010 学年度）							
校定必修	CHI104	国文	全	6	3	3
	ENG101	英文	全	6	3	3
	JCOM101	媒体识读	半	2	2	
	LAW124	法律与生活	半	2		2
	INF115	电脑与资讯科技	半	2		2
	INFO103	资讯素养	半	2	2	
	LANG101	英语听讲实习	全	4	1	1
	SPE101	体育	全	4	0	0
	CSR101	服务教育	全	※	0	0
	CSR102	新鲜人守护神	全	※	0	0
院定必修	JCOM102	☆传播技能	全	4	2	2
系定必修	JOUR106	新闻学	半	2	2	
	JOUR103	传播史	半	2		2
	JOUR110	基础新闻编辑	半	2		2
	JOUR102	基础采访写作	半	2		2
	JOUR114	大众传播概论	半	2		2
	JOUR113	0 排版概论	半	2	2	
	JOUR115	基础新闻摄影	半	2	2	
		必修总计			19	21
系定选修	JOUR112	新闻漫画	半	2		2
	JOUR111	运动新闻学	半	2		2
		选修总计			0	4

上限 25 学分　下限 16 学分
※服务教育之时数为一学期 8 小时
※新鲜人守护神之时数为一学期 18 小时

第四章 市场与技术引导下的新闻传播教育（1992年至今）

续表

项目	学科简码	科目	全、半年	授课时数	学分数 上	学分数 下
第二学年（2011学年度）							
校定必修	SPE201	体育	半	2	0	
	SPE201	体育	半	2		0
	GENS901	名著选读	半	2	2	
院定必修	JCOM202	☆传播理论	全	4	2	2
系定必修	JOUR250	0进阶排版实务（单号）	半	2		2
	JOUR211	新闻英文（一）	全	4	2	2
	JOUR245	传播研究方法	半	2		2
	JOUR246	社区与传播	半	2	2	
	JOUR248	公共新闻学	半	2		2
	JOUR251	广电新闻制作概论	半	2		2
	JOUR249	0基础排版实务	半	2	2	
	JOUR340	多媒体新闻（双号）	半	2		2
必修总计						10	14
系定选修	JOUR207	报刊图文设计	半	2		2
	JOUR215	进阶采访写作	半	2		2
	JOUR242	网络新闻学	半	2	2	
	JOUR202	中国新闻史	半	2	2	
	JOUR206	西方新闻史	半	2		2
	JOUR203	生态保育报道	半	2	2	
	JOUR233	新闻与社会学	半	2		2
	JOUR236	新闻与心理学	半	2	2	
	JOUR235	新闻与政治学	半	2	2	
	JOUR234	新闻与经济学	半	2		2
	JOUR243	两岸新闻报导	半	2		2
	JOUR237	台湾新闻史	半	2		2
	JOUR238	报导摄影学	半	2		2
	JOUR247	杂志概论	半	2	2	
选修总计						12	16

上限25学分　下限16学分

续表

第三学年（2012学年度）							
项目	学科简码	科目	全、半年	授课时数	学分数	
^	^	^	^	^	上	下
校定必修	SPE201	体育	半	2	0	0
^	^	^	半	2	0	0
院定必修	JCOM301	☆传播与文化	半	2	2	
系定必修	JOUR250	0进阶排版实务（双号）	半	2	2	
^	JOUR338	新闻伦理	半	2		2
^	JOUR344	小世界实习 （单号上学期实习报纸组，下学期实习网络组） （双号下学期实习报纸组，上学期实习网络组）	全	4	2	2
^	JOUR340	多媒体新闻（单号）	半	2	2	
必修总计					8	4
系定选修	JOUR314	报纸新闻专题采写	半	2	2	
^	JOUR345	广电新闻实作（一）	半	2	2	
^	JOUR346	广电新闻实作（二）	半	2		2
^	JOUR313	精确新闻报导	半	2		2
^	JOUR319	报纸编辑	半	2		2
^	JOUR310	初级英文新闻采写	半	2		2
^	JOUR333	英文口语训练	全	4	2	2
^	JOUR311	新闻英文（二）	全	4	2	2
^	JOUR312	全球化与传播	全	4	2	2
^	JOUR334	财经新闻采写	半	2		2
^	JOUR304	文化研究	半	3	3	
^	JOUR309	媒体批判	半	2		2
^	JOUR306	政治传播	半	2	2	
^	JOUR307	国际新闻专题研究	全	4	2	2
^	JOUR343	大众传播理论（进阶）	半	2	2	
^	JOUR330	全方位新闻英语	半	3	3	
^	JOUR341	杂志图文编采	半	2	2	
^	JOUR342	流行杂志实作	半	2		2

第四章　市场与技术引导下的新闻传播教育（1992年至今）

续表

项目	学科简码	科目	全、半年	授课时数	学分数 上	学分数 下
系定选修	JOUR339	网路新闻编采	半	2	2	
	JOUR337	传播科技专题	半	2	2	
	JOUR336	质化研究方法	半	2		2
	JOUR335	资料调查与分析	半	2	2	
		选修总计			30	24

上限25学分　　下限16学分

第四学年（2013学年度）

项目	学科简码	科目	全、半年	授课时数	学分数 上	学分数 下
系定选修	JOUR413	特稿与评论写作	2	2		
	JOUR416	深度访谈与报导	半	2		2
	JOUR418	新闻专题研究	半	2		2
	JOUR404	英文报导实务	全	4	2	2
	JOUR411	进阶英文新闻采写	半	2	2	
	JOUR406	新闻媒体企划撰写	半	2		2
	JOUR426	运动文化研究	半	2	2	
	JOUR431	新闻法规	半	2	2	
	JOUR433	电子媒体新闻编译	半	2		2
	JOUR432	平面媒体新闻编译	半	2	2	
	JOUR434	新闻媒介经营与管理	半	2		2
	JOUR429	新闻与金融市场	半	2	2	
	JOUR430	新闻与产业	半	2		2
	JOUR428	新闻与国际关系	半	2		2
	JOUR435	农产休闲专题报道	半	2	2	
	JOUR424	媒体实习（一）	半	4	4	
			半	4		4
	JOUR425	媒体实习（二）	半	4	4	
			半	4		4
		选修总计			24	24

上限25学分　　下限8学分

科目前加"☆"者为院定课程。

课程名称前加"0"者，须缴交实习费用。

资料来源：台湾世新大学新闻传播学院课程，http://cc.shu.edu.tw/~cjc/pages/2-1.htm，2012年3月5日。

第一，校必修课程。

台湾世新大学的校必修课程包括国文、英文、媒体识读、法律与生活、电脑与资讯科技、资讯素养、英语听讲实习、体育、服务教育、新鲜人守护神等课程。与台湾政治大学外语4~6学分相比，台湾世新大学对英语能力的培养十分看重，总共有校必修10学分（英文6学分＋英语听讲实习4学分），再加上系定必修新闻英文（一）（4学分），必修课程中共有14学分，占128学分总数的约11%。若再加上系定选修初级英文新闻采写（2学分）、英文口语训练（4学分）、新闻英文（二）（4学分）、英文报导实务（4学分）、进阶英文新闻采写（2学分），则选修类中的英文课程就有16学分，占128总学分数的12.5%，不可小觑。

第二，院级专业基础教育模块。

院级专业基础教育模块需要修读10学分，主要包括传播技能（4学分）、传播理论（4学分）、传播与文化（2学分）三门学科。"传播技能"的教学目标是：让每个传播学院的学生对传播学院下所有学系的核心技术都能取得基本的认识与简单操作的能力，同时也培养学生的资讯素养能力，学生能运用图书信息与网络等各种资源，进行数据搜集、分析并呈现（如脚本写作、企划书撰写、论文写作等）。"传播理论"的教学目的是使学生对"传播"有一个完整和基本的认识，了解不同的传播理论是在什么样的政经文化脉络下产生的，并且经由怎样的研究得以建立，又如何被质疑、补充或扬弃。课程着重培养学生思考的能力和对德智兼修的追求。"传播与文化"原来放置在"传播理论与研究"课程当中，后来单置出来。这3门课程主要从方法、理论、传播与社会关系方面教授学生基础性知识。

第三，系定必修教育模块。

台湾世新大学新闻系的系定必修课程主要集中在一、二年级，在一年级时有新闻学、传播史、基础新闻编辑、基础采访写作、大众传播概论、排版概论、基础新闻摄影；二年级时有进阶排版实务、新闻英文（一）、传播研究方法、社区与传播、公共新闻学、广电新闻制作概论、基础排版实务、多媒体新闻；三年级有新闻伦理、小世界实习，一共有

38学分，占总学分的29.7%。

第四，系定选修教育模块。

台湾世新大学新闻学系的选修课程开设科目较多，主要集中研究（1）新闻与其他社会学科的关系，如新闻与社会学、新闻与心理学、新闻与政治学、新闻与经济学、新闻与金融市场、新闻与产业等；（2）新闻报道的专业领域，如运动新闻学、财经新闻采写、农产休闲专题报道等；（3）研究方法，如质化研究方法、资料调查与分析等。总体来说，台湾世新大学的选修课程仍以培养各类媒介所需采编新闻人员为主要目的，如选修课中仍分广电新闻制作概论、广电新闻实作（一）（二）、杂志概论、杂志图文采编、报纸编辑、网路新闻编采等。系定专业选修要求学生最低必须修够20学分方能毕业。

关于新闻史与传播史的课程，除了传播史在系定必修课程中占2学分外，选修课中国新闻史、西方新闻史各占2学分。这个比重显示该校在台湾各大学中较为重视新闻史的研究。

3. 台湾辅仁大学新闻传播学系课程设置

表4－14　台湾辅仁大学2011学年度学士班必修科目表

院别：传播学院　　　系别：新闻传播学系　　　组别：

类别	模块	科目名称	科目代码	选别	规定学分	一年级上	一年级下	二年级上	二年级下	三年级上	三年级下	四年级上	四年级下
校定		导师时间	02795	必	0	0	0	0	0	0	0	0	0
		军训		必	0	0	0						
全人教育课程	核心课程	大学入门	00155	必	2	2							
		人生哲学	00007	必	4			2	2				
		专业伦理	00342	必	2					2			
		体育		必	0	0	0	0	0				
	基础能力课程	国文	00001	必	4	2	2						
		外国语文		必	8	2	2	2	2				
		信息素养		必	0								
	通识涵养课程	人文与艺术通识领域		通	4								
		自然与科技通识领域		通	4								
		社会科学通识领域		通	4								

续表

类别	模块	科目名称	科目代码	选别	规定学分	一年级 上	一年级 下	二年级 上	二年级 下	三年级 上	三年级 下	四年级 上	四年级 下
院系必修课程		英语听讲	03542	必	2	1	1						
		基础摄影	02127	必	2	2							
		新闻学	02405	必	4	2	2						
		本国新闻事业史	15359	必	2	2							
		媒体素养	15340	必	2		2						
		数位传播	18350	必	2		2						
		访谈原理与实务	06685	必	2		2						
		西方传播史	15953	必	2			2					
		新闻英文	02398	必	2				2				
		采访写作	04366	必	2			2					
		进阶采访写作	18659	必	2				2				
		新闻编辑	02402	必	2				2				
		语文传播原理	06678	必	2			2					
		电子媒介原理与制作	07338	必	4			2	2				
		大众传播理论	04729	必	4					2	2		
		传播研究方法	02370	必	2					2			
		传播统计	05540	必	2						2		
		媒介实务	05340	必	6					3	3		
		通用语意学	02250	必	2						2		
		语艺理论	04838	必	2							2	
		传播法规	02368	必	2								2
院系选修课程	A模块	社会学	01728	必	4	2	2						
		政治学	01791	必	4	2	2						
		经济学	02457	必	4			2	2				
		心理学	01195	必	4			2	2				
		文化人类学	01199	必	4					2	2		

资料来源：台湾辅仁大学新闻传播学系 2011 学年度入学生必修课程表，http：//www.bigboat.info/course.html，2012 年 3 月 20 日。

第四章 市场与技术引导下的新闻传播教育（1992年至今）

在表4-14中，台湾辅仁大学新闻学系的课程由校定必修课程（通称为全人教育课程，包括核心课程、基础能力课程、通识涵养课程），院系必修课程以及院系选修课程几个部分组成。其专业课程的设计由社会人文基础课程、新闻传播基础课程、语文传播基础课程、采访写作相关课程、编辑与专题企划相关课程、影像相关课程、广电新闻相关课程、国际与本土传播生态相关课程、新闻产制生态相关课程组成。

在校定必修课程中，外语占8学分，要上2个学年，在院系必修课程中有英语听讲2学分、新闻英文2学分，总共12学分，占总学分128学分的9.4%。比例不小。比台湾政治大学偏高，比台湾世新大学偏低。

在院系必修课程中，台湾辅仁大学有几个地方值得注意，首先是新闻史课程的安排，在许多学校减少必修课程中新闻史课时之时，该校不降反增。"本国新闻事业史"2课时、"西方传播史"2课时，在院系必修课程中一共用4课时教授新闻史，这是台湾其他高校所少有的。其次是对语文传播能力的培养，台湾辅仁大学传播学院在台湾以语艺传播研究见长。在院系必修课程中有语文传播原理、通用语意学、语艺理论、访谈原理与实务4门课程8个学分专门教授语文传播基础课程，独具特色。最后，专业课程设置以培养学生的采、写、编、制作技能为主线，配合以社会人文基础与国际视野。在52学分中，理论课程占31学分，占院系必修课程的59.6%，实务课程占21学分，占40.4%。

在院系选修课程中，台湾辅仁大学的课程也有一定特色，即围绕一类基础课程，由必修和选修课程共同支撑，详见下表。

社会人文基础课程

必修	研究方法、统计学、数字传播
选修	社会学、心理学、政治学、文化人类学、经济学、经济学、民法概要、刑法概要、政治传播、宗教传播

● 台湾新闻传播教育初探 ▶▶▶

新闻传播基础课程

必修	媒介素养、新闻学、基础采访写作、进阶采访写作、本国新闻事业史、西方传播史、大众传播理论、传播法规
选修	无

语文传播基础课程

必修	语文传播原理、通用语意学、语艺理论、访谈原理与实务
选修	实用修辞学、语艺批评方法、性别与沟通、人际传播、组织传播、虚拟社群之人际互动

采访写作相关课程

必修	媒介实务
选修	深度报道、报道文学、报道写作、新闻评论写作、专业实习

编辑与专题企划相关课程

必修	媒介实务、新闻编辑
选修	杂志编辑学、体育新闻学、报刊编辑实务、战争新闻与战争文化、旅游新闻企划与呈现

影像相关课程

必修	摄影实务
选修	新闻摄影、图片编辑、报道摄影、计算机排版与设计

广电新闻相关课程

必修	电子媒体原理与制作
选修	电子新闻影像与制作、广播节目制作、电视新闻节目制作、电视新闻专题

第四章 市场与技术引导下的新闻传播教育（1992年至今）

国际与本土传播生态相关课程

必修	无
选修	新闻英文、进阶新闻英文、台湾传播与历史研究、国际传播、中国大陆新闻研究、欧洲联盟专题、当代台湾社会问题

新闻产制生态相关课程

必修	无
选修	媒介经营与管理、公共关系概论、媒体营销与广告策略、新闻产制研究、阅听人与媒介批评、媒介组织研究、公关策略与企划

4. 台湾文化大学新闻学系课程介绍

台湾文化大学新闻学系以培养学生"多元化人文素养与思考能力"与"新闻传播专业意理与实务"能力作为教学研究与课程设计的核心精神。

下面以台湾文化大学2010～2013级新闻学系课程设置作为分析对象，见表4-15。

表4-15 台湾文化大学2010～2013级新闻学系课程设置

通识教育	知识基础	社会科学（2学分，二选一） 社会问题与适应（必，2） 国际经济与企业管理（必，2）	人文、思想与艺术（8学分，必须包括历史2学分） 社会宗教与伦理（必，2）；欧美文学导读（必，2）；世界文明史（必，2）；中西艺术通论（必，2）； 中华文明史（必，2）；中国文学导读（必，2）；中国通史、中国现代史、中西思想与科学发展（必，2）；中国文化史、中国近代史（四选一，必，2）	自然科学（4学分） 科技发展与人物（必，2）；微积分（必，2）；物理学（必，2）；环境与生态（必，2）；化学（必，2）；统计学（必，2）； 生命科学（必，2）
	必备技能	语文能力（14学分） 国文（必，一全/4） 英文、日文、韩文、法文、德文、俄文（六选一，必，一全/6） 语文实习（一）（二）（必，一全/2、二全/2）	资讯处理能力（4学分） 电脑：计算机概论；电脑：Office套装软体应用；电脑：动画制作；电脑：Visual Basic程序设计；电脑：C++程序设计；电脑：多媒体处理；电脑：Access资料库运用；电脑：Fortran程序设计（七选一，一全/4）	

● 台湾新闻传播教育初探

续表

专业教育	基础专业课程	新闻传播学院共同必修（12学分） 媒体素养（必，一上/2）；传播理论（必，二全/4）；传播研究方法（必，二上/2）；传播统计学（必，二下/2）；传播伦理与法规（必，四上/2） 新闻系必修（24学分） 新闻学（必，一全/4）；中国新闻史（必，一上/2）；外国新闻史（必，一下/2）；基础写作（必，一下/2）；采访写作（一）（必，二全/4）；新闻编辑（必，二上/2）；新闻英语（一）（二）（必，二全/4、三全/4）			
	实务（研究）操作专业课程	数位图文新闻学群（须修满26学分） 基础摄影（必，二下/2） 数位采编实务（必，三全/4） 采访写作（二）（必，三全/4） 单位实习（必，四上/2） 网页企划与设计（二下/2） 新闻摄影（二下/2） 电子编辑出版实务（二下/2） 多媒体制作（二下/2）	数位广播新闻学群（须修满28学分） 广播新闻采写（必，二下/2） 广播节目企划与制作（必，二下/2） 广播媒介实务（必，三全/4）采访写作（二）（必，三全/4） 单位实习（必，四上/2） 数位广播概论（二下/2） 多媒体制作（二下/2）	数位影视新闻学群（须修满30学分） 电视原理与制作（必，二下/2） 电视媒介实务（必，三全/4） 电视新闻制作（必，三上/2） 网路电视建构与管理（必，三上/2） 采访写作（二）（必，三全/4） 毕业实习（必，四上/2） 网页企划与设计（二上/2） 多媒体制作（二下/2）	媒介生态与研究新闻学群（须修满31学分） 整合行销传播（必，二下/2） 大众文化与媒介（必，二下/2） 媒介经营与管理（必，三上/2） 当代传播问题（必，三上/2） 跨文化新闻研究（必，三上/2） 国际传播（必，四上/2） 学术论文写作（必，四上/2） 公关关系（二上/2） 人际传播（三下/2） 异文化传播（二下/2） 网路行销与管理（三上/2）
	进阶专业课程	深度报道（三下/2）、政经新闻采访写作（四上/2）、摄影报道专题研究（四下/2）、国际新闻编采（四下/2）、电视新闻报道（四上/2）、新闻播报实务（四下/2）、政治公关（四上/2）、政治传播专题研究（四下/2）、公共关系实务（三上/2）、日本大众传播现况（三下/2）、媒体与资讯策略（三下/2）、媒体产业专题研究（四下/2）等			

资料来源：台湾文化大学新闻学系学习地图，http：//jou.pccu.edu.tw/course_paper/99-102大学部课程地图.pdf，2012年3月6日。

台湾文化大学新闻学系的课程设置由学群组成。台湾文化大学新闻暨传播学院下设新闻学系、广告学系、资讯传播学系以及大众传播学系。2006年开始推动学群选课制度，以整合资源，方便学生跨领域选课。其整体课程架构包括五个层次：（1）校定共同必修科目：为学校各系所有学生必修科目；（2）院定必修科目：学习传播领域之基本知识；（3）系定专业共同必修科目：是各系核心课程，亦为外系选修本院学群之先修科目；（4）专业分组（即学群）必修科目：必修科目旨在培养核心专长，选修科目旨在培养个人独特兴趣；（5）自由选修。

新闻学系、广告学系、资讯传播学系以及大众传播学系，每个系均提供3个学群。分别如下：

新闻学系：平面新闻学群、广电新闻学群（下设2个模组：电台模组、电视台模组）、传媒生态研究学群。

广告学系：广告策略企划学群、广告表现创作学群、创意产业行销学群。

大众传播学系：传播理论学群、公共传播学群、音像出版学群。

资讯传播学系：网路中介传播学群、跨媒体资讯科技学群、数位内容学群。

在表4-15中，从2010年开始，新闻学系提供的学群变为4个，分别是数位图文新闻学群、数位广播新闻学群、数位影视新闻学群、媒介生态与研究新闻学群。可见台湾文化大学顺应数字化的需求，教学在传统学群基础知识上，均增加数位采编实务、网页企划与设计、电子编辑出版实务、多媒体制作、数位广播概论、网路电视建构与管理、网路行销与管理等课程。网路新媒体课程所占学分达到20学分，这是其他学校没有的，反映该校顺应数字化、国际化、全球化和科技化整合趋势的课程设置特色。

在院共同必修的12学分中，台湾文化大学开设了传播统计学（2学分），在必修课程中开设这门课，这在台湾高校的新闻学系课程中还没有过。此外，中国新闻史、外国新闻史各占2学分，一共4学分，反映了台湾文化大学重视历史研究的传统。

(二) 各主要学校广播电视学专业课程介绍及特点分析

1. 台湾世新大学广播电视电影学系电视组课程分析

台湾世新大学是台湾首批设置广播电视科及电影科的学府之一，自从 1962 年开办以来，已经培养了数万名学生。广播电视电影学系是世新大学的代表性学系，下设广播组、电视组及电影组。3 个小组以营运广播、电视、电影媒体平台（世新广播电台、世新电视台、电影放映社）的方式，实践及检验教学成果，这种做法"为本系大学部最大特色，亦是台湾校内实习单位建置最完整健全学系之一"[1]。世新大学广播电视电影学系课程由传播基础理论课程（必修）、广电理论核心课程（必修）和 3 组实务核心课程（必修）组成，3 组选修课程亦可相互选读；另设有 4 种学程供本、外系学生选读。

下面介绍世新大学 2009 级广播电视电影学系电视组的课程情况，见表 4-16。

表 4-16　世新大学 2009 级广播电视电影学系电视组的课程

项目	科目		全、半年	授课时数	学分数 上	学分数 下
校定必修	国文		全	6	3	3
	英文	二选一	全	6	3	3
	日文					
	媒体识读		半	2	2	
	法律与生活		半	2		2
	英语听讲实习		全	4	1	1
	日语听讲实习		全	4	1	1
	电脑与资讯科技		半	2		2
	资讯素养		半	2	2	
	名著选读		半	2	2	
	体　育		全	4	0	0
	服务教育		全		0	0
	新鲜人守护神		全		0	0

---

[1] 台湾世新大学广播电视电影学系大学部教学特色，http://rtf.shu.edu.tw/about_characteristic.html，2012 年 4 月 6 日。

第四章 市场与技术引导下的新闻传播教育（1992年至今）

续表

项目	科目	全、半年	授课时数	学分数 上	学分数 下
院必	传播技能	全	4	2	2
系必	基础影视摄影	半	2		2
组必	广电概论	全	4	2	2
必修总计	修习英文			17	17
	修习日文			18	18
系定选修	0 电脑概论与传播	半	2		2
	表演	半	2	2	
	表演	半	2		2
	戏剧概论	全	4	2	2
	选修总计			4	6

上限 25 学分　下限 16 学分

第二学年（2010学年度）

项目	科目	全、半年	授课时数	学分数 上	学分数 下
校必	体育	半	2	0	
		半	2		0
院必	传播理论	全	4	2	2
组定必修	传播科技	半	2		2
	电视摄制实务	全	4	2	2
	传播史	半	2	2	
	电视企划与写作	全	2	2	2
	必修总计			8	8
系定选修	电视导播学	全	4	2	2
	专题研究五	半	2	2	
	专题研究六	半	2	2	
	专题研究六	半	2		2
	电视摄影	半	2		2
	电视技术专题（一）	半	2	2	
	电视技术专题（二）	半	2		2
	媒体英文	半	2	2	
	数位影像处理	半	2	2	

● 台湾新闻传播教育初探

续表

项目	科目	全、半年	授课时数	学分数 上	学分数 下
系定选修	影音剪辑	半	2	2	
	影音剪辑	半	2		2
	影视服装造型	半	2		2
	化妆学	半	2	2	
	特殊化妆设计	半	2		2
	剧本写作	全	4	2	2
	视觉传播	全	4	2	2
	多媒体创意开发与制作	半	2		2
选修总计				20	20

上限25学分　下限16学分

第三学年（2011学年度）

项目	科目	全、半年	授课时数	学分数 上	学分数 下
校必	体育	半	2	0	
		半	2		0
院必	传播与文化	半	2	2	
系必	广播电视电影法规与政策	全	4	2	2
	广电研究方法	半	2		2
组定必修	电视校内实习	全	4	2	2
	影视理论	全	4	2	2
	戏剧类电视制作	全	三选一	4	2
	非戏剧类电视制作				
	广电市场规划与行销				
必修总计				10	10
系定选修	比较广电制度	全	4	2	2
	0 互动式多媒体	全	4	2	2
	电视技术专题（三）	半	2	2	
	电视技术专题（四）	半	2		2
	电视工程概论	半	2	2	
	电子媒介销售	半	2	2	
	校外实习一	半	2		2

第四章 市场与技术引导下的新闻传播教育（1992年至今）

续表

项目	科目	全、半年	授课时数	学分数 上	学分数 下
	多频道电视与观众	半	2		2
	电视深度报道	半	2		2
	电子媒介市场质量收视听调查	半	2		2
	视觉特效	半	2	2	
	另类影音概论	半	2		2
	影视与性别	半	2	2	
	影视与社会	半	2		2
	影视制作	半	4	4	4
	选修总计			16	20

上限25学分　下限16学分

第四学年（2012学年度）

项目	科目	全、半年	授课时数	学分数 上	学分数 下
系必	影视批评	半	2	2	
组定必修	电视独立研究与毕业制作	全	4	2	2
	电视经营管理学	全	4	2	2
	必修总计			6	4
系定选修	校外实习二	半	2	2	
	电视促销宣传	半	2	2	
	中国大陆广电事业分析	半	2	2	
	广电政治经济学	半	2	2	
	当代电视问题	半	2		2
	电子媒体营运企划	半	2		2
	选修总计			8	4

上限25学分　下限16学分

课程名前加"0"者为须缴交实习费用之课程。

资料来源：台湾世新大学新闻传播学院广播电视电影学系电视组日间学制学士班2009学年度新生适用课程，http://rtf.shu.edu.tw/main/courses/4years/98/980515-tv.pdf，2012年4月6日。

世新大学广播电视电影学系学制一般为4年，毕业总学分最低128学分，主要采取学程制的方式开展本科教育。广播电视电影学系电视组本科课程体系共分为4个部分，分别是校级通识教育模块、院级专业基础教育模块、系级专业学程模块、电视组实务学程核心模块。此外还有跨系学程、跨院学程，新闻传播学院学生须跨系选择1个学程修读，由学生根据自身兴趣与相关条件进行选择，该学程不在考察范围内。

第一，校级通识教育模块。

2009级广播电视电影学系校级通识教育模块主要包括全校共同必修课程和通识课程两部分内容。需要修读至少24~26学分（选英语者为24学分，选日语者为26分），其中校共同必修课程包括国文，外文，媒体，军训，体育，服务教育，资讯素养，电脑与资讯科技，英语听讲实习、日语听讲实习（英语、日语可任选一），新鲜人守护神等科目。

第二，院级专业基础教育模块。

院级专业基础教育模块需要修读10学分，主要包括传播技能（4学分）、传播理论（4学分）、传播与文化（2学分）3门学科。与新闻学系的课程一致。

第三，系级专业学程模块。

广播电视理论核心课程模块10学分，为必修课程。包括基础影视摄影（2学分）、广播电视电影法规与政策（4学分）、广电研究方法（2学分）、影视批评（2学分）。要求学生掌握相关的技术与研究方法。系定选修课程分为创作与制作课程、营运营销课程及学理素养课程等3类。选修学分数：修习英文者为40学分，修习日文者为38学分，包含系定选修最低学分数20学分；其余学分开放至外系选修（辅系或双主修或双联）。

第四，电视组实务核心课程：36学分，包括广电概论（4学分），传播科技（4学分），电视摄制实务（4学分），传播史（2学分），电视企划与写作（2学分），电视校内实习（4学分），影视理论（4学分），戏剧类电视制作、非戏剧类电视制作、广电市场规划与行销（上述3选1）（4学

第四章 市场与技术引导下的新闻传播教育（1992年至今）

分），电视独立研究或毕业制作①（4学分），电视经营管理学（4学分）。

电视组虽然是强调动手制作能力的专业，但在院级专业基础教育模块和系级专业学程模块中，技能、技术课程的比例都只占20%～40%。就算是在电视组实务核心课程的36学分中，纯技术类课程（电视摄制以及节目制作）的比例也只有1/3左右。在选修课程的38～40个学分中，也是技术配合理论和方法，纯技术类课程也只占40%～50%，与早年在专科时期的课程设置有很大不同。这反映世新升级为大学之后，在理论课程方面必须要做提升（例如在院级基础教育模块中，"传播理论"课程的目的便是"主要教授学生对'传播'有一个完整和基本的认识，课程着重培养学生思考的能力"）。成舍我先生曾说："目前世新的办学思路，基本实现我的意思，新闻教育，一方面是职业教育，一方面也是文化教育的一种，技术的训练，和学理的研究，都应该同样重视。不过就学习的便利，可以有先后时间的划分。像我们这个小小的新闻学校，在第一第二两阶段比较的偏重技术，在第三阶段，则大多数课程，都以研究为主。当然我们的目的，是要他们将来能在新闻事业中，做一个真能手脑并用的工作员，但同时也盼望他们能对于新闻教育的学术方面，将来有相当的贡献。"② 这话虽是在创办桂林世界新闻专科学校时所说，但用在今天的台湾世新大学身上，却也是恰到好处，这也是新闻教育"手脑之辩"的最好说辞。同时，也反映了当今课程设置重视基础知识和职业化教育融合的趋势。虽然世新大学减少对技术课程的安排，但在院级基础教育课程中，"传播技能"放在第一学年以4学分开设，目的就是要让学生在一年级时就对各种传播技术有初步的认识，掌握一定的运用能力，为实习和专业课学习打下基础。该校对实习十分重视，除了与各新闻单位、制片公司有常年密切合作外，其完善的实习

---

① 电视独立研究或毕业制作经授课老师同意以作品方式毕业之同学，须修读通过戏剧类/非戏剧类电视制作或纪录/实验片制作。电视独立研究或毕业制作经授课老师同意以剧本方式毕业之同学，须修读通过剧本写作。电视独立研究或毕业制作经授课老师同意以论文方式毕业之同学，须修读通过广电研究方法。

② 成舍我：《普及新闻教育问题：我所理想的新闻教育》，《报学季刊》1935年第1卷第3期。

机构设置在台湾来说也是数一数二的。

世新大学在课程设置中,特别规定"课程设置在基本完成教学目的的同时,必须要根据时代发展和市场变化及时调整。该校新闻传播学院学程规划办法规定:(1) 院课程委员会就各学程 3 年检讨 1 次,依学程建置目标、学生修习情况,及老师投入程度进行评鉴,决定是否建议取消或修改;(2) 各系专任老师必须选择至少 1 个系内学程为责任学程,担任该学程执行委员会之委员。执委会负责学程的课程安排、教学、学生辅导等与学程相关之工作。[①] 这个规定也反映了台湾各大学在激烈的市场竞争中,必须时时调整课程,以求适应时代变化。

2. 台湾政治大学广播电视学系课程

台湾政治大学广播电视学系的教学目标是培育具备人文素养、批判思维、创造力与国际观基础通识知能之影音内容创制人才。[②] 同该校新闻系的课程一样,广播电视学系的课程也由校级、院级、系级专业学程以及选修课几部分组成。校级和院级课程前面已作过介绍,下面就以 2010 级广播电视学系的课程为例介绍系级专业学程以及选修课。广播电视学系系级专业学程是传播产制与管理学程,专业必修科目表见表 4 - 17。

表 4 - 17　台湾政治大学广播电视学系学士班专业必修科目一览表
（2010 学年度入学学生适用）

传播产制与管理学程

科目名称	修别	规定学分	第一学年 上	第一学年 下	第二学年 上	第二学年 下	第三学年 上	第三学年 下	第四学年 上	第四学年 下	备注（先修科目）
戏剧概论	群	3	3	0							
电影概论	群	3	3	0							
音乐概论	群	3	0	3							五选二
媒体素养论	群	3	3	0							
艺术概论	群	3	0	3							

---

① 台湾世新大学《新闻传播学院学程规划办法规定》,http：//cc. shu. edu. tw/ - cjc/pages/2 - 1. htm,2012 年 3 月 15 日。

② 台湾政治大学广播电视学系大学部教学目标,http：//www. rtv. nccu. edu. tw/index. php? option = com_ content&view = article&id = 85&Itemid = 56,2012 年 3 月 15 日。

第四章　市场与技术引导下的新闻传播教育（1992年至今）

续表

科目名称	修别	规定学分	第一学年 上	第一学年 下	第二学年 上	第二学年 下	第三学年 上	第三学年 下	第四学年 上	第四学年 下	备注（先修科目）
电讯传播	群	3			0	3					四选二
影像制作	群	3			3						
声音制作	群	3			3						
表演基础	群	3				3					
毕业制作	必	6							3	3	
合计		18									

本系最低毕业学分：128学分

修课特殊规定：
（1）修读本学程者至少必须修毕30学分，含必修（群修）18学分；其他12学分在本学程课程中任意修读。本系学生并须修习校通识（28~32学分）、院共同必修（15学分）。
（2）军训及体育选修课不计入毕业学分。

在台湾政治大学广播电视学系专业必修的10门课程当中，学生要自行选择4门课程修够12学分。在课程设置中注意培养学生关于戏剧、电影、音乐的理论修养，辅之以相应的制作训练，学生通过修习该课程，可以保证至少掌握某一个方面的专业理论与制作技巧。

学程领域课程科目表（暂定）见表4-18：

表4-18　学程领域课程科目表

领域名称	科目名称	修别	学分	期别	备注
表演艺术领域	戏剧概论	群	3	大一	
	表演基础（先修「戏概」）	群	3	大二	
	戏剧编导（先修「表演」）	选	3	大三	
	剧场实验	选	3/3	大四全	
声音创作领域	音乐概论	群	3	大一	
	声音制作（先修「音概」）	群	3	大二	
	音响学（先修「音概」）	选	3	大三	
	数字音乐创作（先修「音响学」）	选	3	大四	
	广播实验	选	3/3	大四全	

续表

领域名称	科目名称	修别	学分	期别	备注
影像创作领域	电影概论	群	3	大一	
	电影理论	选	3	大二	
	影像制作（先修「影概」）	群	3	大二	
	进阶电视制作－ 戏剧 纪录 教育文化 新闻 （先修「电制」）	选	3	大三	
	摄影专题	选	3	大三以上	
	视觉与文化批评	选	3	大三以上	
	基础动画制作	选	3	大二	
	2D图像制作	选	3	大二	
	3D计算机动画	选	3	大三	
	基础创意写作	选	3	大二	
	进阶创意写作－ 影视剧本 戏剧剧本 报导文学	选	3	大三	报导文学可上修研究所开设课程
	创作专题－数字叙事工厂	选	3	大三以上	硕学共开
	数字影音实验	选	3/3	大四全	
电讯传播与媒介管理领域	电讯传播	群	3	大二	
	网络与通讯概论	选	3	大二	
	有线电视与新影音平台	选	3	大二	
	新传播科技	选	3	大二	
	行动网络经济	选	3	大三	
	节目制作管理	选	3	大三	
	媒介组织经营管理	选	3	大三以上	硕学共开
	企业组织沟通	选	3	大三以上	
	传播法规与伦理	选	3	大三以上	
	认知、情境与互动设计	选	3	大三	
	阅听人与媒介市场	选	3	大三	硕学共开
	媒介经济学	选	3	大三以上	硕学共开
	电子媒介营销	选	3	大三以上	
	传播与电讯生态研究	选	3	大三以上	硕学共开

第四章　市场与技术引导下的新闻传播教育（1992年至今）

续表

领域名称	科目名称	修别	学分	期别	备注
系共同必修	毕业制作	必	3/3	大四全	
系共同群/选修					
	媒体素养论	群	3	大一群修	
	艺术概论	群	3	大一群修	
	个案研究	选	3	大四选修	
	专题－动画影片赏析	选	3	大二	
	专题－ 数字电视节目企划与制作 影视编导实务 流行文化研究 影像阅读与解析 电影与政治 当代电影理论 音乐策展与文化产业 基础纪录片制作 短片创作与剪接 古典好莱坞电影作者 亚洲当代电影研究	选	3	大三以上	
	广电大讲堂	选	3	大三以上	硕学共开
	专业实习	选	1	大四	硕学共开

在学程领域的专业必修与选修课程当中，课程又划分为表演艺术领域、声音创作领域、影像创作领域、电讯传播与媒介管理领域以及各类专题等。在每一领域中有若干必修与选修课程围绕各主题展开，可以让学生根据兴趣进行自由搭配选择，自主性较强。这组课程的特色是在每一领域的必修课程当中，都有两门必修（群修）课程，保证学生掌握基本的理论和制作技巧，并以专题教育形式开展选修课教育，深化研究方向。课程丰富，学生选择面广，设计颇花心思。

3. 台湾辅仁大学影像传播学系课程设置

台湾辅仁大学影像传播学系课程设置以"广播电视""电影""网路多媒体"为3大学习主轴，整合"电子数位传播媒体"各领域之理论与实务为目的，一年级重视基础理论，二年级是专业进阶，三年级注重"多样精密"，四年级重视"创意专业"。见表4-19。

235

表4-19 台湾辅仁大学影像传播学系三大学域课程模块地图（2011.12.14 修订）

	一年级	二年级	三年级	四年级	学分数
核心必修	导师时间（必 0/0） 英语听讲（必 1/1） 广电概论（必 2/0） 多媒体概论（必 2/0） 电影概论（必 2/0） 摄影原理与实务 A（必 2/0） 摄影原理与实务 B（必 2/0） 录像创作 A（必 2/2） 录像创作 B（必 2/2） 计算机影像处理 A（必 0/2） 计算机影像处理 B（必 0/2） 媒体素养（必 0/2）	导师时间（必 0/0） 剧本写作 A（必 2/0） 剧本写作 B（必 2/0） 传播法规（必 0/2） 媒介科技（必 0/2）	导师时间（必 0/0） 传播理论（必 2/2） 传播研究方法（必 2/2）	导师时间（必 0/0） 毕业制作 A 制片组（必 3/3） 毕业制作 B 网络多媒体组（必 3/3） 毕业制作 D 电制组（必 3/3） 毕业制作 E 毕筹组（必 3/3） 国际电讯传播（必 2/2）	必修学分：42 上学期：22 下学期：20
共同选修	国际关系（选 2/0） 艺术鉴赏与评论（选 0/2） 电影生活英文（选 0/2）	营销传播（选 2/0） 影像新闻学（选 0/2） 传播创意（选 0/2）	音效制作专题（选 2/0） 影像后制（选 2/0） 文化创意产业（选 0/2）	专业实习（选 2/0） 媒介经营与管理（选 2/0） 传播英文选读（选 2/0）	《共同必修-总学分数》 上学期：37 下学期：33 《三大学域/共同选修-总学分数》 上学期：52 下学期：68
广电学域		声音训练（选 2/0）电台实务（选 2/0，台长开课） 电台管理（选 0/2，台长开课） 电视节目企划与制作（必选 0/3） 广播节目企划与制作（必选 0/2） 影视企划训练（选 0/2） 影视企划与制作（选 0/2）	纪录片研究（必选 2/0） 进阶电视节目企划与制作（必选 0/3） 电视新闻（选 0/2）	广电媒体研究（必选 2/0）	《开课学时数》 上学期：14 下学期：12 《开课学时数》 上学期：8 下学期：16

236

第四章　市场与技术引导下的新闻传播教育（1992年至今）

续表

	一年级	二年级	三年级	四年级	学分数
网路多媒体学域	动漫素描（选0/2） 网路与国际关系（选0/2）	进阶摄影（选2/0） 计算机绘图与排版（选2/0） 2D动画（选0/2） 动画影片（选0/2）	网路传播（必选0/2） 互动媒体设计（必选2/0） 应用摄影（选2/2） 3D数字动画（必选2/2） 网页设计（必选2/0） 数字设计美学评析（必选0/2）	数位营销（选2/0）	《开课学时数》 上学期：12 下学期：20
电影学域	戏剧原理（选2/2） 类型电影（选0/2） 电影发展史（选0/2） 电影与哲学（选0/2） 好莱坞电影产业（选0/2）	作者电影（选2/2） 剧场实务（选2/0） 影像美学与应用（选0/2） 进阶剧本写作（选0/2） 电影技术美学（选0/2）	电影企划实务（选2/0） 法国电影（选2/0） 进阶录像创作（必选2/2） 科幻电影（选2/0） 台湾电影（选0/2）	电影理论与批评（必选2/2）	《开课学时数》 上学期：18 下学期：20

说明：

(1) 毕业学分128学分：包含校定必修32学分+系定必修42学分+系内选修至少32学分。

(2) 学域必选10~15学分（广电15学分、多媒体10学分、电影10学分）。

(3) 选修39~44学分（本系选修至少需32学分，外系选修可计入毕业学分）。

(4) 自2010学年度入学学生开始，通识课程以12学分为上限，多修者不算毕业学分。历史课程须修满2学分。

(5) 自2011学年度入学学生开始，改为通识课程10学分（人文艺术+社会科技+自然科学+社会科学）+历史课程2学分。

资料来源：台湾辅仁大学影像传播学系课程规划，http://www.commarts.fju.edu.tw/2012年3月5日。

由于要学习广播电视、电影、网路多媒体制作的理论与技术,台湾辅仁大学影像传播学系的课程设置比较复杂。总体来说有以下几个特色:(1)一年级核心必修课程以概论和技术课程为主,两者比例大致为1:1。概论性课程包括广电概论、多媒体概论、电影概论、媒介素养等。技术类课程包括摄影原理与实务、录像创作、计算机影像处理。(2)二年级课程除剧本写作、传播法规、媒介科技等核心必修课程外,以广电学域、网路多媒体学域、电影学域的理论与制作、设计课程为主。要求学生学域必选10~15学分(广电15学分、多媒体10学分、电影10学分),要求所有学生必选电视节目企划与制作(3学分)、广播节目企划与制作(2学分)。(3)三年级则以进阶制作、学习毕业论文和今后研究所需的传播理论与研究方法为主。其中传播理论(2学分)、传播研究方法(2学分)为核心必修。纪录片研究(2学分)、进阶电视节目企划与制作(3学分)、网路传播(2学分)、互动媒体设计(2学分)、网页设计(2学分)、数字设计美学评析(2学分)、进阶录像创作(2学分)为必选。(4)大四则以各领域毕业制作与毕业实习为主,有广电媒体研究(2学分)、电影理论与批评(2学分)2门必选,并介绍媒介经营与管理、数位营销等课程。4年须修够128学分,包含校定必修32学分、系定必修42学分、系内选修至少32学分。但是对于选修课程的规定是,选修学分要达到39~44学分(本系选修至少需32学分、外系选修可计入毕业学分),可以看出因为课程目标相对较重,所以学生可以选修的课程种类以专业为主。

(三)各主要学校广告学专业课程介绍及特点分析

1. 台湾文化大学新闻暨传播学院广告学系课程

台湾文化大学于1986年成立台湾第一个大学广告系,该校广告系原分成A、B两班,这两班的走向不同,A班的成立宗旨为策略规划,而B班首重创意设计。目前广告系分为广告策略企划学群、广告表现创作学群及创意产业行销三个学群,分组招收不同专长的学生,显示广告教育的多元特色。

如前所述,台湾文化大学整体课程架构包括五个层次:(1)校定

第四章 市场与技术引导下的新闻传播教育（1992年至今）

共同必修科目；（2）院定必修科目；（3）系定专业共同必修科目；（4）专业分组（即学群）必修科目；（5）自由选修。

表4-20 台湾文化大学新闻暨传播学院广告学系科目表

必修类别	科目名称	规定学分	第一学年 上	第一学年 下	第二学年 上	第二学年 下	第三学年 上	第三学年 下	第四学年 上	第四学年 下	备注
通识科目	国文	4	2	2							
	外文类	6	3	3							六选一课程
	外语实习（一）（二）	4	1	1	1	1					
	历史类	2		2							
	电脑资讯类	4	2	2							
	人文、文明思想和艺术领域	6									不含历史类
	社会科学领域	2	4	4	2	2					
	自然科学与数学领域	4									不含电脑资讯类
共同科目	体育	0	0	0	0	0	0	0			
	军训	0	0	0							
通识及共同必修学分合计32学分											
专业必修科目	媒体素养	2	2								院必修
	广告学概论	4		2	2						
	行销原理	4		2	2						
	消费行为广告心理	4				2	2				
	创意原理	2				2					
	传播理论	4			2	2					院必修
	传播研究方法	2			2						院必修
	传播统计学	2				2					院必修
	广告英文	3				3					
	广告策划与企划	4					2	2			
	广告专题讲座	4					2	2			
	毕业制作与实习	6							3	3	
	传播伦理与法规	2								2	院必修
	专业必修合计	43	6	4	8	9	4	4	3	5	
（A）广告企划学群			（B）广告表现创作学群				（C）创意产业行销学群				

续表

必修类别	科目名称	规定学分	第一学年 上 下	第二学年 上 下	第三学年 上 下	第四学年 上 下	备注
	课程	年级 学分	课程	年级 学分		课程	年级 学分
必修	行销研究	四全 4	设计基本原理	一上 3		创意产业行销与实务	三下 3
	媒体计划	三 2	视觉传达原理	二上 3	必修	创意产业专题	四上 3
	整合行销传播	二 2	广告设计	二下 2		文化创意产业概论	二上 2
	小计	8	小计	8		小计	8

各学群分别选修课程

	科目	年级 学分	科目	年级 学分		科目	年级 学分
	广告与社会	一 2	色彩学	一 2		广告创意解说	二 2
	广告经济学	一 2	设计绘画	一 2		广告与艺术涵养	二 2
	公共关系概论	一 2	摄影实务	一 2		视觉表现与文化符码	二 2
	竞选广告	二 2	电脑绘图	一全 4		公益广告	二 2
	管理学	二 2	设计艺术史	一 2		产品规划	二 2
	广告个案	二 2	视讯器材操作实务	二 3		事件行销	三 2
	广告媒介	二 2	字学暨版面设计	二 2		形象识别设计	三全 4
	公共关系个案研究	三 2	FinalCutPro	三 4		创意生活产业	三 2
必修	广告讯息与说服	三 2	电子媒介广告制作	三全 4	选修	包装设计	三 2
	提案简报技巧	三 2	广告创作实务	三全 4		政府公关	三 2
	广告文案写作	三 2	多媒体网页制作	三 2		关系行销	四 2
	消费者资料库运用	三 2	展示设计	四 2		地方产业创意行销	四 2
	网路行销与广告	三 2	动画制作实务	四全 4		文化资产	四 2
	促销活动	三 2				智慧财产权	四 2
	国际行销	四 2				艺术行销	四 2
	品牌经营	四 2				社会行销	四 2
	小计	32	小计	37		小计	34

资料来源：台湾文化大学新闻暨传播学院广告学系必修科目表，http://www2.pccu.edu.tw/CRJADV/data/201097256974.pdf，2012年5月4日。

台湾文化大学的新闻学系、广告学系、资讯传播学系以及大众传播学系，每个系均提供3个学群。广告学系提供的学群是广告企划学群、广告表现创作学群、创意产业行销学群。广告学系的每位学生至少须选两个学群。其中一个须为本系学群；每学群必修与选修合计须达24学分。见表4-20。

台湾文化大学广告学系毕业学分共128学分，分为校定必修（共32学分）、院定必修（16学分）、系定专业共同必修科目（27学分）、专业分组（即学群）必修科目（8学分）、专业分组（即学群）选修学分（16学分）以及本系选修与外系选修（共29学分）。其中校定必修通识课学分占总学分的25%，院定必修课中以传播学理论与传播方法研究为主，系定专业共同必修科目与专业分组（即学群）必修科目中，理论与实务课程的比例约为1：1.2；学群选修课以具体实务课程为主，力图使学生掌握企划、创作以及行销的实际技能，但学分所占比例只有总学分的12.5%。要在有限时间内，使学生掌握一定动手能力，就必须对教师专业能力以及实习、校内实践等环节提出更高要求。总体来讲，文化大学广告学系的必修课程重视教授基础理论，实务类课程和动手能力的培养主要放在选修课程中进行。由于这个课程是2010年新实施的教学计划，效果如何还有待于进一步观察。

2. 台湾政治大学广告学系课程

1957年，台湾政治大学新闻系开设了"广告学概论"课程，由宋漱石任教，后由余圆燕接任，这可以说是台湾最早的广告教育。1968年台湾政治大学新闻系开始分组，其中"公共关系广告组"设有"广告运动与企划""印刷媒体广告制作""电子媒体广告制作"等课程，前2门课由刘会梁老师讲授，后1门课由陈福旺老师讲授。1987年8月，政治大学设立了广告学系，同期，台湾淡江大学、台湾辅仁大学、台湾世界新闻专科学校及台湾铭传管理学院，也都在相关科系中开设广告课程或成立广告组。之后不久，台湾辅仁大学也成立广告学系。

自1988年起，台湾政治大学广告学系配合传播学院学程规划，制定最低毕业学分为128学分。除校级、院级必修科目及自由选修科目外，学生必须在本系"公共关系""广告企划""跨媒体创作"3个专精领域学程中至少选修1个学程，并依规定修毕相关学分才得毕业。教学的核心理念是在"人文素养之通识教育基础上，提供广告与公关之专业养成训练，培养理论与实务并重之专业人才"。课程规划如下：

第一，校级课程。基础语言通识包括中国语文、外国语文。一般通识分为人文科学、社会科学、自然（生命）科学。

第二，院级课程。院共同必修：大众传播概论、大众传播史、媒介写作概论、视听传播、传播理论、传播研究方法。院共同选修：如传播英文、现代文选、传播法规等科目。工作坊：为无学分之短期训练，旨在提供修习该院各项课程前所需之基本技能，如排版、绘图、摄影、流动影像与声音制作等。

第三，系级专业学程。台湾政治大学传播学院3系共设有8个专业学程（新闻编采学程、网络及多媒体学程、国际传播学程、公共关系学程、广告企划学程、跨媒体创作学程、广电节目设计与创作学程、电讯传播与媒介管理学程），该院学生须自所属学系中至少修毕一个学程。见表4-21。

公共关系学程的宗旨是以培养具公共传播学理背景的公关沟通人才为目标。整个学程18学分中，必修科目是公共关系概论（3学分），课程结合公关理论与实务，介绍公共关系运作的范围、定位、角色与功能，帮助学生认识公共关系的基本概念及相关领域。除必修3学分外，其他15学分必须于该学程或广告企划学程之整合行销模组中修读，合计至少修毕18学分，方可取得该学程的修习证明。该学程的基盘模组以公共关系的基础理论与实务为主，核心模组则以分类公共行销以及专题理论研究为主。在整合模组中，则进行整合行销的学习和实习训练。

第四章　市场与技术引导下的新闻传播教育（1992年至今）

表4-21　台湾政治大学广告学系专业课程科目表

广告系专业领域学程科目一览表（2004~2009级适用）

【公共关系学程】：至少修读18学分（广告系双主修学生至少修21学分）

模组名称	科目名称	修别	学分	期别
基盘模组	公共关系概论	必	3	二上
	公共报道与公关写作	选	3	二下
核心模组	公共关系与公众管理	选	3	三上
	企业公关	选	3	三上
	社会行销	选	3	三下
	政治公关	选	3	四上
	公关理论专题	选	3	四上
	公关研究专题	选	3	四下
整合模组	公关策略与企划	选	3	三下
	公关与整合行销传播	选	3	四下
	专业实习	选	1	四上

特殊选课规定：
（1）修读本学程者至少须修毕18学分。
（2）除必修3学分外，其他15学分得于本学程或"广告企划学程"之"整合行销模组"中修读。

【广告企划学程】：至少修读24学分

模组名称	科目名称	修别	学分	期别
必修科目	广告学原理	必	3	二上
	毕业制作专题	必	3	四下
企划基盘模组	行销原理	选	3	二下
	消费行为	选	3	二上
	市场调查与统计应用分析	选	3	三下
	广告心理与广告效果评估	选	3	四上
整合行销模组	整合行销传播	选	3	三上
	公关策略与企划	选	3	三下
	直效行销	选	3	四上
	社会行销	选	3	四下

● 台湾新闻传播教育初探

续表

模组名称	科目名称	修别	学分	期别
广告企划模组	广告策略与企划	选	3	三上
	创意策略与企划	选	3	三上
	媒体策略与企划	选	3	三下
	专题研究	选	2~4	四下

特殊选课规定：
（1）修读本学程者至少须修毕24学分。
（2）"广告学原理"挡修本学程其他科目。
（3）同时修读"广告企划学程"及"跨媒体创作学程"者，须择一学程修读该学程之"毕业制作专题"课程3学分；另一学程之"毕业制作专题"课程3学分，得任选该学程其他科目3学分替代。

【跨媒体创作学程】：至少修读24学分

模组名称	科目名称	修别	学分	期别
"整合性"课程	毕业制作专题	必	3	四下
	跨媒体构成专题	选	3	四上
	平面复合媒体	选	3	三下
	创意策略与企划	选	3	三下
"艺术理论与赏析"领域四选一	视觉与文化理论	群	3	四上
	视觉表现发展史专题	群	3	三下
	现代艺术欣赏	群	3	三上
	艺术概论	群	3	二上
"静态影像表现"模块	基础静态摄影	选	3	二上
	进阶静态摄影专题	选	3	二下
"文字表现"模组	基础创意写作	选	3	二上
	进阶创意写作专题	选	3	二下
"绘画表现"模组	基础绘画	选	3	二上
	绘画创作	选	3	二下
"数字艺术与设计"模组	基本设计	选	3	二上
	进阶设计专题	选	3	二下
	色彩理论与应用	选	3	三上
	数位媒体创作	选	3	三下

第四章 市场与技术引导下的新闻传播教育（1992年至今）

续表

模组名称	科目名称	修别	学分	期别
"流动影像表现"模组	广播制作	选	3	二下
	音乐概论	选	3	二上
	音响学	选	3	三下
	流动影像设计	选	3	三上
	流动影像表现专题	选	3	三下

特殊选课规定：
（1）修读本学程者至少须修毕24学分。
（2）同时修读"跨媒体创作学程"及"广告企划学程"者，须择一学程修读该学程之"毕业制作专题"课程3学分；另一学程之"毕业制作专题"课程3学分，得任选该学程其他科目3学分替代。
资料来源：台湾政治大学广告学系2004～2009级广告系专业领域学程科目表，http://www.ad.nccu.edu.tw/curriculum03.html，2012年3月15日。

广告企划学程的宗旨是以广告原理为基础，强化学生广告策略及整合营销之专业企划能力与技巧。必修科目有广告学原理（3学分）、毕业制作专题（3学分）。台湾政治大学广告学系没有专门开设广告史以及法规道德课程，广告学原理课程即涵盖了所有内容，包括：简述广告历史、定义、功能、类型；简介广告企划核心概念与流程；剖析广告主、媒体与广告代理的功能与结构；传统媒体、新兴媒体的特性及广告道德、法规、批判等，内涵甚多。毕业制作专题则作为本学程4年来学习成果的总验收。整个广告企划学程由必修科目、企划基盘模组、整合行销模组、广告企划模组组成。

跨媒体创作学程的宗旨是以纯艺术性创作为主，应用设计为辅，整合绘画、声音、文字、科技影像等表现工具为一体，配合艺术史、文化评论及赏析等素养，培养学生多方位的创造力。必修科目毕业制作专题（3学分）由学程内所有相关教师共同参与，辅导学生以系列作品呈现个人在媒介融合中的作用及特定的创作语言。修课规定至少修毕该学程的24学分，包括："整合性"课程3学分（即上述毕业制作专题）；"艺术理论与赏析"领域，至少选修1科3学分；并选修进阶艺术表现工具模块学分（即"静态影像表现""文字表现""绘画表现""数字艺术与设计"流动影像表现"等模组），方可取得本学程修习证明。

据曾经担任过台湾政治大学广告学系系主任的郑自隆教授介绍，在该校传播学院中，广告学系算是热门学系，学生取分和学习积极性都很高。学生整体素质在台湾算是很好的。广告学系课程分为广告企划学程、公共关系学程、跨媒体创作学程，细化了培养目标。丰富的选修课资源也使学生能够丰富自己的知识体系，并有针对性地增加某一特定领域的专业知识，达到理论与实践的结合①。

3. 台湾辅仁大学广告传播学课程设置

台湾辅仁大学广告传播学开设的课程，大致可分为 2 大类、6 大区块。具体见表 4-22：

第一，基础学科课程。

第 1 区块为一般基础学科，包括人文学门、社会科学及其他校定通识课程，目的在于培养学生广博的通识素养。外文必修占 6 学分。

第 2 区块为传播基础学科，目的在于训练学生的媒体素养与传播思维。包括传播统计与实习（3 学分）、传播研究方法与电脑运用（3 学分）、电视原理与制作、大众传播理论（3 学分）等课程。

第 3 区块为行销管理学科，目的是培养学生以更宽广的行销与品牌视野看待广告与公关。

第二，专业核心学术课程。

第 4 区块为广告企划，课程以培养学生掌握各类型媒体的广告企划的专业能力为目的，以实务性质为主。

第 5 区块为公共关系企划，目的在于培养学生公关企划的专业能力，课程以实务为主。

第 6 区块则为多媒体企划，目的在于培养学生多媒体企划的专业能力，课程以实务为主。

---

① 郑自隆访谈，2011 年 7 月 21 日于台湾政治大学教师办公室。

第四章 市场与技术引导下的新闻传播教育（1992年至今）

表4-22 台湾辅仁大学广告传播系四年课程表

		一年级	二年级	三年级	四年级	必修
基础学科	一般基础学科	国文（必2/2） 外文（必2/2） 大学入门（必2/0） 社会学（必2/0） 经济学（必2/0） 美学（选2/0） 心理学（必0/2） 军训（必0/0） 体育（必0/0）	企业管理（选2/0） 体育（必0/0） 外文（必2/2）	人生哲学（必2/2）	专业伦理（必2/0）	28（未含通识12学分）
	传播基础学科	传播统计与实习（必0/3）	传播研究方法与电脑运用（必0/3） 电视原理与制作（必0/2） 专业英文（必2/2）	传播原理与印前作业（选2/0） 大众传播理论（必0/3）		11
	行销管理学科	行销原理（必2/2）	市场调查（必2/2） 行销策略（必2/2） 消费行为（必2/2） 社会行销（必2/2）	品牌管理（选0/3） 整合行销传播（选2/0） 品牌行销传播实务（选2/0） 数位行销（选0/2） 议题行销（选0/2）	行销个案研究（选2/0）	12

247

续表

	一年级	二年级	三年级	四年级	必修
专业学科	广告企划	广告学（必 3/0）	广告设计（必 2/2） 广告文案（必 3/0） 广告创意导论（选 2/0） 媒体企划（必 0/2） 广播广告企划与制作（选 0/2） 广告心理学（选 0/2） 广告实务（选 0/2）	广告策略与企划（必 3/0） 广告影片企划与制作（选 0/2） 网路广告设计与制作（选 2/0） 印刷媒介广告制作（选 2/0） 媒体企划实务（选 2/0） 行销与广告实务（选 3/0） 广告效果测定（选 0/2） 整合行销传播专题（选 0/2）	政治广告（选 2/0） 广告专业活动企划（选 2/0） 广告法规（必 0/2） 广告专业活动展示设计（选 0/2） 广告个案研究（选 2/0） 专业实习（选 2/2） 专业实务制作（选 2/2）	21（含毕业学分）
	公共关系企划	公关概论（必 2/0）	公关写作（必 3/0） 企业公关实务（选 2/0） 公共关系与媒体策略（选 0/2）	公关策略与企划（必 3/0） 公关实务制作（选 2/0） 公共关系管理（选 0/2）	专业个案研究（必 2/2） 公关个案研究（选 2/0） 专业实习（选 2/0） 专业实务制作（选 2/0）	21（含毕业 4 学分）
	多媒体企划	基础摄影（必 2/0） 设计素描（选 2/0） 电脑绘图（选 0/2） 视觉传达设计（选 0/2） 设计绘画（选 0/2） 电脑影像处理（选 0/2）	电脑排版与设计（选 2/0） 商业摄影（选 2/0） 网站设计与制作（选 2/0）	3D 动画（选 0/3） CI 制作品牌企划与设计（选 0/2） 多媒体策略与企划（选 0/3）	专业实务制作（必 2/2） 专业实习（选 2/0）	11（含毕业 4 学分）

资料来源：台湾辅仁大学广告传播系课程表，http://www.adpr.fju.edu.tw/object/download/课程结构.pdf，2012 年 3 月 3 日。

第四章 市场与技术引导下的新闻传播教育（1992年至今）

上述6大区块的基础学科课程，目的在于帮助学生循序渐进地学习大学里的通识与基础课程，并为进入专业核心课程学习做准备，第1区块至第3区块绝大多数课程都安排在低年级。第4区块至第6区块为专业核心学科课程，注重专业技能的培养，力图将学生培养成为满足市场基本需求且具备就业能力的专业企划人才。

（四）各主要学校传播管理学系专业课程介绍及特点分析

1. 铭传大学传播管理学系课程

铭传大学自1980年创办大众传播科，目前的发展状况见图4-4：

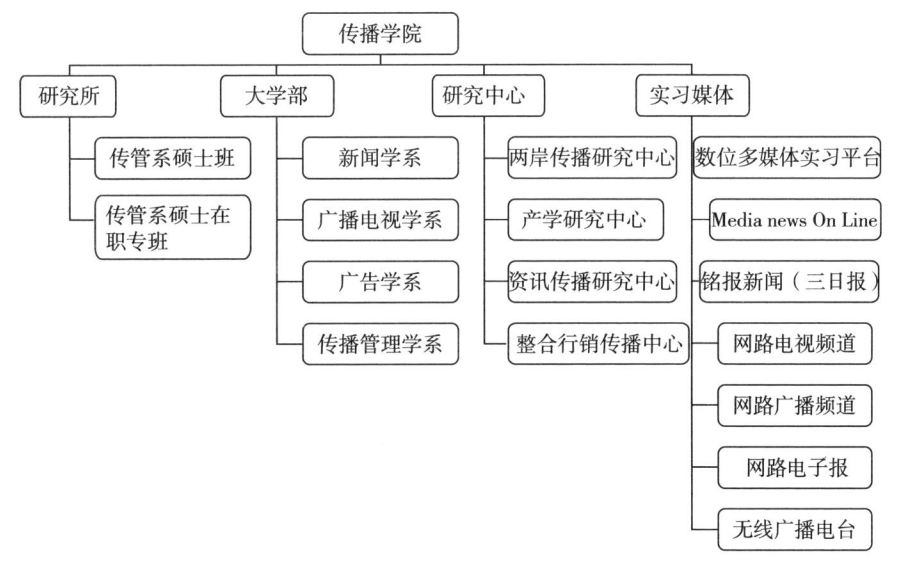

图4-4 铭传大学传播学院系所概况

资料来源：台湾铭传大学传播学院系所概况，http://web.cm.mcu.edu.tw/zh-hant/node/4，2012年3月5日。

铭传大学传播学院目前设有传播管理学系、新闻学系、广播电视学系、广告学系。2009年，为适应数字汇流产业趋势以及产业市场结构与营运模式的变革，传播管理研究所与原数字信息传播学系合并，成立传播管理学系，并于2010年招收第一届传播管理学系学生。铭传大学在台湾地区以传播管理学科闻名，该校的传播管理研究所是台湾最早创设的传播管理类研究所，在管理、教学、实习方面都颇具特色。笔者

249

● 台湾新闻传播教育初探 ▶▶▶

2011年7月至8月赴台交流访问期间，专门对其课程与学生实习进行了解。

铭传大学传播学院大学部采用"整合传播"的教学模式，大一、大二不分系。大学部共设计17个专业课程：社会科学课程、传播理论课程、媒体管理课程、中国大陆传播课程、语言训练课程、英文专业实习课程、国际交换生专业课程、网路多媒体课程、新闻产制课程、广电产制课程、广电市场课程、整合行销课程、品牌管理课程、数位内容产制课程、数位传播管理课程、校定共同课程、院定必修课程。学生可依个人兴趣和能力，自由选修符合个人发展的专业课程。

铭传大学传播学院传播管理学系的课程分为校定基础专业学程、院定基础专业学程、系定专业必修、专业选修4个部分，学生必须在4年内修习128学分方可毕业。校定基础专业学程是铭传大学校定的四年必修课程（包括中国文学鉴赏、应用英文、多媒体应用、当代思潮与台湾发展、历史文化与社会变迁、通识课程等校定必修课程，共28学分）；院定基础专业学程则是铭传大学传播学院规定四年内的必修课程（包括广播节目制作，视觉传播，广告学，新闻采访写作（一、二），传播原理（一、二），传播研究方法（一、二），新闻原理与编辑（一、二），摄影实务，电子媒介概论（一、二），广告实务，公关概论，公关实务，大传讲座，传播实务，毕业论文等课程，共46学分）；系定专业必修，包括计算机绘图、数位传播、媒介事业管理、多媒体网页设计、数位内容管理、媒介财务管理、媒介行销管理、人力资源管理，共16学分；专业选修（含经济学、传播统计学必选），包括传播理论、行销及管理、广电及新闻产制、数位传播4个学程，共须修满38学分。① 分析上述课程，其中校定必修通识课占21.9%；院基础专业课程中，实务类课程共有22课时占47.8%；系定专业共同必修科目中，实务课程有4课时，占25%。选修课除要求

---

① 课程资料整理自台湾铭传大学传播管理学系日间部年课程架构，http：//web.cm.mcu.edu.tw/sites/default/files/u3/100_str.pdf，2012年3月5日。

经济学、传播统计学必选外，其余多以实务课程为主，加上校内、校外实习的时数，使台湾铭传大学传播管理学系课程的特点非常明显，就是力图使学生具体掌握企划、创作以及行销的实际技能，充分突出学生的动手、表达能力。

在传播学院一、二年级不分系的院定基础专业课程当中，全院课程的重点，是放在大一的新闻原理与编辑、新闻采访写作，以及大三的媒体实务课程上面。大一的新闻原理与编辑、新闻采访写作课程，采用3位老师负责1班的教学方式。每周由该3位老师负责轮流教授其承担的课程。进行实际编辑与写作练习课程时，每班分成3个组，由每1位老师分别负责督导各组学生练习与上课。在大一上学期期末实施两次班报制作比赛、下学期期中则组织校庆网络快报比赛；班报比赛由3位老师负责评审，评选比较该班3组班报之优缺差异，快报比赛则动员全院大一共4个班教授新闻原理与编辑、新闻采访写作的所有老师进行网络评审作业，当日评分，并选出分数最高的小组与学生记者公开表扬。陈耀竹院长介绍说："大一在校庆的时候我们就进行快报比赛，就在校园里头，学生要快报比赛，然后要算成绩……所以他们在一年级，采访跟编辑大概训练就OK啦。他们的快报比赛都弄得很漂亮，先做采访，然后电脑上编辑再送到现场，就会找我们的老师现场来做评审。"[①] 大三的媒体实务，则采用大编辑台（或称数字编辑台、数字多媒体平台）作业，以铭报 MOL（Media News on Line）网站为主体，分为前置作业的讯息中心、守门的编辑中心与产出的后制中心。选择媒体实务单位时，学生分7人为1组并提出企划案，由老师通过面试后即可进入该讯息中心。不过每位学生仍必须参与编辑中心与后制中心的工作，因此学生须身兼数职。讯息中心分为媒体观察、传播论坛、铭报人物、全民大调查、两岸新闻、广播产业新闻、电视产业新闻、出版产业新闻、报业产业新闻、电讯科技新闻、广告公关新闻等11组与媒体有关的项目。理想上讯息中心每组

---

① 陈耀竹访谈，2011年7月28日于铭传大学传播学院院长办公室。

产制量须达到每日产制 1 则新闻、每两周 1 则专题、一个月 10 分钟电视节目及一个月 30 分钟广播节目①。实务课程基本上保证了学生在校期间掌握并实践各类型媒体讯息的制作技能。

铭传大学传播学院还十分看重实践,它的实习媒体包括:数位编辑台(MOL)、网路电子报、网路广播电台、网路电视台,此外尚有《铭报新闻》(三日报)、铭传电视台、铭传无线广播电台(FM88.3)、虚拟摄影棚等。学校利用寒暑假期间,安排学生至各大传播媒体及传播专业机构实习。《铭报新闻》是台湾大学中第一份在台湾新闻主管部门登记出刊并实际对外发行的专业媒体刊物。该校组织的历届"两岸新闻报导奖"如今在台湾社会已有一定影响力。此外,传播学院要求每位学生至少接受校内传播媒体暨事业专业实习 1000 小时以上,校外专业传播机构实习 200 小时以上。比如大陆研究生和教师到该校传播学院交流或访问,都有实习学生陪同。这些经过选拔的同学在平时没课或假期时都要到学院参与接待、安排工作,或协助学院教师工作,学生在实习过程中锻炼了待人接物等各种能力,并且表现会计算入实践成绩,找工作时也会得到学院的优先推荐。

2. 世新大学传播管理学系课程设置

世新大学认为传播管理的意涵包括"传播媒体的经营管理"以及"传播流程的经营管理"两个层面。"传播媒体的经营管理"是指传播媒体也是一种企业组织,为了提升媒体事业的经营绩效,就必须如一般制造业或服务业一样,引进专业化的管理知识,对媒体事业内部进行整体层面的策略管理以及部门或功能层级的生产管理、营销管理、人力资源管理、财务管理、信息管理等。而外部环境因素(政治、经济、社会、文化、法律、科技等)以及外部利害关系人(社会大众、政府、广告主、广告商、媒体购买公司等)之影响,都属于传播媒体的经营管理范畴。"传播流程的经营管理"是指可以把传播视为一个流程概念,

---

① 林靖堂:《从新闻专业性探讨台湾地区传播学院教育问题之研究》,学士学位论文,台湾铭传大学,2004,第 24~25 页。

其中包括创意想象、内容产制、内容配送、内容呈现与展示、消费者与阅听众行为等，需要透过管理来整合流程中所需要的相关资源（如人力、物力、财力、知识、技术等），以提高流程执行的效率与效果，在传播工作中，管理者所扮演的是"整合资源以达成目标"的重要角色。因此，台湾世新大学传播学系的课程设置以"传播媒体的经营管理"与"传播流程的经营管理"两个核心概念为基础，培育兼具"传播"与"管理"两种专业能力的经营管理人才，以协助传播产业以及一般企业的业务、企划、营销等部门进行创新、转型与竞争力的提升。[①]

表4-23 台湾世新大学新闻传播学院传播管理学系
2011学年度日间学制学士班课程

项目	科目	全、半年	授课时数	学分数上	学分数下
第一学年（2011学年度）					
校定必修	国文领域	全	6	3	3
	外文英文	全	6	3	3
	0 英语听读实习	全	4	1	1
	媒体识读	半	2	2	
	资讯素养	半	2	2	
	名著选读	半	2	2	
	法律与生活	半	2		2
	0 电脑与资讯科技	半	2		2
	体育	全	4	0	0
	服务教育	全	*	0	0
	新鲜人守护神	全	*	0	0
院定必修	传播技能	全	4	2	2
系定必修	会计学（财金系）	全	4	2	2
	传播产业概论	半	3	3	
	传播组织与管理概论	半	3		3
	必修总计			20	18

上限25学分　下限16学分

---

① 台湾世新大学传播管理学系建立宗旨，http://cm.shu.edu.tw/01_about_cm1.php，2012年3月17日。

续表

项目	科目	全、半年	授课时数	学分数 上	学分数 下
校必	体育	半	2	0	
		半	2		0
院定必修	传播理论	全	4	2	2
	统计学	全	4	2	2
	经济学	全	4	2	2
系定必修	媒体人力资源管理	半	3	3	
	媒体资讯管理	半	3	3	
	媒体行销管理	半	3	3	
必修总计				15	6
系定选修	商用套装软体入门	半	3	3	
	媒体英文	全	6	3	3
	基础日语	全	6	3	3
传播产业模组	跨国媒体集团	半	2	2	
	传播科技变迁史	半	2	2	
	媒体经济学	半	2		2
媒体数位化产制与专业管理模组	个人与群体资讯系统	半	3	3	
	组织行为（企管系）	半	3		3
	资料库管理	半	3		3
	内容产制概论	半	3		3
	网路媒体平台建制与管理	半	3		3
媒体行销管理模组	品牌管理	半	2		2
	产品与定价管理	半	2		2
	通路与物流管理	半	2		2
选修总计				16	26

第二学年（2012学年度）

上限 25 学分　下限 16 学分

第四章 市场与技术引导下的新闻传播教育（1992年至今）

续表

项目	科目	全、半年	授课时数	学分数 上	学分数 下
校必	体育	半	2	0	
		半	2		0
院必	传播与文化	半	2	2	
系必	E化传播作业管理	半	3	3	
	媒体财务管理	半	3		3
	媒体经营策略管理	半	3		3
	必修总计			5	6
系定选修	商用英文	全	4	2	2
传播产业模组	文化与消费	半	3	3	
	WTO对文化产业的影响	半	2	2	
	传播产制提案管理	半	2	2	
	媒介影音制作人（一）音乐类	半	3	3	
	华人影视市场	半	2		2
	传播产业分析与写作	半	2		2
	传播政策与法规	半	3		3
	媒介影音制作人（二）电影类	半	3		3
媒体数位化产制与专业管理模组	媒体作业自动化系统	全	4	2	2
	创意开发与创意产业	半	2	2	
	智慧财产管理	半	3		3
	传播专业管理	半	3		3
媒体行销管理模组	行销企划撰写实务	半	2	2	
	研究方法	半	3	3	
	资料分析与统计套装软体	半	3	3	
	阅听人与消费者研究	半	3		3
	跨媒体整合行销传播	半	3		3
	民意测验与市场调查	半	3		3
	行销传播执行实务	半	3		3
	选修总计			24	32

上限25学分　下限16学分

续表

项目	科目	全、半年	授课时数	学分数 上	学分数 下
第四学年（2014 学年度）					
系必	经营绩效分析与管理	半	2	2	
	跨媒体资源整合管理	半	2		2
	必修总计			2	2
系定选修	毕业专题	全	4	2	2
	媒体实习	半	2	2	
	管理者素养	半	2	2	
传播产业模组	媒介影音制作人（三）电视类	半	3	3	
	电视媒体经营管理	半	2		2
媒体数位化制作与专业管理模组	数位化制管理实务	全	4	2	2
	多媒体企划与应用	半	3	3	
媒体行销管理模组	媒体分析与规划	半	3	3	
	国际行销	半	2	2	
	业务实务专题（一）	半	2	2	
	网路行销实务	半	2		2
	关系资产管理	半	2		2
	业务实务专题（二）	半	2		2
	数位行销		3		3
	选修总计			21	15

上限 25 学分　下限 16 学分。课程名称前加"0"者，须缴交实习费用。

注①：世新大学毕业总学分数最低 128 学分，其中 40 学分须为 300 号以上课程之学分数。毕业总学分包括：（1）必修学分数共 74 学分，包含校定必修 24 学分，院定必修 10 学分，系定必修 40 学分。（2）选修学分数：42 学分。包括系定选修（含模块）最低学分数 13 学分；其余学分开放至外系选修。（3）通识课程学分数：12 学分。

注②：通识课程一至四年级修习，至少修习 12 学分。其中计分史哲学科、社会科学、自然科学及文学艺术四大类，每一类至少必须修习 2 学分，方得毕业。

注③：系要求本系学生应修毕本系一个模块。取得模块资格之学分数，分别为传播产业（至少 13 学分）、媒体数位化制作与专业管理（至少 15 学分）、媒体行销管理（至少 16 学分）。语文课程（英文或日语至少 6 学分）。

资料来源：台湾世新大学新闻传播学院传播管理学系课程，http：//cm.shu.edu.tw/main_new/under/course1/100A.pdf，2012 年 3 月 17 日。

第四章 市场与技术引导下的新闻传播教育（1992年至今）

世新大学传播管理学系的课程以校定必修、院定必修、系定必修、系定选修四部分组成（见表4-23）。如前所述，在校定必修课程中，该校课程英语学分所占比重比其他学校大。院定必修课程同样由传播技能（一年级就开设，使学生入学即掌握相关技能，培养兴趣与基础动手能力）、传播理论、传播与文化3门课程组成。系定必修课程必须要学习财务金融学系的会计学（4学分）、经济系的统计学（4学分）、经济学（4学分）、媒体财务管理（3学分）等基础课程。系定选修则分为传播产业、媒体数位化产制与专业管理、媒体行销管理3个模组。第三、四年则以选修课程为主。

综上，台湾不同层次学校主要专业课程的设置体现出以下几个特点：

第一，课程多以学程制或学群制为主，整合资源并富有弹性。传统新闻传播学专业课程常被人诟病的问题就是以媒介区隔来制定课程，不适应当前媒介融合化的趋势，分割学生思维。自从台湾政治大学首推学程制后，许多学校纷纷效仿。在学程制的实施过程中，学校将课程组设置成模块，根据学生发展的需要来拼搭课程体系。根据课程模块弹性化和因人而异的组合，使课程体系能够兼容多种类型人才的培养。[①] 在满足社会发展需要的前提下，尽可能多地满足学生个性发展的需要，这是现代高等教育努力追求的目标。校学程、院学程在学习前段能保证学生掌握较为宽厚的基础知识，系学程则保证学生在学习后期能够尽可能多地掌握专业知识和技能。在选修学程中，不少学校的选修课程都规定学生必须要选择本学院另一学程或外院另一学程，保证扩大学生的知识面。学程制根据课程模块弹性化和因人而异的组合，使课程体系能够兼容多种类型人才的培养。

第二，分层次，各有特色，课程为教学目标服务。以上学校大致可以分为研究型、研究教学型、教学研究型、教学型学校，其课程设置较

[①] 胡弼成：《高等学校课程体系现代化研究》，博士学位论文，厦门大学，2004，第338页。

能反映自身历史和传统特色。这些学校虽然都以培养学生人文素养与传播专业知识为诉求点，但从课程的结构要素、内容要素中可以看出偏重点各不同。台湾政治大学在努力往宽基础、厚学养方向发展。台湾文化大学则依托自己的文化底蕴，兼具实干。台湾世新大学做好手脑并用。台湾铭传大学的特点是重视实践，学生出去就能上手干活。台湾辅仁大学重视语义学研究与影视专业。其实新闻传播教育从诞生之日起就存在学与术的争论，理论与实践、基础与应用教学究竟孰轻孰重，比例该如何分配等问题一直困扰着新闻传播教育的研究者。台湾各所学校多样化的发展给我们的启示是：各类学校类型不同、水平不一，理所应当有所侧重。研究型大学以学为本，无可非议；专门技术学院以术为旨，同样无可指责[1]。究竟应采取哪种方式，要取决于各自的定位，培养不同层次人才，符合社会需要。如今在台湾弹丸之地，竟有100多所传播院、系、所，因此各校自不得不费尽心思确立定位，做出特色。

　　第三，课程设置灵活，重视实践课程，强调与时俱进。课程设置灵活体现在选修课程的设置上，台湾地区新闻院校开设了大量的选修课程供学生自由选择，学生可以根据自己的水平和兴趣自由选课。选修课多样且能跨系、跨院选择。各校均鼓励学生进行辅修或双选修，在以上各校的总学分中，选修课占30%或以上比例，其中台湾政治大学和台湾世新大学选修课学分竟分别占总学分的66%和68%，使学生能根据自己的兴趣爱好发挥更多主动性。在现代大学教育中，增强学生主观能动性是保障学习效果的重要手段，选修课程的多样化无疑是增强学生自主性，减少一锤定终身的有效方法。此外，各校都非常重视实践课程，如台湾世新大学的专业必修课中就包括了基础采访写作、计算机排版实务、《小世界》报刊编采实务等课程。台湾铭传大学院级基础学程中均设有各类媒介类型的实习以及传播实务实习。虽然实践课程在课程表上反映的学分不多，有的甚至不算学分（如台湾政治大学的学生工作坊），但在采访、写作、编辑课程中，学生都必须在课余时间到实践中

---

[1] 王伟廉：《高等学校课程研究导论》，广东高等教育出版社，2008，第75页。

第四章　市场与技术引导下的新闻传播教育（1992年至今）

心学习相应技能并制作文字、音像或数字作品，并且每隔两三年，各校就会根据时代需求对课程进行微调或较大调整。一些大学还把定期调整课程写进学院的规章制度，作为常态工作来要求。台湾各校的实验室设备大多能紧跟时代，管理高效且具人性化，这通常是各校招生时重要的诉求点。

第四，课程设置受科技与市场牵制。培养业界所需人才从一开始就是新闻传播教育的重要目标，网络时代也不例外。为符合时代需求，台湾各所院校开设了大量的课程来介绍新媒体技术，并且许多新成立的院系也直接以"传播科技""图文传播设计""视觉艺术设计"来命名，其专业入门课程五花八门，在前面介绍的课程当中，实践课程和新媒体技术运用的课程所占比例不容小觑，在一些以技术和实用型教学为主的大学中这种趋势就更为明显。在大学固定时间量的教学过程中，实用课程数量的增加意味着基础课程数量的减少。在有的学校，技术类课程所占比重太高，因而有学生写道："学习如何实务'操作'的课程占满了我大学2/3的毕业学分。什么政治学、社会学、经济学与心理学等所谓的4大社会科学，只在我的大一生活中，总共占据了少少的8学分，传播相关理论与研究方法课程，总共也只占据了少少的12学分。我的大学生活，被满满的教条式技术操作原则所围绕、被商业媒体的运作思维所围绕。于是，我开始深刻反省与思考，台湾的大学教育与新闻传播教育是否是出了什么问题？大学教育的技职训练化是对是错？而这种教育的做法，对学生而言是好是坏？"[1] 这类情况逐渐引发了新闻传播教育界的反思。1996年王石番等人受台湾"教育部"委托，进行了传播教育课程规划的研究，研究得出的最大结论就是传播教育的重点应该教导学生使用综合知识，以解决问题，要建立专业养成、学术成长、通识教育的三脚模式。[2] 目前，台湾各校虽不同程度采用此模式，但各校实际情况不同，课程构成比例或

---

[1] 林靖堂：《传播系所别沦为职训所》，台湾《中国时报》2004年7月9日，第15版。
[2] 王石番、陈世敏：《传播教育课程规划研究成果报告》，台湾"教育部"委托专案计划，1996，第109页。

者教学质量仍有较大出入，不少靠学生学费运营的私立学校，仍然不得不以就业和市场为第一考虑。

第三节 以博士为主的新闻传播教育师资

在现代高等教育学中，高校教师问题实际涉及三方面的内容：一是如何保证教师的个体素质，这主要是一个选拔任用的问题；二是如何发挥教师的整体力量，这是一个结构优化的问题；三是教师的经济待遇，这是一个条件保障的问题[①]。以下就从这三方面对台湾主要新闻传播院、系、所的教师作出介绍。

一 台湾高校教师的基本情况

（一）选拔任用的情况

1. 选拔标准。世界各地高校对不同职称教师的任职资格均有明确规定。招聘或提职的标准不尽一致，一般有学术水平、学历、教历三项，但对不同职称教师的具体要求不同。从总体看，不太重视教师的教育专业水平，仅有英国将教师所受到的教育训练列为选拔的条件之一。台湾各校因为当前的高等教育评鉴，有无高水平的教师和突出的科研成果往往关系到学校的生存与否，并且教师的职称评审要以学术论文的发表为重要参考，因此对学历与学术水平的要求比较高。例如台湾交通大学 2011 年传播与科技学系征聘专任教师的广告，基本条件就是"学有专精具博士学位者"，除具备相关领域博士学位外，专长学术领域的内容包括：（1）传播与娱乐科技、人机互动、传播过程与效果、数字内容，或相关领域（应征者须具有上述一项以上专长）。（2）必须具备教授量化研究方法、统计及相关课程能力。（3）具整合媒体实务者优先考虑提出申请。[②] 2011 年台湾大学新闻研究所的招聘广告是：（1）具博

[①] 袁祖望：《高等教育比较学》，厦门大学出版社，1999，第 206 页。
[②] 台湾交通大学传播与科技学系，http://dct.nctu.edu.tw/，2012 年 3 月 15 日。

士学位,研究领域须与传播新媒体、大众传播或文化研究相关。(2)在 SSCI 期刊发表论文者优先考虑。对于教学经验没有强调,但材料提交条件中规定"请提供 2~3 门专长课程大纲,若已有教学评鉴资料者,请附相关教学绩效证明"。[1] 由此可见,不论是否要求教学经验,博士学位和学术水平是台湾新闻传播院校选拔教师的主要标准。

2. 选拔方式:招聘与竞争结合。目前台湾各校聘请教师多采用公开招聘方式,各校一般都会在各类媒体和专业刊物上刊登广告。学院会按需要设立专门的机构对招聘人员进行审查,据台湾铭传大学陈耀竹院长介绍,学院对人事具有决定权,学院选定的教师学校一般不会做出干涉。在教师的晋升方面,台湾高校教师职称由教育主管部门负责组织评审,重在考察研究成果。台湾借鉴美国的做法,在大学中设讲师、助理教授、副教授、教授几个层次,博士毕业生一般先从讲师做起,副教授一般要从事教学工作 3 年以上,而且要有一定的研究成果,研究论文要求发表在国际核心期刊。由于美国高校大多通行"非升即走"原则,即助理教授和副教授工作若干年后如果不能分别晋升为副教授、教授,则必须离校,由此造成的高级职位空缺通过招聘方式来予以填补。在台湾虽然多数高校教师还暂时无须担心研究绩效不力会导致教职不保,但一些学校也开始实行此项制度。据烟台大学王淑云教授介绍,在她访学的台湾东华大学,刚毕业的博士到东华工作,要求 6 年内必须晋级副教授,否则就只能被解雇。副教授 8 年内必须晋级教授,否则也要遭到解雇。这样一来,"几乎所有的教师都全身心地投入到学术研究中,即使有什么宴请应酬,应酬完毕,也会回到研究室工作。教师加班加点甚至不休节假日进行学术研究给我的印象非常深刻"。[2] 目前一些研究型大学已经开始考虑设计淘汰制度。"少数研究型大学在升等制度之外,另行订定研究取向的教师评鉴制度,未通过教师评鉴的教师不得提出升等

---

[1] 台湾大学新闻研究所 2011 学年度诚聘专任教师公告,http://www.journalism.ntu.edu.tw/app/news.php?Sn=91,2012 年 3 月 15 日。
[2] 《烟台大学王淑云教授谈赴台交流感想》,华夏经纬网,http://www.huaxia.com/sd-tw/2008/00793813.html,2012 年 3 月 18 日。

申请"。在台湾职称评审考虑的仅是最终成果——论文,参评人需要拿出 3 篇最具有代表性的论文,由系、院、学校依次向全台专家寄送,评审的反馈意见是参评人能否顺利晋级的关键,因此想要抄袭几乎是不可能的。课题被视为中间产品,只有在发放岗位津贴中才予以考虑,事实上,"能够申请下高档次的课题,有充足的经费支持,更有理由写出高档次的论文"。①

3. 工作量要求。在台湾,公立大学和私立大学教师在工作重心上会有所不同,公立大学中教师的工作量主要分为教学和科研,科研压力较大。在私立大学中,虽然对教师的科研要求没有公立教师那么高,但教师除了完成教学、科研之外,还要承担社会工作。在教学方面,台湾"教育部"明确规定各级教师应有基本的授课时数,即:大学教授每周授课时数在 8 小时以上,副教授 9 小时,助教更高达 10 小时。如果时数不满,就会被转为兼任。但是在具体的操作层面,学校对教师的授课时数要求并不相同。笔者的访谈结果发现,私立大学对教师的授课要求与管理,均比公立大学严格。一般而言,在公立大学对教师的授课时数要求,以达到基本时数即可。少数研究型大学则对教师的授课时数低于基本要求,保持较宽容的态度。然而私立大学教师则因为师资有限,超出基本授课时数是正常的状况。同时由于私立大学的课程学分数大部分制定为 2 学分(公立大学单科课程多为 3 学分),因此,即便授课钟点数一样,私立大学教师的授课课程数目也比公立大学要多。除了授课时数的要求程度不一样。私立大学对教学各方面的要求与规范,也比公立大学要多,展现了私立大学以企业"管理"教师的经营策略。比如做学生工作、带领学生实习等,都算在教师考核的工作量当中,这是一个繁重的任务。据铭传大学新闻学系主任陈郁宜副教授介绍,她的工作量分为教学、科研与社会工作 3 部分。她平时除了每周 3~4 门专业课程的教授外,还要承担学生辅

---

① 《烟台大学王淑云教授谈赴台交流感想》,华夏经纬网,http://www.huaxia.com/sd-tw/2008/00793813.html,2012 年 3 月 18 日。

导工作，晚上加班是常有的事。例如她担任导师，每周需要准时上"班会"课，要为学生提供各种生活和生涯规划的辅导与咨询，相当于我们大陆的辅导员和班主任工作。对导师制，学生反映能"适时协助学生解决问题，确是建立学校、家长、学生之间沟通联系之桥梁"。但也有少数学生反映，每位导师辅导50人以上之班级，导师工作与精神负担甚重。[1] 又如台湾文化大学新闻学系在2007年的评鉴当中，师资调查显示仅有8位专任教师，要承担四个年级8个班学生共518人的工作量，教学负担较重。[2] 台湾铭传大学传播管理研究所专任教师虽从2005学年度的3位增加到2007年的6.5位（含合聘3位各计0.5），但该所仍有2/3的授课时数须仰赖所外教师支持。因此评鉴小组的建议是"宜增加非行政职之专任师资，以提升专任教师之授课时数"。针对私立学校因为工作量大而科研少的问题，建议可针对新进教师提供教学时数的减免机制，以激励其研究与升等的动机。[3]

各大学每学期末都会开展学生对教师教学质量的反馈评估，例如台湾铭传大学是于每个学期的期中进行1次教学反应评量问卷，以及学期末进行1次期末教学反应评量问卷。教师可以根据期中评量的结果，及时修正教学内容或教学方法，以使课程能达到预期的教学目标。期末问卷则是一种总结性评量，主要是提供教师与学校行政单位有关教师教学的学期绩效参考，作为相关教师评鉴以及后续教学辅导的参考依据。[4] 在台湾世新大学，每学期均要对教师进行评量，并将评量结果转交任课教师参考，作为每年教师评估的参考。据台湾政治大学陈百龄副院长介

---

[1] 2009年铭传大学新闻系评鉴报告，http://www.heeact.edu.tw/sp.asp? xdurl = appraise/appraiseData_ list.asp&ctNode = 504&ctUnitId = 230&pagesize = 15&mp = 2，2012年3月25日。

[2] 2007年文化大学新闻系评鉴报告，http://www.heeact.edu.tw/sp.asp? xdurl = appraise/appraiseData_ list.asp&ctNode = 504&ctUnitId = 230&pagesize = 15&mp = 2，2012年3月25日。

[3] 2009年铭传大学新闻系评鉴报告，http://www.heeact.edu.tw/sp.asp? xdurl = appraise/appraiseData_ list.asp&ctNode = 504&ctUnitId = 230&pagesize = 15&mp = 2，2012年3月25日。

[4] 《铭传崛起迈向国际MSCHE认证说明手册》，台湾铭传大学，2011，第32页。

绍,目前教学评估是比较受到教师诟病的一块,该校采用学生匿名网上问卷进行评判,问卷有变量选择也有质化内容需要填写,但最后还是认知的东西少、情绪的东西多。"通常情况,一般研究所同学给的分数较高,大学班给的分数就较低。因为大学生比较情绪化和狂野。"[1] 评估结果是评选优秀教师的重要参考,有时会造成教师不敢批评学生、不敢给学生太多作业、讨好学生的情况。

(二) 台湾传播学门教师的结构

1. 职称结构。就总体情况看,在发达国家,高校教师的高级职称占有一个相当大的比例。就各校具体情况而言,不同层次、类型的高校,职称结构差异较大。以美国高校为例,其职称结构大体有3种形态:2年制的社区学院由低至高呈金字塔形,教授比例约为8%;名牌大学或研究型大学为倒金字塔形,教授比例占50%甚至80%以上;一般大学为鹅卵石形或橄榄形,教授比例约占35%[2]。

笔者根据台湾"教育部"的统计,将近年台湾大众传播学门教师的职称结构情况整理如下,见表4-24:

表4-24　近年台湾大众传播学门教师的职称结构(2005~2010)

单位:人

年度	总计	教授	副教授	助理教授	讲师	其他	助教
2010年	703 男434 女269	男63 女41	男125 女87	男153 女88	男71 女46	男22 女4	男0 女3
2009年	699 男432 女267	男56 女42	男129 女84	男151 女83	男77 女52	男19 女3	男0 女3
2008年	665 男388 女277	男51 女40	男113 女76	男125 女74	男77 女55	男15 女3	男7 女29

---

[1] 陈百龄访谈,2010年11月28日于厦门大学逸夫楼。
[2] 袁祖望:《高等教育比较学》,厦门大学出版社,1999,第213页。

续表

年度	总计	教授	副教授	助理教授	讲师	其他	助教
2007年	655 男385 女270	男52 女41	男111 女65	男122 女73	男80 女62	男15 女0	男5 女29
2006年	658 男387 女271	男58 女38	男111 女61	男103 女71	男104 女68	男4 女0	男7 女33
2005年	620 男365 女255	男51 女38	男99 女53	男95 女63	男105 女69	男3 女0	男12 女32

资料来源：笔者自行整理自台湾"教育部"历年大专校院专任教师及助教人数（2005~2010年），http://www.edu.tw/statistics/content.aspx?site_content_sn=20297,2011年12月5日。

据表4-24显示，台湾传播学门教师男女比例一直处于1.4:1~1.6:1之间，男教师数量一直多于女教师。教授所占教师比例6年来一直徘徊在13.7%（2008年）~14.8%（2010年）之间，说明晋升的难度较大，但相对于1996年教授总数和百分比均有提高。副教授比例从2008年起有较大增长，2009年至2010年都占总数的30%以上。助理教授人数最多，是教师中人数最多的群体，从2009年开始助理教授数量大幅增加，比2008年提高近3.6%，占当年教师总数的33.5%。

20世纪90年代的教师情况，根据1996年台湾《"中华民国"新闻年鉴》（1996年版）的统计，1992~1996年教师的情况如下，见表4-25：

表4-25 台湾地区新闻传播类系所师资统计简表（1992~1996）

单位：人

统计类别 各校系所别	专任教师				兼任教师			
	教授	副教授	讲师	合计	教授	副教授	讲师	合计
台湾政治大学新闻系	13	9	1	23	6	3	3	12
台湾政治大学新闻研究所（博士班）								

● 台湾新闻传播教育初探

续表

统计类别 各校系所别	专任教师				兼任教师			
	教授	副教授	讲师	合计	教授	副教授	讲师	合计
台湾政治大学新闻研究所（硕士班）								
台湾政治大学广播电视系	0	5	5	10	1	3	5	9
台湾政治大学广播电视研究所*								
台湾政治大学广告系	3	6	3	12	1	2	4	7
台湾政治大学广告研究所*								
台湾师范大学社教系新闻组	3	7	1	11	0	3	3	6
台湾师范大学图文传播教育系*								
台湾师范大学新闻研究所*								
台湾大学新闻研究所	1	4	0	5	0	2	10	12
台湾交通大学传播研究所	1	3	0	4	0	3	0	3
台湾中正大学电讯传播研究所	1	3	0	4	0	1	0	1
台湾中山大学传播管理研究所*								
台湾艺术学院广播电视系	0	3	6	9	0	4	13	17
台湾艺术学院广播电视系（夜）								
台湾艺术学院电影学系	0	3	2	5	0	1	5	6
台湾艺术学院印刷艺术系	3	3	2	8				
台湾台南艺术学院音像纪录研究所*								
台湾政治作战学校新闻系	3	4	12	19	2	2	17	21
台湾政治作战学校新闻研究所	0	2	1	3	5	7	0	12

第四章 市场与技术引导下的新闻传播教育（1992年至今）

续表

统计类别 各校系所别	专任教师 教授	专任教师 副教授	专任教师 讲师	专任教师 合计	兼任教师 教授	兼任教师 副教授	兼任教师 讲师	兼任教师 合计
台湾辅仁大学大众传播系新闻组	0	4	3	7	4	7	17	28
台湾辅仁大学大众传播系广告组	0	4	3	7	0	3	16	19
台湾辅仁大学大众传播系广电组								
台湾辅仁大学影像传播系	0	3	4	7	0	1	11	12
台湾辅仁大学新闻传播系*								
台湾辅仁大学广告传播系*								
台湾辅仁大学大众传播研究所								
台湾辅仁大学大众传播系（夜）	0	2	4	6	1	0	27	28
台湾文化大学新闻系	1	4	7	12	4	1	17	22
台湾文化大学新闻系（夜）	0	1	0	1	2	2	8	12
台湾文化大学新闻研究所	1	6	0	7	0	3	0	3
台湾文化大学大众传播系	0	1	1	2	0	0	5	5
台湾文化大学大众传播系（夜）	0	0	1	1	2	4	7	13
台湾文化大学广告系	1	3	2	6	0	0	13	13
台湾文化大学广告系（夜）	0	1	0	1	0	0	4	4
台湾文化大学印刷传播系	1	3	6	10	0	2	7	9
台湾文化大学印刷传播系（夜）	0	1	0	1	0	0	7	7
淡江大学大众传播系	0	6	3	9	1	8	31	40
淡江大学传播研究所	0	7	0	7				

续表

统计类别 各校系所别	专任教师				兼任教师			
	教授	副教授	讲师	合计	教授	副教授	讲师	合计
世界新闻传播学院新闻系（日）	4	7	4	15	5	4	28	37
世界新闻传播学院新闻系（夜）								
世界新闻传播学院传播管理系（日）	1	7	7	15	0	1	9	10
世界新闻传播学院传播管理系（夜）								
世界新闻传播学院口语传播系	0	3	1	4	0	2	10	12
世界新闻传播学院公共传播系	0	6	10	16	1	3	17	21
世界新闻传播学院平面传播科技系	0	2	11	13	1	3	13	17
世界新闻传播学院视听传播系	0	7	8	15	0	2	5	7
世界新闻传播学院图书资讯系	1	0	1	2	1	1	0	2
世界新闻传播学院资讯管理系	0	7	5	12	5	14	22	41
世界新闻传播学院传播研究所	1	1	0	2				
铭传管理学院大众传播系（日）	0	7	10	17	2	3	23	28
铭传管理学院大众传播系（夜）								

第四章 市场与技术引导下的新闻传播教育（1992年至今）

续表

统计类别 各校系所别	专任教师 教授	专任教师 副教授	专任教师 讲师	专任教师 合计	兼任教师 教授	兼任教师 副教授	兼任教师 讲师	兼任教师 合计
铭传管理学院传播管理研究所	0	2	0	2	0	22	0	22
元智工学院资讯传播科技系	1	5	1	7	0	1	4	5
元智工学院资讯研究所传播科技组	2	9	0	11				
朝阳技术学院影视传播系	0	0	2	2	0	0	3	3
大叶工学院视觉传达设计系	0	0	6	6	0	0	1	1
大叶工学院工业关系系	0	9	3	12	0	2	2	4
南华管理学院传播管理系*								
南华管理学院资讯管理系*								
长荣管理学院大众传播系*								

注：（1）本表资料皆以各校人事记载1996年3月在职者为准，不涉及其他年度。（2）系所名称之后加注＊者，为新设或甫获核准筹备者，致相关数字从缺。（3）资料空白部分，某些系因系、所合一政策无法分别统计，某些则因未见提供资料所致。

资料来源：习贤德：《台湾地区新闻传播教育概况与评析》，载《"中华民国"新闻年鉴》（1996年版），"中国新闻学会"，1996，（10－28～10－32）。

在1992~1996年的专任教师中，台湾政治大学和世界新闻传播学院的教授最多，分别有16名和17名，台湾文化大学4名。台湾艺术学院、台湾政治作战学校、台湾师范大学以及元智工学院，均有3名教授。在当时348名专任教师当中，教授有42位，占总数的12%；副教授有170名，占48.9%；讲师有136位，占39.19%。可见当时的师资结构属于金字塔形，下大上小，教授所占比例较小。表4－24

与表4-25相比,1996~2010年,台湾传播学门教师中,教授的比重从原来的11.0%增加至14.8%,副教授的比重从48.9%下降到30.2%,讲师和助理教授的比例比较大,说明随着教学的扩展,新生代正进入教师行业,职称发展正在提高过程当中。从教师职称的组成也可以看出新闻传播学是一个正在发展中的学科。

2. 学历结构。学历结构,指高校教师所获各级学位的比例关系。学历是教师教学、科研水平的标志之一,因而学历结构能在一定程度上反映出师资队伍的学术水平和发展潜力。

根据1995年台湾"传播学门现况与发展研讨会"报告的数据,在大专院校传播科系任教的专任教师,共有195人,其中获有博士学位的约占43.1%(84人)。另以获取最高学位的国家来看,则以美国占一半以上(58.9%)。① 如果仅就师资阵容而言,台湾新闻传播相关科系教师的平均学历,或是具有博士学位的人数,均高出同为华人社会的香港及新加坡许多。1999年的统计,台湾新闻传播师资方面,相关系所专任老师301人,其中博士学位者130人,硕士160人,学士11人。在130位博士中,美国颁授者104人,留欧仅有4人,包括英国2人、法德各1人,岛内博士22位;硕士中,85位美国硕士,岛内硕士60人居次。在专任教职中,留美博硕士占总数的65.17%。② 过去取得传播高等学位的人员,绝大多数都进入大专院校相关科系任教。近年来,随着新闻传播事业快速成长,也有些专业人才逐渐开始进入媒介、广告界或政府机构工作。但是由于学校以外的工作缺乏有利条件从事研究工作,因此新闻传播研究的主力军仍然是新闻传播相关科系的专任教师。

2009年,厦门大学教师赵梅等对铭传大学、台湾辅仁大学、台湾师范大学、台湾大学、台湾政治大学和世新大学六所高校的专任教师情况作出统计,见表4-26:

---

① 郑瑞城、臧国仁、汪琪:《"传播学门现况与发展研讨会"结案报告》,"国科会"专题研究,1995。
② 郑贞铭:《中外新闻传播教育》,远流出版公司,1999,第333~334页。

第四章 市场与技术引导下的新闻传播教育（1992年至今）

表4-26 台湾几所大学新闻传播科系的师资情况

铭传大学						
中国台湾		美 国		其 他	
硕士	博士	硕士	博士	硕士	博士
0	18	3	6	0	3

台湾辅仁大学**						
中国台湾		美 国		其 他	
硕士	博士	硕士	博士	硕士	博士
1	5	3	10	0	1

台湾师范大学						
中国台湾		美 国		其 他	
硕士	博士	硕士	博士	硕士	博士
0	1	0	4	0	0

台湾大学						
中国台湾		美 国		其 他	
硕士	博士	硕士	博士	硕士	博士
0	0	0	4	0	1

台湾政治大学***						
中国台湾		美 国		其 他	
硕士	博士	硕士	博士	硕士	博士
0	2	8	31	0	3

世新大学****						
中国台湾		美 国		其 他	
硕士	博士	硕士	博士	硕士	博士
8	36	22	35	3	12

* "其他"包括新加坡、意大利、日本、英国、德国、中国大陆、荷兰、法国、澳大利亚、俄罗斯。

** 台湾辅仁大学资料来自影像传播学系、广告学系、大众传媒研究所网站，无法进入新闻系网站。

*** 台湾政治大学网站注明有47位全职教师，但只有44位教师的学历介绍。

**** 台湾世新大学网站有2位教师没有相关背景资料。

资料来源：赵梅、谭继铺：《台湾新闻教育课程中的"学"与"术"》，载张铭清主编《海峡两岸新闻与传播研究》，九州出版社，2009，第424~425页。

在上述220名教师中，美国颁授学位的占57%；172位博士中，美国博士占52%；48位硕士中，75%为美国硕士。台湾本土博士较前增多，占博士总人数的36%，其中世新大学本土博士数目最多，多数毕业于台湾政治大学。

3. 学缘结构。学缘的概念借用于血缘、亲缘，指教师在学业上的师承关系或所毕业学校来源的构成状态和比例关系。由于同质人员之间的思维方式类似，缺乏相互批判与合理竞争的机会，致使大学的科研活力不够。就西方国家情况看，英、美、德3国为了防止学术上的"近亲繁殖"，一般都不直接留用本校毕业生。如果想在母校工作，至少要去其他大学、科研单位工作、研究一段时间后再回来。因此大学教师的流动性很强。曾任美国加州大学伯克利分校校长的田长霖认为，打破留用优秀本校毕业生当教师的习惯，是伯克利分校成功的主要经验之一，它有效地避免了教学科研领域里近亲繁殖带来的退化和走下坡路的现象。随着师资的逐年丰裕，台湾各大学也很重视学缘结构问题。20世纪60~70年代，由于师资缺乏，像李瞻、赖光临、阎沁恒、潘家庆、赵婴、黎剑莹这样的优秀硕士生毕业后便留校任教；到20世纪80年代以后，台湾政治大学自己培养的博士生像赖国洲、苏蘅、郑自隆、钱玉芬等毕业后也留校在各系任教。但从20世纪90年代至今，在台湾政治大学新闻系历届教师中，就很少直接毕业留校的了，不少教师是从该校新闻研究所毕业后到欧美取得博士学位，再返校任教，比如祝基滢、陈世敏、王石番、谢瀛春、罗文辉、翁秀琪等，他（她）们历任新闻系主任和研究所所长，发挥了重要作用。还有的是早期毕业后就到其他学校任教，像关少箕、皇甫河旺到台湾辅仁大学（皇甫河旺后期到台湾世新大学担任新闻传播学院教务长），郑贞铭到台湾文化大学，张锦华到台湾大学，马骥伸到台湾师范大学社教系新闻组以及台湾文化大学担任系主任，杨志弘到铭传管理学院担任系主任等。总体来说，台湾新闻传播教育以台湾政治大学新闻系或新闻研究所为圆心，源源不断向外提供师资，对台湾新闻传播教育影响深远。

4. 形式结构。除专任教师外，台湾各校还大量聘用兼任教师。例

第四章　市场与技术引导下的新闻传播教育（1992年至今）

如台湾政治大学新闻系的教师分为专任教师、兼任教师和客座教师三类。专任教师指主要从事教育工作的人员。包括临时（1年以内）调去帮助做其他工作的教学人员，不包括调离教学岗位，担任行政领导工作或其他工作的原教学人员，也不包括兼任教师和代课教师。台湾政治大学传播学院的兼任教师大多聘请业界资深人士到学校代课。这些教师的课时比较少，主要是依靠他们带来最新的、最切实际的实务经验，也让学生了解业界的发展规律和实际情况，以此来缩小业界与学术人才培养的差距。比如，台湾政治大学新闻系聘请了台湾《中国时报》的总编倪炎元老师给本科学生讲授"采访与写作"的课程，也有一部分硕士研究生去听课。在评讲之前老师会请学生作报告，讲述在采访中遇到的问题与困惑，之后再启发学生在这种情况下应该如何做才能达到交流沟通的最佳效果。兼任教师代课，给学生带来最直观的业界信息，受到学生的欢迎和喜爱。[①] 客座教师大多是新闻系邀请的全球知名的新闻学大师、传播学大师，或者在某方面卓有成就的教授。台湾政治大学与哥伦比亚大学渊源颇深，经常聘请哥伦比亚大学的教师为客座教授给学生讲课；与香港的高校联系也比较紧密，两校每学年都会互派学生进修，两地教师之间来往密切。比如，香港城市大学媒体与传播学系讲座教授兼系主任李金铨就是台湾政治大学的客座教师之一，香港中文大学新闻与传播学院教授、复旦大学新闻学院长江学者陈韬文、潘忠党等都经常在台湾政治大学新闻系开设讲座。

此外，笔者也发现，20世纪90年代初李瞻、陈世敏提出的新闻专业教师聘用与考核应采取不同于理论教师的标准的建议，在现实当中操作仍有困难。目前，几乎所有学校的业务教师都会聘用业界人士，但这样的做法并不能完全满足学界的需要，如台湾文化大学的周庆祥老师认为，兼任老师可以带来业界实践的新东西，但兼任老师没有办法全心投入教学，媒体一忙就兼顾不了学校的课。他说："学校现在有一个体制

[①] 潘丽娜：《台湾政治大学与复旦大学新闻人才培养模式对比研究》，硕士学位论文，河南大学，2011，第7~8页。

就是说我们可以用技术教师,技术教师可以跳出学术教师这一块的规定,就是即使只有硕士的资格,我们照样可以用所谓的兼职教授来聘用。当然技术教师也有一定的条件,要求在业界起码要做够8年,要获得过奖项,这是个基本要求。这样的要求不容易找,如果他有这样的技术,又在业界做了8年,拿了那么多奖,他在业界的实力一定很强。虽然教师一个月的工资是7万多台币,大概14000块人民币,但是他在业界可以有将近20万的新台币,这个薪水不太可能到学校工作了。"[1] 像台湾文化大学周庆祥、台湾南华大学张裕亮等这样有丰富业界经验且获得博士学位的师资还不太多,看来要突破学历要求招聘到业界的优秀教师仍然任重道远。

(三) 教师的经济待遇

根据受访者介绍,在台湾,高校教师是比较受到尊敬的职业。私立大学教师待遇并不比公立的差,甚至还要略高一些。在台湾,副教授月薪大约8万多新台币,教授月薪10万多,寒暑假照拿工资,年底还享受1个月的额外工资,即1年拿13个月的工资。大学教师的收入,在台湾算得上中上等水平。

二 代表性教师介绍

(一) 李瞻 (1926~),山东寿光人

1956年获台湾政治大学文学硕士学位。毕业后留校,在台湾政治大学新闻研究所任教40年(1956~1996),并担任所长6年(1981~1987),台湾大学文学院兼任教授12年(1983~1994)。李瞻为教学特优教师,讲授新闻史、比较新闻学、太空传播等课程。1963年和1972年两次赴美国留学,从事研究工作。1967年获台湾"教育部"文科学术奖金和金质学术奖章。著有《世界新闻史》《英美电视制度之分析》《太空传播的发展及其影响》《比较新闻学》,编有《中国新闻史》等。

李瞻先生是大陆新闻传播学术界十分熟悉的人士,王洪钧先生曾评

---

[1] 周庆祥访谈,2011年7月26日于台湾大学鹿鸣堂罗多伦咖啡厅。

第四章 市场与技术引导下的新闻传播教育（1992年至今）

价在台湾政治大学毕业生中"毕业最早、服务最久者，应属李瞻教授。他的专精范围颇广，著作等身，在担任政大新闻研究所所长期间锐意出版《新闻学研究》季刊，复筹设博士班，担任班主任"。①

李瞻先生对台湾新闻传播教育的贡献在于：第一，1982年创办台湾也是亚洲第一所新闻学博士班，建立起台湾新闻传播教育的完整体系。博士班成立对台湾新闻教育的贡献在于：（1）解决了台湾缺乏高层次师资的问题。据笔者统计1983～2007年27位博士毕业生的就业情况，除赖国洲担任台湾电视公司董事长外，其余26位博士均在各校担任教职，而且早期毕业者多数担任各院所系负责人，达成"土博士"与"洋博士"共同献身台湾新闻教育的基本目标。②（2）组织新闻所教师编写新闻学丛书，解决了新闻传播专业学生教科书缺乏的困境。从20世纪50年代开始创办新闻系，但直到1966年，台湾并无一本新闻学术著作。③ 台湾政治大学博士班成立后，李瞻组织新闻所教师编写了"三民主义新闻丛书"，又先后组织出版了曾虚白的《中国新闻史》、李瞻的《世界新闻史》、李金铨的《大众传播理论》、陈世敏的《大众传播与社会变迁》、郑瑞城的《组织传播》、赖光临的《中国新闻传播史》、翁秀琪的《大众传播理论与实证》、杨孝濴的《传播研究方法总论》、颜伯勤的《广告学》等教科书，共计50余本，分别在三民、商务、黎明等书局出版。其中"三民主义新闻丛书"是台湾新闻教育最丰富、最重要的参考教材，改变了台湾60年来以职业训练为主的新闻教育方式，影响深远。方汉奇先生曾说，"好的教材可以直接嘉惠于学子，无远弗届"。而"解决了新闻科系学生无书可读的困境，这是政大新闻系对台湾新闻教育的重大贡献"。④

---

① 王洪钧：《我笃信新闻教育》，正中书局，1993，第431页。
② 李瞻：《政大新闻研究所博士班成立20周年之回顾与前瞻》，载陈培爱、许清茂等主编《新闻春秋》，厦门大学出版社，2004，第435页。
③ 李瞻：《访问日本新闻事业与创办〈学生新闻〉》，载冯建三主编《自反缩不缩？新闻系七十年》，台湾政治大学新闻系，2005，第21页。
④ 李瞻：《访问日本新闻事业与创办〈学生新闻〉》，载冯建三主编《自反缩不缩？新闻系七十年》，台湾政治大学新闻系，2005，第21页。

第二，创办《新闻学研究》。依李瞻先生之自述，《新闻学研究》"是台湾第一种新闻传播学术性期刊，是新闻传播学教师与研究生公开进行对话的学术园地"。发行之初李瞻担任执行编辑（第1~14期、第28~39期），以半年刊（1969年开始）方式刊载学术性创作，兼及研究生（硕士班）特优毕业论文摘要及世界新闻传播名著译介，每期选择专题论文数篇，主题曾包括"新闻自由""新闻伦理""社会责任""传播法律""国际传播""传播政策""公共电视"等，发行情况良好，移交时尚有结余新台币百万余元。《新闻学研究》后经陈世敏、钟蔚文、林芳玫等主编的努力，成为台湾地区出版持续最为稳健的新闻传播学术季刊，曾多次获得台湾"国科会"优良学术期刊奖励（1992，1996，2002，2004各年），并成为新闻传播学门唯一收录于"台湾社会科学引文索引"（TSSCI）的期刊，同时成为国际知名CIOS（Communication Institute for Online Scholarship）数据库收录的索引期刊。《新闻学研究》名声日隆。[①] 此外，1991年李瞻先生为台湾"中国新闻学会"主编了《"中华民国"新闻年鉴》，该书体例严谨、资料详实，有较高的史料价值，也是笔者写作20世纪90年代相关内容时参考的重要文献。

第三，以"三民主义新闻学"研究为依托，积极参与公共事务。李瞻先生长期致力研究"三民主义新闻学"，信仰公共媒体政策[②]。他认为"三民主义新闻哲学"强调5个要点：（1）新闻自由并非人人享有；（2）国家在新闻活动中，应担任一个积极的角色；（3）新闻事业应做大众讨论与批评的论坛；（4）新闻事业应是一种教育及公益事业，而不应是一种营利事业；（5）新闻事业应由智慧最高、道德最好的人士主持，而不应由商人主持。[③] 由于"三民主义新闻学"一直是国民党官方倡导的新闻理论，是契合其政权统治的，因此李瞻在蒋经国政府中发挥了较为重要的学者资政作用。据李瞻先生回忆，1969年，台湾"教育部"委托其起草台湾第一部《广播电视法》，李瞻首倡公共电视；

[①] 《新闻学研究》简介，http://www.jour.nccu.edu.tw/，2012年3月27日。
[②] 2011年7月21日笔者在台湾政治大学访问李瞻先生，他多次提到这个观点。
[③] 李瞻：《三民主义新闻政策之研究》，台湾《新闻学季刊》1981年第12期，第7~8页。

第四章 市场与技术引导下的新闻传播教育（1992年至今）

1979年1月，台、美"断交"，蒋经国为安定民心，特于"革命实践研究院"成立"党务""政治""外交""国防""经济""教育""社会""新闻传播"8个咨询小组，李瞻为"社会""新闻传播"组召集人，定时为台湾当局提供改革意见。该小组曾先后提出制定《公共电视法》《记者法》，修订"报禁"，强化"新闻评议会"，加强政府公共关系与国际宣传等建议，为台湾当局提供重要的参考意见。[①]

近年来，李瞻先生积极推动两岸新闻传播学界的交流互动，1989年至2009年间，他组织为大陆32所重点大学捐赠新闻传播、社会科学与科技电脑等领域新版图书共16200余册，并召开、参加两岸学术会议30多次，积极促进两岸学术交流，多次赴大陆各高校讲演。李瞻先生对大陆青年学子非常热情和关心。2011年盛夏，笔者与诸位同学赴台访问，我们打电话联系老先生之后，他立即推开手头事务，当天下午就接受访问，态度亲切和蔼，耐心回答我们提出的各种问题。经我们2小时"轰炸"之后，他仍然精神矍铄、思路清晰，根本不像一位85岁高龄的老人。他至今仍笔耕不辍，工作精神令吾辈敬佩有加。从2010年6月开始，李瞻先生又设立"新闻研究论文奖"，奖助新闻学硕士与博士探讨改善新闻伦理、新闻政策等方面的毕业论文。

（二）郑贞铭（1936~），福建省林森县（今闽侯县）人

台湾政治大学新闻系及新闻研究所毕业生，师承曾虚白、谢然之、王洪钧等人，从事新闻教育40余年，先后担任台湾文化大学新闻系主任、新闻研究所所长、社会科学院院长，台湾师范大学、台湾辅仁大学、台湾淡江大学等校兼任教授；历任台湾《中央日报》社副主任、台湾英文《中国邮报》社副社长、《香港时报》董事长、台湾"大众传播教育协会"副理事长兼秘书长、中国国民党"中央文化工作会"副主任、"中华民国"传播发展协会理事长、"中央通讯社"常务监事等职。著有《新闻原理》《新闻学与大众传播学》《新闻采访的理论与实

---

① 《李瞻教授教学、研究与公共事务》，台湾政治大学机构典藏传播学院，http://www.nccur.lib.nccu.edu.tw，2012年3月27日。

务》《中外新闻传播教育》等 10 余种学术著作；另有《岁月的笔》《人是自己生命的建筑师》《热情老师天才学生》《老师的另类情书》等散文创作。曾荣获中兴文艺奖、五四文艺奖（台北）、新闻教育终身成就奖（纽约）、文化交流贡献奖（香港）等多个奖项。

郑贞铭先生对台湾新闻传播教育的第一个贡献是热爱新闻教育，积极参与多所大学的创建工作。他曾参与台湾文化大学新闻系、广告系、新闻研究所的建设并任负责人，是多所学校的兼任教授，筹备台湾"大众传播教育协会"并任秘书长，参与台湾空中大学的筹建，与曾虚白、成舍我、马星野等一起接受过美国"新闻教育特殊贡献奖"。对于他从事新闻教育的原因，谢然之先生回忆说："1965 年华冈新闻系正式招生，当时给我最大帮助的是郑贞铭教授。他在政大新闻研究所时，以"中国大学新闻教育之研究"为题，完成了他的硕士论文。由于我是他的论文考试委员，在互相切磋交换意见之中，觉得他有过人的才智与毅力，尤其是认真的治学态度与待人接物的谦和，我深信他有吸引与照顾青年学子的热忱与耐性，于是就邀他来华冈负起实际的系务，共同建设理想的新闻教育。"[1] 拜读完郑贞铭的著作《无爱不成师》之后，给笔者感受最深的就是郑贞铭先生之所以被称为"台湾传播学之父"，是源于他对学生有爱，他在首页即说："'爱'是我的教育主轴——如果没有爱，教育则只是空洞而虚泛；'桥'是我的教育使命，从在大学执教开始，我就期望作老师与学生与社会的桥梁，勾搭不相连的两岸。"[2] 浙江大学邵培仁教授曾把郑先生的新闻教育理念归纳为爱的教育、感恩的教育、德智体美的教育，教育是让学生终身幸福。[3] 此次赴台，恰逢郑贞铭先生离台，未能拜访，殊为遗憾。

郑贞铭先生对台湾传播教育的第二个贡献是系统整理总结了台湾的

---

[1] 谢然之：《台湾新闻教育之开拓》，载《新闻教育与我》，"中华民国大众传播教育协会"，1982，第 33 页。
[2] 郑贞铭：《郑贞铭学思路：无爱不成师》，三民书局，2010，第 3 页。
[3] 《新闻传播教育改革暨郑贞铭先生新闻教育实践研讨会圆满举行》，浙江大学传媒与文化学院，http：//www.cmic.zju.edu.cn/old/info.php？id＝804，2012 年 3 月 28 日。

第四章 市场与技术引导下的新闻传播教育（1992年至今）

新闻传播教育历史和思想。他是台湾第一位从事新闻传播教育系统研究的学者，1964年写作硕士论文《中国大学新闻教育之研究》①，1999年写作《中外新闻传播教育》，2005年主编复旦大学出版的《台湾新闻事业卷》中，郑先生把"台湾新闻传播教育发展概况"单独定为一章加以介绍。郑贞铭先生的教育思想可以用"新闻教育的5个不是"来总结。1994年1月郑贞铭先生在北京广播学院两地传播教育学家座谈会上发言时曾提出此观点，后又总结为：第一，新闻传播教育不是技术教育。新闻传播教育的理想，不仅是使学生学会操作技术，最重要的是要学会善用媒体，了解媒体的传播力，善尽职责，为社会良心作见证。第二，新闻传播教育不是廉价的教育。新闻传播教育需要大量的投资。许多学校把新闻传播教育当作一般的文科教育，以为只要有1位教师就可以上课解决问题，而事实上，新闻传播教育就像医学院的教育，需要第一流的设备，第一流的仪器。因陋就简式的教育，已经不符合现代化的新闻传播业，廉价教育不可能培养出高素质的新闻传播人才。第三，新闻传播教育不是孤立的教育。记者必须有精湛的人文素养与广博的社会科学知识结构。而建立辅系制度和选修制度是提高学生素养的有效办法。第四，新闻传播教育不是僵化的教育。新闻教育的内涵要随着社会的发展而修正与充实，我们的新闻教育制度往往过度僵硬，课程内容多年不变，这是教育界不求进步的象征。第五，新闻传播教育不是速成教育。在这知识爆炸的时代，接受新闻传播教育只是一个阶段的教育；传播教育学府应当重视在职进修与建教合作。②

以上虽是郑贞铭先生近20年前提出的意见，但比照今天大陆和台湾地区新闻传播教育的问题与现状，仍觉得十分恰当。2010年，郑贞铭先生再次整理思想，写作《新闻教育的是与不是》一文，在5个

---

① 这也是台湾政治大学新闻研究所自1954年成立到1984年30年间，251篇硕士论文中唯一一篇关于新闻教育类的论文。详见王石番《三十年来的政大新闻研究所》，台湾《新闻学研究》1984年第33期，第64页。

② 郑贞铭：《新闻教育的基本理念》，《新闻大学》1994年第3期，第54~55页。

"不是"的基础上,补充了"新闻教育不是功利教育",否定新闻教育是职业教育的说法,并提出新闻教育的6个"是":第一,新闻教育是专业教育;第二,新闻教育是伦理教育;第三,新闻教育是人文教育;第四,新闻教育是通识教育;第五,新闻教育是全人教育;第六,新闻教育是终身教育。① 目前,郑贞铭先生担任大陆多所高校的客座教授,正积极致力于两岸新闻传播教育的交流与合作。

(三) 其他主要教师

除了上述教师外,在台湾各校担任负责人,并在新闻传播教育方面作出重要贡献的还有:(1)台湾政治大学历任新闻研究所所长、各系主任:王石番、陈世敏、翁秀琪、冯建三、潘家庆、刘幼琍、吴翠珍、黄葳葳、郑自隆、郭贞等;(2)台湾大学新闻研究所的谷玲玲、彭文正、林丽云等;(3)台湾师范大学大众传播研究所的陈炳宏、林东泰、胡幼伟等。他(她)们在学术和教学方面均有独到之处,囿于篇幅所限,不再一一加以介绍。

第四节 新闻传播受教育者地位日趋重要

一 近年来台湾传播学门在校人数与毕业生人数调查

笔者根据台湾《"中华民国"新闻年鉴》与台湾"教育部"统计资料,整理了近年来传播学门的学生在校人数、性别比例与毕业人数情况。

表 4-27 台湾大学部传播学门与若干学门成长比较(1986学年度与1996学年度)

学科门类	1986学年度		1996学年度	
	学系(科组)数	学生人数	学系(科组)数	学生人数
传播学类	22(10)**	2162(560)**	32	2513
社会学类***	14	875	17	1113

---

① 郑贞铭:《新闻教育的是与不是——新世纪华人新闻传播大系》编后,载郑贞铭、廖俊杰、周庆祥《新闻采访与写作》,威仕曼文化出版社,2010,第629~640页。

续表

学科门类	1986 学年度		1996 学年度	
	学系（科组）数	学生人数	学系（科组）数	学生人数
心理学类	4	195	9	498
法律学类	20	1230	26	1628

注：＊＊括号内数字不含专科学校人数；＊＊＊含社会工作系。

资料来源：王石番、陈世敏等：《传播教育课程规划研究成果报告》，台湾"教育部"委托专案计划，1996，第7页。

2012年，笔者统计了2006学年度与2011学年度，也就是10年与15年之后传播学门与其他学门的成长情况，结果见表4-28：

表4-28 台湾大学部传播学门与若干学门成长比较（2006学年度与2011学年度）

学科门类	2006 学年度		2011 学年度	
	学系数	学生人数	学系数	学生人数
传播学类	26	24678	28	27015
社会学类	6	3846	8	4201
心理学类	12	7250	15	9188
法律学类	15	19041	18	20358

注：以上统计数据包括研究所，均不含专科人数。

资料来源：台湾"教育部"教育统计，2006~2011年。

以上对比颇能彰显台湾目前传播学门的现状：科目增长快速，学生数量可观，属于热门科系。如表4-27所示，1986年传播学类无论是学系数或学生人数，均远多于心理学类和法律学类，到了1996年经过10年的发展，增长率已与社会学相当，略低于心理学类和法律学类。不过，"如果把当时的世新、铭传、艺专等专科学校撇开不谈，仅就4年制大学而言，则1986年传播学类大学部不过10个学系，学生总人数不过560人，10年后学生成长了4倍多。远高于相近的其他学门"。[①]在表4-28中，传播学门的学系统计数量不包含专科在内，也没有包含表

---

① 王石番、陈世敏等：《传播教育课程规划研究成果报告》，台湾"教育部"委托专案计划，1996，第8页。

4-27中统计的"科组"数，仅以学系计算（现在大都是在1个系中分设不同学程组，代替科组，台湾"教育部"不再另算），所以1986年仅有10个大学学系，到2006年则变为26个，反观其他学门，心理学类和法律学类虽有较大发展，但学系数量始终较为稳定，有的学科学系数还有所下降。这反映出传播学门在科目划分中，"教学与研究机制正朝向不断因应新媒介与更细致分工的趋势"，这种以媒介性质区分教育和研究的做法，在数字化媒体汇流时代，已经无法反映整合传播生态的需要。而1996~2006年间，传播学门学生数量增长了近10倍，学生数量远多于其他学门。这也反映了在"新自由主义"浪潮席卷中，无论是教育还是传播领域都走向市场化。大学的开放降低了学生进入大学就读的门槛，而媒体的繁荣景象亦使许多学子被外表看似光鲜亮丽的明星、主播、记者的生活所吸引，而深感羡慕与兴趣。在这样的环境与趋势下，学校与媒体产业间同时并进的连结，似乎造就了大量人才供需的繁荣景象。[1]

在1996年学生数量的统计当中，还可以具体分出科、系、所来统计各校学生数，后来随着传播学门专业以及学生数量的急剧增加，就算是《"中华民国"新闻年鉴》也很难再像当年那样把具体学校、具体学系、所的入学人数、毕业人数一条条加以罗列，新闻学专业、大众传播专业、广告学专业等已不能代表传播学门的主要学生人数，台湾《"中华民国"教育年鉴》的统计更多时候是以"传播学门"来概括统计学生人数。

表4-29统计的是1992年至1996年间台湾新闻传播类学生人数。

表4-29 台湾地区新闻传播类系所毕业生统计简表（1992~1996）

单位：人

各校系所别	男生	女生	合计
台湾政治大学新闻系	168	350	518
台湾政治大学新闻研究所（博士班）	8	5	13

---

[1] 林靖堂：《台湾传播新闻教育问题分析》，台湾《当代》2007年第4期，第106页。

第四章 市场与技术引导下的新闻传播教育（1992年至今）

续表

各校系所别	男生	女生	合计
台湾政治大学新闻研究所（硕士班）	29	50	79
台湾政治大学广播电视系	60	148	208
台湾政治大学广告系	120	190	310
台湾师范大学社教系新闻组	14	79	93
台湾大学新闻研究所	14	13	27
台湾交通大学传播研究所	23	13	36
台湾中正大学电讯传播研究所	1	1	2
台湾艺术学院广播电视系	73	89	162
台湾艺术学院广播电视系（夜）	78	135	213
台湾艺术学院电影学系	36	65	101
台湾艺术学院印刷艺术系	98	8	106
台湾政治作战学校新闻系	88	22	110
台湾政治作战学校新闻研究所	20	8	28
台湾辅仁大学大众传播系新闻组	86	198	284
台湾辅仁大学大众传播系广告组	76	183	259
台湾辅仁大学大众传播系广电组	91	214	305
台湾辅仁大学大众传播研究所	13	30	43
台湾辅仁大学大众传播系（夜）	148	213	361
台湾文化大学新闻系	222	447	669
台湾文化大学新闻系（夜）	94	208	302
台湾文化大学新闻研究所	37	59	96
台湾文化大学大众传播系（夜）	145	150	295
台湾文化大学广告系	113	207	320
台湾文化大学印刷传播系	355	42	397
台湾淡江大学大众传播系	171	395	566
世界新闻传播学院新闻系（日）	45	72	117
世界新闻传播学院新闻系（夜）	41	57	98
世界新闻传播学院传播管理系（日）	32	27	59
世界新闻传播学院传播管理系（夜）	28	21	49
世界新闻传播学院口语传播系	19	30	49
世界新闻传播学院公共传播系	51	62	113

续表

各校系所别	男生	女生	合计
世界新闻传播学院平面传播科技系	86	27	113
世界新闻传播学院视听传播系	61	116	177
世界新闻传播学院图书资讯系*			
世界新闻传播学院资讯管理系	27	22	49
世界新闻传播学院传播研究所*			
台湾铭传管理学院大众传播系（日）	89	143	232
台湾铭传管理学院大众传播系（夜）	28	29	57

注：本表资料皆以各校人事记载1996年3月在职者为准，不涉及其他年度。有*者为未提供数据。

资料来源：习贤德：《台湾地区新闻传播教育概况与评析》，载《"中华民国"新闻年鉴》（1996年版），"中国新闻学会"，1996，（10-28～10-32）。本表只截取其中学生统计部分。

表4-30　台湾近年来传播学门在校学生人数（1998～2010）

单位：人

学年度	总计	男生	女生
1998年	12120	4322	7798
1999年	13519	4780	8739
2000年	15420	5341	10079
2001年	17147	5921	11226
2002年	19472	6733	12739
2003年	21836	7646	14190
2004年	23426	8476	14950
2005年	24297	8901	15396
2006年	25302	9329	15973
2007年	25475	9381	16094
2008年	26233	9576	16657
2009年	27029	10069	16960
2010年	26973	10049	16924

资料来源：笔者根据台湾"教育部"统计/重要教育统计资讯:/历年大专校院学生人数——按科系、学门及性别分（实数）统计整理，http://www.edu.tw/statistics/content.aspx?site_content_sn=8956，2012年3月16日。

第四章 市场与技术引导下的新闻传播教育（1992年至今）

综合表4-29与表4-30可以看到：台湾政治大学新闻系，台湾艺术学院广播电视系，台湾辅仁大众传播学系，台湾文化大学新闻系、印刷传播系，台湾淡江大学大众传播系，台湾铭传管理学院大众传播系等是20世纪90年代中后期培养新闻传播人才的主要系所，学生数量较多。从1998年开始，除2010年学生人数稍低于2009年外，其余年度传播学门的入学率每年都呈小幅上升趋势。如果纵向相比，2008年的招生数比1998年增加近14000人，增加了近1.16倍。在美国，2003~2004学年，新闻与传播学专业的在读学生达204149人，与2002~2003学年相比，增加了约5%，这个专业10年来的入学率增长了50%。新闻传播学专业的学生增长率与其他学科的学生增长率相当，由于此专业20世纪90年代在美国曾出现颓势，敏感的学者根据数字特别导出一个结论：这个专业的入学率能与其他学科相当，说明它具有竞争性。[①] 一个专业的学生数往往反映这个专业在大学里的地位，关系到专业在激烈的竞争中是否要被淘汰的命运。台湾传播学门学生从1998年至2004年保持较快增长，最高年份增长达到14%，这反映出在数字化时代，市场对于传播类人才的需求还是比较旺盛的，同时也反映各公、私立学校能及时应对市场需求，注意学科交叉与新专业的开设。2004年以后招生数量增长率逐渐减缓（除2010年负增长外），但至少也达到3%左右的增长水平。近年来台湾入学注册人数逐年降低、"少子化"现象严重，在台湾高校各专业竞争激烈的情况下，显示出传播学门总体仍有一定的竞争实力。

表4-31 台湾近年来传播学门在校学生人数男女百分比（%）（含专科人数）

学年度	总计	男生	女生
1998年	100	35.66	64.34
1999年	100.00	35.36	64.64
2000年	100.00	34.64	65.36

---

① 陈昌凤：《中美新闻教育传承与流变》，中国广播电视出版社，2006，第140页。

● 台湾新闻传播教育初探　▶▶▶

续表

学年度	总计	男生	女生
2001 年	100.00	34.53	65.47
2002 年	100.00	34.58	65.42
2003 年	100.00	35.02	64.98
2004 年	100.00	36.18	63.82
2005 年	100.00	36.63	63.37
2006 年	100.00	36.87	63.13
2007 年	100.00	36.82	63.18
2008 年	100.00	36.50	63.50
2009 年	100.00	37.25	62.75
2010 年	100.00	37.26	62.74

资料来源："中华民国"教育统计：历年大专校院学生人数——按科系（23 学门）及性别分（百分比），http：//www.edu.tw/statistics/content.aspx? site_ content_ sn =8168，2012 年 3 月 20 日。

表 4-31 显示，台湾传播学门的学生，一直以女生居多。历年女生占学生总数的比例基本为 63% 左右，远远多于男生。在美国本科生中，新闻传播学专业多年来基本上女生占 65%。根据陈昌凤等人 2003 年对大陆 9 所高校新闻专业学生的调查，学生中仍然是女生居多，大一学生中女生占 67%，大四学生中女生占 73%。[1]

学校中攻读传播学门的女生占据多数，然而在现实当中，根据郑瑞城 1988 年的调查发现，性别方面，报社记者的男女比例为 8：2，电视记者的男女比例为 7：3。陈世敏、彭芸及罗文辉 1998 年进行的研究，也发现类似结果。在罗文辉、胡幼伟的实证性调查中，同样发现台湾新闻工作人员中实际上男性比例比较大。

---

[1] 陈昌凤：《中美新闻教育传承与流变》，中国广播电视出版社，2006，第 148 页。

表4-32 两岸三地新闻工作者男女比例

单位:%

调查地	大陆	香港	台湾
男	67.1	55.1	59.4
女	32.9	44.9	40.6
调查时间	1997	1997	1997

资料来源：罗文辉、陈韬文：《变迁中的大陆、香港、台湾新闻人员》，巨流图书公司，2004，第40页。

表4-33 两岸三地新闻从业者的男女受教育情况

单位:%

调查地	大陆		香港		台湾	
	男	女	男	女	男	女
大学教育	57.5	63.2	42.8	46.4	67.1	76
新闻教育	27.4	29.9	41.7	57.9	51.3	44.2

资料来源：罗文辉、陈韬文、潘忠党：《新闻传播教育对新闻人员的影响：大陆、台湾和香港的比较研究》，台湾《传播研究集刊》2003年第8集，第22~23页。

学校中女生远多于男生，但表4-32与表4-33研究显示女生进入新闻单位的几率与比例又远低于男生，这意味着大部分女生毕业后无法进入新闻部门工作。而新闻从业者中女性受教育程度更高，也反映了男女不平等的社会状态，意味着女性要进入新闻界，比男性更难、门槛更高。新闻界依旧是男性主导的行业，男性不仅在新闻界占多数、占据更高的地位，而且理想的新闻人员所具备的特征——如客观、理性、不畏强权等，也都是男性的基本特征。

二 毕业生走向

(一) 各系所逐渐重视校友资料建设

关于校友资源的重要性，1971年台湾世界新闻专科学校成立校友会，成舍我先生在校友会2周年庆上说："过去，校友会曾出过一本校友通讯簿，但有些同学的住址不详，无法取得联系。……假如要使校友团结一致的话，就要多做校友调查工作。如果调查工作做得好，对校友们以及在校同学的帮助很大。譬如校友会时常收到已在某些机构做单位主管的校友来信，希望学校推荐校友，但却不知道哪位校友可去担任，这就是调查工作没做完备的关系。所以，我希望校友会特别重视校友联系，也盼望校友们热心地提供校友数据，由在座的校友开始，每人如能提供 5 位校友，就有三百多位，再由这三百多位，每人再提供 5 位，如此可能一年半载，就可以得到大部分校友的详细的动态。"① 这段话很好地概括了校友资源的重要作用。但是在 20 世纪 90 年代中期，台湾多数学校还没能建立起完善的毕业生就业统计和资料保存制度。随着市场竞争日趋激烈，各校开始认识到校友资源的宝贵价值。台湾政治大学新闻系早期就重视整理校友资源，据笔者翻阅，在其系刊《新闻学人》上，从 20 世纪 70 年代起就开设"系友专访""家里人专页""系友就业现况""系友动态"等栏目，介绍系友工作成绩、人生感悟，并公布各届学生动向，便于学生相互交流、激励后学，形成良好的传统。如今，新闻系建立了电子报，每月一期，同学可上网阅读或免费订阅。广电系则创办了《广电系电子报》，设有"主题人物系列"，针对毕业系友进行专访。

台湾辅仁大学传播学院大学部在学院网站上，设有校友资料库系统，校友在这个资料库中可以输入并查询自己的资料。系统提供使用者可以依毕业系所、目前公司名称、职称、行业别、工作性质等条件，查询到自己需要的校友对象，并可进一步与他们联系。另有一项服务叫作"探索专业人才"，是登记校友或企业的征才信息，帮助他们寻找校内人才，提高应届毕业生的就业率。② 这些服务与统计数据只在部分程度上对校友开放，若有外人想要调用此材料，必须填写台湾辅仁大学校友数据库系统使用单位申请表，并经单位主管签核后方可按需使用。新闻

---

① 成舍我：《"世新"是属于全体同学的，恳切盼望校友能早日"接棒"》（1972 年成舍我在校友会 2 周年会庆讲词），成舍我先生纪念网站，http：//csw.shu.edu.tw/PUBLIC/view_01.php3? main=Works&id=1430，2012 年 3 月 31 日。

② 详见《辅仁大学校友数据库使用操作手册》，http：//alumni.fju.edu.tw/index.asp? method=list，2012 年 3 月 31 日。

传播学系还成立自己的系友会，在某些特定时期比如院庆、系庆时邀请系友参加。

根据台湾南华大学传播学系主任张裕亮先生的介绍，该校传播学系每年都会由系学会举办"传管周"活动，邀请杰出毕业系友返校座谈，将业界的经验与学弟学妹分享。为了让毕业系友了解学弟学妹们的创作水平，多项作品的评审均邀请系友担任，每年还要举办"金传奖晚会"。学院成立了传播学系系友会，出版《传管人》系友报、建立Facebook等，加强与毕业系友的联系。[①]

目前大陆的高校中，据笔者所查，仅有少数学校网站设有校友联系专栏，多数学校还没有明确认识到校友资源建设的重要意义。虽然一些学校如复旦大学新闻学院网站上设有"校友活动""校友资料"等栏目，中国人民大学新闻学院网站设有"校友录"栏目，但在设计思想上，还是把毕业生和在校生分置于不同的界面和系统中，交集不多，建立两者交流合作的意识有待加强。台湾各校因为激烈的市场竞争，基本每一系所都有自己的网站和系友会，并定期举办联谊活动。这是大陆学校可以进一步学习和改进的地方。

（二）毕业生走向

2005年以后，台湾"教育部"修订并实施的《大学法》规定，所有台湾的大学校院都必须定期接受评鉴，由台湾"教育部"委托一家独立的评鉴机构来实施具有一定程序和标准的认证。这家独立的评鉴机构就是后来的"财团法人高等教育评鉴中心基金会"。在评鉴的五个项目中，其中一个就是毕业生表现，共有5个参考指标，分别为：（1）毕业生专业能力与系所教育目标之相符程度；（2）毕业生在升学与就业之表现；（3）毕业生在校所学与就业的关联度；（4）是否确实建立毕业生之联系管道及追踪机制；（5）系所收集毕业生与相关机构或人员之意见，作为系所持续品质改善参考的做法[②]。"财团法人高等

[①] 资料由台湾南华大学传播学系主任张裕亮提供，2011年8月。
[②] "财团法人高等教育评鉴中心基金会"，http://www.heeact.edu.tw，2012年3月31日。

教育评鉴中心基金会"从2006年开始实施历时5年的第一周期系所评鉴，目前正在进行第二周期的评鉴计划。根据笔者搜集的资料，入学学生数与毕业生数在历年《"中华民国"新闻年鉴》（不定期出版）或《"中华民国"教育年鉴》中有统计（按学门划分），但关于毕业生的就业统计，除王石番、陈世敏等人1996年做过的调查外，至今很难找到全台湾范围内的系统调查，显示此方面研究尚待加强。

笔者在访问过程中，专门对就业统计问题咨询了台湾铭传大学传播学院院长陈耀竹教授、台湾大学新闻研究所的谷玲玲副教授、台湾佛光大学新闻系主任蒋安国副教授、台湾南华大学传播学系主任张裕亮教授，他（她）们均表示各校就业统计的数据是可信的，因为评鉴团会对各校统计结果进行随机调查，弄虚作假的可能性不大。其后学生改变工作的概率有可能较大，但当年的统计在当年是具有参考价值的。以下就一些学校的毕业生就业情况作简要介绍。

1. 台湾政治大学传播学院毕业生走向

（1）新闻系毕业生走向。2005年台湾政治大学新闻系创系70年之际，新闻系办公室曾在陈世敏教授协助下，执行"台湾政治大学新闻系历届毕业系（所）友专业生涯调查"，共发问卷3186件，收到回函260件（其中大学部206件，研究所54件），回函率为8.16%。系友的工作性质如表4-34所示：

表4-34 台湾政治大学新闻系工作情况调查

工作领域	传播直接有关	传播间接有关	传播无关	未工作/家管	待业服役进修	退休	总计（%）
人数（%）	112 43.6	39 15.2	49 19.1	5 1.9	25 9.7	27 10.5	257 100.0

资料来源：台湾《新闻学人》（2007），http：//www.jour.nccu.edu.tw/wp-content/uploads/2007/06/11.doc。

2007年新闻系为应对评鉴需要，从2006年起着手开展系友资料调查，统计结果如下：2007年3月底，博士生毕生38人，2位任职于电视机构，36位任教于各大学。硕士班2004~2006学年度毕业68人，其中6人就读或即将就读博士班，48人的工作与新闻传播相关。学士班2003~2006学年度应毕业395人，其中81人续读硕士班或博士班，128人工作与新闻传播相关，41人服兵役或延毕①。

（2）广告学系毕业生走向。2009年该系对毕业生的调查情况显示：学士班成立迄今20年，毕业生每年约有50名，已培养许多杰出广告人才。针对近3年154位毕业生所进行之流向调查中，显示毕业校友有37人从事广告、公关相关领域工作；有24人继续深造，其中含岛内14人，岛外10人，多以攻读设计、视觉、人文领域为主。硕士班近3年共有40位毕业生，有33人（82.5%）已就业，其中27人（占全体的67.5%）从事广告及公关相关领域工作②。

（3）广播电视学系毕业生走向。2009年该系对毕业生的调查情况显示：该系毕业生在就业与进修方面的比率约为47%与30%，其他23%则为待业或服役中。在就业生部分，在传播相关领域工作的高达85%，显示毕业生所学与工作相关程度相当高。在继续进修的部分，毕业生也多选择相关科系，岛内与岛外之比约为58%与42%③。

2. 台湾师范大学大众传播研究所毕业生走向

台湾师范大学研究所成立于1997年，2006年参加评鉴。该所秉承"小而美"的建设理念，自成立以来毕业生仅有71人，在媒体公司任职或担任行销企划相关工作者占55%，显示所学尚能致用。此外，毕业生除继续深造之8%外，有工作者亦在八成以上，显示毕业生进入职场服务堪称顺利。④

---

① 台湾《新闻学人》（2007），http：//www.jour.nccu.edu.tw/wp-content/uploads/2007/06/11.doc。
② 2009年台湾政治大学广告学系评鉴结果，http：//www.heeact.edu.tw/sp.asp%3Fxdurl%3Dap.2012年1月8日。
③ 2009年台湾政治大学广播电视学系评鉴结果，http：//www.heeact.edu.tw/sp.asp%3Fxdurl%3Dap.2012年1月8日。
④ 2006年台湾师范大学大众传播研究所评鉴结果，http：//www.heeact.edu.tw/sp.asp%3Fxdurl%3Dap.2012年1月9日。

3. 台湾文化大学大众传播学系毕业生走向

就该系 2007 年的评鉴报告来看，近 3 年来毕业生在传播领域的就业率分别为 34.48%、48.87% 及 41.96%，均未及 1/2，而依据该系于 2007 年 4~5 月间对毕业系友所做的调查，在访问约半数成功系友中，计有 45.4% 的系友认为工作性质与所学并不相符。虽然其中仅有 14.1% 的受访者认为，无法学以致用的原因是"专业能力问题"，但就业与所学之间存在相当差距的事实仍"值得正视"。该系近 3 年来毕业生升学率均在 5% 以下，显示进入就业市场乃是该系毕业生的主要发展目标。因此，评鉴小组给出的建议是："学生在校时能否学习到足够的专业知识与技能，乃为学生心目中重要的学习目标，亦应为该系教学的主要标的。"[1] 以上调查反映出目前一些传统系所就业状况仍有改善空间，就业形势不容乐观，课程设置也需要进行改进。

4. 台湾铭传大学传播管理所毕业生走向

根据 2009 年的评鉴资料，该所成立以来已有 378 位毕业生，其中 230 位为一般生，148 位为在职专班生。平均就业率前者为 77.4%，后者为 95.3%，且均有相当比例（66%~85%）之毕业生从事传播管理相关领域之工作，毕业生的就业状况良好。从雇主满意度调查得知，雇主对毕业生在传播与管理应用的技能方面满意度较高，但对企划分析与英文沟通能力等方面的满意度较低。从雇主的评价结果看来，该所英文课程教学之成效仍须加强[2]。

5. 台湾世新大学新闻系毕业生走向

根据 2008 年的评鉴资料显示，世新大学近年毕业生表现的资料搜集相当不完全，仅有杰出校友之统计，而且集中分布于早年毕业的校友，对于近几年毕业生的就业状况，特别是近 5 年表现的资料严重缺

---

[1] 2007 年台湾文化大众传播学系评鉴结果，http://www.heeact.edu.tw/sp.asp%3Fxdurl%3Dap. 2012 年 1 月 9 日。

[2] 2009 年台湾铭传大学传播管理所评鉴结果，http://www.heeact.edu.tw/sp.asp%3Fxdurl%3Dap. 2012 年 3 月 31 日。

乏，这在判断毕业表现上将严重失真①。根据部分毕业校友访谈显示，由于报纸产业不景气，乃至电视产业出现紧缩，近年毕业生进入媒体的工作机会已大幅减少，多数毕业生的工作集中在广告与公关部门，而且这种状况持续了好几年，但这种趋势显然并未充分反映在该系目前的课程规划上。据此，评鉴小组对该系课程设置提出改进意见，并建议正在建置中的"系友网"，应优先搜集最近5年的校友就业状况，以供高年级学生参考。提出为适应媒体市场生态的转变，应加强探讨毕业生之就业趋势及改善之道，并以此作为课程规划的参考依据。

6. 台湾南华大学传播学系毕业生走向

根据2009年的调查，1996~2009年，南华大学传播学系计有324人，毕业生计945人。根据该系问卷调查显示，大学部毕业生有70.6%找到工作，14.5%就读研究所，7.9%还在待业。至于工作行业，属于传媒业者占34.9%，而从事非传媒工作者则占65.1%。该系硕士班毕业生情况，工作中有75.2%、准备考试中3.2%、服役中9.1%、待业中9.3%，就读博士班有3.2%。②

鉴于篇幅所限，本文不再一一介绍相关系所的学生就业情况，详情可参见"财团法人高等教育评鉴中心基金会"第一周期系所评鉴结果。③ 总体来说，目前台湾媒体经营不太景气，传统的新闻、大众传播学专业就业形势不容乐观，毕业即失业的现象时有发生。但传播相关行业（广告、信息制作、策划、发布等）对信息人才的需求还较为稳定。不同学校学生就业存在差别，竞争激烈。

三 业界对新闻教育的评价

由于业界有不少从业人员是新闻传播学专业毕业，或是辅修过相关

---

① 2008年台湾世新大学新闻系评鉴结果，http：//www.heeact.edu.tw/sp.asp%3Fxdurl%3Dap.2012年3月31日。
② 调查数据系台湾南华大学传播学系主任张裕亮提供，2011年8月。
③ http：//www.heeact.edu.tw/sp.asp?xdurl = appraise/appraiseData_list.asp&ctNode = 523&ctUnitId = 246&pagesize = 15&mp = 2，2012年3月31日。

课程。因此，业界工作人员的教育背景以及对新闻传播教育的评价的重要性也不容忽视。

（一）台湾新闻从业人员教育背景调查

郑瑞城 1988 年对 235 名报社记者以及 60 名电视采访组记者做调查，发现绝大多数的记者为大学毕业，研究所毕业的记者人数占 20% 左右。受过大学教育的记者，有 53% 为新闻相关科系毕业，有 47% 为其他科系毕业[①]。在另一项由陈世敏、彭芸及罗文辉于 1988 年进行的调查中，记者受过新闻教育的比例还更高一些。

1994 年，台湾政治大学罗文辉在台湾"国科会"研究计划"新闻从业人员专业价值观之研究"中采用随机抽样法，从台湾地区的广播、电视及报纸新闻从业人员中，抽出 1300 人进行问卷调查[②]（这也是台湾地区第 1 项有关新闻人员的全面调查）后发现：

在大专以及大学层次的工作人员中，受调查的 138 名广播新闻从业人员中有 125 人指出他们在大专或大学学习的主修科系，各科系主修的人数比例依序为：（1）大众传播或相关科系，44 人，占 31.9%；（2）新闻科系，30 人，占 21.7%；（3）人文科学，20 人，占 14.5%；（4）社会科学，13 人，占 9.4%；（5）自然科学，5 人，占 3.6%；（6）商学，2 人，占 1.4%；（7）法律，0 人；（8）其他，11 人，占 8%。受调查的 108 名电视新闻从业人员中有 97 人指出他们在大专或大学学习的主修科系，各科系主修的人数比例依序为：（1）新闻科系，30 人，占 27.8%；（2）大众传播或相关科系，28 人，占 25.9%；（3）人文科学，18 人，占 16.7%；（4）社会科学，12 人，占 11.1%；（5）自然科学，4 人，占 3.7%；（6）商学，2 人，占 1.9%；（7）法律，1 人，占 0.9%；（8）其他，2 人，占 1.9%。受调查的 764 名报纸新闻从业

---

① 转引自罗文辉、陈韬文、潘忠党《两岸三地新闻人员背景之比较研究》，第 5 页，http://ccs.nccu.edu.tw/UPLOAD_FILES/HISTORY_PAPER_FILES/920_1.pdf，2012 年 5 月 2 日。

② 罗文辉：《台湾新闻人员背景及工作概况之研究》，台湾《政治大学学报》1996 年第 73 期，第 48~49 页。

第四章 市场与技术引导下的新闻传播教育（1992年至今）

人员有715人指出他们在大专或大学学习的主修科系，各科系主修的人数比例依序为：（1）新闻科系，240人，占31.3%；（2）大众传播及相关科系，161人，占21.0%；（3）人文科学，137人，占17.9%；（4）社会科学，70人，占9.1%；（5）自然科学，40人，占5.2%；（6）商学，32人，占4.2%；（7）法律，13人，占1.7%；（8）其他，22人，占2.88%。

就大专或大学学习的主修科系而言，广播、电视及报纸新闻从业人员都以主修新闻及大众传播相关科系的人数比例最高，其次是人文科学及社会科学，主修自然科学、商学或法律的人数极为有限。报纸显然是新闻科系和大众传播相关科系学生的主要就业场所。

在研究所层次上，广播新闻从业人员中，有24人指出他们在研究所的主修专业，各研究所主修人数比例依序为：（1）新闻与社会科学，各有7人，各占29.2%；（2）大众传播及相关科系与人文科学，各有4人，各占16.7%；（3）自然科学，2人，占8.35%。没有任何受访的广播新闻从业人员在研究所主修商学或法律。受访的电视新闻从业人员中有34人指出他们研究所的主修专业，各研究所的主修人数此例依序为：（1）新闻，15人，占44.1%；（2）大众传播及相关学系与社会科学，各有7人，各占20.6%；（3）人文科学，4人，占11.8%；（4）自然科学，1人，占2.9%。没有任何电视新闻从业人员在研究所主修商学或法律。受访的报纸新闻从业人员中有122人指出他们研究所的主修专业，各研究所的主修人数比例依序为：（1）新闻，36人，占29.5%；（2）社会科学，28人，占23%；（3）传播或相关科系，27人，占22.1%；（4）人文科学，14人，占11.5%；（5）商学，6人，占4.9%；（6）自然科学，4人，占3.3%；（7）法律，1人，占0.8%；（8）其他，6人，占4.9%。

就研究所主修专业而言，广播、电视及报纸新闻从业人员都以主修新闻、社会科学及大众传播的人数比例最多，其次是人文科学。而主修自然科学的人数很少，几乎没有人主修商学及法律。

总体而言，在20世纪90年代，新闻从业者中以学习新闻和大众传播专业的学生居多,基本能学以致用,学生就业还能以媒介作为首选。但是到2000年以后,随着媒介竞争加剧,媒介生态环境的恶化,学生毕业后直接进入媒介的较少,不过就业率并无明显下降。这是因为学生可以进入企业从事广告、公关、营销等与传播相关的工作,不再视传统意义上的媒介业为唯一"正途"。这个结果也与前文毕业生就业的调查结果相符。

(二)业界对新闻传播教育的看法

1998年台湾师范大学大众传播研究所的胡幼伟先生对台湾22家媒介的高层主管进行深度访谈,了解媒介对新闻人才的招募机制和相关要求。结果发现,新闻机构招考记者的广告内容,通常并不限定新闻相关学系毕业者才能报名,财经专业媒体也不要求应征者必须毕业于财经相关学系。受访者大都认为,从长远的角度来看,记者的学术背景及其在新闻工作上的表现,未必有密切联系。访谈内容显示,新闻机构招募记者时,经常会对应征者的年龄及学历设限,在其他方面则没有报名资格限制。[1]

这是否说明新闻传播教育无用呢?大部分受访者表示,新闻机构当然欢迎新闻相关学系毕业生来担任记者。受访者的用人经验显示,受过新闻教育的新进记者,在起步阶段比较容易进入状态。他们在学校已经接受过采访写作的基础训练,懂得如何判断采访路线上大小事情的新闻价值。同时,新闻传播相关学系的毕业生比较愿意以新闻工作作为终身职业,不太会把新闻工作当成是一种职业的跳板,不容易在遭受一点工作上的挫折后,就马上离职。由于受过新闻采编的基本训练,新闻相关学系毕业的应征者在招考记者的甄试过程中,在新闻专业能力的测验上也往往有较好的表现。[2]

虽然媒体认为非新闻相关学系的新进记者只要认真学习,自然能逐渐掌握采访写作技巧,但公平地说,新闻相关学系和非新闻相关学系的

---

[1] 胡幼伟:《媒体征才——新闻机构甄募记者的理念与实务》,正中书局,1998,第248页。

[2] 胡幼伟:《媒体征才——新闻机构甄募记者的理念与实务》,正中书局,1998,第250页。

第四章　市场与技术引导下的新闻传播教育（1992年至今）

毕业生在刚进新闻机构时，是各有所长。前者已经熟悉新闻作业流程，但对新闻之外的专业知识可能较为生疏；后者能够发挥新闻之外的专长知识于新闻工作中，但较拙于采访写作技巧。这种在起步阶段的差异，可能会随着工作经验的积累而逐渐消弭。换言之，只要肯从工作过程中不断学习，新闻相关学系毕业生可以成为某一采访路线上的专家型记者，非新闻相关学系毕业生也会成为精于采访写作技巧的成熟记者。[1]

碰巧的是笔者在对台湾新闻业界人士的访问中，就遇到两位这样的记者。台湾《联合报》大陆新闻中心主任刘秀珍女士毕业于台湾政治大学新闻系，负责大陆事务的采访；台湾《自由时报》大陆事务负责人苏永耀先生毕业于台湾政治大学政治系，毕业后从事新闻工作。两人分别经历了政治知识与新闻专业知识的再学习，并都成为行业中的佼佼者。对于新闻教育，苏永耀说："我自己不是新闻本科出身的，我大学是念的心理系，研究所的时候，念政治学，从来不会写新闻稿。我上班的第一天，就写新闻稿，那个还是手写的时代，我从来不知道新闻稿怎么说怎么写，但这不是一个问题，新闻采写知识学习后可以掌握……而且我觉得从我个人角度来讲，聘用记者，应该从他的专业来看比较好，念财经的就去考财经，他会知道什么是货币供给、中央银行，所以搞本专业的比较好。也是因为让我跑政治新闻，对政治上的东西我有一些基础，所以我觉得，这是学习的一部分。"[2] 刘秀珍坦言，从事新闻工作，新闻理论、新闻史和新闻道德都应该学习，但关键还是基本功要好。这些基本功包括兴趣爱好、文笔以及语言表达能力，"有些人的表达是很不清楚的，所以我觉得语言能力，特别是在国际化的阶段，一个记者如果具备很多种语言能力，那竞争力会比较强"。"很多基本功，就应该在学校里培养，学生有没有大量的阅读，他（她）的文字功力好不好，真的很重要"。刘秀珍觉得做新闻"不一定要看你念不念新闻"，"一般只要1年时间的训练，你就知道这个人好不好用。所以我觉得念新闻系

---

[1] 胡幼伟：《媒体征才——新闻机构甄募记者的理念与实务》，正中书局，1998，第251页。
[2] 苏永耀访谈，2011年7月28日于台湾大学校友会咖啡厅。

这个专业,应该去加强对其他专业的(学习),文史哲,比如要加强经济方面,我觉得要早一点就读这些东西"①。可见两位记者虽然专业不同,但都认为新闻专业技能不是从事新闻职业的必要条件,关键是进入者要有足够强的基本功和相关行业知识。

上述访问的结论与1984年美国俄勒冈大学新闻学院做的调查报告类似。对于新闻与传播教育的评估,美国传播业界包括报纸发行人、编辑、广告公司、公共关系公司、广播电视公司及其他相关行业是这样认为的:对行业而言,受过新闻教育和训练的人才是重要的,但新闻/大众传播教育须改进之处仍有很多。业界领袖认为,新闻/大众传播教育应达到教授诸如编辑与写作之基本技巧,授予新闻/大众传播院系学生广泛文理学科教育诸目的。如果没有良好的知识基础和学习能力,学生将无法应对时代的变化。②

(三)另一种声音

受教育者在教学过程中对新闻传播教育的反馈是什么呢?虽然各校均在不同程度上了解学生对教学的意见,但我们很少听到直接来自学生的声音,更从未有一人像林靖堂(台湾铭传大学传播学院学士,台湾辅仁大学大众传播研究所硕士,现为报社记者)这样在媒体上公开撰文批评台湾的新闻传播教育。不满被技术和商业化教育所垄断的林靖堂,在大学毕业时写作毕业论文《从新闻专业性探讨台湾地区传播学院教育问题之研究》时认为:目前台湾新闻传播教育学校内的问题,在于实务技术课程压缩了理论与人文历史社会通识课程的空间,在于学校教师内在知识基础、教学热诚与外在的授课时数发生矛盾,在于缺乏学生回馈、业界打击与教学与研究资源不足的问题。③ 在研究所阶段写作的论文《台湾新闻传播教育之高等教育市场化问题研究》中,则力求从高等教

---

① 刘秀珍访谈,2011年7月22日于忠孝东路星巴克咖啡厅。
② 彭家发:《未来新闻与传播教育课程发展之趋势——美俄勒冈大学新闻学院研究报告摘要》,载彭家发《传播研究补白》,东大图书公司,1988,第88~89页。
③ 林靖堂:《从新闻专业性探讨台湾地区传播学院教育问题之研究》,学士学位论文,台湾铭传大学,2004。

育政策的演进与媒体环境变迁的角度思考政治、经济因素对新闻传播教育的影响。"我逐渐开始理解，新闻传播这个科系本身的技职训练教育本质，以及'解严'开放后的10年间台湾高等教育政策市场化与大众化等的自由化趋势，加以此10年间台湾商业媒体大跃进似的蓬勃发展所引发的就业人才需求，致使台湾新闻传播科系的大量开设、彼此竞争。与此同时，'学术资本主义'亦开始在高等教育中逐渐扩散，新闻传播教育在此竞争环境下亦同，而使得新闻传播教育必须开始更为重视所谓的'就业市场'。"[①] 此观点发表在《当代》杂志上，引发学界和社会的较大反响。这也是笔者第一次看到台湾学生以政治经济学观点来分析新闻传播教育，反映了一种批判的声音。

第五节　新闻传播教育的评鉴制度

一　台湾地区大学评鉴制度的发展历程

高校系所评鉴（Specialized Accreditation）也称"专门领域之认可"，是指受评单位经内部自我评鉴与外部访视后，由评鉴团体针对受评单位的优缺点提出意见与建议，最后评定该单位符合评鉴标准值程度，旨在提升学习的成效。[②] 根据张宝蓉等的研究，台湾地区高校系所的评鉴可分为以下几个阶段：[③]

第一阶段：学门评鉴的产生。20世纪70年代，随着台湾经济的迅猛发展，同时受美国行政管理"绩效责任"观念的影响，台湾教育主管部门于1975年开始进行数学、物理、化学、医学等5个学门的评鉴。1976年之后，学门评鉴范围拓展到农、工、医等学院，继而是商学院、

---

① 林靖堂：《台湾传播新闻教育问题分析》，台湾《当代》2007年第233期，第104~123页。
② 陈信翰：《台湾大学校院系所评鉴之后设评鉴研究》，博士学位论文，台北市立教育大学教育行政与评鉴研究所，2007，第4页。
③ 张宝蓉：《台湾地区高校系所评鉴机制及对大陆的启示》，《中国高教研究》2011年第5期，第53页。

法学院、文学院及师范学院等相关学门,这可以说是台湾地区高校系所评鉴的发端。

第二阶段:学门评鉴的拓展。1983年,台湾高等教育评鉴工作已覆盖到所有学门的各个系所。这一时期台湾教育主管部门对高等教育的发展采取的是一种严格控制的态度,学门评鉴工作由教育主管部门直接规划与实施。

第三阶段:学门评鉴主体的多元化。为了确保高等教育评鉴的公正性与指标的多元化,1991年至1994年《大学法》修订颁布期间,台湾教育主管部门开始有意识地委托各种专业学术团体,开展各类学门评鉴,并由各学会设计评鉴标准与方式。同时,私立高校的校长和专家也陆续参与到评鉴工作中来。但总体而言,评鉴工作依然体现为一种教育行政主管部门"由上而下"的高度主导行为。

第四阶段:学门评鉴的法制化。1994年修订公布的《大学法》明确赋予台湾地区高校在教学、科研、组织运作、发展规划及社会服务等方面享有更多的自治权利,但在质量评鉴方面,却进一步强化了当局的影响力。《大学法》第四条第三项规定:各大学之发展方向及重点,由各校依台湾需要及特色自行规划,报经"教育部"核备后实施,并由"教育部"评鉴之。[①] 该条文为台湾教育主管部门对高校实施相关评鉴工作提供了"法源依据"。

第五阶段:评鉴形式的多样化。1997年,台湾开始举行以大学整体校务为主的大学综合评鉴,续举办高校学门评鉴,如以"通识教育"学门为主的评鉴、以理科为主的学门评鉴等。并于2004年启动了台湾有史以来最大规模的大学校务评鉴计划,评鉴对象涉及76所大学院校。

长期以来,台湾高等教育评鉴都由教育主管部门全权负责或主导办理,评鉴的社会公信力与专业性受到社会各界的广泛质疑。2005年12月,台湾"教育部"及153所高校共同捐助设立了1个专门的非营利性

[①] 叶昱岑:《台湾大学评鉴政策之研究》,硕士学位论文,台湾暨南国际大学,2005,第13~18页。

中介评估机构——"财团法人高等教育评鉴中心基金会",具体负责高校系所评鉴工作。该中心委任的评鉴人员或专家都是具有高等教育教学经验的教授和系所主管及相关业界代表。评鉴中心接受教育当局的委托和监督,对高校系所的办学能力和教育质量进行价值判断和诊断,并以评鉴结果影响教育当局与高校的决策。因而,教育当局、评鉴中心和高校之间形成了一种相互制衡、相互影响的三角互动关系。

二 评鉴的主要流程与内容

台湾地区高校系所评鉴的流程主要分为以下几个阶段:(1)前置作业阶段,(2)自我评鉴阶段,(3)实地访评阶段,(4)结果决定阶段,(5)后续追踪阶段。[①] 详见表4-35。自我评鉴活动是整个系所评鉴的核心,各系所要根据规定的5个评鉴项目,充分了解各项目的内涵与指标,利用数据或文字对每一个评鉴项目的现况做完整描述,分析优劣并提出改善计划。

表4-35 台湾大学院系所评鉴流程图

阶段	工作项目
前置作业阶段	确定受评学校学科归属
	选聘学科规划召集人名单
	召开学科评鉴实施计划公听会
	公布评鉴实施计划
	办理评鉴实施计划说明会
	办理学科评鉴标准微调与细部规划会议
自我评鉴阶段	实地访评委员培训
	受评系所进行自我评鉴(时间为半年)
	受评系所基本资料填报说明会
	受评系所上网填报基本资料
	评鉴委员回避申请
	受评系所提交、上传自我评鉴报告

[①] "财团法人高等教育评鉴中心" 2010年度大学校院系所评鉴实施计划,http://www.heeact.edu.tw/ct.asp? xItem=5136&CtNode=891&mp=2,2011年2月2日。

续表

阶段	工作项目
实地访评阶段	访评小组行前协调会 访评小组实地访评 访评小组提交访评评鉴报告 召开实地访评委员检讨会议
结果决定与后续追踪阶段	受评系所提出意见申覆 实地访评小组完成意见申覆处理 召开学科任课审议初审小组会议审议评鉴结果 展开认可审议委员会议评鉴结果报告案 召开董事会通过受评系所评鉴结果报告案 核定公布评鉴结果

资料来源："财团法人高等教育评鉴中心"2010年度校务评鉴实施计划，http://www.heeact.edu.tw/ct.asp? xItem=5136&CtNode=891&mp=2，2012年2月2日。

台湾地区高校系所评鉴内容指标体系包括5项一级指标和43项二级指标。5项一级指标分别是：目标、特色与自我改善；课程计划与教师教学；学生学习与学生事务；研究与专业表现；毕业生表现。43项二级指标是各项一级指标的细化。不同学门在二级指标上会有部分不同[1]。目前，台湾地区高校系所评鉴在标准的设置上注重"质"与"量"的结合，尤其突出质的标准。以系所评鉴的5项一级指标及各二级指标来看，全部都是非量化的描述性指标，强调主观性和判断性。如在传播学门（2010年）反映教师教学与学习评量的参考指标有"教师依据课程所要培育之核心能力，设计学习之情形为何？""依据教学评鉴结果，协助教师改进教学设计、教材教法与多元学习评量方法之情形为何？"等，尽量淡化量化标准，强化系所的办学特色。自2007年起，评鉴中心甚至取消了以分数作为认可结果的做法，而是通过系所针对各自的办学定位设立质的标准，提出描述性的报告来展示各自的特色。

系所评鉴结果是在考虑受评单位提交的自我评鉴报告及实地访评结

---

[1] 具体指标可参见"财团法人高等教育评鉴中心基金会"第一周期、第二周期大学校院系所评鉴"传播与新闻媒体学门评鉴项目"。

果之后，由实地访评小组综合相关信息作出结果建议，提交系所评鉴规划委员会决议，最后提交董事会通过报台湾教育主管部门核定后确认公布。系所评鉴结果采用认可制的形式，分为"通过""待观察"及"未通过"3种。采取认可制的最大特点就是尊重高校各系所自己制定的理念和目标，分别就评鉴项目，由系所自主举证来说明理念、宗旨或目标的达成情况，而不用事先制定的统一评鉴标准尺度来衡量每一系所，同一学校不同系所之间或者不同学校的同一系所之间，并不作比较。

三 台湾新闻传播教育评鉴的情况

2006年至今，台湾主要的传播院系所绝大部分经历了评鉴。《大学评鉴法》第八条规定：教育当局得以评鉴结果作为核定调整大学发展规模、学杂费及经费奖励、补助之参据。这表明评鉴结果既是增设及调整系所招生名额的重要依据，也是系所退场的重要依据。因此，从评鉴的程序和结果来看，多数学校都能认真应对。笔者查找第一周期系所评鉴结果[①]（2006~2011年），并未发现有新闻传播类科系所"未通过"。从各校评鉴意见来看，评鉴小组意见较为认真和专业，小组会在评鉴书中针对系所存在的问题提出相应建议，而系所也有进行申覆与改进的权利与空间。例如2008年评鉴小组对台湾世新大学新闻系在课程的安排与设计上提出的建议为："采访与写作课程的规划，以媒介别加以区隔的意义不大，平面与广电采写课程内涵其实有大部分重叠。比较好的区隔方式是不必刻意区隔平面与广电，而是将采访与写作先行区分，然后再以基础、进阶、专题的方式循序渐进，增强学生的采访与写作实力。"对实习问题的建议是："学生实习问题是针对例如实务能力为该系学生的强项，然而晤谈显示，学生仍冀望电子媒体方面的学习。虽然补充资料显示，该系每学期会征选广电新闻种子学生，以学员传承制的方式，协助其他学生操作摄影机与后制剪辑，但晤谈学生表示向隅者众，且学

---

① "财团法人高等教育评鉴中心"第一周期系所评鉴，http://www.heeact.edu.tw/sp.asp?xdurl=appraise/appraiseData_list.asp&ctNode=531&ctUnitId=254&xCat=2&pagesize=15&orderType=&condition=&mp=2，2012年3月1日。

习内容深度较为不足,因此如何满足学生的需求,仍有待考量。"① 意见较为中肯,也会对评鉴学校产生警示与改进作用。对于系所关于各项指标的自我评鉴,评访小组作出实地访评后,会对实际情况作出评鉴,系所可以提出意见申覆,评鉴小组会再次进行审议,最后作出评审结果。比如2010年评鉴小组对于台湾大学新闻研究所课程的评鉴意见为:"该所近三年数位汇流相关课程开设较为有限,根据访谈学生建议,宜针对数位汇流环境,对学生应具备的创新能力与课程发展方向有更前瞻性的规划。"台湾大学新闻研究所的申覆意见为:"会在集成现有传统的基础上,规划如下:第一,相关学理课程将持续探讨数位汇流的趋势。第二,规划网路新闻实务的相关实务课程。第三,规划多媒体的编辑与采访写作课程,以强化学生面对数位汇流环境的创新能力。"② 显示出评鉴的目的重在自评和改善。

总体而言,在评鉴结果中,全台湾高校2006年下学年及2007年上学年,系所通过率分别为77.07%和65.70%;2008年下学年及2009年上学年通过率都有了较大提高,分别为93.41%和88.89%,其中2008年下学年有两所高校受评系所全数获得通过。从"未通过"系所的情况看,全台湾2007年上学年仅有27个系所被评为"未通过",占受评系所总数的11.20%,其他年度的系所评鉴中"未通过"系所所占比例都在10%以下,并且自2008年上学年起,就没有再出现评鉴"未通过"的系所。从系所申覆情况以及追踪评鉴的结果看,申覆比例也出现了逐年降低的趋势。2007上半年提出申覆的系所比例为58.68%,到了2008年下半年该比例下降到31.34%,是2007年以来申覆比例最低的一次③。可见,受评

---

① 世新大学新闻系评鉴报告,2008 年,http://www.heeact.edu.tw/sp.asp?xdurl=appraise/appraiseData_list.asp&ctNode=536&ctUnitId=257&xCat=2&pagesize=15&orderType=&condition=&mp=2,2012 年 3 月 1 日。
② 台湾大学新闻研究所大学校院系所评鉴申覆申请书,2010 年,http://www.heeact.edu.tw/sp.asp?xdurl=appraise/appraiseData_list.asp&ctNode=536&ctUnitId=257&xCat=2&pagesize=15&orderType=&condition=&mp=2,2012 年 3 月 1 日。
③ 张宝蓉:《台湾地区高校系所评鉴机制及对大陆的启示》,《中国高教研究》2011 年第 5 期,第 53 页。

系所对于评鉴结果的认同度越来越高,评鉴已经在各高校中得到认可并发挥重要的质量把关作用。

四 借鉴与反思

台湾高等教育评鉴制度是在市场化趋势下,面对教育规模急剧扩张,质量上出现迅速下滑趋势而产生的应对措施。1996~2008年,台湾高等教育经历了重大转变:高校数量大幅度增长,由24所增长到162所;学生人数从33.8万增长到133.7万;在录取率方面,由44.31%上升到97.10%[①]。高等教育在逐渐由精英式教育发展为普及或大众化教育的过程中,面临着高等教育发展与就业市场需求失衡、教育经费紧缩与资源浪费、教育质量急速下滑等问题。台湾当局逐渐意识到在完全市场化的导向下,教育主管部门仍应协助建立相对独立的高等教育把关机构以及评估标准,以保证教育的质量和公平。

针对评鉴制度,在此次笔者赴台访问的教师当中,赞同意见居多,教师的意见大致为:(1)评鉴是依托第三方力量来规范教育质量和体制,制度和方法相对公平;(2)不好的学校应该设立退场机制,可以激励学校在办学特色、课程设置、教学与学生实习就业方面,花更多精力(陈耀竹、谷玲玲、张裕亮[②]);(3)一些学校以前没有注意到的毕业生资料搜集、图书建设、试验设备等建设问题都必须妥善考虑处置(蒋安国[③])。但评鉴中也存在以下问题和需要改进的地方:(1)评鉴指标公立私立学校标准统一,有失公允。私立学校认为评鉴的5个指标是同一的,并没有区分公立和私立学校的差别,例如在"研究与专业表现"中,有师生参与岛内外学术或创新活动的情况、教师申请和获得研究计划奖助情形与成效的评鉴,而事实上,在有关部门拨给的经费以及占有资源、学术机会方面,公、私立学校很不一样,并且对于私立学校

[①] 台湾"教育部"统计处,http://www.edu.tw/files/site_content/B0013/overview09.xls.,2012年3月10日。
[②] 张裕亮访谈,2011年7月23日于台北忠孝东路伯朗咖啡厅。
[③] 蒋安国访谈,2011年7月22日于台北中山堂咖啡厅。

来说，论文发表的指标压力也不容忽视（陈耀竹、张裕亮、蒋安国）。（2）由于生源质量不同，评鉴应该更重视学生和以前相比改变了多少，而不是学生是什么样的问题（张裕亮）。（3）评估标准应强调教育的内涵与理想性，但也要有想象，并给予传播系所追求实现的空间。各校各系应有自己的特色、目标，而不应采用统一之评量标准。例如，选择精英教育路线或遵循普通教育路线的方式与发展必然不同，各传播系所可自行建立评量标准，以"学生是否能够有效学习"作为关键考虑。[1]（4）对于评鉴结果，应设有机制定期检验学门发展现状，而非交由各科系自行反省，以免产生惰性。例如由学会组成"认可委员会"，针对传播系所之学术品质提出改进建议，但此机制究竟应该如何组成、执行内涵为何，仍须由学门进行讨论。[2]

当前，大陆新闻传播教育还没有一套成形的评估标准。2005年11月，国家教育部高等学校新闻学学科教学指导委员会试图制定一套评估标准，并开始讨论一个草案，但是在许多方面无法达成共识。[3] 教育评估，历来是个很难的问题，评估的操作者是谁、评估的标准是什么、评估者是谁、评估结果对受评者的影响，以及如何处理公平与质量、标准和特色等问题，都是一个需要逐渐探索的问题。台湾高校实施的教育评鉴，可以提供一个参考。

第六节 学术研究活动对教育的影响与互动

一 新闻传播学术研究日趋多元化

（一）批判理论日渐兴起

本时期台湾本地的研究者在介绍传播研究的主要领域时，仍多沿用

---

[1] 《传播教育及研究如何因应传播未来发展趋势》访谈纪要，台湾《中华传播学刊》，2008年第13期，第240页。
[2] 《传播教育及研究如何因应传播未来发展趋势》访谈纪要，台湾《中华传播学刊》2008年第13期，第240页。
[3] 陈昌凤：《中美新闻教育传承与流变》，中国广播电视出版社，2006，第241页。

第四章 市场与技术引导下的新闻传播教育（1992年至今）

美国学者的定义与观点，例如黄懿慧指出，在台湾公共关系研究的论文中，七成五以上是以美国学者的理论模式为主。① 张卿卿也指出，台湾政治传播研究缺乏本土性的研究架构，大抵上是采用美国的理论。② 但是，"二十多年来，对美国以自由多元理论为基础的实证传播研究来说，最大的挑战莫过于以英国为窗口传进来的左派欧洲学术传统，特别是政治经济学和文化研究……在欧洲，这个学术传统批评美国自由多元理论的基本假设，大有分庭抗礼之势"。③

如本章第三节关于教育者的研究所示，除留学美国，台湾也有不少学者赴英、法、德等国家留学，从欧洲带回批判理论研究。陈世敏及郑瑞城在20世纪80年代初期申请到英国研究，返台后开始介绍英国的传播学术思想与制度。陈世敏1983年写作《大众传播与社会变迁》，介绍英国文化研究的发展及文化主义与结构主义两个理论学派。郑瑞城1985年写作《电传视讯》，介绍英国的无线电管理政策。此阶段，批判理论在台湾仍处于引介阶段。20世纪90年代，张锦华、冯建三等在美国、英国学习批判性理论后，回台即加以介绍。张锦华用美国学者托德·吉特林（Tod Gitlin）的观点分析了主流研究的限制"在于囿于行为主义的典范框架"，"无法累积体系性的理论解释，对阅听人、社会及媒介的本质缺乏深入的反省，容易陷入多元论及功能论的观点"④。她介绍说，"批判主义所主张的传播权利的观念以及多义性研究中对社会情境和阅听个人的重视，则在近年来促成民主——参与模式的传播策略。这个模式的基本精神，是拒绝任何精英式或从上往下式的传播策略规划"⑤。1995年，张锦华与柯永辉联合出版《媒体的女人女人的媒

---

① 黄懿慧：《台湾公共关系学与研究的探讨：1960~2000》，载翁秀琪主编《台湾传播学的想像》，巨流图书公司，2004，第465页。
② 张卿卿：《台湾政治传播研究之回顾：美国传统 VS 台湾研究》，载翁秀琪主编《台湾传播学的想像》，巨流图书公司，2004，第384页。
③ 李金铨：《大众传播理论·修正三版序》，三民书局，2005。
④ 张锦华：《传播效果理论之批判》，台湾《新闻学研究》1990年第42期，第103~121页。
⑤ 张锦华：《批判传播理论对传播研究与社会变迁之贡献》，台湾《新闻学研究》1991年第45期，第57~79页。

体》，这是一本用"批判理论"与"文化研究"的思想理论来解构媒体中所隐含的父（男）权观点的书，该书以批判理论观点来分析女性与媒体的关系，开意识风潮之先，是台湾学者研究媒介与女性关系的重要参考文献。同样，冯建三在1990年底回到台湾后，即翻译和写作多部传播政治经济学论著来"解构资本主义的传播符码"，并进入"传播权"领域研究，1998年因反对政府对公共电视台的控制，他与台湾政治大学传播学院17位教师发表公开信，呼吁公共电视应"实至名归"，引发社会强烈关注。其后他更关注媒介工会权利等问题，是台湾传播学界参与并引领媒介改造运动的著名人士。从英国归来的林丽云也采用布尔迪厄的"场域"等观念来观察台湾新闻传播学术史。批判理论在台湾逐渐兴起。

（二）本土化研究兴起

进入20世纪70年代以后，国际政治格局发生了重大变化，1971年，第26届联合国大会以压倒性多数通过"接纳中华人民共和国，驱逐台湾代表"的提案。同时，中美、中日关系解冻，尤其是1972年美国总统尼克松访华，双方在上海发表了《中美联合公报》。在公报中美国第一次承认只有一个中国，《中美联合公报》的发表，奠定了中美关系的基础，表明了对台关系性质已在改变。[①] 因此台湾当局呼吁：国际姑息气氛弥漫，"中华民国"应迈向自立自强之路。

1978年底《中美建交公报》发表，后台湾与香港的学者（以心理学者为主）在香港中文大学组成非正式的讨论小组，就"社会与行为科学研究中国化"问题，进行了不定期的讨论与报告。部分传播研究者在香港中文大学举办"中国传播研讨会"，目的在于"为现阶段的传学研究寻一个属于自己民族的'根'来"。他们呼吁本地学术界应为民族而学术，不应依赖欧美的思想。1978年学者们在台湾政治大学召开第二次研讨会，参与的学者有徐佳士、汪琪、杨孝濚、陈世敏、朱立等，[②] 会议讨论提出

[①] 孙云：《台湾政治生态的变化与两岸关系》，厦门大学出版社，2009，第26页。
[②] 朱立：《开辟中国传播研究的第四战场》，台湾《报学》1978年第6卷第1期，第20页。

了"传播学中国化"概念,意在摆脱台湾社会及行为科学在世界社会以及行为科学中的附庸地位,这种思维可称为"向在地文化转"。这里所说的"向在地文化转"不是移植流行的文化研究理论套在研究对象上,而是指研究者已从关注普遍的理论,转向关注在地的传播现象与问题,这是本体论层次上的转向。讨论者认为,在地社会(此时指中国社会)与西方社会有很大的不同,因此,研究者不应以西方社会的发展为主体,而应转向以在地(中国)历史中的文化现象为主体,并用现代的学理加以分析。①

虽然"学术中国化"有助于理解华人的文化与思想,但其动力是在国际霸权下所激发的民族主义。如果民族主义发展成近似义和团式的情绪,则可能排斥外来的学说与理论。就如黄旦先生所说,"地域和文化本身并不能成为本土化的原因","历史恰是对现实的某种感触,不是因为是'中国'所以才要本土化"②。后来也有台湾学者反思道,"在本土化的讨论中,或有学者认为只要以是'在地'进行、采集本土的数据者,都可称为本土研究。如是的概念,仅能够建构本土化研究的形骸,并未能真正把理论置于本地历史文化情境中,并且寻找出具有本地精神特质的理论",因此提出"好的研究"比"在地化研究"更重要。③

20世纪90年代以后,台湾传播本土化研究被称为向"在地文化转"。1990年至2000年以后的讨论可以分为本体论和认识论两部分。研究者的观点为:第一,在本体论上传播研究应转向以在地的现象为主体,并思考其脉络;第二,在认识论上应转向以在地的研究者为主体,反省自身与在地社会的关系。④ 在本体论层次的讨论中,部分研究者主张,传播研究宜重视历史脉络的分析。他们认为,在地的传播现象与问

---

① 林丽云:《台湾传播研究史——学院内的传播学知识生产》,巨流图书公司,2004,第158页。
② 黄旦:《中国传播研究本土化的反思与批判》,厦门大学"南强讲座",2011年12月9日。
③ 须文蔚、陈世敏:《传播学发展现况》,台湾《新闻学研究》1996年第53期,第28~29页。
④ 林丽云:《台湾传播研究史——学院内的传播学知识生产》,巨流图书公司,2004,第207~208页。

题是在历史脉络中形成的,因此研究者宜注重历史脉络的分析;此外,部分成员着手建立在地的学会。例如陈世敏认为,学会的成立将有助于推动传播研究在地化。因为学会可举办研讨会与出版学术刊物,在这些"互动仪式"中,社群成员将以在地社会重要的传播现象为讨论的主题,成员将可在这个基础上进行对话。1996年6月,"中华传播学会"成立,每年举办年会并于2002年设立《中华传播学刊》,讨论学门关注的主题和概念,影响日益增大。

在认识论的转向上,研究者们认为,第一,在地研究者应该是诠释的主体,应反思研究者自身与在地的辩证关系。他们指出,在依附的情境下,过去台湾研究者是"无我"的存在,只是以西方的理论为基础发展命题,在本地进行检验,因此台湾的传播研究者缺乏真正的灵魂,在地研究者应反省自身的位置,包括研究者自己与在地社会及研究对象的关系。[1] 要理解研究者与在地社会有辩证的关系,研究者应该意识到自己是历史文化的产物,并且这种知识体系也会影响他看世界的结果。第二,研究者不宜陷入形式主义与本质主义的框架中,而以为所学的理论和方法即是唯一的真理与道路。[2] 因此,陈世敏等也提出"好的研究"也必然是"独特"和"在地"的观点。

综上,台湾学者对新闻传播学本土化的研究已有一定认识,但本土化研究必须建立在历史脉络的研究与理论认识之上,目前台湾传播学历史研究与理论建设仍是任重道远。林东泰等在研究台湾传播理论的全球化趋势后认为:"台湾传播理论的扩散,确实是随着世界学术主流移动,虽然对于每个理论都落后了将近十年以上光景,但只要学术潮流往哪个方向走,便能够尾随赶上,充分展现本土传播研究的现代性本质。"[3] 然而这种知识全球化的扩散过程,一方面似乎非常定向,始终跟定全球

---

[1] 夏春祥:《众声喧哗的迷思——关于传播研究的笔记》,台湾《中华传播学刊》2002年第1期,第9页。
[2] 钟蔚文:《谁怕众声喧哗?兼论训练无能症》,台湾《中华传播学刊》2002年第1期,第32~34页。
[3] 林东泰等:《传播知识全球化——回顾台湾近五十年来的新闻传播硕士论文911篇》,"中华传播学会"年会论文,台湾,2000。

主流;另一方面却又显示了台湾本土传播研究随波逐流,既无定向、又无居所,只是追随全球学术主流漂泊,扮演知识全球化的一个过程环节而已。"我们在消化别人的理论视野以后,如何转化研究自己的社会问题?'在地'研究如何与所谓的西方主流学术论争与对话?这些毋宁都是华人学术社区面临的共同课题。"[1]

(三) 受传播科技发展影响明显

在新自由主义的思维下,传播科技的发展受到重视,科技被视为提高台湾地区竞争力的利器。而且在私有化的传播政策下,私人传播产业(如有线电视、电信、电子商务等)扩张,需要大学提供传播科技方面的应用型人才。加上近年台湾社会"少子化"的趋势,高等教育政策开放市场,实施竞争性补助政策,如果某一所大学要在竞争中获胜,或希望能争取到有关部门的补助,比较好的策略是成立"实用导向型"的系所。因此在1991~2001年,就有49家新的传播系所成立。新成立的传播系所除了一般的大众传播外,多以应用传播科技、传播与资讯管理(如媒体管理、公关、广告、营销)命名。2001~2012年,共有40个院系所成立,主要以私立学校开设视觉传播类的"视觉传达设计"以及"传播新科技"类的"传播与科技学系/传播工程"专业为主。目前各校对师资的需求也偏重于传播科技与传播资讯制作,传播系所密切关注业界的发展和需求。

汪琪与臧国仁在1993年的研究中发现1986年以后台湾"国科会"专题研究在媒介实务方面的研究大幅增加,传播与发展方面的研究计划则显著减少。博硕士论文的研究主题也较多关注新媒介。根据陈百龄先生的研究,1996~2000年台湾"国科会"增加幅度最大的三类研究是:(1)广告、公关、行销与消费行为;(2)新传播科技;(3)传播与语言。相对而言,研究比例下降最大的三个项目是:(1)大众传播效果与过程;(2)新闻学与新闻媒体;(3)传播史。[2] 公关、新科技研究成

---

[1] 李金铨:《修正三版序》,《大众传播理论修正三版》,三民书局,2005。
[2] 陈百龄:《从国科会传播专案计划提案看学门发展生态》,台湾《新闻学研究》2001年第67期,第46页。

长的幅度,显示了技艺取向的研究历久不衰,与实用领域如企管、信息科学的交流依旧频繁。①

二 学科理智发展对学科制度的影响以及互动

(一)学科理智研究方向影响课程设置和教学内容

当批判理论逐渐成为新闻传播研究中的重要内容后,20世纪90年代出版的新闻传播理论教科书就已将批判理论纳入书中的重要章节。例如,翁秀琪的《大众传播理论与实证》就在第17章中专门介绍批判理论与文化研究,此书至今仍是台湾主要研究所考试与本科生学习的必备书目。同时,批判性质的课程逐渐出现在大众传播系所的课程表中。例如,1990年台湾辅仁大学大众传播研究所开设"媒介批评与方法""批判理质化研究"等批判性质的课程,并在1991年开设"文化研究专题"课程。同年,台湾政治大学新闻研究所也大量开设批判传播的相关课程,种类达7门之多。② 随后,张锦华在台湾大学开设了大众传播理论、质化研究方法、多元文化论与传播研究等课程;冯建三开设了传播政治经济学、当代大众传播问题、批判理论与当代传播问题课程;翁秀琪开设了传播理论、研究方法概论、大众媒介与社会、批判传播理论课程;林丽云也开设了新闻史、媒介社会学与传播理论课程。③ 上述教师作为引进和介绍批判理论的重要人物,在课程开设中便有直接反映。而当批判典范已成为传播学术及教育的重要部分时,传播学门中从事批判研究的成员就有增加的趋势。例如,在"中华传播学会"征求师资公告中,部分传播系所(如台湾政治大学新闻系、台湾大学新闻研究所,台湾辅仁大学新闻传播系)会征求批判与文化研究相关的教师,以追求教学与研究的多元性。④

---

① 钟蔚文:《世纪之交,追寻传播研究的意义》,台湾《淡江人文社会学刊》(校庆特刊)2001,第12页。
② 钟起惠:《本土批判传播研究论述回顾与前瞻》,台湾《传播文化》1996年第4期,第72页。
③ 资料整理自各位教师简历。
④ 林丽云:《台湾传播研究史——学院内的传播学知识生产》,第198~199页。

第四章 市场与技术引导下的新闻传播教育（1992年至今）

当传播科技与传播资讯管理越来越占据主导地位后，通过本章第二节课程设置的分析可发现无论什么类型的学校，都十分重视培养学生的技术动手能力，建立媒体平台培养学生采写编拍播的能力。但因为生源和市场定位的不同，在有限的学分和时间段内，一些学校不得不把更多的时间用来培养学生的动手能力，开设更多应用传播科技与资讯管理的课程，以致学生发出如下愤怒的感慨："教育的精神到底是在培养些什么？是替社会或企业培养没有思辨能力的劳动机器以提供企业使用？还是培养一个具有宏观视野，具有专业知识领域、足以分辨是非对错、具有专业伦理与道德操守的知识分子？很无奈的，事实在显示有许多学校的教育走偏了方向，而自甘堕落为企业的职业训练所！"[1]

（二）学生在做论文过程中对知识的再生产深受导师影响

受到导师研究专业的影响，研究生在做论文时会带有较为明显的知识传承模式。比如钟蔚文以认知取向的研究著称，在他的指导下，台湾政治大学新闻研究所的硕士论文中，每年都有大约1~2篇采取认知途径的分析。又如语艺批评理论由台湾辅仁大学的林静伶引进与推动，20世纪80年代末期，她在台湾辅仁大学开设"语艺理论"与"语艺批评"的课程，在她的指导下，1992年至2000年间，该校大众传播研究所的101篇论文中，有27篇是以语艺批评分析社会中不同的团体与个人的论述隐含了何种语艺视野[2]。而铭传大学的陈耀竹教授毕业于管理学系，他在台湾交通大学的博士毕业论文为《一个模糊多评准决策方法之构建及其应用》，在他的指导下，铭传大学2006~2010年就有15位硕士写作有关模糊多评准决策方法在传播各领域的应用的论文[3]。其余的譬如翁秀琪教授指导沉默螺旋理论、罗文辉教授指导新闻从业人员

---

[1] 林靖堂：《传播系所别沦为职训所》，台湾《中国时报》2004年7月9日，第15版。
[2] 林丽云：《台湾传播研究史——学院内的传播学知识生产》，第204~205页。
[3] 笔者统计于台湾"国家图书馆"博硕士论文系统查询，http://ndltd.ncl.edu.tw/cgi-bin/gs32/gsweb.cgi/ccd = ZH1CL7/login? jstimes = 1&loadingjs = 1&userid = guest&o = dwebmge&ssoauth = 1&cache = 1335260019437，2012年4月15日。

的专业性调查、臧国仁教授指导框架理论、李天铎教授指导影视批判理论、吴宜蓁教授指导公关和整合行销传播研究等硕士论文,都可以看到教师在知识传播过程中所扮演的重要角色,教师的研究旨趣与著作对学生的影响巨大。各校的发展特色,也在相当程度上决定了硕士论文的研究取向和题材,譬如台湾政治大学新闻研究所由于历史悠久再加上师资雄厚,一直是台湾新闻传播理论研究的重镇;台湾辅仁大学大众传播研究所以批判理论研究见长,台湾淡江大学大众传播研究所侧重信息传播与国际传播。各校特色的规划与发挥,是以师资作为决定要素。

在学者们提出"学术中国化"的背景下,20世纪80年代初期部分台湾政治大学新闻研究所的博硕士研究生开始着手分析中国古籍所蕴含的传播思想。例如,关绍箕1987年的博士论文《先秦非语文记号思想之研究》分析了先秦诸子的非语言记号之传播思想,以寻找中国文化传播形式的意义,并试图从中国古代的思想史中建构中国传播理论;一些硕士生写作了如下论文:魏荫驹《探索荀子学说中的传播理论》(1981年)、胡幼伟《分析"论语"中的人际传播概念》(1987年)、彭武顺《"诗"在周代政治传播中之应用以及媒介性格之演变》(1988年)、严智宏《探讨"论语""孟子"对言论之基本概念》(1990年),这些论文分别探讨了荀子学说、《论语》、《诗经》、《孟子》中的传播思想与形式,体现出学生们在教师的引导下,尝试从中国历史中重要的经书与学说中,建构在地的传播思想与理论。

在批判理论兴起后,根据林东泰等学者的观察,批判理论从1991年起成为硕士论文的新主题,女性主义和性别研究也是从1991年出现,在1995年之后,逐渐增多。至于语艺分析,早在1988年就曾出现,而在1994年达到高峰。至于政治经济学则是在1996年之后才出现的。[①]学生们纷纷运用教师传授的女性主义、霸权理论、依附理论、殖民主

---

① 林东泰等:《传播知识全球化——回顾台湾近五十年来的新闻传播硕士论文911篇》,"中华传播学会"年会论文,台湾,2000。

第四章　市场与技术引导下的新闻传播教育（1992年至今）

义、媒介帝国主义、意识形态理论、文化研究、结构主义、政治经济学等理论观点来诠释台湾电影、录影带、电视节目、连续剧、电视新闻、选举新闻、犯罪新闻、烟品广告、乡土文学、小区剧场、报纸副刊和社会运动等，可以说相当丰富多元。

从学生写作论文的研究方法来看，汪琪等学者搜集了1956年以来台湾传播论文使用的研究方法，由百分比的变化，可以发现1986~1992年，内容分析法及调查法占了所有使用方法的八成。但1993年以后，这两种方法的比重却明显降低。相对地，深度访谈、参与观察等质的研究方法则有增加。即使在"内容分析"中，也在传统的"量化"方法之外，出现不少如符号学分析、言说分析（Discourse Analysis）及框架分析（Frame Analysis）等"质"的内容分析法。[1] 林东泰等人的研究也证明：1991年以后，台湾新闻传播硕士论文几乎以文本分析、论述分析、叙事分析等质性取向为研究主流，而20世纪七八十年代的量化研究似乎已经逊位，而由质性研究当道。[2]

20世纪90年代末期以来，新技术的影响日益强大，从论文的研究内容来看，于心如、汤允一以美国新闻与大众传播教育协会（AEJMC）及国际传播学会（ICA）的领域分类来探讨台湾1989~1999年传播相关著作的领域分布及其多寡。结果发现，在AEJMC领域分类中，前3名为大众媒体与社会（15.5%）、广告（11.9%）、传播科技与政策（11.5%）。以ICA领域分类来看，前3名为大众传播（18.9%）、传播法规与政策（12.3%）、传播与科技（8.1%）。比较这两种不同领域分类的结果可知，台湾之研究仍以大众传播及传播科技与政策为主。[3]

根据笔者统计，目前最新的情况是，2008年至2011年，台湾政治

---

[1] 汪琪、臧国仁：《成长与发展中的传播研究一九九五学门人力资源调查报告》，台湾《新闻学研究》1996年第53期，第61~84页。
[2] 林东泰等：《传播知识全球化——回顾台湾近五十年来的新闻传播硕士论文911篇》，"中华传播学会"年会论文，台湾，2000。
[3] 于心如、汤允一：《台湾传播研究典范之分析——以1989~1999为例》，"中华传播学会"年会论文，台湾，2000。

大学新闻研究所共有博硕士论文51篇①,其中关于数位技术与社会关系的有11篇,占21.6%;媒体与政治关系的有6篇,占11.7%;媒体运营管理的有4篇,占7.8%;媒体与社会关系的2篇,占3.9%,新闻教育1篇,占2%,新媒体与技术带给社会的变革无疑已成为学生关注的焦点。2008年至2011年,台湾大学新闻研究所的硕士论文共有54篇②,以媒体与文化、媒介与社会的关系为主,占80%以上;其次是新媒介对新闻业影响、新媒体营销等主题,有5篇,占9.2%;报业史、新闻教育各1篇,占1.85%;其余主题较为分散,显示出台湾大学教学多元化的趋向。

小 结

20世纪90年代以来,台湾出现政党政治,各政党开始轮番执政,并采用多种方式来操控媒体。在经济上台湾经历三次产业转变后,已经进入知识经济时代。在媒介发展层面,由于台湾推行新经济政策,大量私人资本进入媒介行业,媒体呈现质量内容的努力开始受到经济力的牵制,而媒体客观中立的理念也受到侵蚀。新自由主义政策也影响到高等教育,台湾高等教育政策由"管制"变为"开放",高等教育的发展进入"春秋战国"激烈竞争的时期。

台湾的新闻传播教育也进入市场化的高度发展阶段,1992年至今一共成立了82个系所,1992年至2000年以生产应用型传播科技类人才以及资讯管理类人才为主,2001年至2012年,则主要以私立学校开设视觉传播类的"视觉传达设计"以及"传播新科技"类的"传播与科技学系/传播工程"专业教育为主,显示出市场与科技力量对新闻传播教育的牵引。台湾的社会教育作为正规教育的有力补充,近年来发展迅

---

① 华艺线上图书馆中文硕博士资料库,http://www.airitilibrary.com/index.aspx,2012年4月14日。
② 华艺线上图书馆中文硕博士资料库,http://www.airitilibrary.com/index.aspx,2012年4月14日。

速,尤其是硕士在职专班与媒介素养教育都各具特色,积累了较为丰富的经验。

在课程设置方面,以台湾政治大学传播学院为主的学院,课程多以学程制或学群制为主,课程资源丰富,学生有较大的自主性。重视实践并能根据市场需要灵活调整课程。各层次学校能够根据自身定位和历史特点制定课程,已经形成自己的特色。但在一些以技术和实用型教学为主的大学中,技术课程和实践课程比重过大。各校专业课与基础课、实务课与理论课程的比重也存在明显差别。

在师资方面,台湾各校的教师大多在本科、硕士或博士阶段接受过台湾政治大学的教育,该校的教育风格与教学模式影响台湾新闻教育走势。当前台湾各大学均注意学缘问题,教育者在数量和学历方面都有大幅提升,没有博士学位难以进入高校。公立学校国外博士的比例,远高于私立大学。师资以美国博士为主,但其他国家的博士人数近年有所增加。2000年以后,很难再找到一位像当初曾虚白、谢然之、徐佳士这样引领潮流的人物。在教师领导层中,仿佛也出现"去中心化"趋势,不少系所实施3年或4年制任期,只要资历够格大家都可以轮番做所长或主任。这样的做法好处是开放、民主、防止学霸和"一言堂"的出现,不利之处是可能带来政策的不连贯性。此外,台湾课堂授课较为自由,虽然教师要交大纲给系所进行审核,但在教学中没有固定的教材和大纲要求,自由度较高。教师的升等更多和论文与研究挂钩。公私立学校教师待遇和工作量差别较大。

1996~2006年,传播学门学生人数增长了近10倍,学生数量远高于相关学门。这反映出在数字化时代,市场对于传播类人才的需求还是比较旺盛的。目前因为教育评鉴的关系,各校均重视校友资料库的建设与毕业生就业走向调查。不同学校就业存在差异,竞争激烈。

对于高校评鉴制度,虽然存在不同意见,但以赞同意见居多。教师的意见大致为:评鉴是依托第三方力量来规范教育质量和体制,制度和方法相对公平;但评估标准和方法还需要改进和完善。

从学科理智研究与学科制度发展的关系来看,本阶段批判理论逐渐兴起，本土化研究也方兴未艾，研究者们认为，在本体论上传播研究应转向以在地的现象为主体，并思考其脉络；在认识论上应转向以在地的研究者为主体，反省自身与在地社会的关系。因此，学者们在课程设置和论文指导方面有意识引导学生培养批判理论眼光，并对在地传播现象进行研究。受新科技发展影响，博硕士论文中的研究主题也与此密切相关。

结　语

一　研究回顾

台湾的新闻传播教育是一项特殊的教育。说其特殊，第一是因为它培养人才的方向和质量，在冷战时期关乎政权稳固、关乎"对外关系"；如今又关乎社会风气教化、关乎选举走向、关乎台湾的软实力，因此一直以来都备受政治势力的重视；第二就是它自身带有强烈的职业教育性质，虽然早期划归人文学科，后期划归社会学科，但它对学生动手能力的培养与要求又非其他学科所能比拟。因此，如何在社会科学领域，争取到与众多历史悠久的学科同样的地位，解决学科的"正当性"？如何在科技与市场制约力逐渐增强的形势下，应对数字化媒体时代对传播人才综合能力的新要求？这是摆在台湾新闻传播教育者面前的问题，也是所有新闻传播教育者必须思考的问题。

本书运用社会变迁与学科发展的视角来观察台湾新闻传播教育的历程。从大学学科发展的动力来看，其发展的基本动因是学科自身发展的内在逻辑以及一个地区不同时期政治、经济、科技、社会传统等多种需要的综合作用，不同情况下某种力量起相对重要的作用。当科学技术对一个国家的政治、经济、军事等方面的影响日益巨大，成为国家综合国力的竞争力的核心组成部分时，政府对大学学科的干预就会加强。在这种视角下，社会变迁理论无疑是合适的理论框架。社会变迁是影响高等教育发展的重要因素，在新闻传播教育中，人才的培养理念和培养模式往往会因社会变迁要素的变化而调整变动。

台湾新闻传播教育初探

在学科的发展过程中，学科理智与学科制度的关系密不可分。台湾新闻传播学学科理智发展的特点是：不同时间段的研究主题受社会变迁因素影响巨大；传播学科研究主要移植西方传播学术理论，尤以美国影响巨大；研究方法虽已引入批判理论，本土问题意识觉醒，但仍以实证研究为主，以行为科学、社会科学为主导。受此影响，台湾新闻传播学教育以市场化、实用主义为导向，学科理论研究较为薄弱，再加上台湾政府一度在政治上"去中国化"的刻意作为，忽略新闻史的研究与教育已是不争的事实。由于缺乏严密的学科体系，反映在教学上就出现新闻传播学"教什么"和"怎么教"的争论。台湾主要新闻传播院系对学门核心学程进行过数次探讨与改革，至今仍在探索之中。面对传播学科缺乏学术"正当性"的现状，台湾学者除了更多地从事现实研究，致力建构本土理论体系之外，还把新闻传播学教育视为达成此目标不可或缺的合力之一。

根据社会变迁的影响以及学科本身的发展特点，本书将台湾新闻与传播教育的发展划分为：第一时期（1951～1973年）以维护党国统治为主导的新闻传播教育；第二时期（1974～1991年）以经济建设为主导的新闻传播教育；第三时期（1992年至今）市场与技术引导下的台湾新闻传播教育。并对每个时期的系所设置、课程设置、教育者、受教育者以及学科理智与学科制度的关系几个方面分别作出探讨。

在第一时期，台湾共有7所学校建立起10个新闻系所、科组，多数学校在师资建设和创办过程中都碰到很大困难。在课程设置方面，党化教育意图明显，初期主要为新闻界培养实用型人才，实用性强，后期注重加强文史哲知识修养教育。台湾从早期即重视社会教育。在教育师资的研究中，早期新闻传播教育的负责人与主要教学者（专任或兼任）大都与国民党有密切关系，教育者以接受美式教育为主，学缘关系较强。业界人士积极参与新闻教育，双方形成良好的互动关系。此时期对于受教育者的研究及教学反馈还处于起步阶段。20世纪50年代，新闻学理论主要配合"反攻复国"政策。20世纪60年代初期，留学生返台，他们开始引介美国主流的大众传播研究，学科理智研究方向影响课程设置和教学内容,学生在做论文过程中对知识的再生产过程受到导师影响。

在第二时期,台湾已经建立起了比较完整的博士、硕士、大学层次的教育体系。各主要大学的新闻传播教育研究所均在此时期建立或改制。以台湾空中大学为主的教育机构重视新闻传播的社会教育。在课程设置方面,各校专业设置注意应对媒介市场需求,专业设置齐全、实施分组授课;课程设置体系已经成形。但也存在课程以媒介区隔为主、专业课程所占比例较高、特色不鲜明的问题。在教育者方面,已有不少留美博士回台担任教职,带回新的研究方法。多所学校的主要负责人都为台湾政治大学新闻系毕业后赴美留学返台的博士或硕士,显示美式教育以及台湾政治大学新闻系所在台湾新闻传播教育领域的巨大影响力。随着台湾媒体的高速扩张,各大媒体对人才需求剧增,增强了学生报考大众传播院系的意愿。在王石番、陈世敏等人对毕业生就业情况所做的调查当中,发现各校就业情况有较大差异,呈现相生相克之势。传播相关领域对毕业生的吸纳超过传统媒体。在学科理智与学科制度的发展关系中,以"国家"发展为普遍目标已逐渐成为共识。这时期的学术研究多采用美国的行为科学量化研究方法,以效果研究为主,运用大众传播媒体研究为促进社会现代化服务。留美教师纷纷写作教材传授美国传播学理论与研究方法,刚进入学术场域的研究生则经由教师口传心授,在研究论文和研究思路上受到潜移默化的影响。

第三时期,台湾的新闻传播教育进入市场化的高度发展阶段,从1992年至今一共成立了82个系所,1992~2000年,以培养"应用传播科技类"人才以及"资讯管理人才"为主,2001~2012年,则以培养"视觉传达设计"和"传播与科技学系/传播工程"人才为主。显示出市场与科技力量对新闻传播教育的强大牵引。新闻传播社会教育方兴未艾,媒介素养教育经过多年的发展也已逐渐形成自己的特色,而在职专班的硕士教育发展迅速,已成为新闻教育的重要组成部分。在课程设置方面,以台湾政治大学传播学院为主的课程多以学程制或学群制为主,课程富有弹性,学生有较大的自主性。各校均能重视实践并能根据市场需要灵活调整课程，特色较为鲜明。但在一些以技术和实用型教学为主的大学中，技术课和实践课程比重过大，各校课程结构也存在明显差别。在师资方面，公立大学国外博士的比例，远高于一般私立大学。师资以美国博士为主，但其他国家以及本土博士的比例有所增加。教师的考核与升等均与学术论文挂钩，公、私立学校教师待遇和工作量有较大差别。1996~2006年，传播学门学生人数的增加了近10倍，这反映出在数字化时代，市场对于传播类人才的需求比较旺盛。传统的新闻、大众传播学专业就业形势不容乐观，但传播相关行业（广告、信息制作、策划、发布等）对信息人才尚有一定需求。不同学校就业存在差别，竞争激烈。从学科理智研究与学科制度发展的关系来看，此时期批判理论逐渐兴起，本土化研究也方兴未艾。研究者们认为，在本体论上传播研究应转向以在地的现象为主体，并思考其脉络；在认识论上应转向以在地的研究者为主体，反省自身与在地社会的关系。因此，教师们在课程设置和论文研究方面会有意识引导学生培养批判理论眼光并研究在地传播现象。受新科技发展影响，博硕士论文中的研究主题也呈现正相关现象。

以上研究充分说明，"现今的学术知识生产，已深深地和各种社会权力、利益体制相互交缠。这不单只是说大规模的知识生产只是为功利的社会目标或个别社会阶层的利益服务，而是说学术体制的内部组织，关于知识发展和开拓的规划，都受制于关乎学科门类的偏见，及这些偏见所体现出来的权力和利益关系"。[①] 台湾一方面促成大学的复兴，使大学成为生产知识的主要场域，另一方面又引导大学的学科知识走向实用的政策导向研究。

二 研究不足与改进方向

在社会变迁和学科发展的观察视角下，本书探讨的一些教育环节在大陆尚属起步阶段，而且由于个人研究水平有限、访问时间短暂、观察条件受限等，还存在以下不足：

[①] 〔美〕华勒斯坦等：《学科·知识·权力》，刘健芝等译，三联书店，1999，第2页。

1. 缺乏微观层面的细致观察：教师是整个教育的核心部分，教育者是联系教学法和课程关系的核心力量，是教育政策和教学方法的具体实施者，但本文对具体教学环节，如教师对课程的教授、教材的选择、教案、课堂授课方式还缺乏细节性的体验和观察；对实验课程改革的联合教学（Co‐teaching）方法还缺乏细致的观察和了解。今后应增加个案的分析。

2. 从学科角度对教育的观察尚待加强：本文把学科角度的观察分为学科理智层面和制度层面两部分，对两者在新闻传播教育当中相互影响、相互促进的关系，在本书之前尚无人系统研究。本书主要从课程设置、硕士生毕业论文写作内容两方面来观察两者的关系，虽然整理出一定的关联性，但自觉功力和时间不够，对两者关系仍须进一步加强研究和整理，若能进一步审视教师教学内容及学术论文与学生硕士论文的关联，内容应会更加深刻。未来还可以从教科书关键概念的变迁，比如对新闻概念的变迁作整理，对新闻史、传播史研究内容的变迁来作整理，使研究更为客观和深刻。

3. 专科、研究生教育尚待研究：台湾新闻传播教育包含专科、研究生层次的教育。专科教育类似大陆的三本或高职高专教育，有丰富的办学经验。台湾各校在研究所层次的教育方兴未艾，硕士在职专班的教育经验值得进一步挖掘。此外，台湾政治大学和台湾世新大学的传播学博士教育，培养方法与课程设置都各有所长，在亚洲走在前列，其经验教训值得进一步研究和总结。

三 前瞻

（一）未来需要培养什么样的新闻传播人才

目前新闻传播环境发生巨大变化，数字化趋势不但使媒体汇流成为可能，而且产生许多新媒体，如 Web2.0、Web3.0 的出现，形成了日益智能化的网络平台，在网络和数字化科技环境下，大众对信息的沟通不一定要借由大众媒体来进行，因而颠覆了以往"从上而下""以一对多"的传播模式。在这种情况下，有学者认为，传播的定义应该从一对多的"传播"转变为多对多的"沟通"①。由于传播的定义不再从"媒体"出发，而是打破报纸、广播、电视、电影等传统媒体的分界，将传播视为一个跨媒体整合的过程，因此，未来的科技的发展可以使传播者突破媒体形式的控制。台湾新闻传播教育者们的想象是：未来的新闻传播人才的训练，将是创意整合的训练，从听、说、读、写的制作层次，扩张至想象，企划、行销的制作、实作层次。同时，台湾传播学界、业界应设法建立并共享数个"核心竞争力"，而核心竞争力之所在，不限于既有"传播系所"，实有赖于人文、社会、商学、资讯等领域进行科际整合②。

根据笔者的思考，新闻传播教育存在着"变"与"不变"的东西。首先来说"变"的因素，第一个"常变"的因素是信息制作方式要跟随技术发展不断更新，尤其在网络时代，传播内容的表现不仅要求传播者具有一定程度的文字写作能力，同时也要求具备使用各类传播符号"说话"的能力。传播者必须具备引领内容创新的能力。新闻传播教育不仅要教会学生掌握技术，更重要的是要培养学生应变和创新的能力。第二个"变"的因素是新闻传播教育的人才培养定位应该作出调整，教育定位整体可分为三类：第一类是新闻制作人才，以培养提供各类媒体需求的资讯制作人才为主，核心能力是具有提供新闻、"讲述故事"的才能，肩负社会民主的责任。"在媒体剧烈变革和技术革命的时代……更应该关注新闻的基本价值。中外优秀新闻工作者的看家本领——新闻采访与写作（收集、分析和传播故事的能力）应该继续成为新世纪新闻学教育的核心内容。"③ 第二类是宣传人才，以培养各类企业或部门所需的宣传营销人才为主，核心能力是能够根据雇主及市场需求

---

① 《传播教育及研究如何因应传播未来发展趋势》访谈纪要，台湾《中华传播学刊》2008年第13期，第235页。
② 《传播教育及研究如何因应传播未来发展趋势》访谈纪要，台湾《中华传播学刊》2008年第13期，第236页。
③ 李希光：《用新闻教育新理念培养国际一流新闻人才——清华大学精品课"新闻采访与写作"介绍》，http://bbs.okhere.net/tz2523-114318-0-78-0-0，2011年10月4日。

制作各类信息，具有相当的沟通能力，专业是广告、公关、经营和行销。第三类是信息专业制作人才，以美化、创作信息为主，但不是纯粹的技术人才，而是具备新闻传播学基础知识与良好美学修养的专业制作人才。各类人才均应学习新闻传播教育的基础课程，但所学专业应各有偏重。

"不变"的东西是：第一，基础人文、社会科学知识的学习。广博的知识是更好地掌握技术能力的基础，大学教育中学与术的矛盾主要是在有限时间内分配学习重点的矛盾。事实上，学生的基础理论学习能力与掌握技术的能力是成正比的，扎实的基础知识对学生今后自行学习使用不同科技工具进行传播，是一个有效的助力。第二，语言能力的学习，包括口头语言表达、文字能力表达以及良好的非语言表达能力。不论是哪一领域的传播者都应具备良好的信息表达能力，尤其是在国际化、整合传播趋势下，更需要具备优秀的综合沟通表达能力。第三，某一领域专业知识的学习，辅系以及其他学系基础课程的选修十分重要，这也是帮助学生在传播领域与其他专业学生竞争的重要武器。

（二）政府在教育中扮演的角色

台湾有关当局对高等教育的政策历经了以政府为主，到以市场为主政府为辅，直至完全市场化的过程。2000年至今，无论是媒介发展还是新闻传播教育，均呈现过度膨胀、竞争激烈的状况。新闻传播系所的设置近乎泛滥（台湾传播系所的数量接近美国，不过从人均来算，其密度可算世界第一），就业环境不景气，"在唯市场考量、为谋生折腰的现实窘境下，致使媒体工作者的专业不受重视，而仅追求浅薄、花哨的表现"。[①] 面对专业开设泛滥，教学质量下滑的局面，台湾有关当局逐渐改进做法，例如在高校专业设置中，采用总量控制的原则，在各校总量控制的前提下，高校均得自主规划设置其他专业，依据学校特色及发展方向自行增删及调整专业，[②] 如果教育质量不好、就业率低的话，

[①] 《传播教育及研究如何因应传播未来发展趋势》访谈纪要，台湾《中华传播学刊》2008年第13期，第235页。

[②] 张宝蓉：《从严格控制到总量管制：台湾地区高校专业设置政策走向分析》，《现代大学教育》2008年第3期，第80页。

学校就要自己考虑对该专业进行减招或停招，乃至退场。同时从2004年开始采用第三方评鉴制度，"财团法人高等评鉴中心"的评鉴对各学校和专业在社会上的招生与评价都具有重要意义。这对各校重视教学与学生工作具有积极推动作用。对于高等教育中政府该不该管、应该管多少的问题，台湾有关当局的管理政策有可供借鉴的地方。

（三）未来学术研究、教学和课程的发展方向

参考本书的研究结果与台湾学者的意见，笔者认为以下思考或许是两岸未来新闻传播教育与研究共同发展的方向：

1. 学术研究方向

（1）加强本土新闻学与传播学理论的研究及建设。

（2）加强新闻史的教育与整理，思考新闻史与当地社会以及传播环境结合的发展方向。

（3）新媒体传播环境的变化已经对新闻传播的核心概念带来影响；应关注社会化媒体的兴起以及草根文化的形成将对政治产生的影响力研究。

（4）由于受众在信息传播中角色的转变，应加强对信息受众的研究与了解。

（5）从事反思性的研究，对市场化下的媒介制度与报道内容进行反思与剖析，对媒介报导质量形成有效的监督制度，并对政府管理策略提供有效建议。

2. 教学方向

（1）重视受教育者的地位与主观能动性的发挥：在传播理念发生改变的同时，教学双方的传播关系其实也该随之改变。教学应以一种更为平等的方式进行，在课程设置方面应给予学生更多的自主性；同时教育应强调学习能力的培养，面对不确定的媒体变化因素，更应强调自主学习，突破传统的、单一的灌输型教学模式。

（2）学校可自行建设新媒体实验室，可具有一定的超前性和理想性，引导学生制作实验性作品，补充教学理论与案例分析的不足。

（3）加强与媒介的合作，推动产学对话、产学合作，加强学与术的合作。

3. 课程方向

（1）关注新媒体带来的传播本质和内涵的变迁，关注社会媒体的产生及其影响，而非以新科技技术为教学的主要内容与目的。

（2）人文、社科基础知识与语言表达能力的培养，应作为新闻传播学的基础课程。

（3）培养学生制作、策划、创意与行销信息的综合能力。

（4）扩大教学范围，提升公民媒介素养是未来新闻教育的一个重要方向。

（5）开展跨学院课程合作，如传播学院与理学院、商学院、艺术学院等的合作，加强辅修能力的培养和提升。

最后，引用冯建三先生的话作为结语："教育目标固然在于成就人之所以为人，并相信成人之后，人将集合而产生淑世作用，但在'教育'与'淑世'之间，还有至为宽阔的中介地带，社会能否趋向合理，教育仍只能是部分因素。虽然新闻传播教育的表现只是传媒表现良窳与否的原因之一，但教育者仍然不宜再妄自菲薄，而是应该从媒介素养的推广及记者养成教育的改进，为匡正或导引媒体表现而努力，若能如此，传媒学术正当性的提高，已在其中矣。"[①]

两岸以此共勉。

---

① 冯建三：《试论新闻传播教育学术正当性的建立：记者养成与媒介素养教育》，台湾《教育研究资讯》2006年第4期，第193页。

参考文献

专著

[1] 中国国民党第四组：《宣传手册》，中国国民党中央委员会第四组编，1961。

[2] 郑贞铭：《中国大学新闻教育之研究》，嘉新水泥公司文化基金会，1964。

[3] 钮抚民：《各国新闻教育比较研究》，巨人出版社，1965。

[4] 杨国枢、文崇一等：《社会及行为科学研究法》，华东书局，1977。

[5] 刘昌树：《先总统蒋公大众传播思想之研究》，正中书局，1980。

[6] 中国国民党党史工作委员会：《中国国民党六十六年工作记实》，近代中国出版社，1980。

[7] 崔载阳：《三民主义教育哲学研究》，中央文物供应社，1981。

[8] 杨孝濚：《传播研究方法总论》，三民书局，1981。

[9] "中华民国大众传播教育协会"：《新闻教育与我》，"中华民国大众传播教育协会"，1982。

[10] 潘懋元：《高等教育学讲座》，人民教育出版社，1985。

[11] 李瞻：《新闻学》，三民书局，1986。

[12] 马之骕：《新闻界三老兵：曾虚白、成舍我、马星野奋斗历程》，经世书局，1986。

[13] 陈国祥、祝萍：《台湾报业演进40年》，自立晚报社，1987。

[14] 郑瑞城：《传播的独白》，久大文化，1987。

[15] 茅家琦：《台湾三十年》，河南人民出版社，1988。

[16] 〔美〕乔治·A.比彻姆：《课程理论》，黄明皖译，人民教育出版社，1989。

[17] 曾虚白：《中国新闻史》，商务印书馆，1989。

[18] 方积根：《台湾新闻事业概观》，新华出版社，1990。

[19] 曲士培：《台湾高等教育》，湖南教育出版社，1990。

[20] 彭家发：《基础新闻学》，三民书局，1992。

[21] 张五岳：《分裂国家互动模式与统一政策之比较研究》，业强出版社，1992。

[22] 王洪钧：《我笃信新闻教育》，正中书局，1993。

[23] 陈世敏：《大众传播与社会变迁》，三民书局，1994。

[24] 赫冀成、张喜梅：《课程体系与人才培养比较》，东北大学出版社，1994。

[25] 彭怀恩：《台湾政党政治》，风云论坛出版社，1994。

[26] 陈孔立：《台湾历史纲要》，人间出版社，1996。

[27] 齐光裕：《中华民国的政治发展》，扬智文化，1996。

[28] 杨心恒：《社会学概论》，知识出版社，1997。

[29] 胡幼伟：《媒体征才——新闻机构甄募记者的理念与实务》，正中书局，1998。

[30] 梁启超：《清代学术概论》，上海古籍出版社，1998。

[31] 刘仲林：《现代交叉科学》，浙江教育出版社，1998。

[32] 〔美〕华勒斯坦等：《学科·知识·权力》，刘健芝等编译，生活·读书·新知三联书店，1999。

[33] 姜南扬：《台湾政治转型与两岸关系》，武汉出版社，1999。

[34] 刘燕南：《台湾报业争战纵横》，九州出版社，1999。

[35] 袁祖望：《高等教育比较学》，厦门大学出版社，1999。

[36] 郑贞铭：《中外新闻传播教育》，远流出版事业股份有限公司，1999。

[37] 方汉奇：《新闻史的奇情壮彩》，华文出版社，2000。

[38] 高民政:《台湾政治纵览》,华文出版社,2000。

[39] 〔美〕约翰·S. 布鲁贝克:《高等教育哲学》,王承绪等译,浙江教育出版社,2001。

[40] 刘士林:《先验批判》,三联书店,2001。

[41] 王伟廉:《高等教育学》,福建教育出版社,2001。

[42] 陈癸淼:《论台湾——为台湾把脉》,海峡学术出版社,2002。

[43] 陈扬明:《台湾新闻事业史》,中国财政经济出版社,2002。

[44] 潘慧斌:《台湾地区高等教育纵览》,学林出版社,2002。

[45] 王天滨:《台湾社会新闻发展史》,亚太图书出版社,2002。

[46] 王天滨:《台湾新闻传播史》,亚太图书出版社,2002。

[47] 〔加〕玛丽·威庞德:《传媒的历史与分析——大众传媒在加拿大》,郭慎之译,北京广播学院出版社,2003。

[48] 李建新:《中国新闻教育史论》,新华出版社,2003。

[49] 王天滨:《台湾报业史》,亚太图书出版社,2003。

[50] 〔美〕约翰·费斯克:《关键概念:传播与文化研究辞典》,李彬译注,新华出版社,2004。

[51] 蔡学仪:《台湾经济论》,新文京开发,2004。

[52] 李非:《台湾经济发展通论》,九州出版社,2004。

[53] 李金铨:《超越西方霸权:传媒与"文化中国"的现代性》,牛津大学出版社,2004。

[54] 林丽云:《台湾传播研究史:学院内的传播学知识生产》,巨流图书公司,2004。

[55] 罗文辉、陈韬文等:《变迁中的大陆、香港、台湾新闻人员》,巨流图书公司,2004。

[56] 陶文钊:《中美关系史(1949~1972)》,上海人民出版社,2004。

[57] 翁秀琪主编《台湾传播学的想像》,巨流图书公司,2004。

[58] 冯建三:《自反缩不缩?新闻系七十年》,台湾政治大学新闻系,2005。

[59] 李金铨:《大众传播理论修正三版》,三民书局,2005。

[60] 王天滨:《新闻自由——被打压的台湾媒体第四权》,亚太图书出版社,2005。

[61] 许清茂:《海峡两岸文化与传播研究》,厦门大学出版社,2005。

[62] 郑贞铭主编《20世纪中国新闻学与传播学·台湾新闻传播事业卷》,复旦大学出版社,2005。

[63] 陈昌凤:《中美新闻教育传承与流变》,中国广播电视出版社,2006。

[64] 刘国深等:《台湾政治概论》,九州出版社,2006。

[65] 陈飞宝:《当代台湾传媒》,九州出版社,2007。

[66] 薛化元主编《台湾经济的结构与开展——台湾适用"独裁理论"吗?》(石田浩文集2),稻乡出版社,2007。

[67] 方文:《学科制度和社会认同》,中国人民大学出版社,2008。

[68] 张艳辉:《课程与教学视野中的大学教师研究》,中国社会科学出版社,2008。

[69] 赵勇:《台湾政治转型与分离倾向》,中央编译出版社,2008。

[70] 郑金贵:《台湾高等教育》,厦门大学出版社,2008。

[71] 马嘉:《学术与职业——日本高等新闻教育研究》,人民出版社,2009。

[72] 潘懋元:《新编高等教育学》,北京师范大学出版社,2009。

[73] 孙云:《台湾政治生态的变化与两岸关系》,厦门大学出版社,2009。

[74] 佟文娟:《过程与分析:媒体与台湾政治民主化(1949~2007)》,厦门大学出版社,2009。

[75] 潘懋元:《潘懋元文集》,广东高等教育出版社,2010。

[76] 郑贞铭:《郑贞铭学思录无爱不成师》,三民书局,2010。

[77] 郑贞铭、廖俊杰、周庆祥:《新闻采访与写作》,威仕曼文化出版社,2010。

期刊

[1] 任鸿隽：《党化教育有可能吗》，《独立评论》1932年第3期。

[2] 胡传厚：《建立新闻学的理论体系》，台湾《报学》1951年第1卷第1期。

[3] 王洪钧：《新闻学和新闻教育的新观念》，台湾《报学》1951年第2卷第3期。

[4] 会议记录：《从实际的观点看新闻教育》，台湾《报学》1959年第2卷第5期。

[5] 曾虚白：《新闻自由与社会责任》，台湾《报学》1965年第3卷第5期。

[6] 徐佳士：《一个报告》，台湾《报学》1968年第4卷第1期。

[7] 曾虚白：《十五年来的政大新闻研究所》，台湾《新闻学研究》1969年第3期。

[8] 石永贵：《新闻学研究之回顾》，台湾《新闻学研究》1969年第4期。

[9] 陈世敏：《报学半年刊的内容分析》，台湾《报学》1970年第4卷第4期。

[10] 崔家蓉：《对当前学校新闻教育评价的研究》，台湾《报学》1976年第5卷第5期。

[11] 杨孝濚：《传播研究在台湾的发展》，台湾《东吴政治社会学报》1977年第1期。

[12] 李瞻：《总统蒋公的大众传播思想》，台湾《报学》1978年第6卷第1期。

[13] 朱立：《开辟中国传播研究的第四战场》，台湾《报学》1978年第6卷第1期。

[14] 杨志弘、吴统雄：《新闻传播系（组）毕业生对新闻教育评价之研究——以1976年至1981年毕业生为研究对象》，台湾《报学》1984年第7卷第2期。

[15] 成舍我：《报禁开放与新闻教育》，台湾《传播教育会讯》1987年第22期。

[16] 赖光临：《政大新闻系迈入新台阶》，台湾《新闻学人》1987年第9卷第4期。

[17] 张锦华：《传播效果理论之批判》，台湾《新闻学研究》1990年第42期。

[18] 李非：《台湾经济发展阶段论》，《亚太经济》1991年第3期。

[19] 张锦华：《批判传播理论对传播研究与社会变迁之贡献》，台湾《新闻学研究》1991年第45期。

[20] 李瞻：《"全国"新闻与大众传播教育评鉴报告》，台湾《报学》1992年第8卷第6期。

[21] 李瞻：《八十年来的新闻教育》，台湾《报学》1992年第8卷第6期。

[22] 郑贞铭：《新闻教育的基本理念》，《新闻大学》1994年第3期。

[23] 钟起惠：《本土批判传播研究论述回顾与前瞻》，《传播文化》1996年第4期。

[24] 汪琪、臧国仁：《成长中的传播研究：一九九五学门人力资源调查报告》，台湾《新闻学研究》1996年第53期。

[25] 须文蔚、陈世敏：《传播学发展现况》，台湾《新闻学研究》1996年第53期。

[26] 罗文辉：《台湾新闻人员背景及工作概况之研究》，台湾《政治大学学报》1996年第73期。

[27] 林淇瀁：《台湾报纸副刊的三个历史面向——以〈自立晚报〉副刊为例的一段史料之旅》，台湾《台湾史料研究》1996年第8期。

[28] 陈桂兰、赵民：《台湾新闻教育述评》，《新闻大学》1996年冬季号。

[29] 马早明：《韩国和我国台湾二战后高等教育发展战略特点探析》，《比较教育研究》1997年第6期。

[30] 王秀香：《台湾的空中大学》，《教育与职业》1997年第7期。

[31] 陈世敏、夏春祥：《向文化转》，台湾《传播研究简讯》1998 年第 14 期。

[32] 成思危：《复杂科学与管理》，《中国科学院院刊》1999 年第 14 卷第 3 期。

[33] 赵文华：《高等教育学术组织特征的全景式透析》，《上海交通大学学报（社会科学版）》2000 年第 1 期。

[34] 陈世敏：《传播学入门科目的现实与理想》，台湾《新闻学研究》2000 年第 65 期。

[35] 杨朝祥：《因应 WTO 冲击，高等教育速谋对策》，台湾《"国家"政策论坛》2001 年第 1 卷第 9 期。

[36] 李政涛：《教育学科发展中的"制度"与"制度化"问题》，《华东师范大学学报（教育科学版）》2001 年第 3 期。

[37] 陈百龄：《从国科会传播专题计划提案看学门发展生态：1966～2000》，台湾《新闻学研究》2001 年第 67 期。

[38] 陈世敏：《半世纪台湾传播学的书籍出版》，台湾《新闻学研究》2001 年第 67 期。

[39] 翁秀琪：《台湾传播教育的回顾与愿景》，台湾《新闻学研究》2001 年第 69 期。

[40] 方文：《社会心理学的演化：一种学科制度的视角》，《中国社会科学》2001 年第 6 期。

[41] 钟蔚文：《世纪之交，追寻传播研究的意义》，台湾《淡江人文社会学刊校庆特刊》2001 年。

[42] 鲍嵘：《学科制度的源起及走向初探》，《高等教育研究》2002 年第 4 期。

[43] 夏春祥：《众声喧哗的迷思——关于传播研究的笔记》，台湾《中华传播学刊》2002 年第 1 期。

[44] 钟蔚文：《谁怕众声喧哗？兼论训练无能症》，台湾《中华传播学刊》2002 年第 1 期。

[45] 吴国盛：《学科制度的内在建设》，《中国社会科学》2002 年第

3 期。

[46] 李刚、倪波：《分期的意识形态——兼论"20 世纪中国图书馆学"》，《图书情报工作》2002 年第 6 期。

[47] 陈世敏：《华夏传播学方法论初探》，台湾《新闻学研究》2002 年第 71 期。

[48] 陈韬文、罗文辉：《比较研究的挑战——大陆、香港、台湾新闻工作人员比较研究的反思》，台湾《传播研究简讯》2003 年第 34 期。

[49] 陈韬文：《新闻传播教育对新闻人员的影响：大陆、台湾和香港的比较研究》，台湾《传播研究集刊》2003 年第 8 期。

[50] 程宗明：《将"传学斗"视为台湾传播民主化的"事件"——一个边缘者的世代间观察》（草稿，未出版），2004。

[51] 林靖堂：《传播系所别沦为职训所》，台湾《中国时报》2004 年 7 月 9 日，第 15 版。

[52] 朱云汉：《台湾民主发展的困境与挑战》，《台湾民主季刊》2004 年第 1 卷第 1 期。

[53] 王建华：《高等教育作为一门学科》，《高等教育研究》2004 年第 1 期。

[54] 段鹏：《台湾新闻传播教育的历史、现状与问题》，《现代传播》2004 年第 3 期。

[55] 司崢鸣：《台湾媒介素养教育管窥》，《新闻传播》2005 年第 12 期。

[56] 叶红：《对成舍我先生新闻教育事业的反思》，《湖北经济学院学报（人文社会科学版）》，2006 年第 3 卷第 12 期。

[57] 冯建三：《试论新闻传播教育学术正当性的建立：记者养成与媒介素养教育》，台湾《教育研究资讯》2006 年第 4 期。

[58] 林靖堂：《台湾传播新闻教育问题分析》，台湾《当代》2007 年第 233 期。

[59] 陈静：《近十年来台湾新闻传播学教育研究的视野》，《新闻大学》

2007 年第 2 期。

[60] 张宝蓉：《台湾高等技职教育的系科设置与调整——劳动力市场的视角》，《教育与考试》2007 年第 2 期。

[61] 李珍、丁华东：《关于档案学学术分期的思考》，《档案学研究》2007 年第 5 期。

[62] 编辑部：《传播教育及研究如何因应传播未来发展趋势访谈纪要》，台湾《中华传播学刊》2008 年第 13 期。

[63] 杨莹：《台湾高等教育政策改革与发展》，台湾《教育人力与专业发展》2008 年第 25 卷第 6 期。

[64] 彭杰：《比较教育重要代表人物思想及理论之析论》，台湾《教育趋势报道》2008 年第 30 期。

[65] 张宝蓉：《从严格控制到总量管制：台湾地区高校专业设置政策走向分析》，《现代大学教育》2008 年第 3 期。

[66] 聂竹明、张新明：《台湾大学生媒介素养教育内容、模式及启示》，《电化教育研究》2008 年第 8 期。

[67] 林丽云：《变迁与挑战：解禁后的台湾报业》，台湾《新闻学研究》2008 年第 95 期。

[68] 李希光：《中国新闻教育走向何方》，《当代传播》2009 年第 2 期。

[69] 陈炳宏：《媒体集团化与其内容之关联性研究》，台湾《新闻学研究》2010 年第 104 期。

[70] 李泽彧、赵凤娟：《我国高等教育学学科建设：基本轨迹及未来取向》，《中国高教研究》2010 年第 3 期。

[71] 何卓恩：《教育政党化与自由中国对公共文教空间的诉求》，台湾《开放时代》2010 年第 7 期。

[72] 何绵山：《台湾社会教育的新途径》，《教育评论》2011 年第 4 期。

[73] 张宝蓉：《台湾地区高校系所评鉴机制及对大陆的启示》，《中国高教研究》2011 年第 5 期。

年鉴类

[1]《"中华民国"新闻年鉴》(1961年版),"台北市新闻记者公会",1961。

[2]《"中华民国"新闻年鉴》(1971年版),"台北市新闻记者公会",1971。

[3]《"中华民国"新闻年鉴》(1981年版),"台北市新闻记者公会",1981。

[4]《"中华民国"新闻年鉴》(1991年版),"台北市新闻记者公会",1991。

[5]《"中华民国"新闻年鉴》(1991年版),"中国新闻学会",1991。

[6]《"中华民国"新闻年鉴》(1996年版),"中国新闻学会",1996。

[7]《"中华民国"新闻年鉴》(1997~2006),"中国新闻学会",2006。

[8]《"中华民国"教育年报》,"国立教育资料馆",(1999~2011年各版)。

[9]《"中华民国"出版年鉴》,"行政院新闻局",(1999~2011年各版)。

研究报告、会议论文或论文集

[1] 祝基滢:《"我国"新闻学与大众传播学研究现况之分析》,"行政院国家科学委员会",1986。

[2] 彭家发:《未来新闻与传播教育课程发展之趋势——美俄勒冈大学新闻学院研究报告摘要》,载彭家发《传播研究补白》,东大图书公司,1988。

[3] 汪琪、臧国仁:《台湾地区传播研究初探》,载朱立、陈韬文主编《传播与社会发展》,香港中文大学新闻与传播系,1992。

[4] 罗文辉:《台湾传播研究的回顾(1951~1995)》,载张长义主编《分析社会的方法论文集》,台湾空中大学等,1995。

[5] 马骥伸：《台湾新闻传播教育的现在与未来》，载翁秀琪、冯建三主编《政治大学新闻教育六十周年庆学术论文研讨会论文集》，政治大学传播学院，1995。

[6] 汪琪、臧国仁：《台湾地区传播研究的回顾与展望》，载臧国仁主编《中文传播研究论述：一九九三中文传播研究暨教学研讨会论文汇编》，政治大学传播学院，1995。

[7] 郑瑞城、臧国仁、汪琪：《传播学门现况与发展结案报告》，"行政院国家科学委员会"，1995。

[8] 朱立：《传播研究中国化的方向》，载臧国仁主编《中文传播研究论述：一九九三中文传播研究暨教学研讨会论文汇编》，政治大学传播学院，1995。

[9] 朱谦：《中文传播研究三十年回顾与前瞻》，载臧国仁主编《中文传播研究论述：一九九三中文传播研究暨教学研讨会论文汇编》，政治大学传播学院，1995。

[10] 王石番、陈世敏等：《传播教育课程规划研究成果报告》，"教育部"委托专案计划，1996。

[11] 彭怀恩：《国家机关与媒体制度》，载彭怀恩《90年代台湾媒介发展与批判》，风云论坛，1997。

[12] 成嘉玲：《"世新"永远的老校长——父亲在新闻教育上的理念与贡献》，载中国人民大学港澳台新闻研究所主编《报海生涯——成舍我百年诞辰纪念文集》，新华出版社，1998。

[13] 程宗明：《析论台湾传播学研究/实务的生产（1949～1980）与未来——从政治经济学思考对比典范的转向》，载林静伶主编《1998传播论文选集》，"中华传播学会"，1998。

[14] 陈百龄：《国科会专题研究之现况分析》，"中华传播学会"年会论文，台湾，2000。

[15] 林东泰等：《传播知识全球化——回顾台湾近五十年来的新闻传播硕士论文911篇》，"中华传播学会"年会论文，台湾，2000。

[16] 翁秀琪、景崇刚：《传播领域认识论典范之变迁——以1984～

1999年"国科会"专题研究为例》，"哲学与科学方法"——第四届人文及社会科学哲学基础研讨会会议论文，台湾，2000。

[17] 于心如、汤允一：《台湾传播研究典范之分析——以1989~1999为例》，"中华传播学会"年会论文，台湾，2000。

[18] 王秀槐：《台湾大学近年来新设科系分布型态与趋势之研究》，提升高等教育竞争力：二十一世纪大学教育的发展国际学术研讨会会议论文，台湾，2003。

[19] 李瞻：《政大新闻研究所博士班成立20周年之回顾与前瞻》，载陈培爱、许清茂主编《新闻春秋》，厦门大学出版社，2004。

[20] 吴翠珍：《媒体素养与媒体教育的流变与思辨》，载翁秀琪主编《台湾传播学的想象（下）》，巨流图书公司，2004。

[21] 陈伯璋：《台湾高等教育的发展与改革》，载陈伯璋、盖浙生主编《新世纪高等教育政策与行政》，高等教育出版社，2005。

[22] 林培渊：《台湾传播史的想象》，"中华传播学会"年会论文，台湾，2006。

[23] 邱家宜：《近十年来台湾传播学研究趋势（1996~2005）》，"中华传播学会"年会论文，台湾，2006。

[24] 邱伟：《台湾媒体素养教育的困境》，传播与中国——复旦论坛"媒介素养与公民素养"会议论文，上海，2007。

[25] 张咏、李金铨：《密苏里新闻教育模式在现代中国的移植——兼论帝国使命：美国实用主义与中国现代化》，载李金铨主编《文人论政——知识分子与报刊》，广西师范大学出版社，2008。

[26] 赵梅、谭继镛：《台湾新闻教育课程中的"学"与"术"》，载张铭清主编《海峡两岸新闻与传播研究》，九州出版社，2009。

[27] 唐远清：《新闻学学术共同体建构与学科发展》，载郑保卫主编《新闻教学与学术研究》，经济日报出版社，2010。

博硕士论文

[1] 艾江明：《台湾当局与广电媒体的行为互动（1950~2008）——制

度变迁理论的研究视角》，博士学位论文，厦门大学，2010。

[2] 陈韵如：《台湾与法国高等教育制度之比较分析研究———以学校结构及入学制度为例》，硕士学位论文，台湾成功大学，2003。

[3] 陈信翰：《台湾大学校院系所评鉴之后设评鉴研究》，硕士学位论文，台北市立教育大学，2007。

[4] 陈志铭：《以传播教育之观点探究"我国"大专院校数位媒体教育之发展》，硕士学位论文，台湾元智大学，2002。

[5] 樊家和：《台湾民主进步党的社会基础和政治地位变迁研究》，博士学位论文，华东师范大学，2008。

[6] 简明忠：《台湾技职教育学制变革之探讨》，博士学位论文，台湾师范大学，2002。

[7] 华婉伶：《液态新闻：新一代记者与当前媒介境况——以 Zygmunt Bauman "液态现代性"概念为理论基础》，硕士学位论文，台湾政治大学，2010。

[8] 黄顺星：《记者的重量：台湾政治新闻记者的想象与实作（1980~2005）》，博士学位论文，台湾世新大学，2008。

[9] 林春穆：《"我国"军事院校政战学院新闻系硕士班学位论文分析研究》，硕士学位论文，台湾"国防大学"政治作战学院，2009。

[10] 刘至强：《台湾地区新闻学与大众传播学博硕士论文研究之分析》，硕士学位论文，台湾铭传管理学院，1995。

[11] 林靖堂：《从新闻专业性探讨台湾地区传播学院教育问题之研究》，学士学位论文，台湾铭传大学，2004。

[12] 潘丽娜：《台湾政治大学与复旦大学新闻人才培养模式对比研究》，硕士学位论文，河南大学，2011。

[13] 钱玉芬：《新闻专业性概念结构与观察指标之研究》，博士学位论文，台湾政治大学，1997。

[14] 佘绍敏：《台湾报业的新闻理念与新闻实践：社会变迁的角度》，博士学位论文，厦门大学，2011。

[15] 杨世凡：《台湾大众传播学术研究之表析（1964年至1985年）》，

硕士学位论文，台湾辅仁大学，1985。

[16] 徐嘉宏：《台湾民主化下国家与媒体关系的变迁之研究》，硕士学位论文，台湾中山大学硕士论文，2002。

[17] 王鹏：《新经济增长理论与台湾经济增长》，博士学位论文，厦门大学博士论文，2006。

[18] 叶昱岑：《台湾大学评鉴政策之研究》，硕士学位论文，台湾暨南国际大学，2005。

[19] 袁公瑜：《国民党文工会职能转变之研究——1951年至2002年》，硕士学位论文，台湾佛光人文社会学院，2004。

[20] 张启胜：《广电媒体所有权规范之研究》，硕士学位论文，台湾世新大学，2003。

[21] 曾文利：《台湾服务业发展与竞争力分析》，博士学位论文，厦门大学，2009。

[22] 郑玉清：《报社新闻记者专业性与新闻教育关联性之研究》，硕士学位论文，台湾文化大学，1999。

英文参考文献

[1] Weber, M. *Economy and Society*. New York: Bedminster Press, 1968.

[2] Lyle, Jack, ED: *Communication/Journalism Education inAsia: Background and Status in Seven Asian Areas*, Background Papers Compiled for Communication/Journalism Teachers Seminar. An East – West Communication Institute Report, 1971.

[3] Robert O. Blanchard, William G. Christ, In Search of The Unit Core: Commonalities in Curriculum, . *Journalism Educator*, 1985, 36 (3).

[4] David H. Weave and G. Cleveland Wilhoit. *The American Journalists: a Portrait of U.S. News People and Their Work*. Indiana University Press, 1991.

[5] Robert O. Blanched, William G. Christ, *Media Education and the Liberal Arts: A Blueprints for the New Professionalism*. New Jersey London: Law-

rence Erlbaum Associates, 1993.

[6] Rogers. E. M. A *history of communication study. A biographical approach.* New York: Maxwell Macmillan International. 1994.

[7] Betty Medsger. *The Winds of Change – The Report of Freedom Forum.* New York: Columbia University, 1995.

[8] Carolyn Bronstein, Stephen Vaughn, Willard G. Bleyer and the relevance of Journalism. *Education Journalism and Communication*, 1998(166).

[9] R. Froehlich & C. Holtz – Bacha (Eds.). *Journalism Education in Europe and North America: An international comparison.* New Jersey: Hampton Press of Cresskill, 1998.

[10] Anita L. Vangelisti, John A. Daly, Gustav W. Friedrich. *Teaching communication: Theory, Research and Methods.* New Jersey London: Lawrence Erlbaum Associates, Publishers, Mahwah, 1999.

[11] Josephi Beate. *Journalism Education in Countries with Limited Media Freedom.* Peter Lang Publishing Inc. New York, 2010.

深度访谈对象及访问提纲

（1）访问名单

访问对象职务、职称	姓名	访问时间地点
政治大学新闻传播学院教授	李瞻	2011年7月21日于台湾政治大学教师休息室
政治大学传播学院副院长、副教授	陈百龄	2010年11月28日于厦门大学逸夫楼
铭传大学传播学院院长、教授	陈耀竹	2011年7月28日于台湾铭传大学传播学院院长办公室
政治大学广告系教授	郑自隆	2011年7月21日于台湾政治大学教师办公室
台湾师范大学大众传播研究所教授	胡幼伟	2011年7月26日于台湾师范大学大众传播研究所办公室
台湾大学新闻研究所副教授	谷玲玲	2011年8月2日于台湾大学新闻研究所办公室
佛光大学大众传播系主任、副教授	蒋安国	2011年7月22日于台北中山堂咖啡厅
南华大学传播系主任、教授	张裕亮	2011年7月23日于台北忠孝东路伯朗咖啡厅
世新大学新闻研究所助理教授	夏春祥	2011年8月6日于台北逸仙路真锅咖啡厅
文化大学新闻系助理教授	周庆祥	2011年7月26日于台湾大学鹿鸣堂多伦多咖啡厅
台湾《中国时报》大陆新闻中心负责人	白德华	2011年7月23日于台北忠孝东路伯朗咖啡厅
《联合报》大陆新闻中心主任	刘秀珍	2011年7月23日于台北忠孝东路星巴克咖啡厅
《自由时报》大陆事务负责人	苏永耀	2011年7月28日于台湾大学校友会咖啡厅
厦门大学新闻与传播学院特聘教授	林念生	2011年5月25日于厦门大学新闻与传播学院办公室

注：一些重要的学者如翁秀琪、郑贞铭、林丽云、王石番等人均因暑期出国休假或写书，未能访问，殊为遗憾。

（2）访问提纲

1. 弄清各校不同层次传播教育的特色所在（课程、师资、招生、就业情况）。

2. 对台湾新闻传播教育历史分期之看法与建议。

3. 新闻传播学学科发展对新闻传播教育的影响；如何看待学术研究与教育的关系？

4. 对新闻传播教育"学"与"术"、理论与实践、新闻学与传播学关系的看法。

5. 各校课程改革、学生对教育的回馈以及对教师教学效果的评估方式。

6. 新闻传播教育的社会教育开展情况。

7. 对新闻传播教育研究方法的意见和建议。

8. 媒介从业人员对新闻传播教育的反馈；媒介对工作人员的培训情况。

网络资料

厦门大学图书馆电子资料库（中国知网、ISI、ProQuest）

台湾"教育部"全球资讯网教育统计（2007～2011年版）

台湾华艺线上图书馆

台湾"国家图书馆"博硕士论文库

台湾政治大学机构典藏传播学院

成舍我先生纪念网

后 记

这本小书是在博士论文修改的基础上完成的。大陆的新闻教育在数字化媒体崛起、媒介融合、全球化和国际化的冲击下，面临严峻的挑战，并正在进行新一轮的改革。台湾作为亚洲新闻教育较为发达的地区，其新闻教育发展历史、教育理念与改革措施，都有其值得借鉴与梳理的价值。然而囿于研究资料与研究视角的限制，大陆缺乏从具体课程设置、教育者、受教育者、教学评估等方面对台湾新闻教育进行系统考察的著作，在大陆和台湾地区也鲜有从社会变迁与学科发展角度对台湾新闻教育进行系统研究的著作。

我拜师于厦门大学新闻传播学院许清茂先生门下，从本科学习开始，与先生结缘多年。许先生对新闻传播历史研究、闽南文化、台湾传媒业都有深入的研究。先生首肯我将新闻教育与"台湾传媒研究"方向结合起来，并主张研究台湾的新闻教育要与台湾社会的发展与历史紧密相连，认为只有建立在对台湾社会发展作充分了解与研究的基础上，才能把握台湾新闻教育的前世与今生。此外，我在博士攻读期间，有幸聆听了厦门大学台湾研究院陈孔立老先生为博士生开设的相关课程，受益匪浅，甚为感谢！

厦门大学在台湾研究方面，一直拥有丰富的资源。研究台湾新闻教育，离不开对台湾主要高校的实地调查。在许清茂先生、厦门大学新闻传播学院张铭清院长的大力帮助下，我们得到台湾铭传大学新闻传播学院的支持，对台湾主要大学与学者们进行了访问，了解台湾学人对台湾新闻教育的真切认识，并到各图书馆搜集了资料。其间，李瞻、陈耀竹、谷玲玲、夏春祥等先生和女士们对大陆学子的热情关心让人铭记于心。文化大学郑贞铭先生的系列著作、台湾大学林丽云教授的《台湾传播研究史——学院内的传播学知识生产》一书，均给予笔者较大启发，可惜暑假拜访时，郑先生、林教授恰到境外休假，在此谨向他们表示深深感谢！

搜集完大堆材料后，要将其梳理和整合是件不容易的事情。基于高等教育离不开社会历史发展的基本观点，我最终将思路确定于从"社会变迁"与高等教育的"学科发展角度"来进行观察。这个视角在大陆较为新颖，并得到2011年教育部"两岸新闻教育比较研究"的项目资助。然而，在本书中，从学科制度的发展来研究台湾新闻教育做得比较深入，但是从学科理智层面的研究，囿于能力和资料获取限制，挖掘尚浅。有些一孔之见，尚嫌浅陋。从学科理智层面对台湾新闻的研究，并将其与大陆新闻教育作出比较，将是下一步的主要研究方向。本书只望能做引玉之砖，给后来者以参考。

论文的写作伴随着艰辛和汗水，起早贪黑的访问和资料搜集，小屋子里的苦闷和踟步至今仍然历历在目。所幸一路走来，都有导师、亲人、朋友和同学的鼓励和陪伴。感谢导师许清茂先生，在我前后近10年与厦门大学结缘的时光中，一直都有幸接受先生的教诲。先生学养丰厚，宅心仁厚，勤勉敬业，勤于思考，从不吝惜把自己的点子告诉学生；也从不吝惜将宝贵的时间与学生课后漫谈并作出四两拨千斤的指点。在论文写作过程中，许先生多次与我细谈整体思路与具体环节，在写作最为艰难的时候，老师总是及时勉励，指点方向；写成初稿之后，老师又一字一句作出修改，并指导今后的发展方向。再多的感谢也无法表达我对导师的敬意，我只有把导师这份对学生的关爱以及严谨的态度带到今后的教学当中，报答师恩！

感谢我亲爱的家人。先生在我离开家时，又当爹又当妈，把女儿照顾得妥妥帖帖，让我免除后顾之忧，也感谢我亲爱的爸爸、妈妈、姐姐对我的关爱和鼓励，你们是我学习的动力！

要感谢的人还有很多很多。感谢台湾铭传大学传播学院的院长陈耀

后　记

竹教授、郑昭玲老师以及邱槿桉老师，把我们的台湾研究之行安排得妥妥当当，也谢谢铭传大学可爱的同学们的帮忙。感谢文中提到的各位老师和记者，在暑假期间或工作之余能欣然接受访问，态度热情、严谨，更能在详尽回答问题之后，还主动给予更多的帮助和指点。谢谢谷玲玲老师接受完访问，担心天黑还把我送到台大捷运站。感谢夏春祥老师的款待，也感谢林靖堂先生，我冒昧写信求教后，他即刻寄出学士论文及研讨会论文。感谢邵敏老师，无私地启发我的思路！感谢本书的编辑张倩郢女士！没有她认真的修改与热情帮助，本书不可能顺利完成。

感谢厦门大学新闻传播学院各位老师无私的教导，感谢云南民族大学新闻传播系的各位同事，我们是一个温暖的大家庭，彼此相亲相爱，我在其中深感幸运。感谢我本科在厦门的各位好姐妹给予我无微不至的鼓励与关心，也感谢我博士班级各位亲爱的同学们，感谢一起去台湾访问的师弟、师妹，与我共同度过美好而艰苦的时光。

黄东英
2012 年 4 月于厦门大学丰庭
2013 年 4 月于昆明金牛

图书在版编目(CIP)数据

台湾新闻传播教育初探:从社会变迁与学科发展角度的观察/黄东英著.—北京:社会科学文献出版社,2014.8
 ISBN 978 - 7 - 5097 - 6192 - 2

Ⅰ.①台… Ⅱ.①黄… Ⅲ.①新闻学 - 传播学 - 教育研究 - 台湾省 Ⅳ.①G219.275.8 - 4

中国版本图书馆 CIP 数据核字(2014)第 178698 号

台湾新闻传播教育初探
—— 从社会变迁与学科发展角度的观察

著　　者 / 黄东英

出 版 人 / 谢寿光
项目统筹 / 宋月华　张倩郢
责任编辑 / 张倩郢

出　　版 / 社会科学文献出版社·人文分社(010)59367215
　　　　　 地址:北京市北三环中路甲29号院华龙大厦　邮编:100029
　　　　　 网址:www.ssap.com.cn
发　　行 / 市场营销中心(010)59367081　59367090
　　　　　 读者服务中心(010)59367028
印　　装 / 三河市尚艺印装有限公司
规　　格 / 开本:787mm × 1092mm　1/16
　　　　　 印张:22.25　字数:336千字
版　　次 / 2014年8月第1版　2014年8月第1次印刷
书　　号 / ISBN 978 - 7 - 5097 - 6192 - 2
定　　价 / 98.00元

本书如有破损、缺页、装订错误,请与本社读者服务中心联系更换

▲ 版权所有 翻印必究